T. Carver, S. Dayan-Herzbrun, M. Dietz,
C. Mouffe, S. M. Okin, C. Pateman,
A. Phillips, B. Reinalda, D. Sainsbury,
S. Walby, G. Waylen

Genre et politique

Débats et perspectives

*Textes rassemblés et présentés
par Thanh-Huyen Ballmer-Cao,
Véronique Mottier et Lea Sgier*

Gallimard

PRÉSENTATION

Les rapports
entre le genre et la politique

Durant ces trois dernières décennies, la problématique des rapports entre genre et politique a pris une place de plus en plus importante dans l'enseignement et la recherche en science politique et, plus généralement, en sciences sociales. À l'origine modestes, les contributions des chercheurs et chercheuses dans ce domaine sont de nos jours importantes, tant du point de vue qualitatif que quantitatif. Les premières recherches mettaient principalement l'accent sur les écarts de participation politique entre hommes et femmes, ainsi que sur la sous-représentation de ces dernières au sein des élites politiques. Ces travaux visaient également à proposer des solutions pour améliorer la participation et la représentation des femmes. À ce titre, on peut mentionner notamment les travaux pionniers de Duverger et de Dogan et Narbonne, et plus tard, de Sineau et Mossuz-Lavau en France, de Kirkpatrick et Jaquette aux États-Unis, de Lovenduski et Randall en Grande-Bretagne, de Ballmer-Cao en Suisse, etc[1].

1. Nous faisons référence notamment aux travaux suivants : Duverger (1955) ; Dogan et Narbonne (1955) ; Sineau (1988) ;

Petit à petit, les limites inhérentes à ce type d'approches ont conduit à un changement d'optique en direction de ce que l'on désigne souvent par « perspective du genre ». Cette perspective rejette la démarche traditionnelle décrite par Evans (1986) qui consiste à « ajouter les femmes et remuer », c'est-à-dire simplement à étendre le champ d'analyse aux femmes, sans pour autant s'interroger sur la dimension sexuée de la définition traditionnelle de la politique et des concepts tels que l'État, le pouvoir, la justice ou la citoyenneté. La perspective du genre plaide, au contraire, pour une redéfinition des approches et concepts traditionnels qui tienne compte de l'importance capitale du genre comme facteur de définition et de structuration du champ du politique.

Les premiers travaux situés dans la perspective du genre ont commencé par critiquer la « cécité » des conceptualisations politiques traditionnelles à l'égard du genre et le « biais masculin » qui en résulte. Cette critique a rendu possible un travail de reconceptualisation et de théorisation de thèmes centraux comme les rapports entre genre et politique, la définition de la sphère politique et la distinction entre sphères privée et publique. Ainsi, les recherches adoptant la perspective du genre ne s'interrogent plus simplement sur la place des *femmes* dans la politique, mais s'intéressent

---

Mossuz-Lavau (1989) ; Mossuz-Lavau et Sineau (1983) (France) ; Kirkpatrick (1974), Jaquette (1974) (États-Unis) ; Lovenduski et Hills (1981) ; Lovenduski et Norris (1996) ; Randall (1982) (Grande-Bretagne) ; Ballmer-Cao (1980), (1988), (1989) (Suisse).

surtout aux *rapports entre les femmes et les hommes* dans la société. Ces recherches mettent l'accent sur ces constructions sociales et politiques que sont les catégories du genre (les « hommes » et les « femmes »). Du même coup, elles remettent en cause la définition « biologisante » du genre fondée sur les caractéristiques biologiques des individus (le « sexe »), au profit d'une définition socio-politique qui souligne l'importance des processus sociaux de construction des catégories de genre. Être « femme » ou « homme » n'est dès lors plus uniquement une question de biologie, mais aussi et surtout de pouvoir social, donc de conflit.

Toutefois, certains courants féministes continuent de mettre l'accent plutôt sur la dimension biologique de l'identité de genre (voir Dietz, chapitre 3 de cet ouvrage). On ne peut donc pas parler d'un consensus entre les différents courants de pensée féministe à ce sujet. Ce constat est aussi valable à un niveau plus général : il est en effet important de souligner que les approches habituellement regroupées sous la dénomination « perspective du genre » ne forment pas un ensemble homogène. Elles ont certes pour point de départ commun la reconnaissance de la subordination sociale et politique des femmes. Cependant, les analyses s'inscrivent dans divers courants qui diffèrent dans leur vision de la nature de cette subordination et des stratégies de changement (voir Waylen, chapitre 5 de cet ouvrage), ainsi que dans la façon de théoriser les concepts clefs comme le genre, le rôle de l'État ou la distinction entre le privé et le public.

Dans la mesure où ces analyses ont des implications importantes, par exemple, pour la théorie démocratique ou l'analyse de l'État social, elles contribuent de manière novatrice aux grands débats actuels autour de ces thèmes. Alors que la perspective du genre était relativement marginalisée à ses débuts, elle participe aujourd'hui pleinement à ces débats et est largement reconnue pour ses contributions à la science politique (voir Young 1998 ; Carroll et Zerilli 1998 ; Lovenduski 1998).

Force est de constater que la plupart des textes centraux de la perspective du genre en science politique sont rédigés en anglais. La science politique française s'est en effet montrée peu réceptive à cette problématique[1]. L'on peut s'interroger sur les raisons historiques de ce relatif manque d'intérêt à l'égard des analyses sexuées de la politique. Sans doute, le fait que la France soit le berceau de la pensée universaliste n'**y** est pas étranger. La conception d'un citoyen universel (voir Rosanvallon 1992) s'accorde mal avec des analyses mettant en évidence l'importance des identités de genre, considérées comme des identités particulières, d'autant plus que ces analyses aboutissent à la conclusion que le sujet universel est en fait

---

1. Ceci est d'autant plus étonnant que la science politique française s'était intéressée à la place des femmes dans la politique déjà dans les années 1950 (Duverger 1995 ; Dogan et Narbonne 1955), et que plusieurs travaux importants sur les femmes ont été publiés récemment en France, notamment en relation avec le bicentenaire de la Révolution française (par exemple, Fauré 1997 ; Cohen et Thébaud 1998), ou à la veille de la conférence mondiale sur les femmes en 1995 à Pékin (Ephesia 1995).

— implicitement — un homme. Il est en tout cas intéressant d'observer que la perspective du genre connaît un essor et une légitimité plus importants dans d'autres contextes francophones, plus familiers avec l'idée d'identités fragmentées et particulières, comme le Québec, la Suisse ou la Belgique[1].

Cet ouvrage présente des textes clefs sur le thème des rapports entre genre et politique. Le but du recueil est de rendre accessibles au public francophone d'une part des textes centraux, souvent cités dans les débats actuels, mais qui restent pour l'instant peu diffusés dans le contexte francophone, soit à cause de la barrière linguistique, soit parce que les articles en question sont éparpillés dans différents ouvrages ; et d'autre part des textes qui font « l'état des lieux » ou qui introduisent des thématiques importantes, mais plus récentes et donc peu présentes dans la littérature. La plupart de ces articles ont été traduits de l'anglais[2].

Il serait faux d'en déduire qu'il s'agit de débats anglo-saxons uniquement. Des auteurs scandinaves ou néerlandais, par exemple, ont fourni des contributions importantes dans ce domaine. Il se trouve simplement que ces débats se poursuivent essentiellement en langue anglaise. Les manuels et autres recueils consacrés aux relations entre genre et politique écrits en français

1. Néanmoins, comparée à d'autres pays — notamment anglo-saxons, scandinaves et germanophones — sa présence demeure faible.
2. Exception faite du texte de Dayan-Herzbrun (chapitre 7 de cet ouvrage), dont la version originale était en langue française.

restent rares[1], lacune à laquelle nous avons été confrontées en tant qu'enseignantes dans ce domaine à
l'université de Genève. Notre choix de textes implique inévitablement une part de subjectivité, tant il est
évident qu'il est impossible de rendre compte de la
diversité et de la richesse de la littérature sur le
thème dans un seul recueil. Nous espérons néanmoins que cet ouvrage puisse contribuer à mieux faire
connaître aux lecteurs et aux lectrices francophones
l'approche du genre en science politique. Nous sommes persuadées que le recueil proposé correspond à
un réel besoin et qu'il s'avérera utile aux chercheurs/
ses, enseignant(e)s et étudiant(e)s en sciences sociales,
particulièrement en science politique, en sociologie,
en administration publique ou en « études femmes/
études genre ».

Le recueil est structuré autour de trois thèmes centraux pour la compréhension des rapports entre genre
et politique : la citoyenneté, l'État et les théorisations
du rapport entre le public et le privé. Le concept de
citoyenneté a suscité un intérêt considérable de la part
des politologues au cours des vingt dernières années
et occupe une place centrale dans des débats aussi
importants que ceux concernant la justice sociale et
la réforme de l'État-providence, la participation et la
responsabilité des citoyens dans les démocraties

1. Contrairement au contexte anglo-saxon où il existe de nombreux excellents recueils de textes dans ce domaine, voir, par
exemple, Phillips (1998) ; Kemp et Squires (1998) ; Barrett et
Phillips (1992) ; Butler et Scott (1992) ; Nicholson (1990), etc.

contemporaines[1], le multiculturalisme et la reconnaissance des identités[2], etc. Les contributions des théoriciennes et théoriciens féministes — dont celles de ce recueil — s'inscrivent dans cette discussion plus large portant sur la nature et les limites de la citoyenneté[3].

L'État a lui aussi connu une « renaissance » en tant que concept central de la science politique à partir des années 1980[4], grâce notamment aux perspectives du néo-institutionnalisme, de la sociologie historique et de l'action collective. Les théoriciennes féministes ont initialement été plutôt sceptiques à l'égard de l'État et s'y sont peu intéressées. Elles ont, dans un premier temps, mis l'accent sur les rapports de pouvoir dans la sphère privée. Ce n'est que plus tard que l'État a émergé dans leurs travaux. Aujourd'hui, la perspective du genre fournit des contributions importantes aux débats autour de l'État et des politiques publiques.

Le thème du rapport entre sphères publique et privée a été, quant à lui, central pour le mouvement féministe, ce depuis les années 1970 ; ce sont les féministes qui l'ont porté au devant de la scène, l'ont politisé et largement théorisé. Ce thème concerne les multiples relations qui existent entre la sphère publique de l'État et la sphère privée de la famille, en dépit

---

1. Voir notamment le débat autour de la « démocratie forte/participative » et des « vertus citoyennes ou civiques ».
2. En particulier le débat libéraux vs. communautariens.
3. Voir Kymlicka et Norman (1994) pour une excellente synthèse des différents débats autour du concept de citoyenneté.
4. Voir Evans et al. (1985) ; Barkey et Parikh (1991) ; Badie et Birnbaum (1994) pour une synthèse des débats.

de la doctrine libérale à la base des États occidentaux qui veut que ces deux sphères soient tout à fait séparées. Les travaux situés dans la perspective du genre ont largement critiqué cette vision dichotomique et ont mis en évidence la complexité des interactions entre ces deux sphères. La question du rapport public/privé est au cœur de la question des rapports entre femmes et hommes dans la société, et c'est sans doute la raison pour laquelle ce sont précisément les théoricien(ne)s féministes qui ont le plus contribué à son développement au niveau théorique.

La citoyenneté

La première partie du recueil regroupe des textes clefs du débat sur la citoyenneté, qui est un concept central pour les analyses théoriques et empiriques des liens entre les individus, les institutions et l'État. La théorie politique traditionnelle considère la citoyenneté comme un concept universel. Les droits démocratiques de participation sociale et politique s'appliquent en effet à tout citoyen, indépendamment de sa race, de sa religion ou de son genre. Les textes présentés ici ont en commun une remise en question du caractère présupposé universel de la citoyenneté. Les auteurs divergent cependant sur la manière de conceptualiser la citoyenneté, sur les fondements théoriques de ces conceptualisations et sur les conclusions à tirer de cette remise en question de la citoyenneté universelle.

Dans le premier texte intitulé « La citoyenneté est-elle sexuée ? » (chapitre 1), Sylvia Walby s'interroge sur la nature universelle du concept de citoyenneté. Elle développe, plus précisément, l'argument selon lequel la citoyenneté est différenciée d'après le genre, de sorte qu'il s'agit d'un projet particulariste plutôt qu'universaliste. Walby met en évidence la dimension sexuée de la citoyenneté à travers une discussion critique de la littérature anglo-saxonne, et en particulier de la théorie classique de T. H. Marshall (1950). Marshall distingue trois types de citoyenneté : la citoyenneté civique, comprenant les droits individuels tels que la liberté d'expression ou les droits à la propriété ; la citoyenneté politique, à savoir le droit de représentation et de participation politiques ; et la citoyenneté sociale, notamment le droit à la sécurité sociale. Selon la célèbre thèse de Marshall, ces trois types de citoyenneté se seraient développés successivement, avec au XVIIIe siècle les droits civiques, au XIXe les droits politiques et au XXe siècle les droits sociaux. À travers une analyse de l'histoire de la citoyenneté en Grande-Bretagne et aux États-Unis, Walby remet en question la thèse de Marshall. Elle montre que les différents types de citoyenneté n'ont pas suivi le même développement historique pour les femmes que pour les hommes. Par exemple, jusque dans les années 1920, les femmes britanniques et américaines n'avaient pas encore acquis l'essentiel des droits civiques et politiques, contrairement aux hommes. En outre, les droits politiques ont été accordés aux femmes avant les droits civiques, ce qui va à l'encontre du schéma proposé par Marshall. En d'autres termes, Walby montre que les trois types de citoyenneté décrits par Marshall ont en fait connu des trajectoires historiques différentes selon les groupes sociaux. La conception d'un modèle unique de citoyenneté introduit donc un biais. Selon Walby, ce biais est présent non seulement chez Marshall, mais aussi dans les travaux ultérieurs qui s'inspirent de lui, comme, par exemple, ceux de Bryan Turner et de Michael Mann. Eux aussi mettent l'accent sur l'importance des classes sociales dans l'histoire de la citoyenneté et de la formation de l'État-nation, mais négligent d'autres facteurs comme le genre ou l'appartenance raciale.

Sur ce point, Walby rejoint les critiques féministes du concept de citoyenneté développées, par exemple, par Carole Pateman (voir chapitre 2 de ce volume et Pateman 1991, 1988) ou Ruth Lister (1990, 1992). Mais elle relève en même temps une contradiction importante chez ces auteurs : d'une part, Lister et Pateman tendent à remettre en cause le caractère sexué des frontières entre la sphère privée et la sphère publique, tout en insistant sur l'importance des valeurs et des rôles féminins (Pateman 1991) ainsi que sur une reconnaissance, par la sphère publique, du travail accompli par les femmes dans la sphère privée (Lister 1990). D'autre part, ces auteurs proposent comme solution à l'exploitation domestique des femmes leur entrée dans la sphère publique, et notamment dans le marché de l'emploi. Selon Walby, une conceptualisation adéquate des liens entre sphère privée et sphère publique, ainsi que des intérêts des femmes, reste un enjeu prioritaire pour les perspectives sexuées sur la citoyenneté.

Walby inverse alors la perspective et se demande quelle est l'importance de la citoyenneté pour les rapports de genre. Elle montre que la citoyenneté politique a été un instrument de lutte important, contribuant à l'amélioration de la citoyenneté sociale des femmes. Néanmoins, l'efficacité des stratégies politiques varie fortement selon le contexte politique.

Comme Walby, Carole Pateman met l'accent sur la nécessité, pour les théories féministes de la citoyenneté, de repenser les liens entre sphère privée et sphère publique. Dans son texte « Féminisme et démocratie » (chapitre 2), elle développe cet argument à travers une relecture des théories classiques et contemporaines de la démocratie, pour lesquelles la citoyenneté est universelle. Pateman propose une critique des théories de la démocratie libérale, d'une part, et des théories de la démocratie participative, d'autre part. Elle commence par souligner les origines communes du féminisme, du libéralisme et de la démocratie : « Le féminisme comme critique générale des relations sociales de domination et de subordination sexuelle et comme vision d'un futur sexuellement égalitaire, tout comme le libéralisme et la démocratie, n'émerge que lorsque l'individualisme (…) devient une théorie universelle de l'organisation sociale. » Le problème avec les théories politiques classiques de la démocratie est que seuls les individus de sexe masculin sont considérés comme ayant des droits et des libertés individuels.

Les théories du contrat social de Locke ou Rousseau, par exemple, sont fondées sur la subordination des femmes à la volonté de leurs maris. Les rares critiques de ces théories, comme celle de John Stuart Mill, étaient peu connues à l'époque et sont encore aujourd'hui peu lues.

D'après Pateman, la théorie démocratique contemporaine ne voit pas de contradiction entre la citoyenneté universelle d'une part et d'autre part l'exclusion des femmes d'une participation politique égalitaire, leur relégation à la sphère privée et leur subordination aux hommes. Pour les théories de la démocratie libérale, les inégalités sociales n'ont de toute manière aucune pertinence pour la citoyenneté démocratique. Cette conception prédomine toujours dans les travaux sur la citoyenneté, même chez les auteurs qui sont prêts à reconnaître que la démocratie concerne non seulement l'État, mais aussi l'organisation de la société (par exemple, la théorie de la démocratie participative de Barber [1984]). Néanmoins, la plupart des auteurs continuent de considérer les rapports entre les femmes et les hommes dans la société comme relevant de la vie privée, et n'intègrent donc pas la dimension du genre dans leurs théories. Or, Pateman pense qu'il est important de reconceptualiser la division entre la sphère privée et la sphère publique et de s'interroger sur les implications de cette division pour les théories de la démocratie. Elle estime qu'il est impossible de démocratiser la sphère publique — que ce soit à travers l'égalité des chances promue par le libéralisme ou à travers une citoyenneté participative incluant tous les citoyens — sans une transformation radicale des rapports entre hommes et femmes dans la sphère privée. « Les idéaux et politiques démocratiques, affirme-t-elle, doivent être mis en pratique dans la cuisine, la chambre des enfants et la chambre à coucher. »

Mary Dietz fonde elle aussi son analyse du caractère sexué de la citoyenneté sur une lecture critique des théories libérales, en s'appuyant plus particulièrement sur le contexte politique américain. Dans son texte « Tout est dans le contexte : féminisme et théories de la citoyenneté » (chapitre 3), elle se montre plus hostile à l'égard des perspectives libérales sur la citoyenneté d'un point de vue du genre. Pateman reproche aux théories libérales leur relative indifférence vis-à-vis des inégalités sociales en général, y compris celles entre hommes et femmes ; Dietz pousse la critique plus loin : elle pense que le libéralisme et les théories sexuées de la citoyenneté sont fondamentalement incompatibles. Elle rejoint là d'autres critiques féministes pour qui les thèmes centraux du libéralisme — notamment celui du citoyen détenteur de droits e. poursuivant ses propres intérêts dans une société capitaliste et compétitive — ne permettent pas de conceptualiser de manière adéquate les interrelations et les rapports de dépendance entre les individus, que ce soit dans la sphère politique ou familiale.

Dietz partage ainsi l'avis de Pateman et de Walby sur le fait qu'il est nécessaire de reconceptualiser les liens entre le privé et le public, et de repenser la distinction entre ces deux sphères. Pour ce faire, elle examine d'abord deux courants féministes critiques à l'égard des théories libérales de la démocratie : les courants marxiste et « maternaliste ». Pour les féministes marxistes, la notion de droits individuels est une illusion servant à masquer les fondements capitalistes et patriarcaux de l'État libéral, ainsi que sa domination par une élite masculine. Elles insistent particulièrement sur la nécessité de reconnaître la valeur du « travail reproductif » accompli par les femmes. Dietz voit dans la critique marxiste du capitalisme et de la démocratie représentative un apport positif. Mais elle fait remarquer aussi que le thème de la citoyenneté est très peu développé dans cette approche. Aussi reproche-t-elle aux marxistes de réduire la politique féministe à la lutte révolutionnaire contre l'État — vu comme principale source de l'oppression des femmes — et de réduire ces dernières à leur fonction de reproduction.

Les « maternalistes » rejettent elles aussi la conception libérale contractuelle de la citoyenneté. Elles mettent l'accent sur la dimension relationnelle de la vie sociale. S'inspirant de théoriciennes comme Nancy Chodorow (1978) et Carol Gilligan (1982), les maternalistes considèrent que la sphère privée, en particulier la famille, est régie par une moralité relationnelle, une « éthique de la sollicitude » ancrée dans les activités de maternage. La sphère publique serait au contraire dominée par une « éthique de la justice » masculiniste, fondée sur les droits individuels. Pour ces auteurs, l'éthique de la sollicitude est moralement supérieure aux valeurs individualistes qui dominent la sphère publique. Elles voient donc dans l'éthique de la sollicitude de la sphère privée une source possible pour repenser à la fois la moralité dans la sphère publique et le modèle de la citoyenneté libérale.

Dietz critique ce point de vue, estimant que les maternalistes commettent la même erreur que les penseurs libéraux : celle d'ériger un modèle historique d'identité féminine en modèle universel et a-historique. Dietz leur reproche en outre de reproduire la même distinction rigide entre la sphère publique et la sphère privée que le font les conceptions libérales de la citoyenneté. Par ailleurs, elle considère qu'il n'y a pas de raison de penser que l'expérience de maternage conduise nécessairement à des pratiques démocratiques. Finalement, Dietz plaide en faveur d'une conception de la citoyenneté qui nous prémunisse de la tentation de la « supériorité féminine ». « Une véritable défense démocratique de la citoyenneté, écrit-elle, ne peut partir de l'idée d'une opposition entre hommes et femmes et d'une supériorité des femmes. » Plutôt qu'un repli sur les valeurs présumées de la sphère privée ou qu'une politique selon le mode des groupes d'intérêts, Dietz défend un engagement actif des femmes dans la sphère publique.

Comme Pateman et Dietz, Chantal Mouffe fonde elle aussi sa conception de la citoyenneté sur une critique du libéralisme. Dans son texte « Féminisme, citoyenneté et démocratie plurielle » (chapitre 4), elle décrit les contours du projet politique qu'elle appelle

la « démocratie plurielle ». Mouffe adopte une position fortement antiessentialiste de la citoyenneté.
Selon elle, les identités de genre ne sont pas « données », mais construites socialement et politiquement.
Certaines féministes pensent que les positions anti-
essentialistes entravent les possibilités d'action et de
mobilisation autour de l'identité des femmes. Pour
Mouffe, au contraire, la critique des identités essentielles est en fait la précondition pour une véritable
politique féministe. Dans cette perspective, le plus
important est de comprendre les processus de construction sociale à travers lesquels la différence sexuelle en
est venue à acquérir autant d'importance en tant que
facteur structurant des relations sociales de subordination. Selon Mouffe, c'est précisément dans ce proces-
sus-là que se jouent les véritables rapports de forces
dans la société. Par conséquent, une optique qui s'intéresse uniquement aux conséquences de la différence
des sexes — c'est-à-dire qui se limite à la question de
savoir si « l'égalité de traitement » implique qu'hommes et femmes soient traités de manière identique ou
différente — est « dénuée de sens ».

Cette position résolument non essentialiste conduit
Mouffe à critiquer les féministes qui prônent avant
tout la revalorisation des valeurs féminines, comme
c'est le cas — sous des angles différents — de Pateman ou d'Elshtain (1981). Pour Mouffe, cette position
est problématique, car elle présuppose l'existence
d'identités homogènes comme « les femmes » et « les
hommes ». Mouffe critique non seulement l'optique
essentialiste d'une telle conception ; mais elle partage

également le scepticisme de Dietz à l'égard du lien présumé — par les maternalistes notamment — entre valeurs maternelles et pratiques démocratiques. Mouffe critique également le projet d'une « citoyenneté différenciée » de Pateman, pour qui les activités typiquement féminines devraient être valorisées autant que les activités masculines. Cette conception présuppose, selon Pateman, une revalorisation, par la sphère publique, des activités traditionnellement reléguées à la sphère privée. Contrairement à Pateman, Mouffe estime que la solution ne consiste pas à rendre le genre pertinent pour le concept de citoyenneté, mais à lui faire perdre sa pertinence. Le projet de démocratie radicale et pluraliste qu'elle propose implique à son avis une conception de la citoyenneté fondée sur une réelle égalité et liberté de tous les citoyens. Cette conception ne serait ni sexuée, ni neutre par rapport au genre. Pour Mouffe, le genre ne devrait pas être au centre de la définition de la citoyenneté. Elle propose de concentrer l'attention plutôt sur les enjeux et les revendications politiques, et non sur des identités de genre présupposées fixes et essentielles. D'après elle, la distinction entre la sphère privée et la sphère publique doit être redéfinie au cas par cas, en fonction du type de revendication politique en jeu, et non de manière fixe et permanente. Plutôt que de défendre uniquement les intérêts « des femmes », le mouvement féministe devrait chercher des alliances stratégiques avec d'autres groupes sociaux pour défendre ensemble leurs revendications par rapport à un enjeu donné.

L'État

La théorisation de l'action étatique a longtemps été négligée dans les perspectives du genre. Sans doute y a-t-il des raisons historiques à cette omission. En effet, à ses débuts, le mouvement des femmes était fortement opposé à la « politique politicienne », car il visait justement à éviter les stratégies et les hiérarchies conventionnelles au profit d'une action antihiérarchique au sein des nouveaux mouvements sociaux (voir Phillips, chapitre 10, et Waylen, chapitre 5). La conséquence au niveau analytique a été une sous-théorisation du rôle de l'État. Les textes rassemblés dans ce volume représentent différentes tentatives de réintroduire l'État dans l'analyse des rapports entre genre et politique. Ils témoignent d'une volonté de tenir compte du rôle crucial de l'État dans la structuration et l'institutionnalisation des rapports entre hommes et femmes, ainsi que dans l'établissement et la « surveillance » des frontières entre sphères publique et privée.

Comme pour la citoyenneté, le thème de l'État donne lieu à des analyses divergentes et, parfois, opposées. Le texte de Georgina Waylen, intitulé « Le genre, le féminisme et l'État : un survol » (chapitre 5), offre une excellente introduction à ces débats. L'auteur montre que la perspective du genre tendait initialement à appréhender l'État en des termes plutôt négatifs. Les féministes socialistes notamment intègrent l'oppression des femmes à l'analyse marxiste qui considère l'État comme instrument de domination aux mains de la classe dirigeante. Elles soulignent l'importance, pour le développement du capitalisme, du rôle des femmes dans la reproduction de la force de travail au sein de la famille. Tout comme les féministes marxistes, les féministes radicales telles que Catherine MacKinnon considèrent l'État comme une entité monolithique agissant en fonction des intérêts des groupes dominants. En l'occurrence, ceux-ci correspondent non pas à la classe bourgeoise décrite par les marxistes, mais à la catégorie des individus de sexe masculin. L'État est ainsi perçu avant tout comme un instrument patriarcal qui institutionnalise la domination masculine. Une autre vision négative de l'État est celle du courant dit de « l'analyse duale des systèmes », dont Zillah Eisenstein fait partie. Ce courant conçoit l'État comme étant à la fois le médiateur et l'instrument de deux systèmes par nature oppresseurs : le capitalisme et le patriarcat.

Au cours des années 1980, on voit émerger des perspectives alternatives qui ont une vision beaucoup plus positive de l'État. Ainsi, les travaux scandinaves de Drude Dahlerup (1987), Birte Siim (1988) ou Helga Hernes (1984, 1987) montrent que l'État-providence permet de diminuer la dépendance financière des femmes à l'égard des hommes. D'autres analyses, développées dans le contexte australien, ont mis en évidence les possibilités d'institutionnalisation — et donc de promotion — des intérêts des femmes à travers l'action des bureaucrates féministes (« fémocrates ») qui travaillent à l'intérieur du système étatique (voir aussi Reinalda, chapitre 8 de ce volume). Un troisième type de recherches, d'inspiration poststructuraliste (notamment foucaldienne), argumentent qu'il est problématique de conceptualiser l'État comme une entité homogène, poursuivant des intérêts spécifiques. Ces auteurs plaident en faveur d'approches moins manichéennes et proposent la vision d'un État constitué d'arènes de luttes multiples et continues, plutôt que d'acteurs unifiés. Dans les termes de Waylen, « la nature de l'État n'est pas immuable, pas plus que le rapport entre l'État et les relations de genre, rapport qui est toujours dialectique et dynamique ».

Pour Waylen, il est important de reconnaître le rôle crucial de l'État dans la construction des identités et des rapports de genre, tout en évitant de tomber dans le piège du réductionnisme. Elle suggère de ne plus voir les rapports entre État et genre comme nécessairement positifs ou négatifs, mais de développer des modèles plus sophistiqués capables de rendre compte des rapports complexes, multidimensionnels et différenciés entre l'État et le genre. De tels modèles devraient mettre en évidence la dimension sexuée des concepts comme l'État-providence ou la citoyenneté, tout en tenant compte des variations nationales.

De telles variations sont analysées dans le texte de Diane Sainsbury, « Les droits sociaux des femmes et des hommes : les dimensions du genre dans les États-providence » (chapitre 6). En effet, Sainsbury rend compte de la dimension sexuée de l'État-providence à travers une analyse comparative de différents systèmes de sécurité sociale. Sur cette base, Sainsbury critique elle aussi certaines lectures sexuées de l'État qu'elle juge trop simplistes. Elle montre que l'impact de l'État sur les rapports sociaux entre femmes et hommes varie beaucoup d'un pays à l'autre, ce qui démontre l'importance des études comparatives qui permettent d'éviter la tentation d'universaliser l'expérience de cas particuliers. En ce sens, Sainsbury partage le scepticisme des poststructuralistes à l'égard d'une vision trop unilatérale de l'État et de son rôle dans la structuration des rapports de genre.

La perspective du genre sur l'État-providence met en lumière les failles des modèles traditionnels, qui tendent notamment à négliger la question des frontières entre le public et le privé. Alors que les modèles conventionnels s'intéressent surtout à l'impact des processus économiques et des rapports de classes sur l'État-providence, la perspective du genre se concentre sur les rapports entre l'État, le marché et la famille. Ces analyses mettent en évidence des changements importants dans les États-providence contemporains. Sainsbury fait référence notamment au transfert partiel vers la sphère publique de tâches — typiquement féminines — traditionnellement assignées à la sphère privée, comme la garde et l'éducation des enfants. Elle montre aussi que dans différents États prévalent différentes conceptions des rôles sociaux de l'homme et de la femme, et que ces conceptions ont des effets concrets sur les politiques sociales. Enfin, Sainsbury montre que certains États-providence adoptent une politique plus active pour faciliter aux femmes les différents rôles (de mères, travailleuses, consommatrices, etc.) qu'elles assument, notamment par la distribution d'emplois et de services adaptés à leurs besoins.

S'il y a consensus quant au caractère sexué de l'État-providence, les avis divergent quant aux méthodes à utiliser pour l'analyser. Sainsbury identifie et discute différentes démarches présentes dans la littérature sur la question. Sa propre analyse part de l'identification d'une série de dimensions que les analyses traditionnelles négligent, mais qui sont très importantes du point de vue de la perspective du genre, comme, par exemple, la conception des rôles des femmes et des hommes institutionnalisée par les politiques publiques (« l'idéologie familiale ») ; la distribution des droits sociaux entre époux ; le mode de taxation des couples ; etc. Ces dimensions sont ensuite combinées pour former des idéaux-types d'États-providence : le modèle de « l'homme chef de famille » (« *breadwinner model* ») qui correspond à la conception traditionnelle de la famille avec l'homme pour chef du ménage ; et le modèle « individualiste » qui prévoit une répartition égalitaire des droits et des responsabilités entre époux. À l'aide de cette grille, Sainsbury analyse les conséquences des différents types d'États-providence respectivement pour les citoyens et les citoyennes. Elle compare la Suède, les Pays-Bas, les États-Unis et la Grande-Bretagne et montre que la prise en compte de la dimension du genre conduit à une remise en cause des typologies traditionnelles développées par des auteurs comme Esping-Andersen. On constate en effet qu'il existe d'importantes différences entre États-providence par rapport à la dimension du genre, même entre les pays qui sont regroupés dans la même catégorie dans d'autres typologies plus établies.

Le texte de Sonia Dayan-Herzbrun sur « La mixité dans le politique » (chapitre 7) élargit le champ comparatif au-delà du contexte occidental. Son texte examine les rapports entre le genre, le pouvoir étatique et l'accès au politique à travers une comparaison entre le contexte occidental et les sociétés islamiques. Dayan-Herzbrun montre que la distinction entre sphères publique et privée du point de vue du genre prend des formes différentes dans ces contextes respectifs. Dans les sociétés islamiques, la sphère privée est clairement distincte de la sphère publique et associée avec la nourriture, la famille et la sexualité. S'appuyant sur les analyses de Bourdieu, Dayan-Herzbrun souligne l'exclusion des femmes de la sphère publique, considérée comme masculine, et leur cantonnement à la sphère privée. Les rapports de genre sont alors construits sur le mode de la différence et non de l'égalité. Lorsque l'on trouve exceptionnellement des femmes dans des positions de pouvoir, ces cas sont le plus souvent fondés sur un pouvoir charismatique ou sur la légitimation traditionnelle par des liens de filiation ou d'alliance. Ils ne remettent donc pas en question l'exclusion globale des femmes du politique. Le monde occidental, en revanche, a construit une distinction entre le privé et le public qui permet en principe l'accès des femmes à l'espace public, tout en leur imposant des restrictions quant à l'accès au pouvoir politique. Dayan-Herzbrun parle d'une dissociation historique entre le public et le politique. La sphère politique a longtemps été considérée comme exclusivement masculine. Ce n'est que récemment que les femmes ont obtenu l'accès formel à la sphère politique, un accès qui connaît jusqu'à maintenant des restrictions dans les faits.

Dayan-Herzbrun évoque différentes justifications historiques utilisées afin de légitimer l'exclusion des femmes de la sphère étatique. Elle montre comment les deux thèmes de la « faiblesse » et surtout de la « dangerosité » des femmes ont été particulièrement importants et se retrouvent sous différentes formes chez des penseurs comme Aristote, Kant ou Spinoza. La « dangerosité » féminine relève surtout de l'identification des femmes avec la sexualité. Elle est d'ailleurs également à la base de la séparation islamique entre le privé et le public.

Le dernier texte consacré à l'État (chapitre 8) introduit la dimension supranationale. Dans le texte « Une analyse critique des femmes dans l'Union européenne », Bob Reinalda montre que beaucoup d'analyses féministes portent un regard positif sur l'Union européenne, surtout en raison de ses actions en faveur de l'égalité entre hommes et femmes. En effet, des directives comme celles sur l'égalité de traitement entre sexes en matière d'emploi des années 1970 ont considérablement contribué à améliorer les législations des États membres. Le paradoxe est que, jusqu'alors, l'Union européenne était considérée comme étant une organisation fortement masculine qui semblait plutôt à la traîne en matière d'égalité des droits. On peut donc avoir l'impression que les mesures de promotion de l'égalité entre les sexes soient apparues soudainement, venues d'on ne sait trop où, comme une *dea ex machina*. Or, Reinalda montre qu'en réalité, ces mesures sont dues surtout à l'action politique des femmes elles-mêmes, c'est-à-dire de *feminae in machina*.

Selon Reinalda, la présence de quelques femmes particulièrement engagées au sein de différents organes de l'Union européenne a en effet beaucoup contribué au changement de position de l'Union européenne par rapport aux inégalités de genre. Le phénomène que d'autres auteurs ont appelé « féminisme d'État » ou « fémocrates » (voir Waylen, chapitre 5) se reproduit ainsi au niveau supranational sous la forme d'un « féminisme inter-étatique ». Mais Reinalda montre aussi les limites de ce modèle de changement. En effet, le pouvoir d'influence acquis par les « fémocrates » supranationales reste modeste, étant donné leur nombre restreint et leur entrée relativement tardive (et concentrée sur le secteur social) dans l'organisation ; le champ d'action et d'application des politiques publiques de l'Union européenne concernant les inégalités entre hommes et femmes est limité, car cantonné au secteur économique ; et enfin, la plupart des mesures de l'Union européenne continuent d'être aveugles à la dimension du genre. On voit ainsi que le niveau supranational offre certes des opportunités d'action politique permettant d'améliorer la citoyenneté sociale des femmes, mais l'analyse de Reinalda montre qu'il serait prématuré de considérer l'Union européenne comme l'émancipateur des femmes.

Le rapport public-privé

Les textes regroupés dans la troisième partie présentent différentes manières de conceptualiser les termes clefs des débats sur les rapports entre le genre et la politique. Ils approfondissent les concepts théoriques qui sous-tendent les perspectives de genre sur la citoyenneté et l'État et mettent également en évidence les divergences théoriques autour de ces concepts. À travers ces textes, on voit qu'il n'existe pas de consensus parmi les différentes perspectives sexuées quant à la manière la plus adéquate de conceptualiser les thèmes aussi fondamentaux que les rapports entre le privé et le public, les frontières précises « du » politique, ou même le concept de genre lui-même.

En ce qui concerne le concept de genre, il est peut-être utile de préciser d'emblée qu'il existe un débat important entre les positions appelées essentialistes et les positions anti-essentialistes. Les « essentialistes » pensent que les femmes sont fondamentalement différentes des hommes, notamment pour des raisons biologiques ; les « anti-essentialistes » — souvent d'inspiration postmoderne ou poststructuraliste — considèrent le genre comme étant une construction sociale, et insistent sur la multiplicité et la multidimensionnalité des identités de genre. Toutes les deux reconnaissent l'importance des différences sexuelles, mais les conséquences que les théoriciens respectifs en tirent sont différentes : pour les essentialistes, les différences fondamentales entre les sexes doivent être l'objet de l'action politique, qui doit viser à réduire les inégalités entre les femmes et les hommes. Pour les anti-essentialistes, en revanche, c'est la construction sociale des identités de genre elle-même qui est le problème — car c'est là que se situe le véritable enjeu de pouvoir — et donc l'objet à expliquer. Comme l'affirme Okin, « il s'agit d'un concept utilisé par celles et ceux qui considèrent comme socialement construite non seulement l'inégalité sexuelle, mais également la différenciation entre les sexes » (chapitre 9 de ce volume). Dès lors, l'analyse des rapports entre genre et politique se focalise sur l'institutionnalisation sociale et politique des différences sexuelles.

Le premier texte, « Le genre, le public et le privé », de Susan Moller Okin (chapitre 9) présente un survol des différentes positions théoriques concernant les rapports public-privé. Okin commence par une clarification conceptuelle des différents usages des termes « public » et « privé ». Elle critique la science politique pour sa tendance à confondre différents usages de ces termes et à créer des confusions[1]. Dans la suite du texte, Okin s'attache plus particulièrement à montrer en quoi la distinction public/privé, dans le sens

---

1. À savoir un premier usage qui désigne la distinction État/société, et un deuxième, qui se réfère à la distinction sphère non domestique/sphère domestique.

d'État/famille, est très critiquable d'un point de vue féministe : cette dichotomie, où tout ce qui touche à la famille est considéré comme privé, entraîne l'exclusion du champ conceptuel de la science politique de toute une série de thèmes pourtant essentiels, comme, par exemple, le problème de la justice dans la vie quotidienne, la dimension politique de la famille, ou les inégalités entre hommes et femmes. Sauf dans de rares exceptions comme Held, Walzer ou Sandel, la plupart des penseurs politiques classiques et modernes excluent en effet la famille de leurs analyses du pouvoir politique, soit explicitement comme Rousseau, Locke ou Hegel (voir également Pateman, chapitre 2 de ce recueil), soit implicitement, comme Rawls.

Le deuxième problème par rapport à la théorisation des rapports entre privé et public par le *mainstream* est celui de la « fausse neutralité de genre ». Okin entend par là les efforts de la part de différents théoriciens modernes, comme, par exemple, MacIntyre, pour éviter un langage sexiste en parlant de « personnes » plutôt que d'hommes. Selon Okin, leur « bonne volonté » en matière de genre est paradoxalement problématique, car ce langage apparemment neutre masque le fait que ces théoriciens ne tiennent toujours pas compte des inégalités de genre et des implications de ces inégalités pour la vie de ces « personnes ». Par conséquent, ils ne considèrent pas non plus que cette inégalité relève d'un problème de justice sociale.

C'est sur la base de ces critiques qu'Okin entre dans le débat entre public et privé. La question des rapports entre ces deux sphères a été au cœur de la

« deuxième vague » du mouvement féministe. Pour les activistes traditionnelles du XIXᵉ et début du XXᵉ siècle, le rapport public-privé ne posait guère de problèmes car elles ne remettaient pas fondamentalement en cause la séparation des rôles masculins et féminins, ni la séparation des sphères. Le droit à l'éducation ou le droit de vote étaient ainsi revendiqués (et accordés) non pas dans le but de remettre en question le rôle de la femme, mais au contraire, pour lui permettre de mieux s'y conformer en devenant une meilleure mère ou épouse. Le mouvement féministe des années 1970, en revanche, a fait de la contestation de la séparation traditionnelle des sphères une revendication centrale, résumée par le fameux slogan « le personnel est politique ». Les controverses autour de la signification exacte de ce slogan ont été (et sont toujours) nombreuses. Pour certaines activistes de l'époque, il exprimait leur volonté de libérer les femmes en supprimant purement et simplement la famille, car elles voyaient dans la famille l'origine de l'oppression de la femme. Aujourd'hui, la plupart des féministes évitent cette position extrême, même si elles reconnaissent la gravité des rapports inégaux et injustes entre hommes et femmes à l'intérieur de la famille. Toutefois, leur « solution » consiste non pas à vouloir abolir la cellule familiale, mais à s'engager pour une démocratisation de celle-ci. Elles reconnaissent donc la pertinence de l'existence de deux sphères distinctes. Les désaccords portent à la fois sur la nature de chacune de ces sphères et sur la nature des rapports entre les deux sphères.

Okin critique la sphère privée pour les nombreuses inégalités qui existent en son sein. Selon elle, ces inégalités sont dues à la structuration, par l'État, des rapports entre hommes et femmes dans la famille. Elle estime que « nous ne pouvons pas espérer comprendre les sphères "publiques" — l'état du monde du travail ou du marché — sans prendre en considération leur nature sexuée et le fait qu'elles ont été construites sur la base de l'idée de la supériorité et de la domination masculine, et de la responsabilité féminine pour la sphère domestique ». Par conséquent, elle pense qu'une démocratisation de la sphère publique n'est pas possible sans une démocratisation préalable de la sphère privée. Pour rendre possible cette démocratisation de la sphère privée, nous avons selon Okin besoin de mieux comprendre *de quelle manière* la sphère privée est façonnée par la sphère publique (voir aussi Waylen, chapitre 5). Malgré cette vision critique de l'interdépendance des sphères, Okin pense qu'il est important de maintenir une distinction entre le privé et le public. Elle estime en effet que beaucoup de droits des femmes, comme le droit à l'avortement, par exemple, ont besoin, pour pouvoir être exercés, d'un droit à la « *privacy* », c'est-à-dire d'une sphère dans laquelle l'individu a le libre choix sur ses décisions personnelles.

Anne Phillips, dans son texte « Espaces publics, vies privées » (chapitre 10), défend elle aussi une vision des sphères publique et privée interdépendantes, mais néanmoins distinctes. Pour elle, le slogan « le

personnel est politique » signifie surtout qu'il faut
élargir la conception du « politique ». Pour la science
politique en particulier, cela signifie qu'il faudrait intégrer la sphère privée dans les analyses, plutôt que de
restreindre le champ d'analyse à la sphère publique,
comme le fait la science politique traditionnelle. Afin
de montrer en quoi la prise en compte de la sphère
privée est nécessaire, Phillips s'intéresse plus particulièrement au concept de *démocratie*. Elle aborde ce
thème sous deux angles. Le premier angle est celui de
la participation politique et, plus généralement, de
l'engagement public des femmes. Des auteurs comme
Lovenduski ou Randall ont montré que le niveau de
participation des femmes est resté pendant longtemps
plus bas que celui des hommes, même si ces écarts
tendent aujourd'hui à disparaître. Pour expliquer ce
phénomène, Phillips soulève le problème — généralement négligé par la littérature traditionnelle — des
contraintes privées qui pèsent sur les engagements
publics. Elle traite en particulier du problème pratique
du budget-temps des femmes qui leur laisse souvent
peu de place pour des activités politiques. Un deuxième facteur explicatif du niveau de participation
plus bas des femmes réside dans le manque de confiance en soi de la part des femmes qui, selon Phillips,
est une conséquence psychologique de leur rôle subordonné dans la sphère domestique. Comme Okin,
Phillips en tire la conclusion qu'une démocratisation
de la sphère publique — donc une participation plus
forte des femmes dans la sphère publique — n'est
pas possible sans une démocratisation préalable de la

sphère privée[1]. À son avis, aborder le problème de la participation politique des femmes sans tenir compte des contraintes de la sphère privée est dénué de sens et revient à avoir une conception trop étroite de la démocratie.

Le deuxième angle d'analyse de Phillips est celui de la définition du terme démocratie et son rapport avec les relations de pouvoir à l'intérieur de la famille. Elle critique la vision traditionnelle de la démocratie qui ne tient pas compte des rapports de pouvoir — amoureux, sexuels, économiques — entre femmes et hommes à l'intérieur de la famille. Selon Phillips, les inégalités au sein de la famille relèvent de la justice sociale, au même titre que les inégalités dans la sphère publique. Dans ce sens, elle pense que la démocratisation de la sphère privée n'est pas seulement un moyen pour atteindre le but de la citoyenneté politique active, mais également une valeur en soi. Selon Phillips, une conception adéquate de la démocratie doit donc inclure les rapports de pouvoir de la sphère privée, car une véritable démocratie ne saurait s'accommoder d'inégalités de genre flagrantes au sein de la sphère privée. Cette conception élargie de la démocratie, défendue aussi par beaucoup d'autres féministes, est une des contributions théoriques majeures des perspectives du genre.

Si les féministes s'accordent sur la nécessité de démocratiser la sphère privée, elles divergent quant aux solutions politiques proposées, comme Phillips le

---

1. Cet argument ressemble à celui développé par les théoricien(ne)s de la démocratie participative par rapport à la sphère du travail (voir Pateman, chapitre 3).

montre dans son texte. Pateman, par exemple, estime qu'il n'y a pas lieu de vouloir maintenir une distinction entre les sphères publique et privée, mais qu'il faut au contraire « politiser » davantage la sphère privée (voir également Okin, chapitre 9). D'autres estiment qu'il est essentiel de préserver une frontière nette entre les deux sphères. Elshtain, par exemple, rejette la solution de Pateman, estimant qu'une assimilation des deux sphères serait totalitaire, car elle ne laisserait aucune place à des sphères de l'existence en dehors du politique. Selon Elshtain, la séparation rigide des sphères telle qu'opérée par le libéralisme a conduit à l'évacuation de la sphère politique des valeurs familiales et de l'esprit de solidarité et de soin, « *care* ». La sphère publique devient dès lors un espace régi uniquement par le principe de la poursuite rationnelle d'intérêts égoïstes, de sorte que le politique est finalement vidé des valeurs qui devraient être les siennes. Par conséquent, Elshtain craint que l'application à la sphère privée des principes en vigueur dans la sphère publique donne libre cours aux tendances les plus négatives du monde moderne. Or, elle pense que la famille doit être protégée contre les effets néfastes de la politisation en maintenant une séparation claire entre les deux sphères.

Ce n'est pas l'avis de Phillips pour qui la conception d'une sphère familiale indépendante de la sphère politique est dépourvue de sens. Pour elle, « du moment que les relations en apparence intimes entre hommes et femmes (ou entre parents et enfants) sont structurées par la régulation de l'État, par les conditions économiques et par le pouvoir patriarcal, ces relations sont déjà politisées, que nous le voulions ou non ». Malgré cette divergence, Phillips est d'accord avec Elshtain sur le fait qu'il faille maintenir une séparation entre la sphère publique et la sphère privée, mais ce pour des raisons différentes : alors qu'Elshtain voudrait surtout protéger les valeurs familiales de l'emprise de l'État, Phillips fonde son argument sur la nécessité de préserver des sphères dans lesquelles le principe de décision individuelle (*« privacy »*) soit maintenu. Sur ce point, Phillips est proche de la position d'Okin (chapitre 9). Toutefois, Phillips va un pas plus loin qu'Okin en proposant de « désexuer » la distinction privé/public, c'est-à-dire de détacher la définition des sphères de celle des rôles sexués. La distinction des sphères devrait donc se faire sur le critère du droit à la sphère privée, non sur celui du genre.

Le thème des rapports entre les sphères est conceptualisé différemment par Terrell Carver, qui aborde la question du rapport public-privé par le biais d'une théorisation des identités de genre. Dans son texte « Théories politiques féministes et théories postmodernes du genre » (chapitre 11), Carver critique les conceptualisations de l'identité de genre dans les théories politiques féministes : pour la plupart des théories féministes, le genre est une catégorie binaire. En effet, on part implicitement ou explicitement de l'idée qu'il existe une catégorie « des » femmes et une catégorie « des » hommes, ce qui incite à conceptualiser certains enjeux comme relevant des intérêts « des femmes » ou « des hommes ». Or, comme Mouffe (chapitre 4), Carver remet en question cette conceptualisation binaire en s'appuyant sur des théories postmodernes d'une part, et sur la littérature anglo-saxonne sur la masculinité d'autre part. Il se penche en particulier sur la théorisation, par les féministes, des hommes et de l'identité masculine. Ce thème longtemps négligé est important, étant donné le quasi-monopole des hommes sur le pouvoir politique que tous les courants de la perspective du genre soulèvent et critiquent. La théorisation de la masculinité est, selon Carver, cruciale pour comprendre les origines de ce monopole de pouvoir et surtout pour identifier les possibilités de changement (qui seraient minimes si l'on s'arrêtait à l'idée que les hommes sont toujours et nécessairement des oppresseurs).

Focalisant sur les analyses de Phillips et Mendus, Carver montre une contradiction dans les analyses féministes. Il reproche à Phillips et Mendus de conceptualiser le citoyen de la théorie politique classique comme étant à la fois « désexué » et « masculin ». À ses yeux, cette analyse est erronée. Carver partage l'avis que le citoyen en question n'est certainement « pas une femme », mais rejette l'idée qu'il s'agisse d'un homme. Selon lui, ce qui est désexué ne peut pas être en même temps masculin.

En outre, Carver reproche aux féministes d'être inconsistantes dans leur conception théorique. Il constate que, en ce qui concerne l'identité *féminine*, Mendus et Phillips partagent sa position antiessentialiste (contrairement à d'autres comme Walby et les maternalistes, qui considèrent le corps des femmes comme un fondement essentiel de l'identité de genre). Mais lorsqu'il s'agit des hommes, elles retombent dans l'essentialisme en théorisant ces derniers d'une manière « crypto-biologique » et homogénéisante, selon Carver. Elles ont notamment tendance à définir les hommes par leur incapacité à pouvoir porter un enfant.

Or, les écrits sociologiques récents sur la masculinité montrent à quel point il est problématique de prendre les représentations dominantes et stéréotypées de la masculinité comme modèle universel de l'identité masculine. Ces travaux montrent également la nécessité d'analyser de façon critique la manière dont cette masculinité est construite. S'appuyant sur les théories postmodernes de Haraway (1991) et Butler (1990, 1993), Carver défend une théorisation plurielle des identités de genre, tant masculines que féminines. Pour lui, une conception adéquate doit prendre en considération les multiples composantes et formes de ces identités, y compris celles qui sont marginalisées par rapport aux constructions dominantes de ces identités (comme l'orientation sexuelle, la race ou l'ethnie).

Carver se tourne ensuite vers la question du rapport entre le public et le privé. Sur ce point, sa position est très différente de celles de Pateman, Phillips et Okin. Il estime que la question de savoir si ces sphères sont séparées, interdépendantes, voire identiques, est mal posée. Pour lui, ces deux sphères ne sont pas simplement données, et la tâche de la théorie politique ne consiste pas uniquement à théoriser leurs rapports. Il pense au contraire qu'il s'agit de constructions sociopolitiques dont les frontières sont structurées par l'État. Rejoignant des auteurs comme Squires (1994) ou Connell (1990), Carver en tire la conclusion que c'est précisément le processus de construction de ces sphères et de leurs frontières respectives qu'il faut examiner, car c'est là que se situent les véritables enjeux de pouvoir (voir aussi Mouffe, chapitre 4).

Carver insiste plus particulièrement sur le fait — souvent négligé dans les travaux féministes — que la structuration traditionnelle des deux sphères a également des conséquences pour les hommes. Les féministes ont beaucoup critiqué la théorie politique traditionnelle pour avoir relégué les thèmes habituellement associés à la féminité — comme la sexualité, la prise en charge des enfants ou la reproduction — à la sphère privée. Carver fait remarquer que cette exclusion concerne également les hommes. En effet, des enjeux tels que les sexualités masculines, les fonctions de reproduction des hommes ou leur rôle dans la garde et l'éducation des enfants ont également été exclus du champ conceptuel et du débat politique. La paternité, même si elle est souvent invoquée par les théoriciens politiques traditionnels (par exemple, Locke) comme symbole du pouvoir patriarcal masculin, n'est pas pour autant théorisée, ni dans les perspectives traditionnelles, ni dans les perspectives féministes. Le citoyen présupposé masculin, mais apparemment désexué, de la théorie politique traditionnelle masque, selon l'expression de Carver, une « absence », c'est-à-dire un « vide au sein de la théorie politique traditionnelle et, plus généralement, dans le discours politique (…) ».

Le texte de Carver ouvre des pistes intéressantes pour la perspective du genre, tout en critiquant certaines des positions féministes. Il rappelle que, comme le souligne l'auteur (1996), « le genre n'est pas un synonyme de femmes ».

En tant qu'éditrices de cet ouvrage, nous partageons la conviction que les identités de genre, tant masculines que féminines, constituent une dimension centrale de l'ordre social, et que notre discipline aurait tout à gagner à s'intéresser davantage aux implications politiques de ces multiples identités. Nous exprimons donc le souhait de voir la science politique s'ouvrir davantage à cette perspective, aussi et surtout dans l'espace francophone.

Genève, juin 2000

VÉRONIQUE MOTTIER,
LEA SGIER,
THANH-HUYEN BALLMER-CAO

RÉFÉRENCES

BADIE, Bertrand et BIRNBAUM, Pierre (1994). « Sociologie de l'État revisitée ». *Revue internationale des sciences sociales* 140.

BALLMER-CAO, Thanh-Huyen (1980). *Analyse des niveaux de participation et de non-participation en Suisse.* Berne, Francfort : Lang.

BALLMER-CAO, Thanh-Huyen (1988). *Le conservatisme politique féminin en Suisse : mythe ou réalité ?* Genève : Georg.

BALLMER-CAO, Thanh-Huyen et WENGER, Ruth (1989). *L'élite politique féminine en Suisse. Die politische Frauenelite in der Schweiz.* Zurich : Seismo.

BARBER, Benjamin (1984). *Strong Democracy : Participatory Politics for a New Age.* Berkeley : University of California Press. (fr. : *Démocratie forte.* Paris : Desclée de Brouwer, 1997).

BARKEY, Karen et PARIKH, Sunita (1991). « Comparative Perspectives on the State ». *Annual Review of Sociology* 17.

BARRETT, Michèle, et PHILLIPS, Anne (ed.) (1992). *Destabilizing Theory : Contemporary Feminist Debates.* Cambridge : Polity Press.

BUTLER, Judith (1990). *Gender Trouble : Feminism and the Subversion of Identity.* Londres : Routledge.

BUTLER, Judith (1993). *Bodies that Matter : On the Discursive Limits of « Sex ».* Londres : Routledge.

BUTLER, Judith et SCOTT, Joan W. (1992). *Feminists Theorize the Political.* New York, Londres : Routledge.

CARROLL, Susan J. et ZERILLI, Linda M.G. (1998). « La science politique américaine face aux défis du féminisme ». *Politix* 41.

CARVER, Terrel (1996). *Gender is not a Synonym for Women.* Boulder : Lynne Rienner.

CHODOROW, Nancy (1978). *The Reproduction of Mothering. Psychoanalysis and the Sociology of Gender.* Berkeley : University of California Press.

COHEN, Yolande et THÉBAUD, Françoise (sous la dir.) (1998). *Féminismes et identités nationales. Les processus d'intégra-*

tion des femmes au politique. Centre Jacques Cartier, Programme Rhône-Alpes de Recherche en Sciences Humaines.

CONNELL, Robert W. (1990). « The State, Gender, and Sexual Politics ». *Theory and Society* 19.

DAHLERUP, Drude (1987). « Confusing Concepts - Confusing Reality : a Theoretical Discussion of the Patriarchal State », in A. Showstack Sassoon (ed.), *Women and the State*. Londres : Routledge.

DOGAN, Mattei et NARBONNE, Jacques (1955). *Les Françaises face à la politique : comportement politique et condition sociale*. Paris : A. Colin.

DUVERGER, Maurice (1955). *La participation des femmes à la vie politique*. Paris : Unesco.

ELSHTAIN, Jean Bethke (1981). *Public Man, Private Woman*. Princeton : Princeton University Press.

EPHESIA (1995). *La place des femmes. Les enjeux de l'identité et de l'égalité au regard des sciences sociales*. Paris : La Découverte.

EVANS, Judith (1986). *Feminism and Political Theory*. Londres : Sage.

EVANS, Peter, RUESCHMEYER, Dietrich et SKOCPOL, Theda (ed.) (1985). *Bringing the State Back In*. Cambridge : Cambridge University Press.

FAURÉ, Christine (sous la dir.) (1997). *Encyclopédie politique et historique des femmes. Europe, Amérique du Nord*. Paris : Presses Universitaires de France.

GILLIGAN, Carol (1982). *In a Different Voice : Psychological Theory and Women's Development,* Harvard University Press, Cambridge. (fr. : *Une si grande différence*. Paris : Flammarion, 1986).

HARAWAY, Donna (1991). *Simians, Cyborgs, and Women : The Reinvention of Nature*. Londres : Free Association Books.

HERNES, Helga M. (1984). « Women and the Welfare State. The Transition from Private to Public Dependence », in H. Holter (ed.), *Patriarchy in a Welfare Society*. Oslo : Universitetsforlaget.

HERNES, Helga M. (1987). *Welfare State and Woman Power*. Oslo : Norwegian University Press.

JAQUETTE, J. S. (1974) (ed.). *Women in Politics*. New York : Wiley.

KEMP, Sandra et SQUIRES, Judith (1998). *Feminisms*. Oxford, New York : Oxford University Press.

KIRKPATRICK, J.J. (1974). *Political Woman*. New York : Basic Books.

KYMLICKA, Will et NORMAN, Wayne (1994). « Return of the Citizen : A Survey of Recent Work on Citizenship Theory ». *Ethics* 104.

LISTER, Ruth (1990). « Women, Economic Dependency and Citizenship ». *Journal of Social Policy* 19 (4).

LISTER, Ruth (1992). « Tracing the Contours of Women's Citizenship », *Policy and Politics* 21 (1).

LOVENDUSKI, Joni (1998). « Gendering Research in Political Science ». *Annual Review of Political Science* 1.

LOVENDUSKI, Joni et HILLS, Jill (1981). *The Politics of the Second Electorate. Women and Public Participation*. Boston : Routledge et Kegan Paul.

LOVENDUSKI, Joni et NORRIS, Pippa (1996). *Women in Politics*. Oxford : Oxford University Press.

MARSHALL, Thomas Humphrey (1950). *Citizenship and Social Class*. Cambridge : Cambridge University Press.

MOSSUZ-LAVAU, Janine et SINEAU, Mariette (1983). *Enquête sur les femmes et la politique en France*. Paris : P.U.F.

MOSSUZ-LAVAU, Janine (1989). « Le vote des femmes en France », in Daniel Gaxie (dir.), *Explications du vote. Un bilan des études électorales en France*. Paris : Presses de la Fondation nationale des sciences politiques.

NICHOLSON, Linda (ed.) (1990). *Feminism/Postmodernism*. New York : Routledge.

NORRIS, Pippa (1987). *Politics and Sexual Equality. The Comparative Position of Women in Western Democracies*. Brighton : Wheatsheaf et Boulder : Rienner.

PATEMAN, Carole (1988). *The Sexual Contract*. Cambridge : Polity Press.

PATEMAN, Carole (1991). « Women and Citizenship ». Contribution présentée au séminaire du *Gender Group*, LSE, Londres.

PHILLIPS, Anne (ed.) (1998). *Feminism and Politics*. Oxford : Oxford University Press.

RANDALL, Vicky (1982). *Women and Politics*. Londres, Basingstoke : MacMillan.

ROSANVALLON, Pierre (1992). *Le sacre du citoyen. Histoire du suffrage universel en France*. Paris : Gallimard.

SIIM, Birte (1988). « Towards a Feminist Rethinking of the Welfare State », in Kathleen B. Jones et Anna G. Jónasdóttir (ed.), *The Political Interests of Gender*. Londres : Sage.

SINEAU, Mariette (1988). *Des femmes en politique*. Paris : Economica.

SQUIRES, Judith (1994). « Private Lives, Secluded Places : Privacy as Political Possibility ». *Environment and Planning D : Society and Space* 12.

YOUNG, Iris Marion (1998). « Political Theory : An Overview », in Robert E. Goodin et Hans-Dieter Klingemann (ed.), *A New Handbook of Political Science*. Oxford : Oxford University Press*.

* Voir également la contribution, parue alors que l'ouvrage était sous presse, de Geneviève Fraisse, « Les deux gouvernements : la famille et la Cité », *in* Marc Sadoun (éd), *La démocratie en France*, tome 2 : *Limites*, Paris : Gallimard, 2000, p. 9-115.

PREMIÈRE PARTIE

LA CITOYENNETÉ

1

La citoyenneté est-elle sexuée[1] ?

INTRODUCTION

La citoyenneté est-elle sexuée ou est-elle au-delà d'un tel particularisme ? Ce concept réussit-il à être universaliste, ou est-il toujours affecté par les inégalités de genre, de classe et d'ethnicité, socialement enracinées ? Ces questionnements relèvent à la fois d'un projet politique pour lequel le concept du citoyen sert de symbole unificateur, et d'une compréhension du concept d'intégration sociale. Dans la Grande-Bretagne contemporaine, le terme de citoyenneté a souvent été employé pour désigner une conception populiste d'égalité et de justice pour tous. C'est dans ce sens qu'il a été utilisé dans la définition de la « Charte des droits des Citoyens ». En Grande-Bretagne, le débat des sciences sociales sur ce sujet s'est le plus souvent concentré sur la manière dont la classe sociale limite l'accès à la citoyenneté ; c'est le cas notamment pour

---

1. Traduit et reproduit avec la permission de Cambridge University Press.

les débats autour des travaux de T.H. Marshall (Mann 1987 ; Marshall 1950 ; Turner 1990). Néanmoins certaines études en sciences sociales se sont également intéressées à la relation entre la citoyenneté et la cohésion sociale (Marquand 1988 ; Pahl 1991 ; Taylor 1991 ; Turner 1991 a, 1991 b).

La dimension du genre est souvent absente de la discussion autour de la citoyenneté. On explore, par exemple, rarement la portée et les raisons qui font que les femmes n'ont pas le même accès à la citoyenneté que les hommes (à quelques exceptions près, comme, par exemple, Lister 1990). Un premier pas à franchir, ne serait-ce que pour attirer l'attention sur la différence entre femmes et hommes dans leurs rapports à la citoyenneté, est d'inclure la notion de genre dans la discussion. On peut cependant se demander si le concept de citoyenneté n'est pas trop imprégné de présupposés sexués par rapport à la sphère publique et au lien entre le marché économique et l'État, pour encore pouvoir être considéré comme projet universaliste, ou s'il n'est pas plutôt un projet particulariste et sélectif. Une autre question est celle de l'importance de la citoyenneté dans le développement des formes contemporaines des relations entre hommes et femmes, et donc des relations sociales en général. La question se pose de savoir si l'accès des femmes à la citoyenneté a un impact significatif sur la forme et le degré des inégalités entre hommes et femmes.

L'HÉRITAGE DE MARSHALL

En sciences sociales, la plus grande partie du débat actuel autour de la citoyenneté est centrée sur le lien entre la classe et l'intégration sociale. L'influence du genre n'est généralement pas prise en compte. T. H. Marshall a développé une théorie de la citoyenneté qu'il considérait à la fois comme socialement progressiste et politiquement modérée, étant convaincu de la possibilité de réaliser la justice et d'instaurer des droits dans une économie capitaliste (Marshall 1950, 1975, 1981). La majeure partie de son analyse concerne le changement des structures de classes sociales en relation avec les concepts de citoyenneté et de capitalisme. Bien que j'adopte ici la définition de la citoyenneté de Marshall, je n'adhère pas à sa théorie du développement de la citoyenneté.

Selon Marshall, la citoyenneté comprend

« trois parties, ou éléments : civil, politique et social. L'élément civil comprend les droits nécessaires à la liberté de l'individu — la liberté de la personne, la liberté d'expression et de croyance religieuse, le droit à la propriété et le droit de passer des contrats, ainsi que le droit à la justice. (…) Les institutions associées le plus directement aux droits civils sont les tribunaux. Par élément politique, j'entends le droit de participer au pouvoir politique, en tant que membre d'un corps investi d'autorité politique ou en tant qu'électeur des membres de ce corps. Les institutions lui correspondant sont le Parlement et les conseils des administrations locales. J'entends par élément social tous les droits allant du droit minimal au bien-être et à la sécurité économique, à celui de pouvoir partager pleinement l'héritage social, et de vivre une vie civilisée selon les normes en vigueur dans une société donnée. Les institutions qui y sont le plus étroitement liées sont celles du système éducatif et des services sociaux » (Marshall 1950 : 10-11).

Selon Marshall, ces droits se sont mis en place progressivement, avec les droits civils, puis les droits politiques et, enfin, les droits sociaux :

« Sans trop trahir l'exactitude historique, on peut faire remonter la formation de chacun de ces droits à un siècle différent — le XVIIIe pour les droits civils, le XIXe pour les droits politiques et le XXe pour les droits sociaux » (Marshall 1950 : 14).

Les droits civils comprennent l'*habeas corpus* et, en ce qui concerne le domaine économique, le droit à la liberté de choisir son travail (Marshall 1950 : 15).

Pourtant, jusqu'en 1928 pour la Grande-Bretagne et jusqu'en 1920 pour les États-Unis, les femmes ne bénéficiaient pas de la plupart des droits civils et politiques. Elles ne disposaient pas de la liberté de la personne, dans le sens où le droit de contrôle sur leur propre corps, en termes d'avortement et de contraception, leur était refusé. En outre, les femmes mariées n'avaient pas le droit de vivre ailleurs qu'à l'endroit choisi par leurs maris. Jusqu'à la fin du XIXe siècle, les femmes perdaient au moment du mariage le droit à la propriété, ainsi que celui de passer elles-mêmes des contrats valables. Les femmes mariées ne bénéficiaient pas du « droit à la justice », dans la mesure où elles n'échappaient ni à la contrainte physique de leurs maris, ni à l'obligation de consentir aux rapports sexuels. Elles n'avaient pas non plus de droits politiques, puisque le droit de vote ne leur fut accordé, par petites étapes, qu'en 1918 et en 1928. Par ailleurs, les femmes ne jouissaient pas du droit « civil » de pouvoir choisir leur emploi. Leur accès aux différentes formes d'emploi était en effet soumis à de nombreuses restrictions, de l'interdiction pour les femmes mariées d'occuper la plupart des emplois administratifs, jusqu'à l'impossibilité d'occuper des emplois de main-d'œuvre spécialisée, puisque l'accès à l'apprentissage leur était également refusé (Banks 1981 ; Drake 1920 ; Holcombe 1983 ; Walby 1990).

Le concept de citoyenneté de Marshall nous permet cependant de nous interroger sur les degrés de citoyenneté atteints par différents groupes sociaux à différents moments. Marshall n'a pas utilisé ce concept dans ce sens, mais cela ne doit pas nous empêcher de le faire aujourd'hui.

Mann (1987) reproche à la conception de Marshall des trois étapes d'acquisition de la citoyenneté d'être évolutionniste et anglocentrée. Il préfère, quant à lui, insister sur l'importance des formations militaires et géopolitiques. Bien que Mann ait raison de soulever ce point, je pense qu'il ne va pas jusqu'au bout, car il sous-estime l'importance de l'ethnicité et de la « race », et ferme les yeux sur d'autres divisions sociales, comme le genre. Même s'il traite parfois du genre de manière descriptive, celui-ci a peu d'importance dans ses travaux, analytiquement parlant. Concernant, par exemple, le cas des États-Unis, Mann propose :

> « Aux États-Unis, les ouvriers ont été absorbés par le régime libéral. Une large coalition, comprenant des propriétaires terriens et des commerçants ainsi que de petits paysans et des artisans, avait fait la Révolution. Les hommes adultes blancs pouvaient difficilement être exclus de la citoyenneté civile et politique. Dès le début des années 1840, tous, dans tous les États, possédaient le droit de vote — cinquante ans avant le reste du monde, cinquante ans avant l'émergence d'un mouvement ouvrier puissant. Ainsi les revendications politiques des ouvriers sont peu à peu apparues comme celles d'un groupe d'intérêts à l'intérieur d'une constitution politique fédérale existante et d'un système compétitif de partis. (…) Comme la classe ouvrière (blanche) faisait civilement et politiquement partie intégrante du régime, elle n'avait pas besoin des grandes idéologies du prolétariat — qui, lui, était exclu de la citoyenneté — du socialisme et de l'anarchisme » (Mann 1987 : 342).

On peut remarquer dans ce paragraphe des glissements illégitimes entre des catégories distinctes, spécialement entre d'un côté la « classe ouvrière » et de l'autre, la catégorie des « hommes adultes blancs ». Le paragraphe débute avec, dans la première phrase, une référence à la « classe ouvrière ». La deuxième phrase se réfère à « une large coalition comprenant des propriétaires terriens et des commerçants, ainsi que de petits paysans et des artisans ». La troisième fait référence aux « hommes adultes blancs ». Dans la quatrième, le « tous » se rapporte aux « hommes adultes blancs », mentionnés dans la troisième. La cinquième revient sur le concept initial de la « classe ouvrière ». Enfin, dans le paragraphe suivant, le sujet change à nouveau et devient cette fois-ci « la classe ouvrière (blanche) ».

Pourtant, les catégories « ouvriers » et « hommes adultes blancs » correspondent à deux groupes distincts, puisque la première inclut les femmes et les Noirs. Certaines femmes assument à la fois un travail salarié et des tâches non rémunérées et participent ainsi à la catégorie des « ouvriers », et donc à celle de la classe ouvrière. Ce glissement pose alors problème, puisque les hommes adultes blancs représentaient une minorité de la population, ainsi qu'une minorité des ouvriers. Mann cherche pourtant à généraliser cette catégorie minoritaire en la substituant au concept plus large de « classe ouvrière ». Or, alors que « les hommes adultes blancs » faisaient « partie intégrante du régime », il n'en allait pas de même de la « classe ouvrière ». Par conséquent, la base sociale identifiée par Mann comme le fondement de son analyse des forces politiques est à la fois mal décrite et mal conceptualisée.

Il est ainsi inapproprié de décrire la société américaine des années 1840 comme « libérale », alors que les citoyennetés civile et politique n'étaient accordées qu'à une minorité de la population adulte, sur la base des critères attributifs du sexe et de la « race ». Les États-Unis ne sont devenus une véritable « démocratie », avec des droits civils et politiques de citoyenneté pour toute personne adulte, qu'à partir de la fin des années 1960,

après la lutte pour le suffrage des femmes blanches et le
mouvement des droits civils des années 1960, qui a
conduit au suffrage pour les Noirs. Ceci a des implications majeures pour une théorie de la démocratie, de la
citoyenneté et de la structure politique. Alors que Mann
décrit l'État américain actuel comme le résultat de l'inclusion précoce de la « classe ouvrière », je pencherais
plutôt pour l'explication inverse : l'État américain est le
résultat d'une lente acquisition de la citoyenneté par différentes catégories de personnes, dont la classe ouvrière.

Mann soulève des points intéressants concernant le
rôle de l'armée dans les relations de pouvoir. Il ne fait
cependant aucune référence au fait que l'armée est une
institution très fortement sexuée (voir Enloe 1983). Si
l'on accepte sa thèse sur l'importance de l'armée, on
ne peut pas faire abstraction de l'importance du genre.

Turner (1990), quant à lui, conteste l'ethnocen-
trisme de Marshall, en admettant cependant qu'on
puisse considérer son concept de citoyenneté comme
un outil d'analyse précieux. Il reproche également à
Mann de ne pas pousser assez loin sa critique à l'encontre de Marshall. Turner s'intéresse à l'application
contemporaine de la notion tripartite de citoyenneté
proposée par Marshall, en se concentrant plus particulièrement sur la dernière partie du schéma, les droits
sociaux qui, selon lui, ont été garantis jusqu'à récemment par « l'État-providence ». En s'appuyant sur divers exemples historiques, allant de la Grèce antique à
la France révolutionnaire, Turner suggère qu'il est
plus approprié de parler d'une typologie des formes de
citoyenneté, plutôt que de considérer la citoyenneté

comme une entité unique. Sur la base de cette idée, il passe en revue les forces sociales et historiques spécifiques à l'émergence de différentes formes de citoyenneté. Turner insiste sur l'importance de deux dimensions : premièrement, la provenance de la pression pour instaurer la citoyenneté ; celle-ci peut émaner du haut ou du bas. Deuxièmement, l'orientation de cette pression vers la sphère publique ou privée. Il suggère qu'une combinaison de pressions provenant du bas, et une orientation positive envers la sphère publique, provoque l'émergence de formes révolutionnaires de citoyenneté, comme on a pu le constater dans la tradition française. Une pression du bas, combinée à une orientation moins positive vers la sphère publique, donne lieu à l'émergence du pluralisme libéral, comme l'illustre le cas américain. Lorsque l'aspiration à la citoyenneté provient du haut, et est orientée vers la sphère publique, on peut observer l'émergence d'une démocratie passive, comme c'est le cas en Angleterre. Enfin, lorsque l'aspiration à la citoyenneté provient du haut, mais qu'elle s'accompagne d'une vision négative de la sphère publique, cela engendre la montée du fascisme, comme dans le cas allemand.

La deuxième critique de Turner à l'encontre de Mann concerne son manque d'intérêt pour la structuration des sphères publique et privée, qui paraît au contraire extrêmement importante à Turner. « Si l'on considère l'émergence historique de la sphère publique comme correspondant de fait à l'émergence du politique, alors la relation structurelle entre le public et le privé, ainsi que leur signification culturelle, sont

constitutifs de toute compréhension de la relation entre
le totalitarisme et la démocratie » (Turner 1990 : 211).
Cette question est discutée en référence aux concepts
des « droits individuels » et de « la vie privée », lesquels s'opposent aux concepts d'« État » (1990 : 201)
et de « totalitarisme » (1990 : 200). Cette dichotomie
est placée entre l'« individuel » et l'« État », dans le
sens où « la vie privée émerge comme un sanctuaire
hors de la mainmise régulatrice de l'État » (1990 :
201). Turner relie étroitement le « privé » à la « famille », lorsqu'il discute « l'espace privé de la famille » (1990 : 209).

Ce qui pose problème dans les concepts de Turner,
c'est l'élision de la distinction entre « l'individu » et
la « famille », via le concept du « privé ». Par cette
élision, il efface les femmes. En effet, il traite la famille comme si son existence et ses intérêts formaient
une entité unique, ce qui est faux, puisque les épouses
et les maris ont, en fait, des intérêts distincts (voir
Acker 1973 ; Delphy 1984 ; Pateman 1988). Le terme
« privé » semble avoir deux sens — d'un côté l'autonomie de « l'individu » et, de l'autre, la liberté vis-à-
vis des interférences de l'État. À mon avis, Turner
réunit ces deux sens sous le même terme. Sa tentative
d'étendre cette définition du « privé » à celle de la
« famille » est illégitime. « La famille » n'est en effet
pas un « individu » — puisqu'elle est composée de
plusieurs personnes qui ne sont pas « privées » les
unes par rapport aux autres. Les femmes ne sont pas
libres de leur choix d'interagir ou non avec les
hommes, dont elles subissent la domination. Pour les

femmes, la « famille » n'est pas « privée ». L'État peut ou non interférer dans la famille, mais cela est un autre problème. Alors qu'il est légitime de parler des dichotomies État/individu et État/famille, il n'est pas approprié d'assimiler l'individu à la famille. L'expression « l'espace privé de la famille » n'a pas de sens, puisqu'elle nie l'existence de relations sociales à l'intérieur de la famille, en traitant de manière illégitime la femme et son mari comme une unité. En effet, Turner adopte une vision masculine des activités au sein du ménage lorsqu'il affirme que « dans les sociétés modernes (…) l'espace privé est perçu comme un lieu de loisir et d'épanouissement personnel ». Il nie, de ce fait, l'importance du ménage comme lieu du travail domestique effectué par les femmes.

Étant donné l'intérêt de Turner pour la manière dont les relations sociales sont structurées selon les axes du public et du privé, il est surprenant qu'il ait négligé dans son analyse l'importance du genre, ainsi que l'exclusion des femmes de la citoyenneté dans ces sociétés où elle fut pourtant garantie aux hommes adultes. C'est d'autant plus étonnant que le rôle de cette structuration dans l'exclusion des femmes de la citoyenneté a fait l'objet de nombreux débats. Selon certaines théoriciennes politiques, c'est justement cette division entre le public et le privé qui a rendu si difficile la participation des femmes à la sphère politique (voir Eisenstein 1981 ; Okin 1989 ; Pateman 1988). Or Turner n'a pas jugé bon de décrire, et encore moins d'expliquer, l'exclusion des femmes de la citoyenneté à certains moments, et leur inclusion à d'autres.

Les travaux de Marshall, Mann et Turner sur la citoyenneté sont utiles pour comprendre un concept de grande importance dans la pratique et le débat politiques. Toutefois, ces travaux réduisent la question de la citoyenneté à une simple analyse de classe sociale. Or, la citoyenneté est un concept qui va au-delà des droits de classe. Il devrait être retenu dans ses connotations modernes, impliquant la participation de tous les adultes à une véritable démocratie, sans quoi il s'agirait d'une analyse applicable seulement au type de citoyenneté des villes-États de la Grèce antique, et non à celle de l'Europe et du monde des années 1990, qui est sexué et connaît une pluralité ethnique.

J'aimerais proposer ici une approche alternative à l'analyse de la citoyenneté. Le point de départ de cette approche est l'accès différencié des habitants d'un territoire donné aux droits civils, politiques et sociaux. Cette participation différenciée ne devrait pas être considérée comme une « complication » de la théorie, mais devrait en devenir un enjeu central. Il ne faut pas attendre « des développements complémentaires de la théorie de la citoyenneté » pour procéder à une telle réorientation (Turner 1990 : 212). L'idée d'un accès différencié devrait au contraire faire partie intégrante des éléments de base de la construction conceptuelle de la citoyenneté.

On ne trouve généralement pas de période unique dans la formation des nations, en dépit des hypothèses sous-jacentes aux travaux de Mann (1987) et Turner

(1990) sur l'existence d'une période décisive dans la formation de la nation (de l'État ou encore de l'État-nation). Cette fausse hypothèse est centrale à la discussion de Mann concernant les variations sociétales dans le développement des institutions politiques constitutives de la démocratie. Elle est également centrale aux propos de Turner sur les périodes de constitution des différentes formes de citoyenneté. Or dans de nombreux pays, la citoyenneté n'a pas été acquise en même temps par tous : les divers groupes ont obtenu différents types de droits (civils, politiques, sociaux) à des moments différents. Les pays diffèrent lorsque l'on compare les moments auxquels différents groupes — les hommes blancs, les femmes blanches, les hommes et les femmes appartenant à des minorités ethniques — ont obtenu la citoyenneté.

Dans la plupart des pays occidentaux, plusieurs décennies ont séparé le moment où les hommes d'abord, puis les femmes, ont acquis la citoyenneté politique. Dans beaucoup de pays du tiers-monde, en revanche, les femmes ont obtenu le droit de vote en même temps que les hommes, c'est-à-dire au moment de l'indépendance. Ces mêmes femmes ne bénéficient toujours pas pleinement de la citoyenneté civile. En effet, elles n'ont acquis le contrôle de leur corps, le droit de divorcer, ainsi que le droit d'occuper tout type d'emploi, que très récemment. Dans les pays développés, les hommes ont obtenu la citoyenneté civile avant la citoyenneté politique. À l'inverse, les femmes ont acquis la citoyenneté politique avant la citoyenneté civile, ce qui contredit la thèse de Marshall. En fait, il

serait plus approprié de parler de « cycles de restruc-
turation » de l'État-nation plutôt que d'une période
critique de formation des nations (voir Massey 1984).
Cela pourrait nous permettre d'appréhender la notion
de changement comme le résultat d'une succession de
couches, accumulées sur des fondations de base, qui
vont influencer de manière significative les pratiques
futures.

Dans la plupart des États-nations occidentaux, les
femmes blanches ont obtenu la citoyenneté politique
après des luttes considérables. Dans le cas de la
Grande-Bretagne, la lutte pour le droit de vote et pour
la citoyenneté politique s'insérait dans un mouvement
plus large de luttes pour des droits liés à ce que Marshall appelle la « citoyenneté civile ». Ceux-ci incluent :
le droit à l'éducation ; le droit à la propriété ; le droit
de rompre un mariage ; le droit à l'intégrité de son
corps, comme le droit de ne pas avoir à subir des vio-
lences physiques de la part de son mari ; le droit à
l'emploi ; le droit de siéger dans un jury ; le droit de
s'engager dans la police (voir Banks 1981 ; Strachey
1928 ; Walby 1988). Certains de ces droits ont été
acquis avant le droit de vote, d'autres dans les décennies suivantes. Pour les femmes britanniques, la lutte
pour les citoyennetés politique et civile s'inscrivait
dans une même vague d'action politique. Elles ont
acquis au moins autant de droits civils avant de bénéficier de la citoyenneté politique, qu'après. Ceci contredit à nouveau la thèse de Marshall (1950) selon
laquelle la citoyenneté civile précède la citoyenneté
politique. Dans le cas des femmes britanniques, la

citoyenneté politique a servi de base pour l'acquisition des droits civils, autant que la citoyenneté civile a servi de base à l'acquisition des droits politiques.

La structure des sphères publique et privée est très importante pour comprendre la position et le statut de citoyenneté des femmes (voir Eisenstein 1981 ; Okin 1989 ; Pateman 1988). D'un point de vue historique, la citoyenneté, et en particulier son aspect politique, est étroitement liée à la participation des individus dans la sphère publique. Les Européennes ont historiquement été tenues à l'écart de la sphère publique, par des restrictions sur l'emploi rémunéré et sur les possibilités de s'exprimer en public, par des menaces de violence dans le cas où elles s'aventureraient non accompagnées dans des espaces publics, ainsi que par leur confinement aux tâches domestiques (Cockburn 1983 ; Hanmer et Saunders 1984 ; Smart 1984 ; Spender 1983). Ce n'est qu'en quittant la sphère privée que les femmes ont pu acquérir certains aspects de la citoyenneté.

Certaines féministes du début du siècle pensaient que ces changements feraient disparaître l'inégalité entre les hommes et les femmes. Il est plus juste de dire que ces changements ont modifié la forme et le degré du patriarcat, sans pour autant l'éliminer. La Grande-Bretagne d'aujourd'hui s'est orientée vers une forme de patriarcat public, plutôt que privé (voir Walby 1990). Le confinement des femmes à la sphère domestique a été réduit, mais l'inégalité structurée entre hommes et femmes dans la sphère publique demeure. La citoyenneté sociale, quant à elle, a mis plus

de temps à être instaurée. Une explication importante
de cette lenteur réside dans le développement de
l'État-providence. D'ailleurs, les femmes ont joué un
rôle bien plus important dans la conquête des droits
sociaux que certains ne le suggèrent (voir Banks
1981 ; Middleton 1978).

FEMMES ET CITOYENNETÉ

La particularité du rapport entre les femmes et la citoyenneté tient-elle simplement au fait que les femmes
ont mis plus de temps que les hommes à devenir des
« citoyennes » ? Si tel était le cas, cela signifierait que
la possibilité d'acquérir la citoyenneté est ouverte
autant aux femmes qu'aux hommes, à condition que
certaines formes manifestes de discrimination soient
éliminées. En outre, cela signifierait qu'il existe un seul
modèle de citoyenneté auquel les femmes peuvent aspi-
rer, aux côtés des hommes. Le projet de citoyenneté re-
lèverait donc d'un certain universalisme moderniste.

Certains travaux féministes récents ont remis en
question cette vision d'un modèle unique de citoyenneté (Bubeck 1991 ; Lister 1990, 1992 ; Nelson 1984 ;
Pateman 1991 ; Ungerson 1990, 1991 ; Wilson 1991).
Les expériences différentes des femmes et leur position structurelle sont perçues comme un frein à l'accès complet aux droits de citoyenneté. Ces travaux
qui se basent, implicitement ou explicitement, sur la

notion des différents niveaux de citoyenneté articulés par Marshall, portent principalement sur les droits liés à la notion de citoyenneté sociale. L'un des problèmes est que l'accès complet aux droits de la citoyenneté sociale dépend généralement du statut de salarié. En effet, les allocations chômage, les pensions de vieillesse et d'autres aides sociales, sont liées au travail salarié sous plusieurs aspects. Par conséquent, celles et ceux qui ne cotisent pas par l'intermédiaire de leur activité professionnelle ne peuvent compter que sur très peu de soutien économique.

Les pensions de vieillesse, par exemple, dépendent typiquement d'un plan de cotisations auprès d'un employeur. Les cotisations aux pensions professionnelles incombent à l'employeur et à l'employé et ne sont pas imposables. Les femmes dont la principale activité consiste à s'occuper des enfants, du mari et des personnes âgées de la famille, n'ont pas directement accès à ce genre de pension. Il se peut qu'elles touchent une pension via leurs maris, à condition qu'elles soient restées mariées. Le cas échéant, elles n'auront droit qu'à des allocations minimales attribuées par l'État. Mais le montant de la pension peut être très modeste même pour les femmes qui ont un emploi, étant donné que le travail à temps partiel est rarement inclus dans les plans de cotisations des pensions professionnelles, et qu'une interruption de la carrière professionnelle, due à l'arrivée d'enfants, peut remettre en question le droit à leur pension.

On peut ainsi se demander si le système d'accès à une pension convenable n'est pas incompatible avec

les parcours professionnels de la plupart des femmes.
Est-ce que s'occuper de ses proches est compatible
avec une véritable citoyenneté ? Si tel n'est pas le cas,
qu'est-ce qu'il faudrait changer ? Les femmes devraient-elles pouvoir bénéficier des droits de citoyenneté seulement si elles se comportent comme des
hommes, et s'engagent dans des activités professionnelles rémunérées tout au long de leur vie ? Mais dans
ce cas, qu'advient-il alors des personnes qui ont
besoin de soins ? Ou faudrait-il, au contraire, modifier
les règles du système de sécurité sociale, de façon à
ce que l'activité rémunérée ne soit pas la seule ou la
principale voie d'accès aux ressources destinées à
nous garantir une qualité de vie convenable pour nos
vieux jours ? (Bubeck 1991 ; Lister 1990, 1992 ;
Nelson 1984 ; Pateman 1991 ; Ungerson 1990,1991 ;
Wilson 1991).

La valeur accordée à la prise en charge des proches
doit donc être au centre du débat. Ce sont avant tout,
et de manière disproportionnée, les femmes qui assument la prise en charge des personnes dépendantes
(Abel et Nelson 1990 ; Finch et Groves 1983 ; Glendinning 1990 ; Mayall 1990 ; Morris 1990). Or, ce rôle
les désavantage dans leurs possibilités d'avoir un
revenu (Glendinning 1990) et, de manière générale,
par rapport à la citoyenneté politique et sociale (Lister
1990 ; Nelson 1984).

Pour Lister (1990), la dépendance financière des
femmes fait obstacle à l'accès aux droits de la citoyenneté. Elle montre que le gouvernement traite du
« problème de la dépendance » uniquement sous l'an-

gle du rapport entre l'individu et l'État, mais qu'il omet de prendre en considération la dépendance des femmes par rapport à la volonté arbitraire d'une autre personne dans la sphère familiale. Lister passe, par exemple, en revue la notion de « citoyenneté active » promulguée par Hurd lorsqu'il occupait le poste de ministre de l'Intérieur en 1988 [en Grande-Bretagne — Éds.]. Ce concept était utilisé pour désigner l'importance des rapports de bon voisinage entre citoyens. Les femmes en étaient absentes, alors même que les rôles qu'elles assument font d'elles des représentantes exemplaires de cette catégorie. La pauvreté ainsi que le manque de temps et d'argent restreignent l'accès des femmes aux droits de citoyenneté politique. Pour Lister, la sollicitation excessive des femmes pour des activités non rémunérées limite leur participation politique.

Lister se tourne ensuite vers la citoyenneté sociale. Par ce terme, elle désigne essentiellement l'État-providence et, en particulier, les allocations sociales. Selon Lister, le mode d'allocation des prestations sociales désavantage les femmes, car il est fondé sur l'idée que les femmes mariées dépendent de leurs maris. Pour garantir les droits sociaux aux femmes, il faudrait à son avis procéder à trois types de changements : premièrement, il faudrait que les droits sociaux soient attribués aux individus et non aux ménages. Deuxièmement, les droits aux prestations sociales ne devraient plus dépendre des contributions. Tant que les prestations seront versées en fonction des contributions, les femmes seront désavantagées, étant donné qu'elles occupent une position moins favorable sur le marché de l'emploi, et que le montant de leurs cotisations tend donc à être plus bas. Le meilleur exemple consiste en les allocations pour enfants, qui sont modestes et qui sont remises en question actuellement [en Grande-Bretagne — Éds]. Troisièmement, Lister propose la mise en place d'une politique cohérente pour la garde des enfants, afin de faciliter la participation des femmes sur le marché de l'emploi.

L'article de Lister illustre bien le dilemme que l'on retrouve dans de nombreuses analyses féministes de la citoyenneté sociale. D'un côté, Lister prône comme solution la fin de l'exploitation des femmes à la maison et leur entrée sur le marché de l'emploi ; et de l'autre, elle milite pour que leur travail domestique et de prise en charge des personnes dépendantes soit soutenu par l'État. D'un côté, Lister pense que

> « la position des femmes — comme étant économiquement dépendantes de leur partenaire masculin ; comme travailleuses à double-emploi, avec d'un côté leur activité professionnelle rémunérée et de l'autre le travail domestique ; ou alors comme bénéficiaires d'une aide sociale, se démenant pour élever leurs enfants dans la pauvreté — est incompatible avec l'exercice des droits sociaux et politiques liés au statut de citoyen. Si l'on veut pleinement intégrer les femmes dans une citoyenneté démocratique, des changements radicaux doivent intervenir dans leur vie personnelle et domestique » (Lister 1990 : 464).

Cependant :

> « De l'autre côté, les institutions de la sphère publique doivent s'efforcer de s'adapter davantage à la division

sexuelle du travail, tant que celle-ci continuera à contraindre la vie des femmes et à limiter leur accès à la sphère publique » (Lister 1990 : 464).

Et Lister d'appeler de ses vœux un changement « afin que la société reconnaisse pleinement la valeur du travail de soins, que ce soit dans la sphère privée ou publique » (Lister 1990 : 464).

Lister prône l'entrée des femmes dans la sphère publique comme seul moyen de mettre fin à leur statut de seconde classe, tout en insistant sur la valorisation du travail non rémunéré accompli par les femmes dans la sphère privée. Sa double revendication est peut-être délibérée, mais ces deux options correspondent en fait à des stratégies très différentes. Ces deux options reflètent les préoccupations plus générales présentes dans le débat féministe autour du genre et de la citoyenneté. Les femmes devraient-elles revendiquer leur rôle de soins, d'accompagnement et de prise en charge dans la famille, en exigeant plus de reconnaissance et de soutien, ou devraient-elles chercher à se débarrasser de ce rôle en cherchant à entrer sur le marché de l'emploi ? L'engagement des femmes dans ce rôle de prise en charge des proches est valorisé positivement, mais en même temps, il est source de désavantages pour les femmes. Dans ce débat sur le genre et la citoyenneté, la proposition selon laquelle les femmes devraient devenir comme les hommes, dans le but d'obtenir les mêmes droits sociaux et économiques, est controversée.

La question de savoir si les femmes sont intrinsèquement différentes des hommes et devraient valoriser cette différence, ou si elles sont semblables aux hommes et devraient donc réclamer les mêmes droits en vertu de cette similarité, est l'une des questions clefs de l'analyse — philosophique, théorique et politique — et de la pratique féministe (Eisenstein 1984 ; Meehan et Sevenhuijsen 1991). Cette question est également sous-jacente aux débats autour de la citoyenneté et du travail domestique non rémunéré des femmes ; elle alimente aussi les discussions sur l'efficacité de différentes stratégies féministes depuis le début du xxᵉ siècle (Banks 1981 ; Hewlett 1986 ; Littleton 1987 ; Segal 1987 ; Sklar 1973 ; Weitzman 1985). D'un côté, l'on exige que les femmes bénéficient des mêmes droits et privilèges que les hommes — comme, par exemple, l'égalité des salaires et des pensions, le droit de vote et une meilleure représentation politique. De l'autre côté, l'on désire protéger les acquis des femmes — comme, par exemple, les lois sur la protection des femmes sur le lieu de travail et l'absence d'obligation d'accomplir un service militaire.

QUELLE EST L'IMPORTANCE DE LA CITOYENNETÉ POUR LE GENRE ?

La question de la relation entre citoyenneté et genre pourrait être renversée : quelle place la citoyenneté occupe-t-elle dans l'analyse des relations de genre ? Quelle est son importance pour la structuration des re-

lations entre hommes et femmes ? Selon Marshall, ces
questions peuvent être abordées sous trois aspects : la
citoyenneté civile, politique et sociale.

La citoyenneté civile

Marshall a décrit la citoyenneté civile comme relevant de la liberté individuelle — ce qui inclut la liberté de la personne, la liberté d'expression, le droit à
la propriété, et le droit à la justice (Marshall 1950 :
10). Or, ces droits n'ont été obtenus par les femmes
qu'après l'acquisition de la citoyenneté politique.
Certains droits, comme le droit de faire appel à la justice en cas de violence masculine, ne sont toujours
pas totalement acquis (voir Adler 1987 ; Edwards
1989). De nombreuses féministes de la première
vague, qui luttaient pour des droits relevant de la citoyenneté civile au sens de Marshall, avaient fini par
penser qu'elles ne pourraient pas obtenir ces droits
tant qu'elles ne bénéficieraient pas de la citoyenneté
politique. Ce faisant, elles inversèrent l'ordre d'acquisition des droits que Marshall avait déclaré général,
alors qu'il ne concerne en fait que les hommes blancs,
pour lesquels les droits civils précédèrent, en effet, les
droits politiques. Les femmes, en revanche, obtinrent
la plus grande partie des droits liés à la citoyenneté
civile seulement après avoir obtenu le droit de vote.
Ces droits civils sont importants, mais dans le cas des
femmes, ils furent acquis notamment et surtout grâce
au succès obtenu dans le combat pour la citoyenneté

politique, ce qui rend cette lutte d'autant plus importante.

La citoyenneté politique

L'importance qu'on accorde à la citoyenneté politique dépend de la place qu'on accorde à la théorie de
l'État et de la politique pour la théorie des relations de
genre. Une grande partie de la théorie féministe des
années 1970 avait une vision plus large de la sphère
du politique que les autres courants de pensée. En
outre, la théorie féministe accordait moins d'importance à l'État que les théories classiques (Millett
1977). La théorie féministe actuelle est cependant en
train de réexaminer cette conception des années 1970,
notamment suite aux succès politiques remportés par
certains mouvements féministes (Sawer 1990 ; Watson
1990).

Dans l'analyse du changement des relations entre
hommes et femmes, la citoyenneté politique est un aspect plus important que ce qu'on en a souvent dit
(Walby 1988, 1990). Ainsi, les succès remportés par
les féministes du début du siècle ne sont que rarement
pris en compte, malgré leur impact sur les droits politiques des femmes, sur leur accès à l'éducation et à
l'emploi, et sur leurs droits civils, comme celui de
pouvoir siéger dans un jury, ou de pouvoir rompre un
mariage (à cet égard, il est intéressant de comparer les
écrits de Strachey [1928] et Bergmann [1986]). La
citoyenneté politique a en effet été à la base du chan-

gement qui a transformé le patriarcat privé en un patriarcat public (Walby 1990). Sans ces victoires politiques, ni la citoyenneté civile, ni la citoyenneté sociale n'auraient été possibles.

La citoyenneté sociale

Comme nous l'avons discuté plus haut, il y a une tension entre le statut de citoyenneté sociale des femmes et leur rôle de soin et de prise en charge au sein de la famille. En effet, le concept de citoyenneté relève de la sphère publique et n'a pas de réelle signification dans la sphère privée. Quelle est alors la relation que l'on peut tisser entre la sphère privée de la famille et la citoyenneté ? La famille est-elle un obstacle intrinsèque à l'accomplissement du projet de citoyenneté pour tous ? Ou peut-elle s'adapter à ce projet, voire s'y intégrer ? La réponse dépend de la conception théorique que l'on a de la famille et de la relation entre la famille et l'inégalité de genre qui, à son tour, dépend de la manière dont on théorise les intérêts des femmes. Certains des dilemmes que ces enjeux créent pour la théorie féministe ont déjà été discutés ci-dessus.

Pour la plupart des théories sociales, la citoyenneté sociale dépend de la sécurité sociale et d'une infrastructure destinée à garantir aux individus un soutien minimum en cas de besoin. À ce sujet, Hewlett (1986) compare la situation des femmes aux États-Unis et en Europe. Elle conclut que les Européennes bénéficient d'un meilleur niveau de sécurité sociale que les Amé-

ricaines. Selon Hewlett, les Européennes ont pu obtenir plus de structures publiques de garde des enfants,
et ont plus de droits leur permettant de garder leur
emploi durant une grossesse. Elle estime que ce relatif
avantage des Européennes est dû non pas à une plus
grande force du féminisme européen — ce qui n'est
pas le cas — mais à une différence de stratégie.
D'après Hewlett, les féministes européennes ont opté
pour la valorisation de la « différence » entre les hommes et les femmes, tandis que les américaines ont
plutôt misé sur la « similarité ». Ce serait donc cette
optique de la différence qui aurait rendu les Européennes plus efficaces et qui leur aurait ainsi permis
d'améliorer leur situation.

Cependant, cette analyse de l'histoire du féminisme
européen est problématique : d'une part, les féministes européennes participent elles aussi à la stratégie de
la « similarité », notamment lorsqu'elles font usage
de la législation sur la discrimination sexuelle de
l'Union européenne (*Les rapports CREW, passim*).
D'autre part, le thème de la protection législative a
simplement suscité moins de controverses et a moins
divisé les féministes européennes que leurs homo-
logues américaines. En calquant le débat européen sur
le débat américain autour de la similarité/différence,
Hewlett commet une erreur d'interprétation du féminisme européen. En fait, la différence entre les féministes européennes et américaines, en termes de résultats,
tient plutôt aux alliances que les Européennes ont su
passer. Les féministes britanniques, par exemple, se
sont depuis longtemps ralliées au mouvement ouvrier

et ont ainsi obtenu des succès en matière de sécurité sociale. Hewlett voit ces succès comme une conséquence de la stratégie de la différenciation des sexes. Mais en réalité, ces succès résultent d'une stratégie collective de la classe ouvrière, dont les femmes n'ont pas seulement profité, mais à laquelle elles ont participé de manière décisive. En s'alliant également avec des organisations féministes de la classe moyenne, elles ont pu obtenir des avantages sociaux en matière de santé publique, d'assurance maternité ou de prise en charge des enfants, comme la distribution gratuite de lait à l'école. D'ailleurs, ces demandes ont été petit à petit mises en œuvre depuis le début du XXᵉ siècle (voir, par exemple, Mark-Lawson, Savage et Warde 1985 ; Middleton 1978). En revanche, on ne trouve pas ce type d'alliance aux États-Unis, puisque le mouvement ouvrier américain n'était ni suffisamment durable, ni assez puissant. Par conséquent, l'histoire de la citoyenneté sociale en Grande-Bretagne et aux États-Unis s'est déroulée dans des contextes politiques différents, avec des dilemmes spécifiques, qui font l'objet de débats européens.

La citoyenneté économique

La plupart des écrits concernant les femmes et la citoyenneté sociale se sont intéressés aux besoins des femmes en matière de sécurité sociale, plutôt qu'à leurs contributions sociales et économiques. Cependant, le concept de citoyenneté sociale a également été utilisé pour approfondir la notion d'intégration sociale et de participation aux différentes activités sociales. Cet aspect a notamment été développé par Marquand (1988), dans sa thèse sur l'idée d'une citoyenneté sociale et politique complète, nécessaire, selon lui, pour garantir la participation et l'efficacité économiques. Il est intéressant de constater que Marquand inverse le vieux dilemme entre l'efficacité et l'égalité, en défendant l'idée que l'efficacité économique repose sur une plus grande participation économique des individus. Son argument aurait d'ailleurs pu être renforcé si la dimension du genre avait été prise en compte. En effet, la participation efficace des femmes dans la sphère économique, ou, en d'autres termes, une réelle citoyenneté économique des femmes, contribue au succès économique d'un pays. Lorsque l'on s'intéresse à des questions d'intégration et de cohésion sociales en tant qu'aspects importants de la citoyenneté, il faudrait aussi accorder de l'importance à la participation économique des femmes.

CONCLUSION

Nous devrions nous demander non seulement quelle est l'importance du genre pour la citoyenneté, mais également, à l'inverse, en quoi la citoyenneté est importante pour le genre. Ma réponse à cette question est sans équivoque : politiquement, la citoyenneté a été un fait décisif dans la transformation des relations de genre au cours de ce dernier siècle.

Aujourd'hui, le terme citoyenneté fait référence aux droits universels et démocratiques de participation sociale et politique. Dans le discours politique dominant, le projet de citoyenneté implique l'intégration totale de tous les adultes, indépendamment de leur « race », de leurs origines ethniques, de leur sexe, ou de leurs croyances religieuses. En ce sens, la citoyenneté est un concept moderniste et universaliste. Il s'agit cependant d'un projet qui s'accomplit à l'échelle nationale, ce qui entraîne des limitations à sa dimension universaliste. Malgré tout, la nouvelle signification du terme « citoyen » — compris dans ses dimensions démocratiques et universalistes, et non comme un projet restrictif comme celui qui prévalait dans la Grèce antique, et dont les femmes, les esclaves et les étrangers étaient exclus — est utile à la recherche en sciences sociales. L'accès effectif à la citoyenneté est certes un processus fortement structuré par le genre et l'ethnicité. Cependant, le concept de citoyenneté est potentiellement utile à la conceptualisation, l'analyse et la théorisation des différents degrés d'intégration et de participation sociale des individus dans nos sociétés contemporaines.

L'évolution de la citoyenneté sociale des femmes est liée à celle des hommes, tout en étant différente. De même, la citoyenneté sociale des hommes a été affectée par les exigences des femmes en matière de sécurité sociale. L'accès aux prestations sociales dépend si fortement de l'emploi que le rapport des femmes et des hommes à la sécurité sociale est généralement très différent. L'activité des femmes au sein de la famille est un obstacle majeur à leur plein accès à la citoyenneté sociale.

La question de la citoyenneté n'appartient pas seulement aux débats classiques sur l'équilibre entre la liberté au sens libéral du terme, et les exigences de l'économie capitaliste ; entre le marché de l'emploi et l'État ; entre l'efficacité et l'égalité ; c'est-à-dire au débat général concernant le capitalisme et les classes sociales. C'est une question qui relève également des principes structurants du genre. Si la moitié de la population se voit refuser la citoyenneté effective à cause du genre, cela signifie bien que le genre est un élément essentiel de la citoyenneté. Par conséquent, la question de la relation entre la sphère publique et privée est loin d'être secondaire.

Le modèle de la domination masculine dans la sphère privée est incompatible avec une citoyenneté complète. En effet, les femmes ne peuvent pas acquérir une citoyenneté sociale complète tant qu'elles demeurent confinées dans les tâches familiales, et soumises à une relation de dépendance envers un « patriarche privé ». Cependant, l'accès des femmes à la citoyenneté politique a eu des effets déstabilisateurs sur les formes privées du patriarcat et a bouleversé les modèles familiaux traditionnels. Ainsi, la citoyenneté est autant une affaire de genre et de transformation des modèles patriarcaux qu'une affaire de classes sociales, de nationalité/ethnicité et de capitalisme.

L'apparition de différents niveaux de citoyenneté ne concerne pas seulement le développement du capitalisme, mais également la transformation de la société patriarcale. La transformation du modèle patriarcal privé en un modèle patriarcal de la sphère publique semble impossible sans les droits civils et politiques, et sans la possibilité d'accéder à la citoyenneté sociale, à travers les prestations de l'État-providence. Les femmes bénéficient de prestations de l'État-providence de manière disproportionnée, puisqu'elles reçoivent plus d'allocations qu'elles ne payent d'impôts (LeGrand 1992). Malgré tous les problèmes liés au niveau très bas des allocations sociales, le système de sécurité sociale offre néanmoins une alternative — dans la sphère publique — au patriarche privé (Hernes 1987 ; Borchorst et Siim 1987). Cette alternative financière à la dépendance traditionnelle des femmes dans la sphère privée est très importante pour la transformation des relations de genre, même si elle ne réussit pas à protéger les femmes de la pauvreté. D'autre part, l'État social a également professionnalisé un certain nombre de tâches qui relevaient jusque-là de la sphère privée, notamment par les écoles, les crèches, les hôpitaux et d'autres formes de soins mises à disposition dans la sphère publique, même si l'offre ne suffit pas pour satisfaire les besoins des femmes. Les changements du rôle domestique des femmes sont dus autant à la professionnalisation de ces différentes tâches qu'au transfert de la dépendance financière de la sphère privée vers la sphère publique. Étant donné l'importance de ces transformations pour les relations de genre, il n'est pas étonnant que les femmes se soient tant investies dans les luttes qui ont mené à ces changements.

Ainsi pouvons-nous conclure que le développement de la citoyenneté sociale dépend au moins autant des changements en matière de relations de genre, que des changements en matière de relations de classe. L'importance de la citoyenneté ne se limite pas à son influence civilisatrice sur le capitalisme, elle réside aussi dans le fait que la citoyenneté implique le transfert du modèle patriarcal de la sphère privée à la sphère publique*.

SYLVIA WALBY

*. J'aimerais remercier toutes celles et ceux qui ont apporté leur commentaire à cet article, dont : les participants des séminaires du Gender Group du LSE ; du séminaire ESRC/CNRS et des séminaires du ESRC sur la citoyenneté ; la conférence BSA/PSA de 1992 sur le genre et le Département de Sociologie de l'Université de Leeds.

RÉFÉRENCES

ABEL, Emily et NELSON, Margaret (ed.) (1990). *Circles of Care : Work and Identity in Women's Lives*. New York : State University of New York Press.

ACKER, Joan (1973). « Women and Stratification : A Case of Intellectual Sexism », in Joan Huber (ed.), *Changing Women in a Changing Society*. Chicago : University of Chicago Press.

ADLER, Zsuzsanna (1987). *Rape on Trial*. Londres : Routledge.

AFSHAR, Haleh (1981). « The Position of Women in an Iranian Village ». *Feminist Review* 9 : 76-86 (automne).

AFSHAR, Haleh (1989). « Women and Reproduction in Iran », in Nira Yuval-Davis et Floya Anthias (ed.), *Woman-Nation-State*. Londres : MacMillan.

BANKS, Olive (1981). *Faces of Feminism : A Study of Feminism as a Social Movement*. Oxford : Martin Robertson.

BARRETT, Michèle et PHILLIPS, Anne (ed.) (1992). *Destabilizing Theory : Contemporary Feminist Debates*. Cambridge : Polity Press.

BEGUM, Nasa (1992). « Disabled Women and the Feminist Agenda » in Hilary Hinds, Ann Phoenix et Jackie Stacey (ed.), *Working Out : New Directions for Women's Studies*. Basingstoke : Falmer Press.

BERGMANN, Barbara (1986). *The Economic Emergence of Women*. New York : Basic Books.

BORCHORST, Annette et SIIM, Birte (1987). « Women and the Advanced Welfare State — a New Kind of Patriarchal Power », in Anne Showstack Sassoon (ed.), *Women and the State : The Shifting Boundaries of Public and Private*. Londres : Hutchinson.

BRAH, Avtar (1991). « Questions of Difference and International Feminism », in Jane Aaron et Sylvia Walby (ed.), *Out of the Margins : Womens Studies in the Nineties*. Basingstoke : Falmer Press.

BUBECK, Diemut (1991). « Do Women Care Too Much ? Care, Gender and Justice ». Contribution présentée au séminaire du *Gender Group*, LSE, Londres.

COCKBURN, Cynthia (1983). *Brothers : Male Dominance and Technological Change.* Londres : Pluto Press.

CREW Reports. Publiés depuis 1980 par le « Centre for Research on European Women », Bruxelles.

DALY, Mary (1978). *Gyn/Ecology.* Londres : Women's Press.

DELPHY, C. (1984). *Close to Home.* Londres : Hutchinson.

DRAKE, Barbara (1920). *Women in Trade Unions.* Londres : Labour Research Department et Allen et Unwin (réimpression Virago, 1984).

EDWARDS, Susan S.M. (1989). *Policing « Domestic » Violence : Women, the Law and the State.* Londres : Sage.

EISENSTEIN, Zillah (1981). *The Radical Future of Liberal Feminism.* New York : Longman.

EISENSTEIN, Zillah (1984). *Feminism and Sexual Equality : Crisis in Liberal America.* New York : Monthly Review Press.

ENLOE, Cynthia (1983). *Does Khaki Become You ? The Militarisation of Women's Lives.* Londres : Pluto Press.

ESPING-ANDERSEN, Gøsta (1990). *The Three Worlds of Welfare Capitalism.* Cambridge : Polity Press. (fr. : *Les trois mondes de l'État-providence : essai sur le capitalisme moderne,* Paris : P.U.F, 1999).

FINCH, Janet et GROVES, Dulcie (ed.) (1983). *A Labour of Love : Women, Work and Caring.* Londres : Routledge.

GLENDINNING, Caroline (1990). « Dependency and Interdependency : the Incomes of Informal Carers and the Impact of Social Security ». *Journal of Social Policy* 19 (4).

HANMER, Jalna et SAUNDERS, Sheila (1984). *Well Founded Fear : A Community Study of Violence Toward Women.* Londres : Hutchinson.

HERNES, Holga Maria (1987). « Women and the Welfare State : the Transformation from Private to Public Dependence » in Anne Showstack Sassoon (ed.), *Women and the State : The Shifting Boundaries of Public and Private.* Londres : Hutchinson.

HEWLETT, Sylvia (1986). *A Lesser Life : The Myth of Women's Liberation in America.* New York : Morrow.

HOLCOMBE, Lee (1983). *Wives and Property : Reform of the Married Women's Property Law in Nineteenth Century England.* Oxford : Martin, Robertson.

LeGrand, Julian et coll. (1992). « Findings from the Welfare State Programme ». Contribution présentée au séminaire du *Welfare State Programme*, STICERD, LSE, Londres.

Lister, Ruth (1990). « Women, Economic Dependency and Citizenship ». *Journal of Social Policy* 19 (4).

Lister, Ruth (1992). « Tracing the Contours of Women's Citizenship — a Social Policy Perspective ». Contribution présentée au séminaire du *Gender Group*, LSE, Londres.

Littleton, Christine A. (1987). « Equality and Feminist Legal Theory ». *University of Pittsburgh Law Review* 48 (4).

Mann, Michael (1987). « Ruling Class Strategies and Citizenship ». *Sociology* 21 (3).

Mark-Lawson, Jane, Savage, Mike et Warde, Alan (1985). « Gender and Local Politics : Struggles over Welfare Policies » in Linda Murgatroyd, Mike Savage, Dan Shapiro, John Urry, Sylvia Walby, Alan Warde and Jane Mark-Lawson, *Localities, Class and Gender*. Londres : Pion.

Marquand, David (1988). *The Unprincipled Society : New Demands and Old Politics*. Londres : Fontana.

Marshall, Thomas Humphrey (1950). *Citizenship and Social Class*. Cambridge : Cambridge University Press.

Marshall, Thomas Humphrey (1975). *Social Policy in the Twentieth Century*. (4ᵉ édition ; 1ᵉ édition 1965). Londres : Hutchinson.

Marshall, Thomas Humphrey (1981). *The Right to Welfare*. Londres : Heinemann.

Massey, D. (1984). *Spatial Divisions of Labour*. Londres : MacMillan.

Mayall, Berry (1990). « The Division of Labour in Early Child Care — Mothers and Others ». *Journal of Social Policy* 19 (4).

Meehan, Elizabeth et Sevenhuijsen, Selma (ed.) (1991). *Equality, Politics and Gender*. Londres : Sage.

Middleton, Lucy (ed.) (1978). *Women in the British Labour Movement*. Londres : Croom Helm.

Millett, Kate (1970). *Sexual Politics*. Londres : Virago.

Morris, Lydia (1990). *The Workings of the Household : A US-UK Comparison*. Cambridge : Polity.

NELSON, Barbara J. (1984). « Women's Poverty and Women's Citizenship : Some Political Consequences of Economic Marginality ». *Signs* 10 (21).

OKIN, Susan Moller (1989). *Justice, Gender, and the Family*. New York : Basic Books.

PATEMAN, Carole (1988). *The Sexual Contract*. Cambridge : Polity Press.

PATEMAN, Carole (1991). « Women and Citizenship ». Contribution présentée au séminaire du *Gender Group*, LSE, Londres.

RHODE, Deborah L. (1989). *Justice and Gender : Sex Discrimination and the Law*. Cambridge Mass : Harvard University Press.

RUDDICK, Sara (1989). *Maternal Thinking*. Boston : Beacon Press.

SAWER, Marian (1990). *Sisters in Suits : Women and Public Policy in Australia*. Sydney : Allen and Unwin.

SEGAL, Lynne (1987). *Is the Future Female ? Troubled Thoughts on Contemporary Feminism*. Londres : Virago.

SHIVA, Vandana (1989). *Staying Alive : Women, Ecology and Development*. Londres : Zed Press.

SKLAR, Kathryn Kish (1973). *Catherine Beecher : A Study in American Domesticity*. New York : W. W. Norton.

SMART, Carol (1984). *The Ties that Bind : Law, Marriage and the Reproduction of Patriarchal Relations*. Londres : Routledge et Kegan Paul.

SPELLMAN, Elizabeth [s.d.]. *Inessential Woman : Problems of Exclusion in Feminist Thought*. Boston : Beacon Press.

SPENDER, Dale (1983). *Women of Ideas (and What Men Have Done to Them)*. Londres : Ark.

STRACHEY, Ray (1928). *The Cause : A Short History of the Women's Movement in Great Britain*. Londres : G. Bell (réimpression Virago, Londres, 1978).

TAYLOR, Harriet (1851). *The Enfranchisement of Women*. (Réimpression Virago, Londres, 1983).

TAYLOR, Ian (1991). « The Experience of Order and Disorder in Free Market Societies : New York and Manchester : A

Reply to Bryan Turner », in Bryan Turner (ed.), *Citizenship, Civil Society and Social Cohesion*. Swindon : ESRC.

TAYLOR-GOOBY, Peter (1991). « Welfare State Regimes and Welfare Citizenship ». *Journal of European Social Policy* 1 (2).

TURNER, Bryan (1990). « Outline of a Theory of Citizenship ». *Sociology* 24 (2).

TURNER, Bryan (ed.) (1991 a). *Citizenship, Civil Society and Social Cohesion*. Swindon : ESRC.

TURNER, Bryan (1991 b). « Prolegomena to a General Theory of Social Order », in Bryan Turner (ed.), *Citizenship, Civil Society and Social Cohesion*. Swindon : ESRC.

UNGERSON, Clare (1990). « Conclusion » to Clare Ungerson (ed.), *Gender and Caring : Work and Welfare in Britain and Scandinavia*. Londres : Harvester.

UNGERSON, Clare (1991). « Citizenship and Caring — the Routes to "Carers' Citizenship" ». Contribution présentée au séminaire du *Gender Group*, LSE, Londres.

WALBY, Sylvia (1988). « Gender Politics and Social Theory ». *Sociology* 22 (2).

WALBY, Sylvia (1990). *Theorizing Patriarchy*. Oxford : Blackwell.

WATSON, Sophie (ed.) (1990). *Playing the State : Australian Feminist Interventions*. Londres : Verso.

WATT, Shantu et COOK, Juliet (1991). « Racism : Whose Liberation ? Implications for Women's Studies », in Jane Aaron et Sylvia Walby (ed.). *Out of the Margins : Women's Studies in the Nineties*. Basingstoke : Falmer.

WEITZMAN, Lenore (1985). *The Divorce Revolution : The Unexpected Social and Economic Consequences for Women and Children in America*. New York : Free Press.

WILSON, Gail (1991). « Liberty, Caring and Coercion : The Case of Elder Abuse ». Contribution présentée au séminaire du *Gender Group*, LSE, Londres.

2

Féminisme et démocratie[1]

Une féministe porterait peu d'attention au thème de cet article. Pour les féministes en effet, il n'y a jamais eu de démocratie, car jusqu'à aujourd'hui, aucun pays dit « démocratique » n'a encore considéré les femmes comme étant des citoyennes égales. On trouve dans l'histoire du féminisme une image éloquente et récurrente, à savoir la vision de la société libérale comme réseau de clubs masculins — qui se démarquent généralement par des costumes et uniformes spécifiques, comme le décrit Virginia Woolf dans *Three Guineas* — dont font partie le Parlement, les cours de justice, les partis politiques, l'armée et la police, les universités, les lieux de travail, les syndicats, les écoles publiques et privées, les clubs exclusifs et autres clubs de loisirs ; autant de cercles où les femmes sont exclues ou n'occupent que des positions auxiliaires. Les féministes trouveront une illustration de leur vision de la société libérale dans le discours académique sur la démocratie. Dans ce discours, les questions relatives

1. Traduit et reproduit avec la permission de Cambridge University Press.

au féminisme et à la structure des relations de genre sont généralement considérées comme insignifiantes. Il m'est difficile, en l'espace d'un court article, de démolir l'idée vieille de deux mille ans, selon laquelle on peut concilier la démocratie d'un côté, et la soumission des femmes ou leur exclusion d'une participation politique complète et égale, de l'autre. Je montrerai plutôt que le féminisme est le défi le plus important pour la démocratie, dont il fait aussi la critique la plus complète. Ceci est vrai tant en ce qui concerne la démocratie libérale actuelle, qu'une possible démocratie nouvelle, participative ou autogérée.

On dira aux féministes qu'elles ont tort, qu'après plus d'un siècle de réformes légales et après l'introduction du suffrage universel, les femmes ont à présent les mêmes droits civils et politiques que les hommes. Le féminisme n'aurait donc plus rien, ou presque, à apporter à la théorie et à la pratique démocratiques. Cette objection fait abstraction de nombreux éléments essentiels à la compréhension de la vraie nature des sociétés démocratiques libérales. Elle ignore notamment les convictions largement répandues et profondément ancrées, ainsi que les pratiques sociales par lesquelles ces convictions se concrétisent, et qui vont à l'encontre de l'égalité civique (plus ou moins) formelle des femmes. Cette objection s'appuie sur l'argument libéral selon lequel les inégalités sociales n'ont aucune pertinence pour l'égalité politique. Elle passe donc sous silence les problèmes découlant de la tentative de rendre universels les principes libéraux. Cette tentative a consisté à appliquer ces principes libéraux

aux femmes, tout en conservant la division entre la vie publique et la vie privée. Cette séparation est non seulement fondamentale pour le fonctionnement de la démocratie libérale, mais elle constitue également une division entre les femmes et les hommes. Il est vrai que les théoriciens libéraux de la démocratie ignorent ces questions. En revanche, on aurait pu s'attendre à ce que d'autres les soulèvent et les discutent avec ferveur, notamment les théoriciens ou partisans de la démocratie radicale, ainsi que les partisans de la démocratie participative. Ceux-ci ont accordé passablement d'attention à la question de la structure de classe dans les démocraties libérales, et à la manière dont les inégalités de classe subvertissent l'égalité politique formelle. En revanche, ils ne se sont que rarement demandé en quoi les inégalités de genre, et l'ordre patriarcal de l'État libéral, sont importants pour une transformation démocratique du libéralisme. Les théoriciens de la démocratie, qu'ils soient opposants ou défenseurs du statu quo, évitent systématiquement la question de savoir si leur vision de la liberté ou du consentement est pertinente pour les femmes. Implicitement, leurs arguments sont fondés sur l'idée que les « individus » et les « citoyens » sont des hommes.

On oublie souvent que le suffrage démocratique ou universel n'a été introduit que très récemment. Les politologues sont restés remarquablement silencieux au sujet de la lutte pour le droit de vote des femmes (en Angleterre, on a pu assister à une campagne organisée qui a duré quarante-huit ans, de 1866 à 1914), ainsi qu'au sujet de la signification et des conséquences politiques de l'introduction du suffrage féminin. La position des femmes en tant qu'électrices semble également causer des difficultés aux théoriciens de la démocratie. Schumpeter, par exemple, stipule dans son texte très influent, qu'un régime peut légitimement se déclarer « démocratique », même s'il exclut les femmes du droit de vote. Cette déclaration n'a suscité que peu de réactions. Barber, dans un fascinant compte rendu sur la démocratie directe dans un canton Suisse, traite la question du suffrage féminin (acquis seulement en 1971) de manière équivoque. Il souligne que l'admission des femmes au suffrage a été « juste et équitable », mais qu'elle a engendré un coût en termes de « participation et de communauté ». Selon Barber, les assemblées sont devenues difficiles à gérer, la participation a diminué, l'individualisme a été érigé en principe reconnu officiellement, et l'idéal du citoyen-soldat a perdu sa justification (Barber 1974 : 273)[1]. Le lecteur en vient à se demander si les femmes n'auraient pas dû sacrifier leur revendication pour l'amour de la citoyenneté des hommes. De même, la récente étude comparative de Verba, Nie et Kim sur la participation politique dans différents pays, précise à propos du changement de système de vote en Hollande, du vote

---

1. Le commentaire à propos du citoyen-soldat est très révélateur. Il n'y a aucune raison à ce que les femmes ne soient pas des citoyennes armées et contribuent à la défense de la patrie (comme les combattantes des guérillas et d'autres armées). Cependant, l'un des principaux arguments des antisuffragettes en Grande-Bretagne et aux États-Unis était que l'admission des femmes au suffrage allait gravement affaiblir l'État, puisque les femmes sont par nature incapables de manier les armes. J'ai traité de ces questions dans Pateman (1980). D'autres arguments patriarcaux sur les fondements naturels sont discutés plus loin.

obligatoire au vote volontaire, que « le droit de vote était universel ». La note en bas de page précise que dans les deux cas, il s'agissait d'un système de type « un homme, un vote » (Verba, Nie et Kim 1978 : 8). Et qu'en est-il des femmes ? Ont-elles voté ? Les discussions au sujet de la démocratie regorgent d'ironies historiques cachées. On nous demande souvent aujourd'hui, à nous les féministes, de ne pas nous sentir offensées par le langage masculin, car le mot « homme » signifierait en fait « l'être humain ». Pourtant, cet argument fut violemment rejeté en 1867 déjà, lorsque certains voulaient appuyer la première loi sur le suffrage féminin en Grande-Bretagne avec l'argument que le mot « homme » (faisant référence au représentant du ménage) était un terme générique qui incluait les femmes. On trouve un autre exemple de la manière dont les femmes sont verbalement évincées de la vie politique dans le livre de Margolis intitulé *Viable Democracy*. Ce livre commence par nous raconter l'histoire du « Citoyen Brown » — un homme — qui, nous dit-on, remporta en 1920 « la dernière en date de ses principales victoires, l'admission des femmes au suffrage » (Margolis 1979 : 9). Ainsi l'histoire de la lutte des femmes pour la démocratie disparaît, et le vote démocratique apparaît comme étant la seule création — ou le cadeau — des hommes.

Tous ces exemples seraient drôles s'ils n'étaient pas symptomatiques de la position sociale passée et présente des femmes. Le féminisme, le libéralisme et la démocratie (un régime politique où la citoyenneté est universelle, c'est-à-dire où il s'agit d'un droit de l'individu adulte) partagent une origine commune. Le féminisme, comme critique générale des relations sociales de domination et de subordination sexuelle et comme vision d'un futur sexuellement égalitaire — tout comme le libéralisme et la démocratie —, n'émerge que lorsque l'individualisme, c'est-à-dire l'idée que les individus sont par nature libres et égaux les uns par rapport aux autres, devient une théorie universelle de l'organisation sociale. Cependant, depuis le temps que les théoriciens individualistes du contrat social ont lancé, il y a de cela trois cents ans, la première attaque contre le patriarcat, la vision dominante de la position de la femme peut être résumée par les propos de Fichte (1984 [1796-1797] : 352, Annexe I, § 32, mon accentuation) qui demande :

> « La femme a-t-elle dans l'État les mêmes droits que l'homme ? Cette question pourrait paraître ridicule [...]. Si le fondement unique de toute capacité juridique est la raison et la liberté, comment pourrait-il se trouver une différence de droits entre deux sexes qui possèdent tous les deux la même raison et la même liberté ? »

Il répond à cette question comme suit :

> « Il semble pourtant qu'il en a généralement été autrement, depuis qu'il y a des hommes, et que le sexe féminin a toujours été placé, dans l'exercice de ses droits, après le sexe masculin. *Un tel accord universel doit avoir une raison profonde et si la recherche de cette raison a jamais été un besoin urgent, c'est bien de nos jours.* »

Les antiféministes et les antidémocrates n'ont jamais trouvé ce « problème urgent » difficile à résoudre. Les

différences de droits et de statuts ont été, et sont encore, justifiées par la différence « naturelle » des sexes,
dont il est supposé découler que la femme est subordonnée à son père et à son mari et que sa véritable
place est au foyer. Cet argument du fondement naturel
remonte à la mythologie et aux temps anciens (et
apparaît souvent aujourd'hui sous le chapeau scientifique de la sociobiologie). Le fait qu'il perdure semble
confirmer qu'il nous renseigne sur une partie essentielle et éternelle de la condition humaine. Mais, loin
d'être resté constant à travers le temps, cet argument
a pris des formes spécifiques à des époques historiques différentes. Dans le contexte du développement
de la société libérale capitaliste, il apparaît sous une
forme qui dissimule la structure patriarcale du libéralisme derrière l'idéologie de la liberté individuelle et
de l'égalité.

On part généralement de l'idée que ce sont les
théoriciens du contrat social, et en particulier Locke,
qui ont su mettre fin à la thèse patriarcale selon laquelle les pouvoirs paternel et politique ne font qu'un,
et que ce pouvoir est fondé sur l'assujettissement naturel du fils au père. Il est vrai que Locke fit une distinction entre les liens naturels ou familiaux et les
relations conventionnelles de la vie politique. Il soutenait que les fils, une fois adultes, sont tout aussi libres
et égaux que leurs pères, et qu'ils ne peuvent par conséquent être gouvernés qu'avec leur propre consentement. Néanmoins, on « omet » généralement de
préciser qu'il exclut les femmes (les épouses) de son
argument. Sa critique du patriarcat repose sur le pos-

tulat de la liberté et de l'égalité naturelle de l'individu, mais seuls les hommes comptent comme
« individus », alors que les femmes sont considérées
comme destinées à être soumises. Locke tient en effet
pour acquis que la femme consentira toujours, à travers le contrat du mariage, à se subordonner à son
mari. Il est d'accord avec les partisans du patriarcat
que la soumission de l'épouse trouve son « fondement
dans la nature », et que, dans la famille, la volonté du
mari — c'est-à-dire celle « [du] plus capable et [du]
plus fort », doit toujours « prévaloir sur […] celle de
sa femme dans toutes les affaires d'intérêt commun »
(Locke 1997 [1690], I. 47, 48 ; II. 82). Depuis, on a
ignoré la contradiction entre d'une part la prémisse de
la liberté et de l'égalité de l'individu et son corollaire,
le fondement conventionnel de l'autorité, et d'autre
part, le postulat de la soumission naturelle de la femme
(l'épouse). On n'a pas non plus reconnu que toute discussion sur le consentement des femmes à leur statut
est superflue si celles-ci sont par nature subordonnées
à l'homme, ou vouées à la soumission. Pourtant cette
contradiction et ce paradoxe sont au cœur de la théorie et de la pratique démocratiques. Le silence qui est
entretenu au sujet du statut des épouses prouve la
force de l'union entre le patriarcat et le libéralisme.
Pour la première fois dans l'histoire, l'individualisme
libéral promit aux femmes, en tant qu'individus par
nature libres, une position sociale équivalente à celle
des hommes. Mais dans le même temps, les développements socio-économiques faisaient en sorte que la
soumission des épouses à leurs époux continue à être

perçue comme naturelle, et ne relevant donc pas du
champ d'étude des théoriciens de la démocratie, ni de
la lutte politique pour la démocratisation du libéralisme.

La conviction que la véritable place de la femme
mariée est au foyer, et que son rôle est d'être au service
de son mari et d'élever ses enfants, est aujourd'hui tellement répandue et bien établie, qu'on tend à la prendre pour une caractéristique naturelle de l'existence
humaine, et à oublier qu'il s'agit d'une vision particulière appartenant à une époque et une culture données.
L'histoire du développement du système de production capitaliste est aussi celle du développement d'une
forme particulière de division sexuelle du travail (bien
que cet aspect soit rarement mentionné dans les livres).
Au moment où les théoriciens du contrat social ont
attaqué la thèse patriarcale d'une hiérarchie naturelle
d'inégalité et de subordination, les femmes n'étaient
pas les égales de leurs maris, mais elles n'étaient pas
non plus dépendantes d'eux économiquement. Les
épouses, en tant qu'associées et partenaires dans la
production économique, avaient un statut indépendant. Lorsque la production se déplaça à l'extérieur
du ménage, les femmes durent abandonner les com-
merces qu'elles contrôlaient et devinrent dépendantes
de leur mari pour leur subsistance, ou, dans certains
domaines de production, devaient se battre pour avoir
un salaire individuel à elles[1]. Beaucoup de femmes

---

1. Pour une élaboration de ces commentaires nécessairement
brefs, se référer à Brennan et Pateman (1979 : 183-200) ; Hamilton
(1978) ; Hartmann (1976 : 137-70) ; Oakley (1976, chapitres 2 et 3).

ouvrières et de mères essayèrent de conserver un emploi rémunéré pour assurer la survie de leur famille. Mais jusqu'au milieu du XIXᵉ siècle s'était imposée une vision du mode de vie idéal, respectable et naturel, correspondant au mode de vie de la classe moyenne. Selon cet idéal, le père était le chef de famille et le seul garant économique de la famille, et la femme était censée être totalement dépendante de lui. Dès lors, la sujétion des femmes fut totale ; amputées de toute position légale ou civile indépendante, elles se virent réduites au statut de propriété, comme l'ont souligné les féministes du XIXᵉ siècle, qui comparaient les épouses aux esclaves des Antilles ou d'Amérique du Sud. Aujourd'hui, les femmes ont acquis un statut civil indépendant ainsi que le droit de vote ; elles sont donc, en apparence, des « individus » aussi bien que des citoyennes et ne méritent en ce sens aucune attention particulière dans les discussions sur la démocratie. Cependant, l'institutionnalisation de l'individualisme libéral et l'instauration du suffrage universel ont pour principale conséquence de mettre en exergue la contradiction entre l'égalité politique formelle des femmes d'un côté, et leur subordination sociale de l'autre — y compris leur sujétion en tant qu'épouses à l'intérieur des structures patriarcales du mariage.

Il est tout à fait révélateur de l'attitude des théoriciens de la démocratie (et des activistes politiques) à l'égard du féminisme, que la critique de John Stuart Mill à l'encontre de l'argument concernant la nature des femmes et des leçons qu'il convient d'en tirer, soit si peu connue. Grâce à la renaissance contemporaine du mouvement féministe organisé, le livre *The Sub-jection of Women* [*De l'assujettissement des femmes*] a été tiré de l'obscurité dans laquelle les commenta-teurs de Mill l'avaient plongé, bien que cet ouvrage constitue la suite logique des arguments énoncés dans *On Liberty* [*De la liberté*] qui, lui, fut accepté par les milieux académiques. *The Subjection* est important non seulement à cause de l'argumentation substan-tielle, mais aussi parce que la position contradictoire de Mill montre bien la nature radicale de la critique féministe. Elle démontre aussi combien la tentative d'universaliser les principes libéraux aux deux sexes est une entreprise qui dépasse les limites de la théorie et de la pratique démocratiques libérales.

Dans *The Subjection*, Mill affirme que la relation entre les femmes et les hommes, ou, plus particu-lièrement, entre les femmes et leurs maris, est une exception injustifiée aux principes libéraux de droits individuels, de la liberté et du choix, ainsi qu'aux principes de l'égalité des chances et de l'accès à l'em-ploi selon le mérite qui, selon lui, sont à présent en vigueur dans d'autres institutions sociales et politi-ques. Dans le monde moderne, le consentement a remplacé la coercition, et le principe de mérite a rem-placé celui de la position sociale déterminée par la naissance — sauf en ce qui concerne les femmes. Mill (1992 [1869] : 15) écrit que la relation conjugale est un exemple de « l'état primitif d'esclavage qui se per-pétue, (...) la tache de sa brutale origine n'est pas effacée ». Plus largement, la subordination sociale des femmes est décrite comme « le seul vestige d'un vieux monde intellectuel et moral détruit partout, mais conservé en un seul point » (1992 [1869] : 43). Mill ouvre *The Subjection* par quelques commentaires pertinents sur la difficulté à laquelle se heurtent les féministes lorsqu'il s'agit d'établir le bien-fondé intellectuel de leur argument. La domination masculine est ancrée dans des coutumes de longue date, et l'idée que la suprématie des hommes fait partie de l'ordre normal et naturel des choses provient d'un sentiment profond, plutôt que d'une croyance rationnelle (on pourrait ajouter que les hommes ont beaucoup à perdre à s'en convaincre). Par conséquent, les féministes ne doivent pas s'attendre à ce que leurs adversaires « abandonnent des règles puisées avec le sang, sur lesquelles repose une bonne partie de l'ordre actuel du monde, à la sommation du premier raisonnement auquel ils ne pourront résister par la logique » (1992 [1869] : 11). Mill est tout à fait conscient du poids de l'argument du fondement naturel des choses. Il note que cet argument n'est pas un critère valable pour différencier la subordination des femmes de toute autre forme de domination, car il a été invoqué par tous les gouvernants pour justifier leur position. En outre, il estime qu'on ne peut rien dire au sujet de la nature respective des femmes et des hommes, étant donné que les deux sexes ont pu être observés uniquement en situation de relations inégalitaires. Selon lui, une éventuelle différence quant à leurs capacités morales, ou autres, pourrait être détectée seulement si les hommes et les femmes pouvaient interagir en tant qu'êtres rationnels indépendants et égaux.

Cependant, malgré sa vigoureuse critique de l'argument de la coutume et du fondement naturel des choses, Mill retombe finalement sur le même argument qu'il avait pris soin de dénoncer. Les féministes ont récemment critiqué Mill de ne pas avoir appliqué ses principes à la vie domestique. En revanche, on a moins souvent attiré l'attention sur le fait que cette lacune porte atteinte à sa défense du suffrage féminin et de la citoyenneté égalitaire et démocratique. La thèse centrale de Mill, dans *The Subjection,* est que les maris devraient être dépouillés des pouvoirs légaux despotiques qu'ils exercent sur leurs femmes. La plupart des réformes de la loi sur le mariage que Mill préconisait ont aujourd'hui été réalisées (à l'exception notable du viol conjugal, sur lequel je reviendrai). Aujourd'hui, on mesure pleinement les implications du refus de Mill de ne pas étendre sa critique à la division sexuelle du travail à l'intérieur de la sphère privée. Mill affirme que les femmes ne peuvent pas choisir si elles veulent ou non se marier, à cause de la manière dont elles ont été élevées, de leur manque d'instruction et des pressions légales et sociales qu'elles subissent. Selon lui, devenir une épouse est donc la seule possibilité qui leur est offerte. Bien qu'il prône l'égalité de l'accès à l'éducation, qui permettrait aux femmes de subvenir à leurs propres besoins, il présume néanmoins que les femmes n'opteraient *pas* pour l'indépendance, même si le mariage était réformé.

Selon Mill, il est généralement entendu qu'une femme, lorsqu'elle se marie, fait le choix de sa carrière, tout comme un homme choisit une profession.

Lorsqu'une femme devient épouse, elle « choisit la direction d'un ménage et l'éducation d'une famille comme but principal de tous ses efforts, (…) elle renonce, non pas à toute autre occupation, mais à toutes celles qui ne sont pas compatibles avec les exigences de celles-ci » (1992 [1869] : 97-8). Mill retourne ici à l'argument de la position naturelle de la femme. Il retombe sur l'ancienne tradition de la théorie politique patriarcale. Comme l'a démontré Susan Okin (1979) dans *Women in Western Political Thought*, celle-ci soutient que, si les hommes font, ou peuvent faire, beaucoup de choses, les femmes, quant à elles, viennent au monde pour remplir une seule et unique fonction : mettre au monde et élever des enfants. Mill prend soin d'esquiver la question de savoir comment l'on peut affirmer que les femmes ont un véritable choix en ce qui concerne leur occupation si leur devoir est prescrit par leur sexe, et en quoi il est pertinent de discuter de l'égalité des chances pour les femmes si le mariage en soi constitue une « carrière ». Il compare le mariage égalitaire à un partenariat commercial, où chacun des partenaires est libre de négocier ses propres conditions d'association. Mais, pour défendre son idée que l'égalité ne bouleversera pas la division conventionnelle du travail au sein du foyer, il s'appuie sur de faibles arguments allant à l'encontre des principes libéraux. Un « arrangement naturel » entre la femme et son mari serait que chacun garde « la direction absolue de sa partie (...) », et que « tout changement de système et de principe exige le consentement des deux personnes » (1992 [1869] : 80). Il suggère également que le partage du travail entre les époux pourrait

faire l'objet d'un accord dans le contrat de mariage
— il présume cependant que les épouses consenti-
ront à cet arrangement « naturel ». Mill ajoute que
les obligations sont déjà réparties « selon le consentement (…) et la coutume » (1992 [1869] : 81) avec
quelques modifications individuelles. Or, l'argument
principal de son essai est dirigé précisément contre
« la coutume générale », qui sert de rempart à la domination masculine. C'est un point qu'il oublie pourtant lorsqu'il suggère que le mari aura généralement
plus de poids sur les décisions, puisqu'il est en général plus âgé que son épouse. Mill ajoute que ce sera
le cas seulement jusqu'au moment de la vie où l'âge
n'a plus d'importance ; mais à quel moment les hommes sont-ils d'accord d'admettre que ce moment est
venu[1] ? Il fait également abstraction de son propre argument lorsqu'il écrit que l'opinion du partenaire qui
rapporte les moyens de subsistance aura plus de poids,
en ajoutant innocemment « que ce soit l'un ou l'autre
des partenaires », alors qu'il a déjà présumé que les
femmes « choisiront » la dépendance en consentant
au mariage.

1. Il est intéressant de noter que Mill fait implicitement la distinction entre les actions et les croyances des maris, pris individuellement, et le pouvoir qu'exercent « les maris » sur « les
épouses » à l'intérieur de l'institution du mariage. Il écrit que le
mariage n'est pas limité aux quelques êtres bienveillants que les
défenseurs de l'esclavagisme conjugal prennent comme exemple,
mais est ouvert à tous les hommes, même à ceux qui usent de leur
force physique pour maltraiter leur femme. On ferme encore
aujourd'hui fréquemment les yeux sur cette importante distinction,
notamment lorsque des critiques du féminisme offrent des exemples de « bons » maris qui font partie de leur entourage.

Les mouvements antiféministes et les propagandistes des années 1980 déclaraient eux aussi que la division du travail domestique prônée par Mill était la seule qui soit naturelle. Les implications qu'a cet arrangement pour la citoyenneté des femmes ne dérangeraient pas ces mouvements. En revanche, tout défenseur de la démocratie devrait s'en inquiéter. Mill prit parti en faveur du suffrage féminin pour les mêmes raisons qui le poussèrent à défendre le vote des hommes : parce que cela était nécessaire pour la protection de soi ou des intérêts individuels, et parce que la participation politique permettrait aux femmes de développer leurs capacités en tant qu'individus. Le problème avec cet argument est évidemment que les femmes en tant qu'épouses seront largement confinées au cercle restreint de la famille et à leurs tâches quotidiennes, de sorte qu'elles feront difficilement usage du vote comme d'un moyen de protection. En effet, les femmes ne seront pas capables de définir leurs intérêts sans avoir fait des expériences en dehors du foyer. Ce point est d'ailleurs encore plus important pour l'argument de Mill concernant le développement politique et l'éducation par la participation. Il parle en des termes généraux de l'élévation de l'individu « en un être moral, spirituel et social » (1992 [1869]) qui d'après lui se produit sous un régime politique libre. Mais, c'est beaucoup attendre d'un acte de vote occasionnel (bien que la transformation morale de la vie politique grâce à l'introduction du droit de vote fût un thème central pour le mouvement en faveur du suffrage féminin). Et Mill lui-même ne croyait pas que l'instauration

du droit de vote à elle seule suffirait à produire cette
« élévation ». Il écrit que la « vie politique[1] » — et
j'imagine qu'il se réfère ici au suffrage universel —
« ne remplit qu'une très petite place dans la vie moderne, ne pénètre pas dans les habitudes journalières
et n'atteint pas les sentiments les plus intimes » (1992
[1869] : 90). Mais il affirme plus loin que la famille,
« constituée sur des bases justes », ferait office de
« véritable école des vertus de la liberté ». Cependant,
ceci est aussi peu plausible que ne l'est son argument
sur les conséquences du vote démocratique libéral.
Une famille patriarcale, avec à sa tête un mari despo-
tique, ne peut certes pas servir de fondement pour une
citoyenneté démocratique. Mais, *à elle seule*, la famille égalitaire ne le peut pas non plus. Mill soutient,
dans ses écrits sociaux et politiques, que seule la participation dans une grande variété d'institutions, et en
particulier le lieu de travail, procure l'éducation politique nécessaire pour une citoyenneté active et démocratique. Cependant, comment les femmes et les mères
ayant « choisi » la vie domestique peuvent-elles développer leurs aptitudes et apprendre ce que signifie être
un citoyen démocratique ? Les femmes incarnent
alors l'être l'égoïste et privé, dépourvu de sens de la
justice et d'esprit collectif, c'est-à-dire ce que l'on
devient lorsque l'on est confiné à la sphère étroite de
la vie familiale de tous les jours[2]. Le fait que Mill ne

1. *Citizenship* (citoyenneté) dans le texte anglais.
2. Mill, et bien d'autres féministes, perçoivent ce manque du
sens de la justice (qui résulte du confinement à la vie domestique)
comme l'une des principales déficiences du caractère des femmes.

problématise pas l'apparente division naturelle du travail dans la sphère privée signifie que ses arguments en faveur de la citoyenneté démocratique ne s'appliquent qu'aux hommes.

On pourrait opposer à cela qu'il est déraisonnable et anachronique d'exiger de Mill, qui écrit dans les années 1860, qu'il critique la division communément acceptée du travail entre les femmes et leurs maris, alors que seules quelques rares féministes du XIXᵉ siècle étaient disposées à remettre en question la doctrine de la séparation sexuelle des sphères. Mais même si l'on admet cette objection[1], cela n'excuse pas cette lacune dans les théories et les études empiriques contemporaines sur la démocratie. Jusqu'à très récemment — c'est-à-dire jusqu'à ce que le mouvement féministe commence à influencer les disciplines académiques — la relation entre la structure de l'institution du mariage et l'égalité formelle en matière de citoyenneté, n'était pas prise en considération dans la littérature sur la démocratie. En outre, les citoyennes étaient souvent exclues des études empiriques sur le

L'assertion qu'il s'agit là d'une défaillance naturelle des femmes est centrale à la croyance — négligée par les écrits sur la démocratie — que les femmes sont par nature subversives par rapport à l'ordre politique établi et qu'elles représentent une menace pour l'État (voir Pateman 1989, chapitre 1).

1. Cette objection ne devrait pas nécessairement être acceptée. *L'assujettissement des femmes* doit beaucoup à l'ouvrage (trop souvent négligé) de Thompson (1970, publié la première fois en 1825). Thompson était tout à fait disposé à inclure ces questions dans sa vision d'un monde futur socialiste-coopératif et sexuellement égalitaire.

comportement et les attitudes politiques, ou ne faisaient l'objet que de brefs commentaires, en des
termes patriarcaux et non scientifiques[1]. Or, la lecture
de *The Subjection* aurait dû placer depuis longtemps
toutes ces questions sur l'avant-scène des discussions
sur la démocratie. Mais peut-être que les résultats
empiriques seront pris plus au sérieux que les écrits
féministes, même des plus éminent(e)s philosophes.
Les travaux empiriques démontrent, par exemple, que
même les femmes engagées dans la politique locale
renoncent à se porter candidates, à cause de leurs responsabilités familiales et de la conviction qu'il n'est
pas convenable, pour une femme, d'occuper une fonction publique (Lee 1976).

Il est vrai que les problèmes liés à la citoyenneté
des femmes dans les démocraties libérales ont été fortement négligés. Mais l'absence d'intérêt des théoriciens de la démocratie pour la question des femmes
et des épouses a, en fait, des implications plus profondes. La citoyenneté démocratique, même prise dans
sa définition minimale de suffrage universel dans le
contexte des droits civils libéraux, requiert comme
fondement une ferme reconnaissance, pratique et universelle, de chaque membre de la collectivité comme
individu indépendant, socialement égal aux autres, et
possédant toutes les capacités qu'implique ce statut.
Le défaut le plus grave de la théorie contemporaine
de la démocratie et de son discours de liberté, d'éga-

---

1. Pour une des premières critiques voir, par exemple, Goot et
Reid (1975) ; et plus récemment, par exemple, Evans (1980).

lité, de consentement et de l'individu, est d'avoir
exclu aussi facilement et discrètement les femmes de
toute référence à l'« individu ». Du coup, la question
n'est jamais posée de savoir si cette exclusion reflète
les réalités sociales et politiques. Une des raisons qui
expliquent pourquoi les théoriciens de la démocratie
ne voient pas la nécessité de cette question, réside
dans la définition de leur objet d'étude : en effet, pour
ces théoriciens, leur objet d'étude s'étend aux sphères
politique et publique ; les théoriciens radicaux y incluent le marché économique et le domaine de l'emploi. En revanche, la sphère de la vie personnelle et
domestique — le domaine « naturel » de la femme —
est exclue de l'analyse. Bien que le consentement
joue un rôle central dans leur argumentation, les théoriciens de la démocratie n'accordent aucune attention
à la structure des relations sexuelles entre les hommes
et les femmes, et plus particulièrement au viol, ainsi
qu'à l'interprétation des notions de consentement et
non-consentement, qui définissent le viol comme acte
criminel. L'existence du viol est un élément important
du point de vue du type de réalité sociale que le terme
« individu » suggère.

Parmi les critiques de Mill au sujet du pouvoir des-
potique des maris du XIXᵉ siècle, se trouve un rappel
du fait que le mari avait légalement le droit de violer
sa femme. Plus d'un siècle plus tard, le mari détient
toujours ce droit dans la plupart des pays. En se ralliant
à l'affirmation patriarcale selon laquelle les femmes
sont par nature soumises à leurs maris, Locke refuse
aux femmes le statut d'« individu libre et égal ». Le

contenu du contrat de mariage confirme que ce postulat est encore aujourd'hui au cœur de l'institution du mariage. Dans un contrat de mariage, le présumé consentement de la femme à son statut subordonné donne l'illusion que la femme a accepté volontairement un statut qui, en réalité, est essentiellement attributif. Si le présupposé de la subordination naturelle des femmes n'avait plus cours, les théoriciens démocratiques libéraux se seraient depuis longtemps demandé pourquoi un individu à première vue libre et égal consentirait *toujours* à un contrat qui le subordonne systématiquement à un autre individu. Ils se seraient depuis longtemps questionnés à propos d'une institution qui, de par l'accord initial qui la fonde, prive la femme du droit de refuser des services sexuels à son mari, et qui admet légalement que le mari puisse la forcer à s'y soumettre. Si les théoriciens contemporains de la démocratie veulent se distancier des postulats patriarcaux de leurs prédécesseurs, ils doivent commencer par se demander si une personne peut, à la fois, être une citoyenne libre et démocratique, et une épouse qui abandonne l'un des aspects vitaux de sa liberté et de son individualité, à savoir le droit de refuser de consentir aux relations sexuelles, et donc de protéger l'intégrité de sa personne.

Le droit de la femme de refuser ce consentement a également une portée plus générale. En dehors du mariage, le viol est un crime grave. Or, il a été prouvé que la majorité des violeurs n'est pas poursuivie en justice. Aux yeux des théoriciens du politique, les femmes sont des êtres qui n'ont pas les capacités nécessaires pour atteindre le statut d'individu ou de citoyen, ou pour être capables du libre consentement. Mais, dans le même temps, elles sont perçues comme des êtres qui, dans leur vie personnelle, consentent toujours. Quand tel n'est pas le cas, un refus explicite de leur part peut toujours être ignoré et réinterprété comme consentement. Cette perception contradictoire de la femme est l'une des principales raisons qui expliquent pourquoi il est aussi difficile pour une femme violée d'obtenir la condamnation de son agresseur. L'opinion publique, la police et les cours de justice sont prêtes à assimiler une situation de subordination forcée au consentement, car il est généralement entendu que le « non » d'une femme n'a pas de poids, puisque ce qu'elle veut « vraiment » dire, c'est « oui ». Qu'un homme réinterprète un refus explicite à ses avances comme du consentement, est généralement considéré comme parfaitement raisonnable[1]. Ainsi les femmes voient leurs paroles invalidées systématiquement. Un tel dénigrement serait inconcevable si les deux sexes partageaient le même statut d'« individu » : jamais nous ne pourrions juger une personne bénéficiant d'un statut stable et reconnu d'« individu »,

1. Une discussion plus détaillée de la manière paradoxale dont les politologues ont traité du consentement des femmes, ainsi que des références aux résultats empiriques sur lesquels se fondent leurs commentaires, se trouve dans Pateman (1989, chapitre 4). Dans certaines juridictions, comme dans l'exemple des États du New South Wales, du South Australia et du Victoria en Australie, le viol conjugal est aujourd'hui considéré comme un crime. De telles réformes législatives sont bien évidemment réjouissantes, mais le problème social général demeure.

comme disant systématiquement le contraire de ce qu'elle veut dire, et dont les propos pourraient être réinterprétés par d'autres. Le dénigrement et la réinterprétation caractérisent plutôt un type de relation où l'une des personnes est perçue comme naturellement subordonnée, donc comme quelqu'un qui occupe une place extrêmement ambiguë, dans des pratiques sociales (qui se disent) fondées sur les conventions et le libre consentement.

Les politologues qui choisissent de prendre au sérieux la question du fondement conceptuel de la démocratie et de ses conditions sociales ne peuvent plus faire l'impasse sur la critique des féministes à l'encontre du mariage et de la vie personnelle. Cette critique soulève certes des questions difficiles et souvent embarrassantes, mais néanmoins nécessaires, si l'on veut comprendre la démocratie autrement que comme un vaste club masculin, et si l'on veut remettre en question la structure patriarcale de l'État démocratique libéral. Les postulats et pratiques qui régissent la vie personnelle quotidienne des femmes et des hommes, y compris leur vie sexuelle, ne peuvent plus être considérés comme étant sans rapport avec la sphère politique et sans importance pour les théoriciens de la démocratie. Le statut d'« individu » des femmes influe sur toute leur vie sociale, personnelle et politique. La structure de la vie quotidienne, y compris celle du mariage, repose sur des croyances et des pratiques qui présupposent la subordination naturelle des femmes aux hommes — or, les théoriciens de la démocratie continuent à affirmer que les hommes et les femmes interagissent librement, et en toute égalité, en tant que citoyens et électeurs démocratiques.

Cette dernière remarque concerne à la fois la démocratie libérale et — surtout — la démocratie participative. Les théoriciens libéraux continuent à affirmer que les relations et les inégalités sociales sont sans rapport avec l'égalité politique et la citoyenneté démocratique. Il est donc peu probable qu'ils se laissent influencer, ni par les féministes, ni par d'autres critiques radicales. De même, les partisans de la démocratie participative sont-ils peu disposés à tenir compte des arguments féministes, alors même que ces arguments vont, par certains aspects, dans le sens de leur propre conception de la « démocratie » ; en effet, pour les théoriciens de la démocratie participative, la démocratie dépasse l'État et inclut l'organisation sociétale. Cette résistance au féminisme est d'autant plus ironique que le mouvement féministe contemporain a tenté, sous différentes formes, de mettre en pratique la démocratie participative[1]. Ce mouvement, décentralisé et antihiérarchique, essaie de faire en sorte que ses membres s'éduquent collectivement et deviennent plus indépendants à travers la prise de conscience, la

---

1. De l'autre côté, l'expérience des femmes dans la nouvelle gauche, partisane de la « démocratie participative », constitua une véritable force d'impulsion pour la renaissance du mouvement féministe. La nouvelle gauche créa un espace pour l'action politique et l'acquisition de l'expérience politique, et partageait une idéologie égalitariste — mais elle a maintenu la suprématie masculine au niveau de son organisation et surtout au niveau des relations personnelles, voir Evans (1979).

prise de décision participative et le tournus des tâches et des fonctions.

Les féministes refusent l'idée libérale selon laquelle il est possible de considérer la vie privée et la vie publique indépendamment l'une de l'autre. Si l'essai féministe de J. S. Mill a été négligé, c'est notamment parce que, en étendant les principes libéraux au mariage, Mill a ouvert une brèche dans la séparation libérale fondamentale entre la loi paternelle et la loi politique, telle qu'établie par Locke ; en d'autres termes, entre la sphère publique, impersonnelle et conventionnelle, et la famille, lieu d'affection et de relations naturelles. Les adeptes de la démocratie participative ont bien sûr cherché à problématiser les conceptions ordinaires du public et du privé à travers leurs débats à propos de la sphère du travail. Cependant, cette remise en question a fait abstraction des apports du féminisme. Il est rare que l'on fasse remarquer combien la vision des féministes diffère de celle des partisans de la démocratie participative sur la question de la division entre public et privé. Du point de vue des féministes, les arguments des théoriciens de la démocratie participative se situent toujours dans la logique de la séparation libérale-patriarcale, qui distingue la société civile de l'État. En regard de cette séparation, qui est en fait une scission de la sphère publique en deux sous-sphères, la vie domestique occupe une position extrêmement ambiguë. Les féministes, au contraire, conçoivent la vie domestique — le domaine « naturel » de la femme — comme étant de l'ordre de la sphère privée. Celle-ci est séparée du domaine public qui recouvre à la fois la vie économique et la vie politique, les arènes « naturelles » de l'homme[1].

En faisant abstraction de la famille, et en refusant ainsi de prendre en compte la conception féministe de la vie « privée », les arguments des partisans de la démocratie participative en faveur de la démocratisation de la vie économique négligent une dimension essentielle de la transformation démocratique de la vie sociale (et cette critique s'applique aussi à mon livre *Participation and Democratic Theory* [Pateman 1970]). Les écrits sur la démocratie industrielle sont en effet très discrets sur l'importance de la relation entre la division du travail domestique et la vie économique, ou sur celle de la division sexuelle dans la sphère du travail, sans parler des implications des enjeux plus profonds que j'ai passés en revue dans cet article. Ce sont bien les féministes, et non les partisans de la démocratie participative au travail, qui ont étudié les différences entre la position des travailleuses, et en particulier des travailleuses mariées, et celle des employés masculins. Les auteurs qui traitent de la démocratie n'ont pas encore intégré ce large corps de recherche féministe sur les femmes et le travail rémunéré. Si cette question n'est pas amenée au centre de la réflexion, des débats et de l'action politique, les femmes continueront à occuper une position tout aussi secondaire dans une future « démocratie » participative,

1. Pour plus de commentaires sur la place ambiguë de la famille, voir Pateman (1989, chapitre 1) ; sur la question plus générale concernant le public et le privé, Pateman (1989, chapitre 6).

qu'elles ne le font aujourd'hui dans les démocraties libérales.

J'ai attiré l'attention sur les conséquences du postulat que la place « naturelle » de la femme est dans la sphère privée, en tant qu'épouse et mère au foyer, pour les arguments concernant la portée éducative et formatrice de la participation politique. Certains diront que ce problème est aujourd'hui moins urgent qu'au temps de Mill, parce que beaucoup de femmes mariées ont, entre-temps, fait leur entrée dans la sphère publique du marché de l'emploi, et que leurs horizons se sont par conséquent élargis. Contrairement aux femmes au foyer, celles-ci obtiendront une éducation politique, si les entreprises sont démocratisées. En Australie en 1977, par exemple, 35 % des travailleurs étaient des femmes, parmi lesquelles 63 % de femmes mariées[1]. Cependant, la réalité dissimulée derrière les statistiques démontre que le statut de travailleuse est

---

1. La constante augmentation du nombre de femmes mariées qui travaillent est l'une des caractéristiques les plus frappantes du développement du capitalisme de l'après-guerre. Il faut cependant souligner une fois de plus que les ouvrières mariées ont toujours fait partie du marché de l'emploi. En Grande-Bretagne, en 1851, environ un quart des femmes mariées étaient employées (Oakley 1976 : 44). De plus, le service domestique était, jusqu'à la fin des années 1930, une des principales occupations des femmes (le plus souvent célibataires). Il y a une explication à la négligence de Mill concernant l'importance fondamentale du devoir d'éducation des enfants qui incombe aux femmes, par rapport à leur statut dans la sphère publique. En effet, les mères de la classe moyenne avaient d'autres femmes à disposition pour s'occuper de leurs enfants, de même que les suffragettes de la classe moyenne et supérieure pouvaient aller tranquillement en prison pendant que les employées domestiques s'occupaient de leurs maisons et enfants (sur ce point, voir Liddington et Norris 1978).

aussi précaire et ambigu que celui de citoyenne, car le problème fondamental des femmes est qu'elles ne bénéficient pas d'un véritable statut d'« individu ». Il est généralement et implicitement sous-entendu que le « travail » s'accomplit sur un lieu de travail, et non dans la sphère privée, et que le « travailleur » est un homme — une personne qui a donc besoin d'un lieu de relaxation tenu propre, d'habits propres, et de quelqu'un qui éduque ses enfants et lui prépare sa nourriture, le tout procuré par sa femme. Lorsqu'une femme entre sur le marché du travail rémunéré, personne ne s'inquiète de savoir qui accomplira ses tâches pour elle, ce qui illustre bien sa position comme « travailleuse ». Car en fait, la travailleuse mariée exerce deux emplois, l'un au bureau ou à l'usine, et l'autre à la maison. On peut se demander ici pourquoi les membres d'une entreprise qui ont déjà un double emploi se presseraient d'assumer les nouvelles responsabilités et opportunités qu'engendrerait une démocratisation.

Comme le note Eisenstein (1980 : 207-8) l'expression populaire anglophone « *working mother* » [mère travailleuse] indique simultanément « la responsabilité première de la femme en tant que mère, et son statut secondaire comme travailleuse ». Elle reflète donc l'importance respective accordée aux deux volets de la double journée de la femme, et donc à son statut de travailleuse. La question se pose à nouveau de savoir comment des travailleuses ayant un statut secondaire pourraient trouver leur place, en tant que participantes égales, à un lieu de travail démocratisé, sans que ne soient entrepris de grands changements ? Pour montrer l'ampleur des changements nécessaires, on peut brièvement se référer à trois aspects du travail (rémunéré) des femmes. D'abord, la question du harcèlement sexuel des femmes au travail, pratique encore peu reconnue, mais qui révèle à quel point le problème des relations sexuelles, du consentement et du statut des femmes en tant qu'individus, s'applique également au niveau de la sphère économique[1]. Deuxièmement, avant de pouvoir participer comme individus égaux, les femmes doivent emporter la lutte contre la discrimination par les employeurs et les syndicats. Finalement, il faut reconnaître que le lieu de travail est structuré par une division sexuelle du travail, ce qui pose des problèmes supplémentaires et complexes à l'instauration de l'égalité et de la participation. Les femmes occupent des postes de travail spécifiques (des emplois « typiquement féminins ») et sont concentrées dans des fonctions à basses responsabilités, à basses qualifications et au statut moindre. Comme des études empiriques le montrent, ce sont précisément les travailleurs qui occupent ce genre de postes qui participeront probablement le moins.

L'exemple du lieu du travail, ainsi que les autres exemples discutés dans cet article, devraient suffire à démontrer en quoi l'insistance des féministes contemporaines sur l'interrelation entre la vie personnelle et la vie politique est si fondamentale pour la théorie et

---

1. Sur la question du harcèlement sexuel, voir, par exemple, MacKinnon (1979).

la pratique de la démocratie. Sans changements radicaux au niveau de la vie personnelle et domestique, on ne pourra atteindre ni une situation libérale d'égalité des opportunités, ni une situation de citoyenneté active, participative et démocratique pour *tous*. Les luttes du mouvement féministe des cent cinquante dernières années ont apporté beaucoup. Une femme exceptionnelle peut aujourd'hui devenir Premier ministre — mais cela n'enlève rien à la structure de la vie sociale des femmes ordinaires en général, des femmes comme catégorie sociale. En effet, celles-ci continuent à occuper une position incertaine en tant qu'individus, travailleuses et citoyennes, alors que l'opinion publique fait encore écho à la déclaration de Rousseau (1911 [1791-92] : 328) selon laquelle la nature elle-même a décrété que la femme (...) devrait être à la merci du jugement de l'homme. Parmi tous les changements nécessaires à la construction d'une société véritablement démocratique, l'instauration d'une vie personnelle et sexuelle libre et égalitaire est le plus difficile à atteindre. Car ce n'est pas quelque chose qui est en dehors de la vie quotidienne et que l'on peut défendre à coup de slogans abstraits, alors que l'assujettissement des femmes continue comme auparavant. Les idéaux et les politiques démocratiques doivent être mis en pratique dans la cuisine, la chambre des enfants et la chambre à coucher ; comme l'écrit J. S. Mill (1992 [1869] : 25), ils ont « [leur] racine dans le cœur de tout individu mâle chef de famille, et de tous ceux qui se voient dans l'avenir investis de cette dignité, la personne et le foyer de chaque chef de famille masculin, et de toute personne qui se réjouit de l'être un jour ». C'est un fait biologique naturel que ce soient les femmes qui portent des enfants, mais cela ne justifie en rien qu'il faille séparer la vie sociale en deux sphères sexuellement déterminées, la vie privée (la femme) et l'activité publique (l'homme). Cette division est fondée sur une extrapolation erronée de l'argument concernant la nécessité naturelle de reproduction. Il n'y a rien dans la nature qui empêche le père de partager équitablement l'éducation de ses enfants, même si l'organisation de la vie sociale et économique rend cela difficile. Les femmes ne peuvent gagner une position égale dans une vie démocratique productive et dans la citoyenneté si elles continuent à être considérées comme vouées à une seule et unique fonction naturelle. De même, les pères ne peuvent pas participer de façon égale aux activités d'éducation des enfants si nous ne changeons notre conception du « travail » et de la structure de la vie économique.

Le débat, commencé il y a plus de trois cents ans — lorsque les premiers théoriciens du contrat social opposèrent leurs arguments basés sur les conventions sociales à ceux des penseurs patriarcaux qui se référaient à la nature — est loin d'être enterré. Il manque encore une conceptualisation démocratique appropriée de la relation entre la nature et les conventions sociales. Pour que le débat s'achève sur d'heureuses conclusions, il est impératif de procéder à quelques reconceptualisations radicales permettant l'élaboration d'une théorie compréhensive de la véritable pratique démocratique. La recherche théorique féministe récente offre de nouvelles perspectives et apports à la théorie et à la pratique démocratique, y compris sur les questions de l'individualisme et de la démocratie participative ; elle propose aussi une conception appropriée de la vie « politique[1] ». Durant la plus grande partie du siècle passé, il a été difficile d'imaginer à quoi pourrait ressembler une vie sociale démocratique. Les partis politiques dominés par les hommes, ainsi que leurs théoriciens, ont essayé d'enterrer les vieux mouvements politiques utopistes, qui font partie de l'histoire de la lutte pour la démocratie et pour l'émancipation des femmes, et qui se sont engagés en faveur de certaines organisations et activités politiques précurseurs. La leçon que nous devons retenir du passé est qu'une théorie et une pratique « démocratiques », qui ne soient pas à la fois féministes, servent simplement à maintenir une forme fondamentale de domination et se moquent, par conséquent, des idéaux et des valeurs que la démocratie est supposée incarner.

CAROLE PATEMAN

1. Voir, par exemple, la discussion de Petchesky (1980).

RÉFÉRENCES

BARBER, Benjamin R. (1974). *The Death of Communal Liberty.* Princeton : Princeton University Press.

BRENNAN, T. et PATEMAN, Carole (1979). « "Mere Auxiliaries to the Commonwealth" : Women and the Origins of Liberalism ». *Political Studies* 27.

EISENSTEIN, Zillah R. (1980). *The Radical Future of Liberal Feminism.* New York : Longman.

EVANS, J. (1980). « Attitudes to Women in American Political Science ». *Government and Opposition* 15 (1).

EVANS, S. (1979). *Personal Politics.* New York : Knopf.

FICHTE, Johann Gottlieb (1984 [1796-1797]). *Fondement du droit naturel selon les principes de la doctrine de la science.* Paris : P.U.F. (traduction d'Alain Renaut).

GOOT, M. et REID, R. (1975). « Women and Voting Studies : Mindless Matrons or Sexist Scientism ». *Sage Professional Papers in Contemporary Sociology* I.

HAMILTON, Roberta (1978). *The Liberation of Women : A Study of Patriarchy and Capitalism.* Londres : Allen et Unwin.

HARTMANN, H. (1976). « Capitalism, Patriarchy and Job Segregation by Sex ». *Signs* 1 (3).

LEE, M.M. (1976). « Why Few Women Hold Public Office : Democracy and Sexual Roles ». *Political Science Quarterly* 91.

LIDDINGTON, J. et NORRIS, J. (1978). *One Hand Tied Behind Us : The Rise of the Women's Suffrage Movement.* Londres : Virago.

LOCKE, John (1997 [1690]). *Deux traités du gouvernement.* Paris : J. Vrin.

MACKINNON, Catherine A. (1979). *Sexual Harassment of Working Women.* New Haven, CT : Yale University Press.

MARGOLIS, M. (1979). *Viable Democracy.* Harmondsworth, Middlesex : Penguin Books.

MILL, John Stuart (1992 [1869]). *De l'assujettissement des femmes.* Paris : Avatar. (traduction de E. Cazelles) (original : *The Subjection of Women*, in J. S. Mill et H. Taylor,

Essays on Sex Equality, ed. A. Rossi. Chicago, IL : Chicago University Press, 1970).

OAKLEY, Ann (1976). *Housewife*. Harmondsworth, Middlesex : Penguin Books.

OKIN, Susan Moller (1979). *Women in Western Political Thought*. Princeton : Princeton University Press.

PATEMAN, Carole (1970). *Participation and Democratic Theory*. Cambridge : Cambridge University Press.

PATEMAN, Carole (1980). « Women, Nature and the Suffrage ». *Ethics* 90 (4).

PATEMAN, Carole (1989). *The Disorder of Women : Democracy, Feminism and Political Theory*. Cambridge : Polity Press et Stanford : Stanford University Press.

PETCHESKY, Rosalind Pollack (1980). « Reproductive Freedom : Beyond "A Woman's Right to Choose" ». *Signs* 5 (4).

ROUSSEAU, Jean-Jacques (1911 [1791-92]). *Emile*. Londres : Dent (traduction anglaise de B. Foxley).

THOMPSON, William 1970 [1825]. *Appeal of One Half of the Human Race, Women, Against the Pretensions of the Other Half, Men, to Retain them in Political and Hence in Civil and Domestic, Slavery*. New York : Source Book Press.

VERBA, Sidney, NIE, Norman H. et KIM, Jae-On (1978). *Participation and Political Equality*. Cambridge : Cambridge University Press.

3

Tout est dans le contexte :
féminisme et théories de la citoyenneté[1]

Dans le roman impressionnant de Margaret Atwood
(1986) *The Handmaid's Tale,* l'héroïne, Offred, membre de la nouvelle classe des « utérus ambulants »
dans une société « antiutopique », pense souvent que
« tout est dans le contexte ». Offred nous rappelle
cette vérité fondamentale qu'à chaque instant de notre
vie, nos véritables pensées, valeurs et actes — des
plus futiles aux plus nobles — prennent leur signification et acquièrent leur utilité à partir de la réalité
politique et sociale plus large qui nous entoure et
nous conditionne. Offred, se trouvant dans ces circonstances qui la contraignent[2], en vient à comprendre que le monde autour d'elle est d'une grande
importance pour pouvoir mener une vie plus ou moins
libre et s'épanouir. Malheureusement, elle n'en prend
conscience que trop tard.

1. Traduit et reproduit avec la permission de Verso.
2. Ce roman antiutopique raconte l'histoire d'Offred, une ser-
vante dans la république de Gilead où la liberté de mouvement et
de pensée des femmes est fortement restreinte, car elles n'ont plus
le droit ni de sortir librement, ni d'avoir un travail, ni de choisir
leurs occupations ni même leur conjoint. Au contraire, elles sont
valorisées uniquement pour leur capacité reproductrice [ed.].

À l'opposé d'Offred, les féministes ont depuis longtemps reconnu qu'il est indispensable d'appréhender, de définir et de critiquer la réalité complexe qui influence nos façons de penser, les valeurs qui nous orientent, et les relations que nous privilégions, particulièrement en rapport avec le genre. Si « tout est dans le contexte », le féminisme dans ses différentes formes a alors pour tâche de découvrir tout ce qui nous entoure et de mettre en évidence les relations de pouvoir qui nous façonnent. « Le personnel est politique », tel est le credo de cette pratique critique.

Le libéralisme et son ensemble de valeurs, croyances et pratiques constituent le contexte politique et idéologique qui conditionne le plus profondément l'Amérique. La tradition libérale attire sans doute de nombreux adhérents, mais soulève aussi de nombreuses critiques. Durant la dernière décennie, peu de critiques du libéralisme aux États-Unis ont été aussi profondes et ont eu un tel retentissement que celles des féministes. Ce sont elles qui se sont certainement le plus engagées pour formuler des alternatives à la conception libérale du genre, de la famille, de la division sexuée du travail et de la relation entre la sphère publique et la sphère privée[1].

1. Pour se faire une idée de la nature généralisée de la critique féministe du libéralisme, voir Diamond (1983) ; Eisenstein (1981) ; Elshtain (1981) ; Harding et Hintikka (1983) ; Jaggar (1983) ; Mitchell et Oakley (1976) ; Nicholson (1986) ; Okin (1979). Pour ce qui concerne la critique féministe du contrat social, voir Benhabib (1986) ; Di Stephano (1983) ; Pateman (1980) ; Pateman et Brennan (1979) ; Shanley (1979). Pour une critique de « l'homme rationnel », voir Hartsock (1983) ; Lloyd (1984) ; Young (1986). À propos de Locke, voir Butler (1978) ; Clark (1979) ; Pateman (1975).

Dans ce texte, je me concentrerai sur l'aspect de la critique des féministes concernant la citoyenneté. Je présenterai d'abord les principales caractéristiques de la conception libérale de la citoyenneté ; ensuite, j'introduirai deux critiques féministes contemporaines à l'encontre de cette conception. Mais ce que j'aimerais au fond montrer, c'est que, bien que ces deux critiques éclaircissent des aspects très importants de la question, aucune des deux ne conduit à une alternative adéquate par rapport à la perspective libérale, ni à une vision politique féministe suffisamment convaincante. Dans la dernière partie du texte, je ferai une ébauche préliminaire de ce que pourrait être une vision féministe de la citoyenneté. Je le ferai en partie en réaffirmant l'idée que « l'accès égalitaire n'est pas une condition suffisante ».

I

Le champ du libéralisme est vaste et son fondement historique a, au cours du siècle passé, été largement analysé par la théorie sociale, politique et morale[1]. Je

---

Sur Mill, voir Annas (1977) ; Krouse (1982) ; Ring (1985). Sur la théorie morale libérale, voir Blum (1982).

1. Pour une sensibilisation au développement historique et intellectuel du libéralisme durant les trois derniers siècles, voir (dans un ordre chronologique) L. T. Hobhouse (1911); De Ruggiero (1927); Laski (1936); Sabine (1937); McIlwain (1939); Hallowel

me limiterai ici à présenter schématiquement la conception libérale de la citoyenneté, mais cette esquisse suffira pour poser les bases des critiques féministes subséquentes. À partir de là et en gardant à l'esprit que la conception des choses change à travers le temps, nous pourrons commencer par considérer les principales caractéristiques de la pensée politique libérale.

Premièrement, il y a l'idée que les êtres humains sont des agents atomisés et rationnels dont l'existence et les intérêts sont ontologiquement antérieurs à la société[1]. Dans la société libérale, on peut dire que « tout n'est

---

(1943) ; Marshall (1950) ; Polanyi (1951) ; Hartz (1955) ; Cumming (1969) ; MacPherson (1977) ; Macfarlane (1978) ; Seidman (1983) ; Gray (1986).

1. Bien que Thomas Hobbes ne soit pas dans la pure tradition de la théorie libérale qui inclut mais ne se limite pas à Locke, Kant, Smith, Madison, Montesquieu, Bentham, Mill, T. H. Green, L. T. Hobhouse, Dewey et, plus récemment, Rawls, Dworkin et Nozick, il a posé les bases de la conception de l'homme qui caractérise une bonne partie de la pensée libérale. Dans *De Cive,* Hobbes écrivait « considérons les hommes comme s'ils venaient de pousser sur la terre, soudainement, comme des champignons déjà advenus à pleine maturité, sans aucune sorte d'engagement entre eux ». « Philosophical Rudiments Concerning Government and Society », in Molesworth (1966 : 102). Cette incitation à voir l'homme comme un « soi » autonome distinct est présente, sous différentes formes, depuis l'état de nature de Locke jusqu'au « voile d'ignorance » de Rawls. Des critiques contemporaines du libéralisme font référence à cette conception en employant le terme « soi non encombré » ; voir Sandel (1984).

Dans cette discussion sur le libéralisme, je parlerai d'hommes au sens d'individus de sexe masculin pour deux raisons : premièrement cela sert à rappeler que la théorie politique traditionnelle utilise un langage exclusivement masculin ; cela est vrai aussi pour les quelques théoriciens qui sont prêts à admettre que « il/lui » signifie « tous ». Deuxièmement, beaucoup de théoriciennes féministes

pas dans le contexte ». Le contexte n'est même « rien »,
car pour la conception libérale, les besoins et les facultés des individus sont indépendants de toute condition
sociale ou politique immédiate[1]. Ce qui importe, c'est
que nous concevions les êtres humains comme des individus rationnels ayant une valeur intrinsèque.

Le principe selon lequel la société doit assurer la
liberté de tous ses membres pour leur permettre de
réaliser leurs aptitudes constitue le second axe de la
pensée politique libérale. C'est le principe éthique
central de la tradition libérale occidentale. Sa formulation classique est peut-être celle de John Stuart Mill
(1961 [1859] : 266) qui affirme que « la seule liberté
digne de ce nom est celle de poursuivre notre propre
bien à notre propre manière, pour autant que nous ne
portions pas atteinte à la liberté des autres et que nous
ne les empêchions pas de l'atteindre ».

---

ont montré de manière tout à fait convaincante que le terme
« homme », tel qu'utilisé dans la pensée libérale, n'est pas simplement une tournure linguistique ou une expression générique, mais
qu'il s'agit en fait d'un symbole d'un concept qui reflète à la fois
des valeurs et des vertus masculines et des pratiques patriarcales.
Voir Pateman et Brennan (1979).

1. Pateman et Brennan (1979) montrent que l'idée suivant laquelle l'individu est par nature libre — c'est-à-dire en dehors des
liens de la société, de l'histoire et de la tradition — a été léguée au
libéralisme par les théoriciens du contrat social. L'émergence de
cette idée dans le XVIIᵉ siècle n'a pas seulement marqué « une rupture décisive dans la perspective traditionnelle qui voulait que les
gens soient "naturellement" liés entre eux par une hiérarchie faite
d'inégalités et de subordination, elle a également établi une conception de la liberté individuelle "naturelle" comme condition de
l'isolement des individus par rapport aux autres individus, étape
antérieure à la création (artificielle) de la "société civile" ».

La troisième caractéristique de la pensée libérale est liée au principe de liberté individuelle : l'importance accordée à l'idée de l'égalité entre les humains. Les théoriciens libéraux diffèrent dans leurs formulations de ce principe, mais s'accordent tous sur son importance. Locke soutenait, par exemple, que « la raison est la règle et la mesure communes que Dieu a données à l'humanité » et par conséquent que tous les hommes doivent être considérés égaux, donc comme ayant une dignité égale et méritant un respect égal. Bentham a affirmé (de manière pas toujours entièrement cohérente) que l'importance de l'égalité vient du fait que tous les individus ont la même capacité d'éprouver du plaisir et que le bonheur de la société est donc maximisé lorsque chacun dispose de la même quantité de richesses ou de revenu. Dans son texte *Liberal Legislation and Freedom of Contract*, T. H. Green (1964) déclare que « chacun a un intérêt à ce que tous puissent disposer et jouir librement et pleinement de leurs biens, pour autant que cette liberté n'entrave pas celle des autres, car une telle liberté contribue au développement égal des facultés de tous, ce qui constitue le plus grand bien de tous ». Étant donné que les théories libérales reposent généralement sur une version du postulat d'égalité parfaite entre les individus masculins, il suffit d'un rien pour parvenir à un autre argument proche, à savoir que la justice sociale implique le suffrage égal où chaque individu particulier devrait compter « autant que n'importe quel autre individu de la même communauté » selon les termes de Herbert Spencer (cité par Wolin

1963). Comme l'a écrit Allison Jaggar (1983 : 33) « la croyance du libéralisme dans la valeur ultime de l'individu s'exprime dans l'égalitarisme politique ».

Cet égalitarisme prend la forme de ce que les théoriciens appellent une « liberté négative », que Sir Isaiah Berlin caractérise dans son essai classique sur la liberté comme « l'espace à l'intérieur duquel un homme peut agir sans que d'autres l'en empêchent » (Berlin 1969 : 171)[1]. Il s'agit donc d'une absence d'obstacles aux choix et activités possibles. Ce qui est en jeu dans cette conception libérale, ce n'est ni le choix « juste » ni l'action « bonne », mais simplement la liberté de l'individu de choisir ses propres valeurs ou finalités sans interférence de la part des autres et en accord avec une liberté analogue à celle des autres. Au cœur de la liberté négative apparaît ainsi un quatrième trait du libéralisme, qui concerne l'individu dans sa qualité de citoyen : la conception de l'individu comme « porteur de droits formels » destinés à le protéger des intrusions ou interférences d'autrui et à lui garantir les mêmes possibilités qu'à tous les autres ainsi que « l'égalité d'accès ».

1. Berlin poursuit en notant quelque chose qui se révéla important pour l'argument que je développerai dans la section III — « la liberté [au sens de la liberté négative] n'est pas, du moins logiquement, liée à la démocratie. (…). La réponse à la question : "Qui me gouverne ?" est logiquement distincte de la question : "Jusqu'où le gouvernement s'ingère-t-il dans mes affaires ?" » (1969 :178). Cette dernière question, comme nous le verrons, est extrêmement importante pour le citoyen libéral; la première concerne le citoyen démocratique et doit par conséquent intéresser la pensée politique féministe.

Le concept de droits est fondamental pour la vision politique libérale. Dans sa *Théorie de la justice*, John Rawls (1971) propose une formulation classique de la perspective libérale : « Chaque personne est dotée d'une inviolabilité fondée sur la justice sur laquelle même l'idée d'assurer le bien de toute la société ne peut l'emporter... Les droits assurés par la justice ne font pas l'objet d'une négociation politique ou d'un calcul des intérêts sociaux. »

Le concept de droits ne renforce pas seulement les principes libéraux fondamentaux de liberté individuelle et d'égalité formelle ; il crée également la distinction entre « privé » et « public » qui est si importante pour la conception libérale de la famille et des institutions sociales. Les droits individuels correspondent à l'idée qu'il existe un domaine privé de la liberté, séparé et distinct du domaine public. Bien que les théoriciens libéraux soient en désaccord sur la nature et le degré de l'intervention étatique dans le domaine public — et même sur ce qui est désigné comme « public » — ils acceptent néanmoins l'idée que certains droits inviolables existent dans le domaine privé dans lequel l'État ne peut intervenir de manière légitime. Pendant longtemps, les théoriciens du libéralisme ont considéré ce domaine privé comme recouvrant, selon la formulation d'Agnes Heller, « le domaine de la gestion des émotions » — le mariage, la famille, les travaux domestiques et la prise en charge des enfants. En un mot, la conception libérale du « privé » a inclus ce qu'on pourrait appeler la « sphère féminine » comme « propriété des hommes », et cette conception s'est efforcée non seulement de préserver la sphère privée de l'influence du « public », mais aussi d'empêcher celles qui font partie de cette sphère — les femmes — de participer à la vie publique[1].

Une autre caractéristique du libéralisme liée à celles déjà mentionnées réside dans l'idée que l'individu libre prend part à une « compétition ». Pour comprendre cette idée, il est utile de revenir sur le contexte propre au libéralisme, son histoire particulière et ses origines[2]. Le libéralisme naît dans un contexte de désintégration complète de ce que Karl Marx appelait les « liens féodaux hétéroclites » — c'est-à-dire lors du déclin de l'aristocratie et de la montée d'une nouvelle classe de commerçants et d'entrepreneurs avec leur « penchant naturel », comme l'écrivait Adam Smith, « pour le commerce, l'échange et le négoce ». Autrement dit, le libéralisme émerge dans les sociétés

1. Le refus d'accorder la citoyenneté aux femmes est, bien sûr, une caractéristique du libéralisme ancien, pas du libéralisme contemporain. Cependant, il faut noter que, du moins dans la pensée libérale à ses débuts, les principes éthiques du libéralisme — la liberté individuelle et l'égalité sociale — n'étaient pas, en pratique (et souvent aussi en théorie) appliqués aux femmes, mais seulement à « l'homme rationnel », dont la « rationalité » dépendait de la possession de biens.

2. Le contexte du libéralisme est actuellement un ensemble très complexe de situations sociales, politiques et historiques changeantes. Nous ne devons pas oublier que dans ses manifestations les plus anciennes (XVIIᵉ et XVIIIᵉ siècles), du temps des « Levellers », des « True Whigs », des hommes du « Commonwealth » et des « patriotes » révolutionnaires, la proclamation des droits individuels et de l'égalité sociale était en somme un acte de rébellion contre le roi et la Cour. L'« individualisme possessif » capitaliste s'est développé à travers un ensemble de pratiques séparées mais liées. L'héritage du libéralisme est ainsi radical autant que capitaliste.

de marché capitaliste et, comme l'affirmait Karl Marx, il ne peut être compris que si l'on tient compte des institutions sociales et économiques qui l'ont forgé. Pour Max Weber, la pensée politique libérale a hérité de la grande transformation provoquée par le protestantisme ainsi que de la nouvelle éthique du « soi » et du travail qui remplaçait alors les privilèges, les prescriptions et la primauté du rang. Comme l'ont reconnu tant Marx que Weber, le libéralisme était la conscience pratique, ou la légitimation théorique, des valeurs et pratiques d'une société de marché émergeante. Le libéralisme a ainsi contribué à la recherche active de tout ce qui pouvait être bénéfique à un système économique de production visant le profit.

De ces « apports bénéfiques » fait partie aussi l'idée de l'homme rationnel en tant qu'individu compétitif qui a une tendance naturelle à défendre ses propres intérêts et à maximiser son profit personnel. Bien qu'il soit faux d'insinuer que tous les théoriciens libéraux conçoivent l'être humain comme étant égoïste, la plupart d'entre eux prétendent néanmoins que les gens ont naturellement tendance à aller dans cette direction et qu'il leur faut faire un effort pour développer leurs facultés morales de sorte à pouvoir contrecarrer leurs penchants naturels qui seraient égoïstes et possessifs (voir Jaggar 1983 : 31). Nous pouvons donc dire de manière très générale que pour les libéraux, le moteur de l'action humaine ne réside pas dans quelque noble désir d'atteindre « la vie bonne » ou « une société morale et vertueuse », mais plutôt dans la tendance à l'avancement individuel ou (en termes capitalistes) à la poursuite du profit selon les lois du marché[1]. Pris sous cet angle, l'individu libéral peut ainsi être compris comme un entrepreneur compétitif, la société civile comme un marché économique et l'idéal à atteindre comme l'égalité des chances pour s'engager, selon les termes d'Adam Smith, dans la « course pour la richesse, l'honneur et la promotion ».

Ce qui est vital dans cette course, c'est précisément le thème qui nous préoccupe ici — à savoir l'égalité d'accès à la course elle-même, donc à la société de marché. Dans un tel contexte, la « liberté » consiste en un ensemble de garanties formelles pour l'individu, pour qu'il (et plus tard elle) puisse prendre un départ équitable et s'engager dans la « course » à la Smith. La « citoyenneté » dans cette vision libérale signifie quelque chose comme l'appartenance égali-

1. Comme le souligne judicieusement C. B. MacPherson (1977 : 2) dans *The Life and Times of Liberal Democracy*, une des difficultés majeures du libéralisme réside dans le fait qu'il a tenté de combiner l'idée de la liberté individuelle comme « développement personnel » avec la notion « entrepreneuriale » du libéralisme comme « droit du plus fort d'opprimer le plus faible selon les lois du marché ». Malgré les tentatives de J. S. Mill, et de Robert Nozick et d'autres de réconcilier la liberté du marché avec la liberté de « développement personnel », une solution satisfaisante fait toujours défaut. Selon MacPherson, les deux libertés sont profondément incompatibles mais il dit aussi que la position libérale « ne doit pas être interprétée comme dépendant nécessairement d'une acceptation des principes capitalistes, bien que cette interprétation ait été prévalente historiquement » (1977 : 2). Cette réalité historique est celle que je souligne ici et qui, je pense, prédomine dans la vision libérale américaine de la citoyenneté. Toutefois, comme MacPherson, je ne pense pas que le libéralisme est nécessairement lié (d'un point de vue conceptuel et pratique) à ce qu'il appelle « l'enveloppe du marché capitaliste ».

taire à une sphère économique et sociale plus ou moins régulée par l'État et plus ou moins attachée au principe que « c'est le marché qui fait l'homme » (MacPherson 1977 : 1). Autrement dit, dans le libéralisme, la citoyenneté devient moins une activité collective et politique qu'une activité individuelle et économique — à savoir le droit de poursuivre sans obstacles ses propres intérêts dans le marché. De plus, la démocratie est associée beaucoup plus à la démocratie représentative et au droit de vote qu'à l'idée d'une activité collective et participative des citoyens dans l'espace public.

La vision du citoyen comme porteur de droits, de la démocratie comme société marchande capitaliste et de la politique comme démocratie représentative, c'est précisément ce qui rend le libéralisme si peu attrayant comme projet politique, aux yeux de beaucoup de critiques actuels et anciens, conservateurs et radicaux, et ce malgré le fait que le libéralisme insiste tant et si admirablement sur les valeurs de liberté individuelle et d'égalité. Du point de vue du féminisme, c'est peut-être Mary Shanley (1983 : 360) qui a le mieux résumé le problème posé par le libéralisme :

> « Si les idées libérales ont été efficaces pour éliminer les restrictions qui entravaient les femmes en tant qu'individus, la théorie libérale n'a pas fourni le vocabulaire ni les concepts qui pourraient nous aider à comprendre les différentes sortes d'interdépendance humaine qui font partie de la vie familiale autant que de la vie politique, et à articuler une perspective féministe de la "vie bonne". Ainsi, lorsqu'elles ont affaire à l'État, les féministes se

trouvent-elles dans la position inconfortable de devoir utiliser un langage qui ne décrit pas adéquatement leurs buts et qui est susceptible de saper leurs efforts de créer de nouveaux modes de vie. »

II

Pour des raisons justifiées et évidentes, on pourrait s'attendre à ce qu'une critique féministe du libéralisme commence d'abord par dévoiler la réalité qui est derrière l'idée d'un accès égalitaire. Cette idée n'est pas seulement un principe central de la pensée libérale, il est aussi un moteur de notre discours politique contemporain, utilisé autant pour attaquer que pour défendre des revendications relatives aux droits des femmes.

Cependant, on pourrait aussi envisager une autre approche. Selon certains, commencer par la question de l'égalité des chances signifie admettre trop de choses et donner trop de place aux concepts libéraux. Cet argument a du mérite. En effet, on peut prendre l'énoncé selon lequel « l'accès n'est pas suffisant » à la lettre. Car une fois que nous entrons dans les « discours relatifs à l'accès égal », nous sommes imbriqués dans tout un réseau de concepts libéraux — les droits, les intérêts, les contrats, l'individualisme, la démocratie représentative, la liberté négative. Ces concepts ouvrent quelques pistes pour des discours alternatifs, mais dans le même temps, ils en obstruent d'autres. Comme le dit Shanley, reprendre ces concepts peut, aux yeux des féministes, obscurcir plutôt qu'éclaircir une conception de la politique, de la citoyenneté et de « la vie bonne » qui serait en accord avec les valeurs et les préoccupations féministes.

Par là, je ne veux pas insinuer que les féministes qui partent de la question de l'accès font quelque chose d'inutile ou d'insignifiant. Bien au contraire, en utilisant le genre comme unité d'analyse, les féministes ont révélé les inégalités qui se cachent derrière le mythe de l'égalité des chances et nous ont rendu conscients à quel point de tels présupposés nient la réalité sociale de l'inégalité de traitement, de la discrimination sexuelle, des stéréotypes culturels et de la subordination des femmes tant au foyer que sur le marché. Dans la mesure où ce type d'analyses sexuées conduit à des programmes politiques positifs — par exemple, l'extension des congés maternité, des mesures de promotion de la femme, la création d'institutions pour la garde des enfants, l'égalité de salaire pour un travail de valeur égale, des lois sur le harcèlement sexuel, une assurance-maladie — les féministes peuvent contribuer très utilement aux pratiques libérales.

Pourtant, nous ne devons pas oublier que cette sorte d'analyse reste limitée par les concepts du libéralisme et par les questions que ces concepts soulèvent. Par exemple, lorsque le pouvoir est perçu en termes d'accès aux institutions sociales, économiques et politiques, d'autres conceptions (y compris la conception radicale qui veut que le pouvoir n'ait rien à faire avec l'accès aux institutions) sont laissées de côté. Ou, pour prendre un autre exemple, si l'on définit comme critères de citoyenneté la jouissance de droits ou l'exercice du libre échange, des conceptions alternatives, comme l'activité civique et la démocratie participative, sont négligées. Le libéralisme tend à concevoir le pouvoir en termes d'accès, et la citoyenneté en termes de liberté civile. Ce sur quoi je voudrais insister ici est que ni l'une ni l'autre de ces options n'est adéquate par et en elle-même, ni appropriée pour une théorie politique féministe.

Peu de théoriciennes féministes trouveront ces remarques surprenantes ou novatrices. En effet, une grande partie de la réflexion féministe récente (en dépit du féminisme libéral) s'est employée à mettre en évidence les problèmes d'une théorie politique libérale en rapport avec une vision de la libération des femmes et de l'émancipation humaine. Toute une série de thèses et d'approches ont été développées. Quelques-unes ont mis en évidence les fondements épistémologiques et ontologiques du libéralisme, d'autres ont insisté sur ses implications pour une compréhension éthique de la personne, d'autres encore ont discuté des principes méthodologiques du libéralisme[1].

En ce qui concerne les aspects politiques, c'est-à-dire la théorie libérale de la liberté, le rôle de l'État,

---

1. Voir, par exemple : Jaggar (1983) ; Scheman (1986) ; Grimshaw (1986) ; Nicholson (1986) ; Young (1986).

la distinction entre public et privé, le capitalisme et la démocratie, les critiques féministes semblent se répartir en deux camps — les marxistes et ce que j'appellerai les maternalistes[1]. Ces deux courants sont de première importance dans ce texte, car ils soulèvent des questions relatives à la « vie bonne » et, plus précisément, à la nature de la communauté politique. Un bref aperçu de chacun de ces courants suffira pour rendre compte des alternatives féministes face à la conception libérale du citoyen — mais comme je vais le montrer, ces alternatives ne sont pas entièrement satisfaisantes, bien qu'elles apportent des contributions provocatrices et de la substance au débat politique.

Commençons par les marxistes : les féministes travaillant dans la tradition marxiste cherchent à dévoiler les fondements capitalistes et patriarcaux de l'État libéral ainsi que l'oppression inhérente à la division sexuée du travail — ou, comme l'un des auteurs l'exprime, « les conséquences de la contribution duelle des femmes au maintien du capitalisme[2] ». Au centre

1. Dans cette discussion, je laisse intentionnellement de côté le féminisme radical, non parce qu'il est insignifiant ou peu important, mais parce qu'il n'a pas atteint jusqu'à présent une position politique consistante sur les questions qui nous concernent ici. Pour une critique salutaire des faiblesses théoriques du féminisme radical, voir Jaggar (1983 : 286-290) ; Cocks (1984).

2. En esquissant cette catégorie, je ne veux pas brouiller ou gommer les différences qui existent entre les diverses tendances des marxistes féministes, ni minimiser l'importance du débat « patriarcat *vs* capitalisme ». Pour se faire une idée de la diversité du féminisme marxiste (ou socialiste), voir DallaCosta et James (1981) ; Hartsock (1983) ; Eisenstein (1978) ; MacKinnon (1981); Rowbotham (1974); Sargent (1981). Les citations sont empruntées à Hartsock (1983 : 235).

de cette critique économique se trouve l'idée de « l'implication de l'État dans la protection du patriarcat comme système de pouvoir, que l'État protège autant que le capitalisme et le racisme (…) », comme l'exprime une autre théoricienne (Eisenstein 1981 : 223). Dans la mesure où elles pensent que l'État participe à l'oppression des femmes, les féministes marxistes estiment que l'idée des droits de citoyenneté accordés par l'État est une illusion, une fiction idéologique commode qui sert à dissimuler la réalité sous-jacente d'une classe dominante masculine. Par conséquent, la libération des femmes ne sera possible, selon ces théoriciennes, que lorsque l'État libéral sera renversé et ses structures capitalistes et patriarcales démantelées. Il en résultera l'abolition de la division sexuée du travail et une « politique féministe située au-delà du libéralisme » (Eisenstein 1981 : 222). Pour la plupart des féministes marxistes, une telle politique signifie une réorganisation égalitaire du travail productif et reproductif et la mise en place de relations humaines réellement libératrices, c'est-à-dire une société « de producteurs qui produisent des valeurs d'usage sans être eux-mêmes des propriétaires de biens » (Hartsock 1983 : 247).

La force de cette critique est évidente. Les féministes marxistes visent à nous faire reconnaître que l'idéologie libérale est largement basée sur un système de relations économiques et de genre enraciné dans des structures capitalistes dominées par les hommes, depuis la conception de l'individu indépendant et rationnel jusqu'à l'idée des sphères privée et publique séparées, et depuis la valeur de l'individualisme jusqu'à l'assimilation de la liberté au libre-échange. Ainsi, les analyses des féministes marxistes révèlent-elles les nombreuses faiblesses de la conception féministe libérale, dont, en particulier, sa vision traditionnelle du travail des femmes et son attachement aux lois, à l'État, aux groupes d'intérêts, ainsi qu'aux réformes mises en œuvre par l'État comme source de justice sociale, d'égalité individuelle et d'égalité des chances. L'aspect positif de l'approche des féministes marxistes ne réside pas seulement dans sa critique du capitalisme qui montre comment le travail des femmes est exploité et socialement construit ; un autre point positif est sa critique politique, qui contredit le présupposé libéral selon lequel la démocratie représentative est le seul sanctuaire pour la politique et pour l'arbitrage légitime du changement social.

Néanmoins, bien que la critique féministe marxiste ait beaucoup contribué à la perspective du matérialisme historique, elle a peu à dire au sujet de la citoyenneté. Comme l'a noté Sheldon Wolin (1992), « la plupart des marxistes se sont intéressés aux "masses" ou aux travailleurs, mais rejettent la citoyenneté comme un concept bourgeois prétentieux, formel et vide (…) ». Malheureusement, les féministes marxistes ne font pas exception à cette généralisation. La *citoyenneté* apparaît à peine dans leur vocabulaire ; et encore moins les autres concepts de la famille libérale : participation, action, démocratie, communauté et liberté politique.

Dans la mesure où les féministes marxistes ont quand même traité de la citoyenneté, elles l'ont généralement assimilée au travail, à la lutte des classes et à la révolution socialiste ainsi qu'à l'émergence de certaines conditions sociales et économiques. Dans leur perspective, la vraie citoyenneté advient avec la propriété collective des moyens de production et la fin de l'oppression dans les relations de reproduction. Elles associent ces deux idées avec l'action révolutionnaire et la disparition de l'État patriarcal. Dans leur approche de la citoyenneté, les féministes marxistes ont tendance à réduire la politique à une lutte révolutionnaire, les femmes à la catégorie des « reproductrices », et la liberté à la réalisation de l'égalité économique et sociale et à la fin du règne de la nécessité. Une fois cette liberté atteinte, elles semblent dire que la politique prendra fin ou se réduira à ce que Marx appelle une « administration des choses ».

Nul ne contesterait que l'égalité économique et la justice sociale donnent du pouvoir aux gens. Une société qui valorise ces principes et tente de les appliquer à la fois aux hommes et aux femmes mérite admiration et respect. Mais je pense néanmoins qu'en s'arrêtant là, la vision émancipatrice des féministes marxistes de ce qui viendra « après la révolution » est incomplète, car ce qu'elle reflète, c'est l'image d'une liberté économique, et non politique, et l'image d'une société d'êtres sociaux autonomes et accomplis, non celle d'une communauté politique composée de citoyens. En conséquence, tout un ensemble de questions politiques vitales sont laissées de côté ou ignorées : qu'est-ce que la liberté politique ? Que signifie être un citoyen ? En quoi consiste une conscience politique expressément féministe ? Ou, pour poser le problème de manière simplifiée, la politique féministe est-elle davantage qu'une lutte révolutionnaire contre l'État ?

Le second courant des théoriciennes féministes, les maternalistes, répondrait à cette question par un « oui » retentissant. Elles nous invitent à reconsidérer tant la conception libérale que la conception marxiste de la citoyenneté[1], et à adopter une vision de la conscience politique féminine qui soit ancrée dans les vertus de la sphère privée féminine, en particulier dans les vertus du maternage. À l'encontre des féministes marxistes, les maternalistes estiment que la justice sociale n'est pas une condition suffisante pour une véritable politique féministe émancipatrice, bien qu'elle soit importante. Selon elles, il faut tenir compte des femmes en tant que mères, non en tant que « reproductrices », et en tant que participantes à la sphère publique, et non comme de simples membres d'un système social et économique.

Toutefois, tout comme les féministes marxistes, les féministes maternalistes rejettent la notion libérale du citoyen comme porteur individuel de droits garantis par l'État. Pour les maternalistes, une telle notion est, au mieux, moralement vide et, au pire, moralement subversive parce qu'elle se limite à une conception masculine de la personne comme être indépendant, qui poursuit ses intérêts économiques. Lorsqu'on transpose

1. Pour les différentes perspectives maternalistes, voir, entre autres, Elshtain (1982 a, 1982 b, 1982 c) ; Ruddick (1980, 1983); Hartsock (1983). Hartsock incorpore les perspectives marxistes et maternalistes dans sa « théorie du point de vue féministe ».

cette notion dans une vision plus large de la politique, on en arrive, selon les féministes maternalistes, à une conception des citoyens comme concurrents sur le marché et comme titulaires d'emplois, pour qui l'activité civique se résume, au mieux, à leur participation dans des groupes d'intérêts. Par conséquent, les féministes maternalistes rejetteraient précisément ce que les libérales voudraient défendre — à savoir une conception contractuelle de la citoyenneté, fondée sur des droits individuels, ainsi qu'une vision de la vie publique comme sphère de compétition. Une maternaliste l'exprime de cette manière :

> « Le problème — l'un des problèmes — posé par une politique qui commence et finit avec la mobilisation des ressources, la maximisation des effets, les calculs des gains, l'articulation d'intérêts de groupe (…), etc., ce problème n'est pas seulement celui d'un manque flagrant d'imagination, mais son incapacité à penser une allégeance réflexive et une loyauté de la part les citoyens. Cette vision de la vie politique comme sphère dominée par un individualisme égoïste et prédateur, ne laisse aucune place à une conception substantielle de la vertu civique, ni à une conception de la communauté politique qui servirait d'assise à la vie en commun » (Elshtain 1982 c : 617).

Le féminisme maternaliste conteste explicitement ce qu'il considère être les caractéristiques arides et dénuées d'imagination de la perspective libérale dominante ; il tente, plus spécifiquement, de présenter une conception alternative de la vertu civique et de la citoyenneté. Pour commencer, il veut établir la supériorité morale de la famille. Bien que cela puisse paraître comme un étrange point de départ pour une politique féministe, les maternalistes proposent de repenser la distinction libérale rigide entre sphère publique et sphère privée et de considérer plutôt le « privé » comme site de la moralité publique et comme modèle pour l'exercice même de la citoyenneté. En d'autres mots, les féministes maternalistes critiquent la conception de la politique centrée sur l'État et la conception individualiste de la personne, et offrent à la place la seule alternative possible à leurs yeux — une politique façonnée par les vertus de la sphère privée et une conception de la personne comme étant soucieuse de protéger les relations humaines, l'amour, et le souci des autres.

Ce qui rend cette perspective spécifiquement féministe (plutôt que, par exemple, conservatrice), c'est son postulat selon lequel l'expérience des femmes en tant que mères dans la sphère privée leur donnerait des qualités spécifiques ainsi qu'un « impératif moral » à l'opposé de la vision du monde libéral individualiste avec sa conception masculine de la citoyenneté. Jean Bethke Elshtain (Elshtain 1981 : 243, 1982 a : 59) décrit le maternage comme une « activité compliquée, enrichissante, ambivalente, frustrante et joyeuse » qui met en pratique le principe voulant que « la réalité de chaque petit enfant humain doive être gardée présente à l'esprit ». Pour elle, les implications du maternage pour la citoyenneté sont claires : « Si la pensée maternelle était prise comme base de la conscience féministe, cela ouvrirait immédiatement une porte pour s'interroger sur notre monde public qui est de plus en plus contrôlé » (Elshtain 1982 a : 58).

La pensée maternaliste n'aurait pas seulement pour effet de purifier « l'arrogante » (c'est-à-dire masculine) sphère publique ; elle créerait aussi la base d'une toute nouvelle conception du pouvoir, de la citoyenneté et de la sphère publique. Le citoyen qui en émerge est un être doué d'amour qui, selon Elshtain, serait « dévoué à la protection de la vie humaine vulnérable » et chercherait à faire des valeurs du maternage le « socle » d'un monde public nouveau et plus humain.

Une grande partie de l'argument maternaliste tire son inspiration de la théorie psychanalytique de la relation d'objet de Nancy Chodorow (1978) et de la théorie du développement moral de Carol Gilligan (1982). Selon ces deux auteurs, il existe des différences frappantes entre les hommes et les femmes ; ces différences s'expliquent, selon elles, par les différentes expériences vécues par les filles et les garçons dans les premiers stades de leur développement. Une implication centrale des théories de Chodorow et de Gilligan est l'idée que la moralité féminine serait liée à un ensemble de valeurs plus mûres et plus humaines que la moralité des hommes[1]. Gilligan identifie une « éthique de la sollicitude » typiquement féminine qui

1. Je parle d'« implication » parce que Gilligan n'est pas du tout cohérente en ce qui concerne la question de savoir si cette « voix différente » est exclusivement celle des femmes ou si elle concerne également les hommes. Pour une critique intéressante à ce sujet, voir Tronto (1987).

diffère de « l'éthique de justice » typiquement masculine. Cette éthique de la sollicitude est davantage tour-
née vers la responsabilité et les relations humaines
que vers les droits, et davantage vers des besoins liés
à des situations particulières que vers l'application de
règles générales de conduite. Les féministes maternalistes se sont accaparées cette « opposition binaire »
psychologique et l'ont en fait politisée. Dans leurs travaux, « la voix masculine » est celle de l'individualiste libéral qui s'oppose à « la voix féminine »,
celle de la citoyenne compatissante en tant que mère
aimante. Pour les féministes maternalistes, comme
pour les psychologues féministes, il n'y a aucun doute
quant à la question de savoir quel pôle de cette opposition est normativement supérieur et mérite d'être
promu, à la fois comme base pour une conscience
politique et comme modalité éthique d'être au monde.
Les maternalistes disent peut-être que la morale féminine de la responsabilité « doit être étendue aux hommes », mais elles accordent malgré tout une place de
choix aux femmes et à la « sphère des femmes » —
c'est-à-dire la famille — comme source de ce *nouveau*
« mode de discours public » (Elshtain 1982 c : 621).
Elles soutiennent également que le discours public et
la citoyenneté devraient être fondés sur les valeurs du
maternage — amour, attention, compassion, sollicitude
et sensibilité à l'autre — bref, sur toutes les vertus
que la sphère publique libérale et étatique dédaigne.

Que devons-nous faire de cette vision de la citoyenneté féministe ? Il y a, je crois, beaucoup à apprendre
de l'approche maternaliste, en particulier si nous la

considérons à la lumière des perspectives féministes libérales et marxistes. D'abord, le maternalisme est presque le seul des « féminismes » à se préoccuper de la signification de la citoyenneté et de la conscience politique. Bien que nous puissions être en désaccord avec les idées des maternalistes, elles méritent notre approbation pour avoir fait de la citoyenneté un sujet de réflexion dans un mouvement qui (au moins en ce qui concerne son pôle universitaire) s'est trop souvent enfermé dans le psychologique, le littéraire et le social plutôt que de s'intéresser aux questions de théorie politique que les féministes devraient aborder. Deuxièmement, les maternalistes nous rappellent l'inadéquation et les limites d'une conception de l'individu basée sur les droits, et d'une vision de la justice sociale comme égalité d'accès. Elles nous suggèrent d'appréhender la moralité politique en des termes différents et de considérer la politique elle-même comme potentiellement vertueuse. Troisièmement, à une époque où la politique est devenue une sorte de « gros mot », les féministes maternalistes nous poussent à humaniser à nouveau notre manière de penser la participation politique et à reconnaître comment, en tant qu'individus relationnels, nous pouvons tendre vers une communauté qui soit plus humaine, plus respectueuse des relations aux autres et plus solidaire que ne le permettent les circonstances politiques actuelles.

Malgré ces apports, la conception des maternalistes à propos de la citoyenneté est néanmoins troublante par beaucoup d'aspects. Elle suscite les mêmes problèmes que toutes les autres théories qui considèrent un côté d'une opposition binaire comme supérieur à l'autre. Pour les maternalistes, les femmes sont plus morales que les hommes parce qu'elles sont, ou peuvent être, mères, ou parce qu'elles sont élevées par des mères, et parce que le maternage lui-même est considéré comme étant une activité nécessairement et universellement affective, altruiste et aimante. Je n'insiste pas sur le fait qu'il s'agit soit d'évidences, soit d'affirmations sociologiquement et logiquement problématiques ; je dirais simplement que les maternalistes risquent de commettre précisément la même erreur que celle qu'elles voient dans la perspective libérale. Elles risquent de transformer des femmes qui sont les produits de développements historiques en des entités a-historiques et universelles[1].

Encore plus problématique est la conviction des maternalistes que les féministes doivent choisir entre deux mondes : d'un côté la sphère publique « masculine », compétitive et centrée sur l'État ; de l'autre côté la sphère privée maternelle, aimante et vertueuse. Choisir la sphère publique, c'est selon elles, devenir la proie à la fois d'une politique et d'une éthique qui condensent la nature déshumanisante de l'État libéral capitaliste. Choisir la sphère privée, c'est non seulement réaffirmer la valeur d'une « sphère féminine » mais encore adopter une éthique maternelle potentiellement pertinente pour la citoyenneté, une alternative profondément morale à la vision libérale centrée sur l'État[2].

1. Pour une critique complémentaire et élégante des arguments d'opposition binaire, voir Scott (1986).
2. Pour une critique plus détaillée, voir Dietz (1985).

Cependant, lorsque nous nous tournons vers le maternage pour construire une vision de la citoyenneté féministe, nous regardons du mauvais côté — ou, pour reprendre le langage des maternalistes, nous nous tournons vers le mauvais « monde ». Au centre de l'activité maternante se trouve autre chose que le lien politique typique entre des citoyens égaux, à savoir le lien intime entre mère et enfant. Mais les maternalistes ne nous permettent pas de choisir : selon elles, nous devons absolument nous tourner vers la sphère « privée intime » car la sphère « publique étatique » est corrompue. Cette option est toutefois illusoire. En effet, en assimilant le public à la politique étatique et le privé aux valeurs de l'intimité, le féminisme maternaliste se révèle lui-même plus proche de la perspective libérale que nous ne pouvions l'imaginer de prime abord. Il est donc aussi critiquable que le libéralisme : sa conception de la citoyenneté est fondée sur une conception erronée de la politique comme démocratie impersonnelle et représentative. Le véritable problème n'est pas que le libéralisme s'efforce de maintenir une telle conception et que le féminisme maternaliste veuille la remplacer par un ensemble de règles dérivées de la sphère privée. Le problème pour une conception féministe est que ni l'une ni l'autre de ces options n'est adéquate, car les deux s'en tiennent à une conception unilatérale de la politique et donc de la citoyenneté. Ce qu'il nous faut, c'est une conception tout autre. Je vais maintenant esquisser brièvement une vision politique féministe alternative, que je compte développer plus en détail dans l'avenir. Les propositions suivantes sont donc à prendre davantage comme une esquisse des grandes lignes que comme une théorie complète.

III

Le point central de mon argumentation est simple : pour élaborer une vision féministe de la citoyenneté, nous devrions nous tourner vers les valeurs, relations et pratiques explicitement politiques, et plus exactement participatives et démocratiques. Cela requiert, entre autres, la volonté de percevoir la politique d'une manière qui n'est ni celle des libéraux ni celle des maternalistes, à savoir comme une activité humaine qui n'est pas nécessairement ou historiquement réductible à la démocratie représentative ou à la « sphère publique, arrogante et masculine ». En acceptant de tels jugements, les féministes risquent de passer à côté d'une conception alternative et précieuse de la politique, une perspective qui correspond à une expérience historique concrète et qui fait partie de la vie des femmes. Le terme « démocratique » est peut-être celui qui décrit le mieux cette conception, qui considère la politique comme l'engagement collectif et participatif des citoyens dans les décisions concernant les affaires de la communauté. La communauté peut être le voisinage, la ville, l'État, la région ou la nation elle-même. Ce qui compte c'est que toutes les affaires relatives à la communauté soient abordées dans l'esprit qu'elles sont « des affaires du peuple[1] ».

Sous un angle légèrement différent, on pourrait envisager la démocratie comme la forme de la politique qui rassemble les gens en tant que citoyens. En effet, la puissance de la démocratie réside dans le fait qu'elle est capable de transformer un individu, enseignant, commerçant, cadre, enfant, frère ou sœur, travailleur, artiste, ami ou mère en un être politique, à savoir en un citoyen parmi d'autres citoyens. La démocratie nous offre donc une identité que ni le libéralisme avec sa tendance à voir le citoyen comme un porteur individuel de droits, ni le maternalisme avec son accent sur le maternage, ne nous proposent. La démocratie nous apporte une conception de nous-mêmes en tant qu'« acteurs parlants et agissants » participant à la vie publique. Autrement dit, la conception démocra-

---

1. La conception alternative introduite ici — une conception de la politique comme participation et de la citoyenneté comme engagement actif de pairs dans la sphère publique — a beaucoup intéressé les théoriciens et les historiens politiques des vingt dernières années ; cette conception est devenue une véritable alternative par rapport à la vision libérale. Les féministes d'aujourd'hui doivent évaluer la signification de cette perspective par rapport à leurs propres théories politiques. Parmi les théoriciens de la politique comme vie active des citoyens, la plus importante est peut-être Hannah Arendt (1958, 1963). Mais des alternatives au libéralisme ont aussi été explorées dans le courant du « républicanisme civique » dans l'ouvrage de Pocock (1975), ainsi que dans celui plus récent du « tournant communautarien » tel que présenté par Sandel (1982) dans sa critique de la tradition des penseurs allant de Kant à Rawls. Pour d'autres critiques « démocratiques » du libéralisme, voir Barber (1984); Cohen et Rogers (1983); Hanson (1985); Goodwyn (1976); Pateman (1970); Walzer (1980); Wolin (1963). Voir aussi l'éphémère mais bien utile journal *Democracy* (1981-1983).

tique ne légitime pas la poursuite de n'importe quel intérêt particulier et individuel, ni la transformation des vertus privées en vertus publiques. Dans la mesure où elle tire sa signification de l'engagement collectif et public de pairs, elle ne considère pas les citoyens comme des étrangers calculateurs (comme le ferait le marché libéral) ni comme des « intimes que l'on chérit » (comme l'imagine la famille maternaliste).

Pour revenir à mon point de départ, la citoyenneté démocratique est une pratique incomparable à d'autres ; elle consiste en un ensemble de relations, valeurs et principes qui lui sont propres. Les relations qu'elle établit sont des relations entre pairs dans la sphère civique ; sa vertu prédominante est le respect mutuel ; son principe primordial est celui de la « liberté positive » de la démocratie et du gouvernement de soi, et non simplement la « liberté négative » de non ingérence. Par conséquent, partir de l'idée que les relations qui sont de mise sur le marché capitaliste ou les vertus qui émergent de l'expérience intime du maternage puissent être des modèles pour l'exercice de la citoyenneté, c'est se méprendre sur les spécificités de la vie politique démocratique et mal interpréter ses relations, vertus et principes spécifiques.

Les maternalistes aimeraient nous faire croire qu'il suffirait d'« intégrer » les vertus des femmes en tant que mères dans la sphère publique pour que cette condition politique démocratique émerge. Mais il n'y a pas de raison de penser que le maternage induit nécessairement l'adhésion aux pratiques démocratiques. Il n'y a pas non plus de fondement valable pour affirmer qu'un principe comme « la sollicitude pour les êtres vulnérables » (aussi noble que soit ce principe) englobe par définition l'idée d'une citoyenneté participative. Un despotisme éclairé, un État-providence, un régime bureaucratique à parti unique, et une république démocratique peuvent toutes respecter les mères, protéger la vie des enfants et éprouver de la compassion pour les plus faibles.

Pour les féministes, le problème politique ne doit pas se résumer à la question de savoir si les enfants sont protégés (ou si un quelconque autre but désirable est atteint) ; les féministes devraient aussi se préoccuper de savoir qui définit les objectifs à atteindre et par quels moyens. Mon point de vue est le suivant : tant que les féministes se concentreront uniquement sur des questions économiques et sociales — les questions relatives aux enfants, à la famille, à la scolarité, au travail, au salaire, à la pornographie, à l'avortement, à la violence — elles n'auront pas de véritable vision politique et elles n'aborderont pas le problème de la citoyenneté. C'est seulement en insistant sur le fait que ces problèmes économiques et sociaux doivent être soulevés par l'intermédiaire de la participation active des citoyens à la sphère publique, et en valorisant la citoyenneté active comme une vertu en soi, que les féministes auront réussi à proposer un projet politique véritablement émancipateur.

J'espère que mon intention est claire : il s'agit de plaider pour une démocratisation de l'espace public, et non pas de continuer à avoir une vision de la politique comme affaire des groupes d'intérêts ou comme conflit sur des thèmes spécifiques. La perspective féministe d'une citoyenneté démocratique ne devrait pas être confondue avec la vision libérale de la politique comme affaire des groupes de pression et comme démocratie représentative, ni avec l'idée qu'après la victoire ou la défaite à propos d'un thème politique particulier, les jeux sont faits et que nous pouvons abandonner le combat politique et « rentrer à la maison ». Comme l'écrit un théoricien de la démocratie :

> « Le démocrate radical n'admet pas (…) qu'après la résolution d'un problème, on puisse abandonner la lutte démocratique et se retirer des organisations (…). Le démocrate radical ne croit pas qu'un arrangement institutionnel ou social quel qu'il soit puisse apporter une solution automatique et durable à la question centrale de la vertu politique, ou puisse annuler la seule loi scientifique que la science politique ait jamais dégagée, à savoir que le pouvoir corrompt » (Lummis 1982).

L'idée clef ici est que la citoyenneté doit être conçue comme une activité continuelle et un bien en soi, non comme un engagement momentané (ou une révolution socialiste) l'œil rivé vers un but ultime ou un arrangement sociétal. Ce qui ne veut pas dire, bien sûr, que les citoyens démocratiques ne poursuivent pas des objectifs sociaux et économiques spécifiques. Après tout, la politique porte sur de telles choses et les débats et discussions entre pairs civiques sont centrés forcément sur des objectifs à atteindre pour le bien de la communauté sur les plans sociaux, politiques et économiques. Mais, en même temps, la vision démocratique est — et la citoyenneté féministe doit être — bien davantage. Il convient peut-être de dire que cette conception est fixée non sur un objectif à atteindre, mais plutôt qu'elle est inspirée par un principe — la liberté — et par une activité politique — la liberté positive. Cette activité est un processus exigeant qui ne s'arrête jamais, car il signifie que l'on s'engage dans le débat public et que l'on partage la responsabilité gouvernementale. Ce que je défends donc, à la fois au niveau de la théorie et de la pratique, c'est une revitalisation féministe de cette activité.

Le lecteur qui m'a suivie jusqu'ici est peut-être en train de se demander à présent si je ne me contente pas de réduire la conscience politique féministe à une conscience démocratique, abandonnant dans cette vision de la citoyenneté féministe le féminisme lui-même. Pour conclure, laissez-moi évoquer pourquoi je pense que la revitalisation de la citoyenneté démocratique est une tâche particulièrement appropriée pour les féministes. Bien que l'argument puisse être généralisé, mes remarques s'adressent directement au féminisme des États-Unis.

Comme Offred dans *The Handmaid's Tale,* les Américains vivent dans un environnement limité, politiquement parlant. La manière dont nous nous comprenons nous-mêmes comme citoyens a peu à voir avec les normes et valeurs démocratiques que je viens de défendre, et on peut probablement dire que la plupart des Américains ne pensent pas du tout la citoyenneté en ces termes. Nous semblons hypnotisés par la conception libérale de la citoyenneté en termes de droits, par un consumérisme sans fin que nous confondons avec la liberté et une éthique capitaliste que nous prenons pour notre identité collective[1]. Sheldon Wolin a noté que, dans la tradition politique américaine, il existe deux « corps » à l'intérieur du « corps du peuple » historique — une collectivité fonctionnant sur la base de pratiques démocratiques, d'une part, et une collectivité basée sur une économie politique anti-démocratique, d'autre part (Wolin 1981). Cette dernière est une « citoyenneté libérale capitaliste » qui est aujourd'hui triomphante. Les vraies pratiques démocratiques ne font presque plus partie de la politique aux États-Unis. Elles n'existent plus que de manière marginale. Le plus troublant, à mon avis, c'est le fait que même le souvenir de ces pratiques semble avoir disparu de notre imagination collective. Dans les termes d'Hannah Arendt, la citoyenneté est le « trésor perdu » de la vie politique américaine.

J'aimerais montrer qu'il est possible de retrouver ce trésor. On peut insuffler une nouvelle vie à l'autre « corps » du peuple — à nos « identités démocrati-

---

1. J'aimerais cependant insister sur le fait que, malgré sa propension historique à confondre la démocratie et l'éthique économique capitaliste, le libéralisme n'est pas dépourvu de principes éthiques fondamentaux et spécifiques (notamment, la liberté individuelle et l'égalité) que les démocrates ignorent à leurs propres dépens. Comme le dit MacPherson (1977) dans *The Life and Times of Liberal Democracy,* la tâche des « libéraux éthiques » consiste à détacher ces principes des « principes du marché » capitalistes et à les intégrer dans une vision véritablement démocratique de la citoyenneté participative. De même, la tâche des démocrates participatifs est de préserver les principes de liberté et d'égalité qui constituent l'héritage particulier du libéralisme.

ques ». Cette perspective nous ramène au féminisme qui, je pense, est une source potentielle de notre renouveau politique. Le féminisme a été davantage qu'une cause sociale ; il a été un mouvement politique avec des caractéristiques précises. Durant sa seconde vague en Amérique, le mouvement a été basé sur une organisation et des pratiques démocratiques — par des rassemblements spontanés et des marches, des groupes d'action variés et multiples, des assemblées, des prises de décision consensuelles, des structures de pouvoir non hiérarchiques, la liberté de parole et des débats[1]. Dans le passé politique récent du féminisme dans ce pays, on peut trouver des formes de liberté qui sont bien plus compatibles avec le « corps démocratique » de l'expérience américaine qu'avec celui du capitalisme libéral[2]. Ces formes particulières du féminisme sont, potentiellement au moins, compatibles avec l'idée de la citoyenneté collective démocratique à une échelle plus large.

Je dis bien « potentiellement » car les féministes doivent d'abord transformer leurs propres pratiques

1. Je ne veux pas insinuer que le féminisme est le seul mouvement démocratique qui a émergé dans le passé américain récent, ni qu'il est le seul qui puisse nous servir de modèle. Il y en a d'autres — le mouvement des droits civils, la résurgence populiste, les rassemblements collectifs politiques occasionnés par les crises paysannes des années 1980, la libération « gay », etc. Mais dans son organisation et ses pratiques décentralisées, le mouvement féministe est celui qui a été le plus démocratique, malgré l'existence de branches libérales fonctionnant sur le mode des groupes d'intérêts (NOW).

2. L'expression « formes de liberté » vient de Mansbridge (1984).

démocratiques en une théorie plus générale de la citoyenneté avant de pouvoir aboutir à une alternative à la théorie libérale non démocratique. L'expérience politique féministe ne peut automatiquement servir d'inspiration à la nouvelle citoyenneté. Au contraire, les féministes doivent devenir des « penseurs » politiques conscients — des défenderesses de la démocratie — dans un pays libéral. Incontestablement, cette tâche n'est ni facile ni faisable à court terme, mais les féministes peuvent l'entreprendre avec détermination, car la base est déjà présente dans les expériences propres du mouvement, dans sa préoccupation permanente pour des questions de pouvoir, de structure et de démocratie et dans l'expérience historique des femmes en tant que citoyennes aux États-Unis[1].

Un avertissement est toutefois de mise. Ce qu'il faut éviter à tout prix dans une défense féministe de la démocratie, c'est la tentation de la « supériorité féminine ». Se tourner vers les « femmes de la république » et vers les organisations féministes pour articuler les valeurs démocratiques est une chose ; c'en est une

---

1. Certains des faits historiques auxquels je fais référence sont développés dans l'ouvrage de Kerber (1980), spécialement dans le chapitre 3, « The Meaning of Female Patriotism », dans lequel elle parle de l'activisme politique des femmes dans l'Amérique révolutionnaire. D'autres formes d'activisme dont les féministes contemporaines pourraient vouloir se souvenir et dont elles pourraient vouloir garder la mémoire sont discutées dans Evans et Boyte (1986); comme le mouvement abolitionniste, le mouvement pour le suffrage, le « Women's Christian Temperance Union », le mouvement des « settlement houses », la « National Women's Trade Union League » ainsi que d'autres formes contemporaines d'organisation et d'action féministes.

autre que d'en déduire que la « nature » des femmes
est « plus démocratique et supérieure » ou qu'elles
aient plus de « maturité » dans leurs visions politiques.
Une véritable défense démocratique de la citoyenneté
ne peut partir de l'idée d'une opposition entre hommes et femmes et d'une supériorité des femmes. Une
telle prémisse poserait comme point de départ précisément ce qui est incompatible avec une attitude démocratique — à savoir qu'un groupe de citoyens soit
toujours considéré comme meilleur, plus digne d'attention, ayant plus de valeur, ou étant plus moral que
d'autres. Une démocrate féministe ne peut donner
suite à ce genre de tentation, car la démocratie elle-
même y perdrait tout son sens et la citoyenneté sa
nature spécifique. Avec cette réflexion à l'esprit, les
féministes seraient bien avisées d'appliquer leur théorie de la citoyenneté démocratique non seulement sur
leur propre territoire, mais aussi dans les nombreux
autres territoires démocratiques, historiques et contemporains, concernant aussi bien les hommes que les
femmes. Nous pourrions inclure les communes et les
conseils de l'Amérique révolutionnaire, l'Alliance
nationale populiste des paysans, les grèves des années
1930, le mouvement des droits civiques, les soviets de
la révolution russe, les cercles politiques français de
1789, les groupes d'affinité anarchiste espagnols, la
KOR polonaise (comité de défense des travailleurs),
les « mères des disparus » en Argentine, etc. Bref, le
but de ce féminisme politique consiste à se souvenir
et à éclairer les nombreux exemples de pratiques démocratiques déjà existantes, pour les utiliser comme

source d'inspiration d'une forme de vie politique qui servirait d'alternative à la vie libérale dominante[1]. Ce but ne requiert pas seulement une détermination de la part des féministes à éviter toute idée de supériorité féminine tout en restant attentives aux femmes, il exige aussi un engagement dans l'activité citoyenne qui inclut et requiert la participation des hommes.

J'ai commencé cette réflexion en m'accordant avec Offred sur le principe « tout est dans le contexte ». Je terminerai sur une remarque complémentaire qui, je l'espère, ne sera pas d'un optimisme exagéré. Nous sommes en effet conditionnés par les contextes dans lesquels nous vivons, mais nous sommes aussi les créateurs de nos constructions politiques et sociales et nous pouvons les changer si nous le voulons. L'histoire récente de la politique démocratique de ce pays n'a pas été heureuse pour tout le monde, malgré des

---

1. Mon argument n'est pas que les soviets de 1917 ou la KOR polonaise de 1978 peuvent servir de modèles à une citoyenneté participative de l'Amérique de la fin du XXe siècle, mais plutôt qu'une alternative à la citoyenneté libérale ne peut prendre racine que si elle s'insère dans un cadre conceptuel. Les événements historiques que je mentionne (et d'autres) fournissent une base pratique et fondée sur l'expérience pour un tel travail conceptuel et méritent donc d'être repris dans la politique démocratique féministe. Ou, comme l'écrit Arendt (1963) dans *On Revolution*, « ce qui préserve les affaires des hommes moraux de leur futilité intrinsèque n'est autre que la discussion incessante à leur sujet ; cette discussion, à son tour, reste futile à moins qu'il n'en émerge certains concepts et certains repères dont nous pourrons nous souvenir ou auxquels nous pourrons simplement nous orienter dans l'avenir » (1963 : 20). Les diverses pratiques mentionnées ci-dessus devraient être appréhendées comme repères et références pouvant servir d'inspiration, plutôt que comme des exemples à imiter littéralement, pour promouvoir l'esprit démocratique.

mouvements spontanés et quelques succès épisodiques. Plutôt que de conduire au désespoir, ces faits permettent peut-être de nous renforcer et d'ouvrir notre conscience au fait qu'il est urgent de nous intéresser à notre condition actuelle et d'envisager les changements nécessaires.

C'est dans la sphère publique qu'il faut d'abord comprendre l'urgence et développer l'esprit nécessaire à une revitalisation de la citoyenneté. Autrement dit, la démocratie attend ses « moteurs ». J'ai cherché ici à montrer que le féminisme peut être un tel « moteur » et à exposer pour quelles raisons je pense que le féminisme est capable d'assumer cette tâche exigeante et difficile dont nous pourrions tous bénéficier.

MARY DIETZ

RÉFÉRENCES

ANNAS, Julia, (1977). « Mill and the Subjection of Women ». *Philosophy* 52.

ARENDT, Hannah (1958). *The Human Condition.* Chicago : University of Chicago Press. (fr. : *Condition de l'homme moderne.* Paris : Pocket, 1996).

ARENDT, Hannah (1963). *On Revolution.* New York : Penguin Books. (fr. : *Essai sur la révolution.* Paris : Gallimard, 1985).

ATWOOD, Margaret (1986). *The Handmaid's Tale.* New York : Simon et Schuster.

BARBER, Benjamin (1984). *Strong Democracy : Participatory Politics for a New Age.* Berkeley : University of California Press. (fr. : *Démocratie forte.* Paris : Desclée de Brouwer, 1997).

BENHABIB, Seyla (1986). « The Generalized and Concrete Other : The Kohlberg-Gilligan Controversy and Feminist Theory ». *Praxis International* 5 (4).

BERLIN, Sir Isaiah (1969). « Deux conceptions de la liberté », in *Éloge de la liberté.* Paris : Presses Pocket.

BLUM, Lawrence (1982). « Kant and Hegel's Moral Paternalism : A Feminist Response ». *Canadian Journal of Philosophy* 12.

BUTLER, Melissa (1978). « Early Liberal Roots of Feminism : John Locke and the Attack on Patriarchy ». *American Political Science Review* 72 (1).

CHODOROW, Nancy (1978). *The Reproduction of Mothering. Psychoanalysis and the Sociology of Gender.* Berkeley : University of California Press.

CLARK, Lorenne M. G. (1979). « Women and Locke : Who Owns the Apples in the Garden of Eden ? », In Lorenne Clark and Lynda Lange (ed.), *The Sexism of Social and Political Theory.* Toronto : University of Toronto Press.

COCKS, Joan (1984). « Wordless Emotions : Some Critical Reflections on Radical Feminism ». *Politics and Society* 13 (1).

COHEN, Joshua et ROGERS, Joel (1983). *On Democracy : Toward a Transformation of American Society.* New York : Penguin.

CUMMING, R.D. (1969). *Human Nature and History. A Study of the Development of Liberal Democracy.* Chicago : University of Chicago Press. 2 vol.

DALLACOSTA, Mariarose et JAMES, Selma (1981). *Women and the Subversion of Community : A Woman's Place.* Bristol : Falling Wall Press.

DE RUGGIERO, Guido (1927). *The History of European Liberalism.* Oxford : Oxford University Press.

DI STEPHANO, Christiane (1983). « Masculinity as Ideology in Political Theory : Hobbesian Man Considered ». *Women's Studies International Forum* 6 (6).

DIAMOND, Irene (ed.) (1983). *Families, Politics, and Public Policy : A Feminist Dialogue on Women and the State.* NewYork : Longman.

DIETZ, Mary (1985). « Citizenship with a Feminist Face : The Problem with Maternal Thinking ». *Political Theory* 13 (1).

EISENSTEIN, Zillah (1978). *Capitalist Patriarchy and the Case for Socialist Feminism.* New York : Monthly Review Press.

EISENSTEIN, Zillah (1981). *The Radical Future of Liberal Feminism.* New York : Longman.

ELSHTAIN, Jean Bethke (1981). *Public Man, Private Woman.* Princeton : Princeton University Press.

ELSHTAIN, Jean Bethke (1982 a). « Antigone's Daughters ». *Democracy* 2 (2).

ELSHTAIN, Jean Bethke (1982 b). « Feminism, Family and Community ». *Dissent* 29 (4).

ELSHTAIN, Jean Bethke (1982 c). « Feminist Discourse and its Discontents : Language, Power, and Meaning ». *Signs* 3 (7).

EVANS, Sara M. et BOYTE, Harry C. (1986). *Free Spaces : The Sources of Democratic Change in America.* New York : Harper et Row.

GILLIGAN, Carol (1982). *In a Different Voice : Psychological Theory and Women's Development.* Cambridge : Harvard University Press. (fr. : *Une si grande différence.* Paris : Flammarion, 1986).

GOODWYN, Lawrence (1976). *Democratic Promise : The Populist Movement in America.* New York : Oxford University Press.

GRAY, John (1986). *Liberalism*. Minneapolis : University of Minnesota Press.

GREEN T.-H. (1964). « Liberal Legislation and Freedom of Contract », in John R. Rodman (ed.), *The Political Theory of T. H. Green*. New York : Crofts.

GRIMSHAW, Jean (1986). *Philosophy and Feminist Thinking*. Minneapolis : University of Minnesota Press.

HALLOWEL, John H. (1943). *The Decline of Liberalism as an Ideology*. Berkeley : University of California Press.

HANSON, Russell (1985). *The Democratic Imagination in America*. Princeton : Princeton University Press.

HARDING, Sandra et HINTIKKA, Merrill (1983). *Discovering Reality : Feminist Perspectives on Epistemology, Metaphysics, Methodology, and the Philosophy of Science*. Dordrecht : Reidel.

HARTSOCK, Nancy (1983). *Money, Sex, and Power*. New York : Longman.

HARTZ, Louis (1955). *The Liberal Tradition in America*. New York : Harcourt Brace.

HOBBES, Thomas (1966). « Philosophical Rudiments Concerning Government and Society », in Sir W. Molesworth, (ed.), *The English Works of Thomas Hobbes*. Londres : Longman.

HOBHOUSE, L.T. (1911). *Liberalism*. Londres : [s.e.].

JAGGAR, Allison (1983). *Feminist Politics and Human Nature*. New York : Rowman and Allenheld.

KERBER, Linda (1980). *Women of the Republic*. New York . Norton.

KROUSE, Richard W. (1982). « Patriarchal Liberalism and Beyond : From John Stuart Mill to Harriet Taylor », in Jean Bethke Elshtain (ed.), *The Family in Political Thought*. Amherst : University of Massachussetts Press.

LASKI, Harold (1936). *The Rise of European Liberalism*. Londres : Allen et Unwin.

LLOYD, Genevieve (1984). *Man of Reason*. Minneapolis : University of Minnesota Press.

LUMMIS, C. Douglas (1982). « The Radicalization of Democracy ». *Democracy* 2 (4).

MacFarlane, Alan (1978). *Origins of English Individualism.* Oxford : Oxford University Press.

MacKinnon, Catherine A. (1981). « Feminism, Marxism, Method, and the State : An Agenda for Theory », in Nannerl O. Keohane, Michelle Rosaldo et Barbara Gelpi (ed.), *Feminist Theory : A Critique of Ideology.* Chicago : University of Chicago Press.

MacPherson, C.B. (1977). *The Life and Times of Liberal Democracy.* Oxford : Oxford University Press.

Mansbridge, Jane (1984). « Feminism and the Forms of Freedom », in Frank Fischer et Carmen Siriani (ed.), *Critical Studies in Organization and Bureaucracy.* Philadelphia : Temple University Press.

Marshall, Thomas Humphrey (1950). *Citizenship and Social Class.* Cambridge : Cambridge University Press.

McIlwain, Charles Howard (1939). *Constitutionalism and the Changing World.* New York : MacMillan.

Mill, John Stuart (1961). « On Liberty », in Max Lerner (ed.), *The Essential Works of John Stuart Mill,* New York : Bantam (fr. : *De la liberté.* Paris : Gallimard, 1990).

Mitchell, Juliet et Oakley, Ann (1976). *The Rights and Wrongs of Women.* Harmondsworth : Penguin Books.

Molesworth, Sir W. (1966). *The English Works of Thomas Hobbes.* Londres : Longman.

Nicholson, Linda (1986). *Gender and History.* New York : Columbia University Press.

Okin, Susan Moller (1979). *Women in Western Political Thought.* Princeton : Princeton University Press.

Pateman, Carole (1970). *Participation and Democratic Theory.* Cambridge : Cambridge University Press.

Pateman, Carole (1975). « Sublimation and Reification : Locke, Wolin, and the Liberal Democratic Conception of the Political ». *Politics and Society* 5.

Pateman, Carole (1980). « Women and Consent ». *Political Theory* 8 (2).

Pateman, Carole et Brennan Teresa (1979). « Mere Auxiliaries to the Commonwealth : Women and the Origins of Liberalism ». *Political Studies* 27 (2).

POCOCK, J.G. A. (1975). *The Machiavellian Moment : Florentine Political Thought and the Atlantic Republican Tradition*. Princeton : Princeton University Press.

POLANYI, Michael (1951). *The Logic of Liberty*. Chicago : University of Chicago Press.

RAWLS, John (1971). *A Theory of Justice*. Cambridge, MA : Harvard University Press (fr : *Théorie de la justice*. Paris : Seuil, 1997).

RING, Jennifer (1985). « Mill's Subjection of Women : The Methodological Limits of Liberal Feminism ». *Review of Politics* 47 (1).

ROWBOTHAM, Sheila (1974). *Women, Resistance, and Revolution*. New York : Vintage.

RUDDICK, Sara (1980). « Maternal Thinking ». *Feminist Studies* 6 (2).

RUDDICK, Sara (1983). « Preservative Love and Military Destruction : Reflections on Mothering and Peace », in Joyce Treblicot (ed.), *Mothering : Essays on Feminist Theory*. Iotawa, NJ : Littlefield Adams.

SABINE, George J. (1937). *A History of Political Theory*. New York : Holt.

SANDEL, Michael (1982). *Liberalism and the Limits of Justice*. Cambridge : Cambridge University Press (fr. : *Le libéralisme et les limites de la justice*. Paris : Seuil, 1999).

SANDEL, Michael (1984). « The Procedural Republic and the Unencumbered Self ». *Political Theory* 12 (1).

SARGENT, Lydia (ed.) (1981). *Women and Revolution*. Boston : South End Press.

SCHEMAN, Naomi (1983). « Individualism and the Objects of Psychology », in Sandra Harding et Merrill Hintikka (ed.), *Discovering Reality : Feminist Perspectives on Epistemology, Metaphysics, Methodology, and the Philosophy of Science*. Dordrecht : Reidel.

SCOTT, Joan (1986). « Gender : A Useful Category of Historical Analysis ». *American Historical Review* 91 (2).

SEIDMAN, Steven (1983). *Liberalism and the Origins of European Social Theory*. Berkeley : University of California Press.

SHANLEY, Mary Lyndon (1979). « Marriage Contract and Social Contract in Seventeenth-Century English Political Thought ». *Western Political Quarterly* 32 (1).

SHANLEY, Mary Lyndon (1983). « Afterword : Feminism and Families in a Liberal Polity », in Irene Diamond (ed.), *Families, Politics, and Public Policy : A Feminist Dialogue on Women and the State*. New York : Longman.

TRONTO, Joan (1987). « Womens's Morality : Beyond Gender Difference to a Theory of Care ». *Signs* 12 (4).

WALZER, Michael (1980). *Radical Principles*. New York : Basic Books.

WOLIN, Sheldon (1963). *Politics and Vision*. Boston : Little Brown.

WOLIN, Sheldon (1981). « The Peoples' Two Bodies ». *Democracy* 1 (1).

WOLIN, Sheldon (1992). « What Revolutionary Action Means Today », in Chantal Mouffe (ed.), *Dimensions of Radical Democracy*. Londres : Verso.

YOUNG, Iris Marion (1986). « Impartiality and the Civic Public : Some Implications of Feminist Critiques of Moral and Political Theory ». *Praxis International* 5 (4).

4

Féminisme,
citoyenneté et démocratie plurielle[1]

Deux thèmes ont récemment suscité de nombreuses discussions parmi les féministes anglo-américaines : le postmodernisme et l'essentialisme. Ces deux thèmes sont évidemment liés, parce que le soi-disant « postmodernisme » se présente comme une critique de l'essentialisme. Mais, étant donné que quelques féministes proches du postmodernisme en sont finalement venues à défendre l'essentialisme[2], il est préférable de les distinguer. Pour clarifier les enjeux de ce débat, je pense qu'il est nécessaire de reconnaître que le « postmodernisme » n'existe pas en tant qu'approche théorique cohérente, et que l'assimilation fréquente du poststructuralisme au postmodernisme ne peut que prêter à confusion. Cela dit, il est vrai que nous avons assisté tout au long du XXᵉ siècle à une remise en question progressive de la forme dominante de la

---

1. Traduit et reproduit avec la permission de Taylor & Francis, Inc./Routledge, Inc.
2. Voir le numéro 1 du journal *Differences* (septembre 1989), intitulé « The Essential Difference : Another Look at Essentialism » (La différence essentielle : un autre regard sur l'essentialisme) ainsi que le livre de Diana Fuss (1989).

rationalité et des prémisses de la pensée de la philosophie des Lumières. Les critiques qui sont adressées
à l'universalisme, à l'humanisme et au rationalisme
proviennent cependant de différentes sources et ne se
limitent nullement aux auteurs dits « poststructuralistes » ou « postmodernes ». En effet, tous les courants
novateurs de ce siècle — Heidegger et les travaux
d'herméneutique philosophique postheideggerienne
de Gadamer, les études tardives de Wittgenstein et la
philosophie du langage inspirée par son œuvre, la
psychanalyse et la relecture de Freud proposée par
Lacan, le pragmatisme américain — ont critiqué, à
partir de points de vue différents, l'idée d'une nature
humaine et d'une rationalité universelles à travers
lesquelles la nature humaine pourrait être appréhendée, ainsi que la conception traditionnelle de la vérité.
Si le terme « postmoderne » désigne bien une critique
de l'universalisme et du rationalisme des Lumières, il
faut néanmoins reconnaître qu'il fait ainsi référence
aux principaux courants de la philosophie du XXe siècle. Il n'y a donc aucune raison de traiter les « postmodernes » comme une cible particulière. D'un autre
côté, si par « postmodernisme » on veut désigner uniquement la forme spécifique que prend cette critique
chez des auteurs comme Lyotard et Baudrillard, il
n'est absolument pas justifié d'inclure dans cette catégorie des penseurs comme Derrida, Lacan ou Foucault,
comme cela a généralement été le cas. Trop souvent
la critique d'un thème particulier chez Lyotard ou
Baudrillard amène à des conclusions générales sur « les
postmodernes » et à inclure dans cette catégorie tous
les auteurs plus ou moins associés au poststructura-

lisme. Ce type d'amalgame ne fait que prêter à confusion, sinon induire en erreur.

La dissociation du postmodernisme et du poststructuralisme conduit à poser différemment la question de l'essentialisme. En effet, c'est par rapport à la critique de l'essentialisme qu'il y a convergence entre différents courants de pensée et qu'il est possible de dégager des similitudes dans les travaux d'auteurs aussi différents que Derrida, Wittgenstein, Heidegger, Dewey, Gadamer, Lacan, Foucault, Freud, parmi d'autres. Ce qui est très important, car cela signifie que la critique de l'essentialisme prend différentes formes. Si nous visons à évaluer sa pertinence pour la politique féministe, il faut donc prendre en considération toutes ses modalités et implications plutôt que de la rejeter trop hâtivement en raison de certaines de ses versions.

L'objectif de cet article est de mettre en évidence l'importante contribution d'une approche antiessentialiste à l'élaboration d'une politique féministe fondée sur un projet de démocratie plurielle. Je ne crois pas que l'essentialisme implique nécessairement une vision conservatrice de la politique et je suis prête à accepter qu'il puisse être formulé dans un esprit progressiste. Ce que je voudrais montrer, c'est que l'essentialisme est inévitablement limité dans son apport à la construction d'une alternative démocratique capable de relier entre elles les luttes contre diverses formes d'oppression. Je considère que l'essentialisme mène à une conception de l'identité qui s'accorde mal avec une conception plurielle et pluraliste de la démocratie et qu'il ne nous permet pas de créer une nouvelle vision de la citoyenneté nécessaire à la mise en œuvre d'une telle politique.

LA QUESTION DE L'IDENTITÉ
ET LE FÉMINISME

L'un des points communs de ceux qui critiquent l'essentialisme a été d'abandonner la catégorie du sujet conçu comme entité rationnelle et transparente, capable de donner une signification homogène à tout son domaine d'action dont il est vu comme la source. La psychanalyse, par exemple, a montré que, loin d'être organisée autour d'un ego transparent, la personnalité est structurée en plusieurs niveaux situés en dehors de la conscience et de la rationalité des agents. La psychanalyse a ainsi érodé l'idée d'une nature unifiée du sujet. Le postulat central de Freud est que l'esprit humain est nécessairement divisé en deux systèmes dont l'un n'est pas et ne peut être conscient. Lacan, en élargissant la vision de Freud, a montré la pluralité des registres — le symbolique, le réel, l'imaginaire — qui traversent l'identité. Il a également défini la place du sujet comme celle d'un manque qui — quoique ayant sa place à l'intérieur de la structure — subvertit radicalement toute identité, tout en étant en même temps la condition pour que celle-ci puisse se constituer. L'histoire du sujet est celle de ses identifications et il n'y a pas d'identité cachée à préserver derrière elles. Il y a donc un double mouvement. D'un côté, un mouvement de décentrage qui empêche la fixation d'un ensemble de positions autour d'un point préconstitué. D'un autre côté, et comme résultat de cette non-fixité *essentielle*, un contre-mouvement : l'établissement de points nodaux, de fixations partielles qui limitent le flux du signifié relatif à un signifiant. Mais cette dialectique entre non-fixité et fixation n'est possible que parce que la fixité n'est pas donnée d'avance et parce que aucun centre de subjectivité ne précède les identifications du sujet.

Dans la philosophie du langage contenue dans les écrits tardifs de Wittgenstein, nous trouvons aussi une critique de la conception rationaliste du sujet. Ce dernier ne peut être la source de significations linguistiques, étant donné que le monde nous est révélé en participant à des jeux de langage différents. Nous retrouvons la même idée dans l'herméneutique philosophique de Gadamer selon laquelle il y a une unité fondamentale entre la pensée, le langage et le monde. Selon Gadamer, c'est à l'intérieur du langage que l'horizon de notre présent se forme. Une critique similaire de la centralité du sujet dans la métaphysique moderne et de sa nature unitaire est présente sous plusieurs formes chez d'autres auteurs mentionnés plus haut. Toutefois, mon intention n'est pas d'examiner ici ces théories dans le détail, mais simplement de montrer quelques-unes de leurs convergences fondamentales. Je ne perds pas de vue le fait qu'il y ait des différences importantes entre tous ces penseurs. Mais du point de vue de mon argumentation, il importe surtout de comprendre les conséquences qui découlent de la critique du statut traditionnel du sujet et les implications que cette critique a pour le féminisme.

On a souvent dit que la déconstruction des identités essentielles, qui résulte de la reconnaissance de la contingence et de l'ambiguïté de chaque identité, rend l'action politique féministe impossible. Beaucoup de féministes pensent que si l'on considère les femmes comme n'ayant pas d'identité cohérente, l'idée d'un mouvement politique féministe dans lequel les femmes puissent s'unir en tant que femmes afin de formuler et de poursuivre leurs objectifs perd tout fondement. Je vais montrer, au contraire, que les féministes qui croient à une démocratie plurielle, devraient considérer la déconstruction des identités essentielles comme condition nécessaire pour appréhender adéquatement et dans toute leur variété les relations sociales fondées sur des principes de liberté et d'égalité. L'abandon de la perspective du sujet comme agent rationnel et transparent et de l'idée d'une unité et homogénéité de l'ensemble de ses positions doit nous permettre la théorisation des multiples relations de subordination. Un individu peut être porteur de cette multiplicité et dominer une relation tout en étant subordonné dans une autre. Nous pouvons ainsi concevoir l'agent social comme constitué par un ensemble de « positions de sujet », qui ne peuvent jamais être totalement fixes dans un système fermé de différences. Celles-ci sont formées à partir d'une diversité de discours qui ne sont pas nécessairement reliés, mais qui sont en mouvement permanent de surdétermination et de déplacement. L'« identité » d'un tel sujet multiple et contradictoire est donc toujours contingente et provisoire. Elle se situe provisoirement à l'intersection des positions du sujet et elle dépend des formes spécifiques d'identification. Par conséquent, il est impossible de parler de l'agent social comme si nous avions affaire à une entité unifiée et homogène. Nous devons plutôt l'appréhender comme une pluralité, dépendant des positions différentes du sujet. C'est à travers ces positions que le sujet s'est formé au contact des multiples formations discursives. Nous devons également reconnaître que les discours qui déterminent les multiples positions du sujet ne sont pas nécessairement et *a priori* reliés entre eux. Pour les raisons déjà mentionnées, la pluralité n'implique toutefois pas la *coexistence*, une par une, d'une pluralité de positions du sujet. La pluralité est plutôt faite de constante subversion et surdétermination d'une position par d'autres, ce qui rend possible la production d'« effets totalisants » à l'intérieur d'un champ caractérisé par des frontières ouvertes et floues.

Une telle approche est extrêmement importante pour comprendre le féminisme, autant qu'elle l'est pour les autres luttes actuelles. Leur caractéristique principale est qu'un ensemble de positions du sujet, interconnectées par leur insertion dans des relations sociales longtemps considérées comme apolitiques, sont aujourd'hui devenues des lieux de conflit et d'antagonisme et ont conduit à une mobilisation politique. La prolifération de ces nouvelles formes de lutte ne peut être appréhendée sur le plan théorique que si l'on commence par les logiques de décentrage/recentrage décrites plus haut.

Dans *Hegemony and Socialist Strategy* (Laclau et Mouffe 1985), Ernesto Laclau et moi-même avons tenté d'esquisser les conséquences d'une telle approche théorique pour un projet de démocratie plurielle et pluraliste. Nous avons montré qu'il est nécessaire d'établir une chaîne d'équivalence entre les différentes luttes démocratiques et d'articuler les revendications des femmes sur celles des Noirs, des ouvriers, des homosexuels, etc. Sur ce point, notre perspective diffère de celle d'autres auteurs non essentialistes pour lesquels l'aspect de détotalisation et de décentrage prévaut et pour lesquels la dispersion des positions du sujet se transforme en une séparation effective. Ce qui est le cas chez Lyotard, et dans une certaine mesure, chez Foucault. Pour nous, l'articulation est décisive. Nier l'existence d'un lien nécessaire et *a priori* entre les positions du sujet ne signifie pas qu'il n'y ait pas d'efforts constants pour établir entre eux des liens historiques, contingents et variables. Nous avons appelé « articulation » ce type de liens qui se créent entre les positions variées d'une relation contingente et non prédéterminée. Même s'il n'y a pas de lien nécessaire entre les différentes positions du sujet, il y a toujours, dans le domaine du politique, des discours qui tentent de construire une articulation depuis des points de vue différents. Pour cette raison, chaque position du sujet est constituée à l'intérieur d'une structure discursive, essentiellement instable, puisque soumise à une variété de pratiques d'articulation qui la déstabilisent et la

susceptibles de devenir un modèle pour une politique démocratique. Les féministes libérales se sont battues pour toute une série de nouveaux droits destinés à donner aux femmes un statut de citoyennes égales sans chercher à remodeler toutefois les modèles libéraux dominants de citoyenneté et de politique. Leur perspective a été critiquée par d'autres féministes qui estiment que la conception actuelle de la politique est typiquement masculine et que les préoccupations des femmes ne peuvent pas y être intégrées adéquatement. À l'instar de Carol Gilligan, ces féministes opposent une éthique féministe « de la sollicitude » *(ethics of care)* à une éthique masculine et libérale « de la justice » *(ethics of justice)*. En refusant les valeurs libérales individualistes, elles plaident en faveur d'un ensemble de valeurs basées sur l'expérience des femmes *en tant que* femmes, comme la maternité et les soins quotidiens dans la sphère privée de la famille. Elles dénoncent le libéralisme pour avoir construit la citoyenneté moderne comme relevant de la seule sphère publique, à dominante masculine, et pour en avoir exclu les femmes, reléguées à la sphère privée. Selon cette perspective, les féministes devraient s'engager en faveur d'une politique guidée par les valeurs spécifiques d'amour, de solidarité, de reconnaissance des besoins et de l'amitié. Une des tentatives les plus élaborées pour trouver une alternative à la politique libérale qui soit fondée sur des valeurs féminines s'inscrit dans les courants que l'on pourrait appeler « pensée maternelle » et « féminisme social », principalement représentés par Sara Ruddick (1989) et Jean

Bethke Elshtain (1981). La politique féministe qu'elles défendent privilégie l'identité des « femmes comme mères » ainsi que la sphère privée de la famille. La famille est considérée comme moralement supérieure par rapport à la sphère publique de la politique parce qu'elle est commune à tous les humains. Pour Elshtain (1983 : 138), « la famille reste le lieu des attaches les plus profondes et les plus retentissantes, des espoirs les plus durables, des conflits les plus opiniâtres ». Elle pense que c'est dans la famille que nous devrions rechercher une nouvelle morale politique pour remplacer l'individualisme libéral. C'est dans l'expérience des femmes en tant que mères au sein de la sphère privée qu'elle voit un nouveau modèle pour l'activité citoyenne. Les maternalistes nous demandent d'abandonner la politique libérale masculine centrée sur le public et fondée sur une conception abstraite de la justice ainsi que sur le principe de « l'autre généralisé ». Elles nous enjoignent d'adopter une politique féministe centrée sur le privé, construite sur les vertus de l'amour et de l'intimité, et soucieuse des besoins de « l'autre concret » spécifique à la famille.

Une excellente critique de cette approche a été fournie par Mary Dietz (1985) qui montre qu'Elshtain ne parvient pas à construire une argumentation théorique capable de relier la pensée maternelle et la pratique sociale de maternage aux valeurs et à la politique démocratiques. Dietz pense que les vertus maternelles ne peuvent être politiques parce qu'elles sont associées à une activité spécifique et qu'elles en émergent. Elles sont l'expression d'une relation inégalitaire entre mère et enfant, qui est aussi une activité intime, exclusive et particulière. La citoyenneté démocratique, au contraire, doit être collective, inclusive et généralisée. Puisque la démocratie est une situation dans laquelle des individus aspirent à être égaux, la relation mère-enfant ne peut offrir un modèle adéquat de citoyenneté.

Une autre critique féministe de la citoyenneté libérale est celle de Carole Pateman[1]. Elle est plus sophistiquée, mais présente certains traits communs avec la « pensée maternelle ». L'approche de Pateman se situe dans la lignée du féminisme radical, l'accent étant mis non sur la relation mère/enfant, mais sur l'antagonisme homme/femme.

Selon Pateman, la citoyenneté est une catégorie patriarcale : qui est « citoyen », ce qu'il fait et l'arène dans laquelle il agit, tout cela a été construit à partir d'une image masculine. Bien que les femmes soient aujourd'hui citoyennes dans les démocraties libérales, l'acquisition de la citoyenneté formelle s'est faite à l'intérieur d'une structure de pouvoir patriarcale dans laquelle les qualités des femmes et leurs tâches continuent à être dévalorisées. En outre, la revendication des femmes pour que leurs capacités spécifiques soient intégrées complètement dans la sphère publique de la citoyenneté est confrontée à ce que Pateman appelle

---

1. Pateman (1988, 1989), ainsi que de nombreux textes non publiés sur lesquels je me baserai, en particulier : « Removing Obstacles to Democracy : The Case of Patriarchy » ; « Feminism and Participatory Democracy : Some Reflections on Sexual Difference and Citizenship » ; « Women's Citizenship : Equality, Difference, Subordination ».

le « dilemme de Wollstonecraft » : demander l'égalité signifie accepter la conception patriarcale de la citoyenneté qui implique que les femmes deviennent semblables aux hommes. Au contraire, insister sur le fait que les caractéristiques, les capacités et les activités spécifiques des femmes soient exprimées et reconnues comme une contribution à la citoyenneté, c'est demander l'impossible, car une telle différence est justement exclue par la citoyenneté patriarcale.

Pour Pateman, la solution à ce dilemme réside dans l'élaboration d'une conception « sexuellement différenciée » de la citoyenneté qui reconnaîtrait les femmes *en tant que* femmes, avec leur corps et tout ce qu'il symbolise. Selon elle, ceci nécessite que l'on donne une signification politique à ce qui fait défaut aux hommes : le don de la vie, autrement dit la *maternité*. Elle défend l'idée qu'il faudrait considérer cette capacité comme aussi pertinente pour la définition de la citoyenneté que ce qui est perçu comme le test ultime de la citoyenneté : la volonté d'un homme de se battre et de mourir pour sa patrie. Pour elle, l'alternative traditionnelle et patriarcale entre la valorisation de la différence et la valorisation de la similitude des sexes, doit être dépassée par une nouvelle manière de poser la question des femmes. Ceci peut être atteint grâce à une conception de la citoyenneté qui reconnaît à la fois la spécificité de la féminité et l'humanité commune aux hommes et aux femmes. Un tel regard « qui donne un poids adéquat à la différence sexuelle dans un contexte d'égalité civique exige le rejet d'une conception unitaire (c'est-à-dire masculine) de l'individu, détaché de son existence corporelle et de la division patriarcale entre le privé et le public » (Pateman 1986 : 24). Ce que les féministes devraient viser, selon Pateman (1986 : 26), c'est l'élaboration d'une conception sexuellement différenciée de l'individu et de la citoyenneté qui inclurait les « femmes *en tant que* femmes dans un contexte d'égalité civique et de citoyenneté active ».

Pateman propose une lecture qui éclaircit considérablement le biais patriarcal des théoriciens du contrat social et la construction de l'individu libéral selon l'image masculine. Je pense que sa solution est néanmoins insatisfaisante. Malgré toutes ses précautions concernant les aspects historiquement construits de la différence sexuelle, sa perspective repose toujours sur le postulat qu'il existe une sorte d'essence spécifique aux femmes *en tant que* femmes. En effet, sa proposition d'une citoyenneté différenciée reconnaissant les spécificités féminines repose sur l'assimilation des femmes *en tant que mères*. Pour elle, il y a à la base deux types d'individualité qui devraient trouver leur expression dans deux formes différentes de citoyenneté : les hommes *en tant qu'*hommes et les femmes *en tant que* femmes. Selon elle, le problème réside dans le fait que la catégorie « individu » est présentée comme la forme universelle de l'individualité alors même qu'elle est basée sur le modèle masculin. Les féministes doivent mettre en évidence cette fausse universalité en affirmant l'existence de deux formes sexuellement différenciées de l'universalité. Elles résoudront de cette manière le « dilemme de Wollstonecraft » et se libéreront des alternatives patriarcales de la « différence » et de la « similitude ».

Je rejoins Pateman lorsqu'elle affirme que la catégorie moderne de l'individu a été construite de telle sorte qu'elle postule un « public » universaliste et homogène qui relègue toute particularité et différence au « privé » et que ceci a des conséquences très négatives pour les femmes. Je ne crois toutefois pas que le remède consiste à remplacer cette conception par une conception de l'individu sexuellement différenciée « en deux genres » et à intégrer les tâches soi-disant spécifiques aux femmes dans la définition même de la citoyenneté. Il me semble qu'une telle solution est prise au piège du problème que Pateman tente de résoudre. Elle affirme que la séparation entre public et privé est le moment fondateur du « patriarcalisme » moderne parce que

> « la séparation du privé et du public signifie la séparation du monde de la soumission naturelle, c'est-à-dire des femmes, et du monde des relations conventionnelles et des individus, c'est-à-dire des hommes. Le monde privé féminin caractérisé par la nature, la particularité, la différenciation, l'inégalité, l'émotion, l'amour et les liens du sang est ainsi séparé de la sphère publique, universelle — et masculine — caractérisée par les conventions, l'égalité civique ainsi que la liberté, la raison, le consentement et le contrat » (1986 : 7-8).

C'est pour cette raison que l'enfantement et la maternité ont été présentés comme l'antithèse de la citoyenneté. Ces deux actes sont perçus comme le symbole de tout ce qui est naturel, de tout ce qui ne peut faire partie du « public » et qui doit rester dans une sphère séparée. En affirmant la valeur politique de la maternité, Pateman veut dépasser cette séparation et contribuer à la déconstruction de la conception patriarcale de la citoyenneté et de la vie privée et publique. Il résulte toutefois de son essentialisme qu'elle ne déconstruit jamais l'opposition hommes/femmes en tant que telle. Elle aboutit ainsi, comme les maternalistes, à une conception inadéquate de ce que devrait être une politique démocratique dans une perspective féministe. Elle peut alors affirmer que « le problème le plus profond et le plus complexe en matière de théorie et de pratique politiques consiste à dire comment les deux moitiés de l'humanité et l'individualité féminine et masculine peuvent être incorporées à part entière dans la vie politique » (Pateman 1989 : 53).

Mon propre point de vue est complètement différent. J'estime que les limites de la conception moderne de la citoyenneté devraient être corrigées, non en rendant la différence sexuelle politiquement pertinente pour la définition de la citoyenneté, mais en élaborant une nouvelle conception de la citoyenneté pour laquelle la différence sexuelle devrait effectivement ne plus être pertinente. Ce qui requiert, bien sûr, une conception de l'agent social telle que je l'ai défendue plus haut, soit l'articulation d'un ensemble de positions du sujet, correspondant à la multiplicité des relations sociales dans lesquelles l'agent est inscrit. Cette multiplicité est construite à l'intérieur de discours spécifiques qui ne sont pas liés nécessairement, mais seulement articulés de manière contingente et précaire. Il n'y a pas de raison à ce que la différence sexuelle soit pertinente dans toutes les relations sociales. Certes, de multiples pratiques, discours et institutions construisent aujourd'hui les hommes et les femmes (de manière différenciée), et la distinction masculin/féminin existe et reste pertinente dans de nombreux domaines. Mais cela ne doit pas nécessairement continuer à être le cas dans l'avenir ; nous pouvons parfaitement imaginer que la différence sexuelle deviendra non pertinente dans de nombreuses relations sociales où on la trouve encore souvent. Tel est bien l'objectif de nombreux combats féministes.

Je ne plaide pas en faveur d'une disparition totale de la différence sexuelle comme distinction pertinente. Je ne dis pas non plus que l'égalité entre hommes et femmes doive reposer sur des relations sociales neutres par rapport au genre. Il est en effet évident que dans de nombreux cas, traiter les hommes et les femmes de manière égale implique un traitement différencié. Ma thèse est que dans le domaine de la politique et en ce qui concerne la citoyenneté, la différence sexuelle ne devrait pas être une distinction pertinente. Je rejoins Pateman dans sa critique de la conception libérale et masculine de la citoyenneté moderne. Mais je crois qu'un projet de démocratie plurielle et pluraliste n'a pas besoin d'un modèle de citoyenneté sexuellement différenciée dans lequel les tâches spécifiques des hommes, autant que celles des femmes, seraient valorisées de manière égale. Ce projet requiert une conception réellement différente de ce que signifie être un citoyen et agir en tant que membre d'une communauté politique démocratique.

UNE CONCEPTION DÉMOCRATIQUE PLURIELLE
DE LA CITOYENNETÉ

Les problèmes avec la conception libérale de la citoyenneté ne concernent pas uniquement les femmes. Les féministes engagées dans un projet de démocratie plurielle et pluraliste devraient se préoccuper de l'ensemble de ces problèmes. Le libéralisme a contribué à la définition de la notion de citoyenneté universelle, basée sur le postulat que tous les individus sont nés libres et égaux, mais il a également réduit la citoyenneté à un statut purement légal désignant les droits que l'individu possède vis-à-vis de l'État. Comment ces droits sont exercés est sans importance, pour autant que la loi ne soit pas enfreinte ou que les droits d'autrui ne soient pas entravés. Les notions d'engagement public, d'activité civique et de participation politique dans une communauté d'individus égaux sont étrangères à la plupart des penseurs libéraux. Du reste, la sphère publique de la citoyenneté moderne a été construite de manière universaliste et rationaliste de telle sorte que la reconnaissance d'une division ou d'un antagonisme est exclue et que toute particularité et toute différence a été reléguée à la sphère privée. La distinction public/privé, qui était centrale pour l'affirmation de la liberté individuelle, agit ainsi comme un puissant principe d'exclusion. En assimilant le privé au domestique, ce principe a en effet joué un rôle important pour la subordination des femmes. Récemment, plusieurs féministes et d'autres critiques du libéralisme se sont tournés vers la tradition civique républicaine pour trouver une conception différente, plus active, de la citoyenneté, mettant l'accent sur la valeur de la participation politique et la notion d'un bien commun, antérieur aux aspirations et indépendant des intérêts et des désirs individuels.

Toutefois, les féministes devraient être conscientes des limites d'une telle approche et des dangers potentiels qu'une politique de type communautarien présente pour le combat de nombreux groupes opprimés. Les communautariens mettent l'accent sur une définition substantielle du bien commun et valorisent les valeurs morales partagées, ce qui est incompatible avec le pluralisme constitutif de la démocratie moderne. Je pense que ce pluralisme est nécessaire pour renforcer la révolution démocratique et concilier les multiples revendications démocratiques actuelles. Les problèmes engendrés par la construction libérale de la séparation public/privé seront résolus non pas en écartant cette séparation, mais en la reformulant d'une manière plus adéquate. En outre, la centralité de la notion de droits, pour une conception moderne de la citoyenneté, devrait être reconnue, même s'il faut la compléter par un sens plus actif de la participation politique et de l'appartenance à une communauté politique[1].

---

1. J'analyse plus en détail le débat entre libéraux et communautariens dans Mouffe (1995).

La perspective de la démocratie plurielle et pluraliste que j'aimerais mettre en avant envisage la citoyenneté comme une forme d'identité politique fondée sur les principes politiques de la démocratie moderne et pluraliste ; elle consiste en particulier en l'affirmation de la liberté et de l'égalité de tous. Ce devrait être une identité politique commune de personnes pouvant poursuivre des buts très variés, et sur la base de diverses conceptions du bien, unies par leur identification partagée à une interprétation donnée d'un ensemble de valeurs éthico-politiques. La citoyenneté n'est pas simplement une identité parmi d'autres, comme c'est le cas dans le libéralisme, ni l'identité dominante qui l'emporte sur les autres, comme c'est le cas dans le républicanisme civique. Elle est plutôt un principe d'articulation qui affecte les différentes positions du sujet, tout en respectant une pluralité d'appartenances spécifiques ainsi que la liberté individuelle. Dans cette perspective, la distinction public/privé n'est pas abandonnée, mais elle est reconstruite d'une autre manière. La distinction ne correspond pas à des sphères séparées ; chaque situation est une rencontre entre le « privé » et le « public » parce que chaque action est privée, mais n'est jamais complètement séparée des conditions publiques dictées par les principes de la citoyenneté. Les aspirations, préférences et décisions sont privées parce qu'elles appartiennent à la responsabilité de chaque individu. Les actes sont publics, car ils doivent s'inscrire dans les conditions spécifiées par une conception particulière des principes éthico-politiques du régime, principes qui fournissent la « grammaire » de la conduite citoyenne[1].

Il est important d'insister ici sur le fait que, si nous affirmons que la pratique de la citoyenneté consiste en la construction d'une identité politique autour des principes éthico-politiques de la démocratie moderne, nous devons également reconnaître qu'il existe autant de formes de citoyenneté qu'il y a d'interprétations de ces principes, et qu'une interprétation radical-démocratique n'en est qu'une parmi d'autres. Une interprétation radical-démocratique met l'accent sur les nombreuses relations sociales se traduisant par des situations de domination qui doivent être dépassées si l'on applique les principes de liberté et d'égalité. Ainsi, les différents groupes qui luttent pour une extension et une radicalisation de la démocratie reconnaissent qu'ils poursuivent un objectif commun. Ce qui devrait conduire à l'articulation des demandes démocratiques présentes dans une variété de mouvements : les femmes, les ouvriers, les Noirs, les homosexuels, les écologistes, aussi bien que d'autres « nouveaux mouvements sociaux ». Le but est de construire un « nous » partagé en tant que citoyens démocratiques radicaux, une identité politique collective articulée autour du principe de l'*équivalence* démocratique. Il faut souligner qu'une telle relation d'*équivalence* n'élimine pas la *différence*. C'est seulement dans la mesure où les différences démocratiques

1. La conception de la citoyenneté que je présente ici est développée plus en détail dans Mouffe (1993).

sont opposées aux forces ou aux discours qui les nient que ces différences sont remplaçables les unes par les autres.

La conception que je propose ici se distingue nettement du regard libéral et civique républicain. Il ne s'agit pas d'une conception sexuée de la citoyenneté, ni d'une conception neutre. Je reconnais que toute définition d'un « nous » implique la délimitation d'une « frontière » et la désignation d'un « eux ». Cette définition d'un « nous » se fait dans un contexte de diversité et de conflit. À l'opposé du libéralisme, qui évacue l'idée du bien commun, et du républicanisme civique, qui le réifie, une approche démocratique plurielle appréhende le bien commun comme un « point d'horizon », un idéal qui nous sert constamment de référence lorsque nous agissons en tant que citoyens, mais que nous ne pouvons jamais atteindre. Le bien commun fonctionne, d'une part, comme un « imaginaire social », c'est-à-dire comme point de référence représentant l'idéal de la représentation démocratique intégrale, et qui prend le rôle d'un horizon par le fait même qu'il est impossible de l'atteindre. Cet horizon est en même temps la condition qui rend possible la représentation à l'intérieur de l'espace délimité qu'il définit. D'un autre côté, le bien commun donne un contenu plus spécifique à ce que j'ai désigné, en suivant Wittgenstein, comme « grammaire de conduite » coïncidant avec l'adhésion aux principes éthico-politiques fondamentaux de la démocratie moderne : la liberté et l'égalité pour tous. Mais, étant donné que ces principes sont ouverts à beaucoup d'interprétations concurrentes, il faut reconnaître qu'une communauté politique entièrement inclusive ne pourra jamais être réalisée. Il y aura toujours un « dehors constitutif », un extérieur à la communauté, qui est en fait la condition de son existence. Une fois que l'on accepte l'idée qu'il ne puisse y avoir un « nous » sans un « eux » et que toutes les formes de consensus sont nécessairement basées sur des actes d'exclusion, l'enjeu ne peut plus porter sur la création d'une communauté complètement inclusive d'où l'antagonisme, la division et le conflit auront disparu. Par conséquent, nous allons devoir accepter l'idée que la démocratie ne pourra jamais être réalisée complètement.

Une telle citoyenneté radical-démocratique va évidemment à l'encontre de la perspective de Carole Pateman en matière de citoyenneté « sexuellement différenciée », mais s'oppose également à la tentative d'une autre théoricienne féministe qui propose une alternative à la conception libérale de la citoyenneté : il s'agit de la conception d'une citoyenneté « différenciée selon les groupes » d'Iris Young (1987, 1989). Tout comme Pateman, Young part de l'idée que la citoyenneté moderne a été construite sur une séparation entre le « public » et le « privé », qui conçoit le public comme la sphère de l'homogénéité et de l'universalité et relègue la différence au privé. Young insiste sur le fait que cette exclusion n'affecte pas seulement les femmes, mais aussi beaucoup d'autres groupes fondés sur des différences ethniques ou raciales, ou bien liées à l'âge, aux handicaps, etc. Pour Young, le problème central réside dans le fait que la sphère publique de la citoyenneté a été présentée comme l'expression d'une volonté générale, que les citoyens posséderaient en commun et qui transcenderait leurs différences. Young plaide en faveur d'une re-politisation de la vie publique, qui ne serait pas basée sur la création d'une sphère publique dans laquelle les citoyens délaisseraient leur appartenance à des groupes particuliers et leurs besoins pour discuter un intérêt général présumé ou un bien commun. En lieu et place, elle propose la création d'une sphère « publique hétérogène » dotée de mécanismes pouvant assurer une représentation effective et une reconnaissance des voix et des perspectives divergentes de ceux, parmi les groupes constitutifs de cette sphère, qui sont opprimés ou désavantagés. Afin de rendre possible un tel projet, elle recherche une conception de la raison normative qui ne prétend pas être impartiale et universaliste et qui n'oppose pas la raison à l'affectivité et au désir. Elle considère que, en dépit de ses limites, l'éthique de la discussion d'Habermas peut apporter une contribution importante à la formulation d'un tel projet.

Même si j'approuve la tentative de Young de tenir compte des formes d'oppression autres que celles affectant des femmes, je trouve toutefois sa solution d'une citoyenneté « différenciée selon les groupes » éminemment problématique. D'abord, la notion de groupe telle qu'elle l'utilise, faisant référence aux identités et aux styles de vie englobants, a peut-être un sens lorsqu'elle est appliquée à des groupes comme les Indigènes d'Amérique, mais est tout à fait inadéquate à saisir d'autres groupes dont elle souhaite tenir compte, comme les femmes, les personnes âgées, les handicapés, etc. En dernière analyse, elle a une conception essentialiste du « groupe », ce qui explique pourquoi, en dépit de ses dénégations, sa perspective n'est pas si différente du pluralisme axé sur les groupes d'intérêts qu'elle critique. Selon sa conception, il existe des groupes dont les intérêts et les identités sont donnés d'avance ; la politique ne porte alors pas sur la construction de nouvelles identités, mais consiste à trouver des moyens de donner suite aux revendications des uns et des autres, de telle sorte que tous soient en fin de compte satisfaits. En fait, on peut dire que sa conception est une sorte de « variante habermasienne du pluralisme des groupes d'intérêts », selon laquelle les groupes ne sont pas appréhendés comme luttant pour des intérêts privés et égoïstes, mais comme défendant la justice, et où l'accent est mis sur la nécessité de l'argumentation et du débat public. Dès lors, Young continue de concevoir la politique comme un processus de gestion des intérêts et des identités déjà constitués, tandis que selon moi, la citoyenneté radical-démocratique devrait avoir pour but la construction d'une identité politique commune qui créerait les conditions pour la mise en place d'une nouvelle hégémonie articulée par l'intermédiaire de pratiques, institutions et rapports sociaux nouveaux et égalitaires. Ceci ne peut advenir sans la transformation des positions actuelles du sujet ; c'est pourquoi le modèle de la « coalition arc-en-ciel » avancé par Young ne peut être qu'un premier pas vers la mise en œuvre d'une politique radical-démocratique. Ce modèle peut certes ouvrir des possibilités de dialogue entre divers groupes opprimés, mais, pour que leurs revendications puissent être construites autour du principe de l'équivalence démocratique, de nouvelles identités doivent être créées : en l'état actuel des choses, beaucoup de ces revendications sont en opposition les unes par rapport aux autres et leur convergence ne peut résulter que d'un processus politique d'articulation hégémonique, et non simplement d'une communication libre et non déformée.

POLITIQUE FÉMINISTE ET DÉMOCRATIE PLURIELLE

Comme je l'ai mentionné dans l'introduction, les féministes se sont beaucoup préoccupées de la question de savoir s'il est encore possible de fonder une politique féministe si l'on remet en question l'existence des femmes *en tant que* femmes. Certaines ont avancé l'argument selon lequel renoncer à l'idée d'un sujet féminin ayant une identité spécifique et des intérêts définissables reviendrait à couper l'herbe sous les pieds du féminisme en tant que pratique politique. Selon Kate Soper (1990 : 11-17) :

« Le féminisme, comme toute autre politique, a depuis toujours impliqué la constitution de groupes, un mouvement basé sur la solidarité et la sororité des femmes, celles-ci étant liées par peu de chose si ce n'est par leur *ressemblance* et leur "cause commune" en tant que femmes. Si cette ressemblance elle-même est remise en question sur la base de l'idée qu'il n'existe pas d'identité féminine, ni rien qui serait exprimé par le terme "femme", ni rien qui existe concrètement excepté des femmes particulières dans des situations particulières, alors l'idée d'une communauté politique construite autour des femmes — l'aspiration principale du mouvement féministe à ses débuts — s'écroule. »

J'estime que Soper construit ici une opposition illégitime entre deux alternatives extrêmes : soit il existe une unité déjà donnée de la « féminité » sur la base d'une appartenance *a priori*, soit — si ceci est nié — aucune forme d'unité et aucune politique féministe ne sauraient exister. Toutefois, le fait qu'il n'existe pas d'identité féminine essentielle ni d'unité prédéterminée n'empêche pas la construction de multiples formes d'unité et d'actions communes. En tant que produits de la construction des points nodaux, des fixations partielles peuvent se constituer et des formes précaires d'identification être établies autour de la catégorie « femmes » qui apportent la base d'une identité et d'une lutte féministes. Nous trouvons chez Soper un type de malentendu au sujet de la conception anti-essentialiste qui est fréquent dans les écrits féministes et qui consiste à croire que la critique d'une identité essentielle doit nécessairement conduire au rejet de tout concept d'identité quel qu'il soit[1].

1. Nous trouvons une confusion semblable chez Diana Fuss qui, comme l'indique Anna Maria Smith (1991) dans sa revue de *Essentially Speaking,* ne réalise pas que la répétition d'un signe

Dans *Gender Trouble,* Judith Butler (1990 : xi) se demande : « Quelle nouvelle forme de politique émergerait si l'identité en tant que base commune ne façonnait plus le discours politique féministe ? » Ma réponse est qu'une telle vision de la politique féministe ouvre beaucoup plus de brèches pour une politique démocratique qui vise l'articulation des nombreuses luttes contre l'oppression. Ce qui émerge, c'est la possibilité d'un projet de démocratie plurielle et pluraliste.

Pour qu'un tel projet puisse être mis en place de manière adéquate, il faut abandonner l'idée essentialiste d'une identité des femmes *en tant que* femmes, et ne plus tenter de fonder une politique spécifiquement et strictement féministe. La politique féministe devrait être comprise non comme une perspective politique séparée, définie comme la défense des intérêts des femmes *en tant que* femmes, mais plutôt comme la poursuite de buts et objectifs féministes dans un contexte plus large où sont articulées d'autres revendications. Ces objectifs devraient consister à transformer tous les discours, les pratiques et les rapports sociaux dans lesquels la catégorie « femme » est construite d'une manière qui implique une subordination. Pour moi, le féminisme est la lutte pour l'égalité des femmes. Mais cela ne doit pas être compris comme une lutte pour l'accomplissement de l'égalité

---

peut être là sans un fondement essentialiste. C'est pourquoi elle peut affirmer que le constructionnisme est essentialiste dans la mesure où il amène la répétition des mêmes signifiés à travers divers contextes.

d'un groupe empiriquement identifiable avec une essence et une identité communes — les femmes — mais plutôt comme une lutte contre les multiples constructions de la catégorie « femme » en termes de subordination. Toutefois, il faut garder à l'esprit que ces buts féministes peuvent être construits de diverses manières en fonction des multiples discours au sein desquels ils se trouvent articulés : discours marxiste, libéral, conservateur, radical-séparatiste, radical-démocratique, etc. Par conséquent, il existe nécessairement beaucoup de féminismes, et toute recherche de la forme « correcte » de la politique féministe devrait être abandonnée. Je pense que les féministes peuvent apporter à la politique une réflexion sur les conditions nécessaires à la création d'une réelle égalité des femmes. Une telle réflexion est inévitablement influencée par les discours politiques et théoriques existants. Au lieu d'essayer de prouver qu'une variante donnée du discours féministe est celle qui correspond à l'essence « réelle » de la féminité, on ferait mieux de montrer en quoi ce discours ouvre de meilleures possibilités pour la compréhension des multiples formes de subordination des femmes.

Mon argument principal a été ici que, pour les féministes engagées en faveur d'un projet politique dont le but est de lutter contre les formes de subordination existant dans beaucoup de rapports sociaux, et pas seulement dans ceux liés au genre, une approche qui nous permettrait de comprendre comment le sujet est construit, à travers divers discours et positions du sujet, est certainement plus adéquate qu'une approche qui réduit notre identité à une seule position — que ce soit la classe, la race, ou le genre. Ce type de projet démocratique est également mieux servi par une perspective qui nous permet de comprendre les différentes manières dont les rapports de pouvoir sont construits et nous aide à révéler les formes d'exclusion présentes dans tous les projets à prétention universaliste, mais aussi chez ceux qui affirment avoir trouvé la véritable essence de la rationalité. C'est pourquoi la critique de l'essentialisme dans ses différentes formes — humanisme, rationalisme, universalisme — loin d'être un obstacle à la formulation d'un projet démocratique féministe, est au contraire la véritable condition qui la rend possible.

CHANTAL MOUFFE

RÉFÉRENCES

ADAMS, Parveen et COWIE, Elisabeth (1990). *The Woman In Question*. Cambridge, Mass. : MIT Press et Londres : Verso.

BUTLER, Judith (1990). *Gender Trouble. Feminism and the Subversion of Identity*. New York : Routledge.

DIETZ, Mary G. (1985). « Citizenship with a Feminist Face. The Problem with Maternal Thinking ». *Political Theory*, 13 (1) (février).

Differences 1 (septembre 1989) : « The Essential Difference · Another Look at Essentialism ».

ELSHTAIN, Jean Bethke (1981). *Public Man, Private Woman*. Princeton : Princeton University Press.

ELSHTAIN, Jean Bethke (1983). « On "The Family Crisis" », *Democracy* 3 (1) (hiver).

FUSS, Diana (1989). *Essentially Speaking*. New York : Routledge.

LACLAU, Ernesto et MOUFFE, Chantal (1985). *Hegemony and Socialist Strategy. Towards a Radical Democratic Politics*. Londres : Verso.

MOUFFE, Chantal (1993). « Democratic Citizenship and The Political Community », in Chantal Mouffe (ed.), *The Return of the Political*. Londres : Verso.

MOUFFE, Chantal (1995). *Le politique et ses enjeux. Pour une démocratie plurielle*. Paris : La Découverte.

PATEMAN, Carole (1986). « Feminism and Participatory Democracy », texte non publié présenté lors de la rencontre de l'Association philosophique américaine, St Louis, Missouri (mai).

PATEMAN, Carole (1988). *The Sexual Contract*. Stanford : Stanford University Press.

PATEMAN, Carole (1989). *The Disorder of Women*. Cambridge : Polity Press.

RUDDICK, Sara (1989). *Maternal Thinking*. Londres : Verso.

SCOTT, Joan W. (1988). *Gender and The Politics of History*. New York : Columbia University Press.

SMITH, Anna Maria (1991). « Review of *Essentially Speaking* ». *Feminist Review* 38 (été).

Soper, Kate (1990). « Feminism, Humanism and Postmodernism ». *Radical Philosophy* 55 (été).

Young, Iris Marion (1987). « Impartiality and the Civic Public », in Seyla Benhabib et Drucilla Cornell (ed.), *Feminism as Critique*. Minneapolis : University of Minnesota Press.

Young, Iris Marion (1989). « Polity and Group Difference : A Critique of the Ideal of Universal Citizenship ». *Ethics* 99 (janvier).

DEUXIÈME PARTIE

L'ÉTAT

5

Le genre, le féminisme et l'État : un survol[1]

(…)

COMMENT LES FÉMINISTES ONT THÉORISÉ L'ÉTAT JUSQU'ICI

L'État est un enjeu central pour différentes disciplines telles que la science politique, la sociologie et l'histoire. De leur côté, de plus en plus de chercheuses féministes reconnaissent la nécessité de développer des analyses adéquates de l'État. Pourtant, peu d'analyses sur le genre et l'État ont été produites depuis l'effervescence théorique initiale, de la fin des années 1970 au début des années 1980, en comparaison avec d'autres domaines. Les relations de genre ne sont, en effet, pas examinées explicitement par les analyses de l'État développées dans l'énorme littérature traditionnelle occidentale sur ce thème produite par le libéralisme et le marxisme, alors que des présuppositions implicites sur le genre sont pourtant au cœur de ces

1. Traduit et reproduit avec la permission de Taylor & Francis, Inc./Routledge, Inc.

approches (Connell 1990). Néanmoins, il n'existe aucune théorie féministe cohérente de l'État. On peut, plutôt, distinguer une variété de perspectives. À l'une des extrêmes, certaines féministes se sont demandé si une théorie féministe de l'État était nécessaire. Ainsi, Judith Allen (1990 : 22) pense qu'

> « il ne faut pas reprocher au féminisme le fait d'avoir accordé peu d'attention à la théorie de "l'État" ; car en effet, le choix de théoriciennes féministes de constituer leurs programmes de recherche autour de priorités autres que "l'État" repose sur de bonnes raisons et mérite d'être pris au sérieux. L'État est une catégorie abstraite trop agrégée, trop monolithique et trop peu spécifique pour pouvoir être appliquée aux problématiques désagrégées, diverses et spécifiques (ou locales) qui préoccupent le plus les féministes. "L'État" est un concept trop grossier pour être d'une grande utilité (au-delà des généralisations) pour les analyses explicatives ou l'élaboration de stratégies efficaces ».

Selon Allen (1990 : 34), il serait plus pertinent de développer des théories portant sur beaucoup d'autres catégories et processus, plus significatifs, comme le maintien de l'ordre, la culture bureaucratique et la masculinité. Néanmoins, le fait que l'analyse de l'État ait été jusqu'ici trop agrégative ne doit pas conduire nécessairement à la conclusion que toute tentative de théorisation de l'État est une entreprise vaine ; au contraire, cela peut vouloir dire simplement que des analyses plus sophistiquées sont nécessaires.

Malgré le scepticisme de féministes telles qu'Allen, d'autres ont « pris l'État au sérieux » et se sont attachées à l'étudier dans la perspective du genre. Comme nous le verrons, s'il existe une variété de perspectives analytiques, la plupart des travaux publiés jusque dans les années 1990 présentent néanmoins un certain nombre de points communs. La majorité des analyses féministes se concentre surtout sur l'État démocratique libéral dans le monde occidental et accorde peu d'attention à l'analyse sexuée de l'État postcolonial et des États du tiers-monde (Afshar 1987 ; Charlton et al. 1989 ; Rai et Lievesley 1996). La plupart de ces travaux adoptent une perspective très générale consistant en des analyses macro-théoriques englobantes, qui envisagent la société, par exemple, sous l'angle du patriarcat et du capitalisme et définissent l'État comme un mécanisme servant à réconcilier ces deux systèmes (Eisenstein 1979) ; à l'opposé, l'on trouve des analyses empiriques de type micro très détaillées. Peu de chose existe entre ces deux types de travaux. Une grande partie de la littérature présente les femmes comme des objets de la politique étatique : dans cette perspective, l'État est une réalité « externe » à la vie des femmes, celles-ci « subissant » l'action d'un État sur lequel elles ont peu de contrôle. Celles qui se sont intéressées aux combats des femmes vis-à-vis de l'État ont souvent analysé ces combats en termes de « eux et nous », opposant les femmes à l'État, auquel elles adressent des revendications. Ce genre d'approche repose sur un certain nombre de présupposés · l'État est vu comme une entité homogène et donnée, située quasiment en dehors de la société, plutôt que comme résultant, en partie, d'interactions entre différents groupes (Watson 1990).

Jusqu'à tout récemment, peu d'analyses féministes allaient au-delà d'une vision de l'État qui soit intrinsèquement « bon » ou « mauvais » pour les femmes en tant que groupe. Un certain nombre de théories considèrent l'État comme « bon », dans le sens où il peut renforcer la position des femmes en leur permettant d'obtenir quelques gains sur les plans économique et politique. C'est dans le contexte social-démocratique scandinave que ce genre d'arguments a été le plus développé. Dans une analyse bienveillante de l'État social scandinave, des chercheuses comme Drude Dahlerup (1987 : 121) ont affirmé que l'État était devenu un mécanisme permettant d'éviter la dépendance des femmes envers des hommes individuels. Elle écrit :

> « Certaines études concluent que les femmes ont simplement passé d'une dépendance vis-à-vis de leurs époux à une dépendance par rapport à l'État, alors qu'elles continuent à être dans une situation de subordination. Je montrerai que ce transfert a en général amélioré la position des femmes, et leur a donné de nouvelles ressources pour la mobilisation politique, les protestations et l'influence politique. »

Ce point de vue est partagé par certaines féministes américaines, comme, par exemple, Barbara Ehrenreich et Frances Fox Piven (1983) dans leurs travaux sur l'État social. En ce qui concerne les pays en développement, Deniz Kandiyoti (1991) a mis en évidence une tendance similaire à l'époque de l'indépendance politique, lorsque les nationalistes considéraient l'État comme un moteur positif, et potentiellement modernisateur, qui pourrait être bénéfique pour les femmes. Les féministes libérales ont également tendance à être bienveillantes à l'égard de l'État, car, en dernière analyse, elles partent de la vision pluraliste selon laquelle l'État peut être un arbitre neutre pour les différents groupes présents dans la société. Si cette approche ne permet guère de comprendre pourquoi l'État ne joue pas toujours ce rôle vis-à-vis des femmes, elle justifie néanmoins le « féminisme d'État » et la recherche d'autres formes de coopération avec l'État. Par conséquent, les analyses féministes, tant sociales-démocratiques que libérales, ont des implications pour les stratégies féministes à l'égard de l'État. Nous y reviendrons plus tard.

D'autres féministes sont cependant plus sceptiques quant aux possibilités de l'État de constituer une force progressiste pour les femmes. Ce scepticisme est abordé selon différentes perspectives. Les féministes socialistes des années 1970 ont été critiquées pour avoir simplement ajouté l'oppression des femmes au cadre analytique marxiste qui considère l'État avant tout comme un instrument aux mains de la classe dominante. Dans cette perspective, l'oppression des femmes est vue comme fonctionnelle pour le capital. Aux yeux de ces féministes, la subordination des femmes joue un rôle dans le maintien du capitalisme par la reproduction de la force de travail à l'intérieur de la famille ; l'État favorise et maintient cette reproduction surtout par le biais de l'État-providence (Wilson 1977 ;

McIntosh 1978). Les féministes radicales considèrent l'État comme étant fondamentalement patriarcal et reflétant simplement la domination des hommes dans la société. De ce fait, les interventions étatiques préservent et défendent les intérêts des hommes au détriment des femmes. Des théoriciennes comme Catherine MacKinnon (1983) ont montré comment l'État institutionnalise les intérêts masculins, par exemple, à travers les lois. Des féministes comme Zillah Eisenstein (1979), souvent issues de la tradition féministe socialiste, ont proposé une analyse basée à la fois sur le capitalisme et le patriarcat, et visant à réconcilier les deux systèmes, en affirmant que l'État joue un rôle de médiation entre eux, tout en agissant dans les intérêts des deux. La vision de l'État comme agent contrôlant les femmes en faveur soit du patriarcat, soit du capitalisme, soit des deux, a des implications stratégiques pour les analyses féministes radicales et socialistes, ainsi que pour l'analyse duale des systèmes : dans l'optique de ces courants féministes, il faudrait essayer d'éviter l'État. Les politiques locales forment une exception partielle à cette vision des choses. Les féministes socialistes attribuaient, par exemple, un rôle potentiellement positif au *Greater London Council* (GLC) au début des années 1980. Néanmoins, la majorité des féministes concluait que les femmes avaient intérêt à se distancier de l'État. Dans les trois perspectives analytiques, le pouvoir des structures est considéré comme écrasant et laissant peu de place à l'action.

À partir de la fin des années 1980, d'autres féministes ont commencé à critiquer les diverses approches décrites plus haut. Elles ont notamment rejeté les éléments fonctionnalistes présents dans une conception simplificatrice de l'État comme protecteur de certains groupes, telle que défendue par certains marxistes et féministes (Franzway et al. 1989). Rosemary Pringle et Sophie Watson (1992 : 54), par exemple, considèrent que « l'État lui-même reste primordial. Mais, l'État, les intérêts qui s'articulent autour de lui, et les stratégies politiques féministes, doivent être reconsidérés à la lumière de la théorie poststructuraliste ». En outre, elles pensent qu'il est erroné de partir de l'idée qu'il existe des intérêts uniques entre les hommes, les femmes et certains secteurs du capital, ou que ces intérêts se forment entièrement à l'extérieur de l'État. L'État est ainsi vu comme une arène dans laquelle les intérêts sont construits activement plutôt que donnés (Watson 1990 : 8). Cette perspective est proche de l'analyse foucaldienne du pouvoir, selon laquelle le pouvoir est relationnel et exercé, plutôt que possédé. L'accent est ainsi déplacé des institutions vers les pratiques et les discours, et l'État est considéré comme un processus. Ce type d'analyse a pour conséquence non pas d'abandonner « l'État » comme catégorie, mais de reconnaître qu'il n'est pas une structure unifiée, mais bien plutôt un sous-produit des luttes politiques (Pringle et Watson 1992 : 67). C'est une manière de contourner la dichotomie entre structure et action, évoquée au début de ce chapitre. Cette approche ne dissocie pas les deux et offre la possibilité non seulement d'approcher et d'étudier l'État, mais aussi de se positionner « à l'intérieur » de l'État. C'est dans le contexte australien que tant l'analyse poststructuraliste de l'État, que le rôle des « fémocrates », c'est-à-dire des fonctionnaires féministes travaillant à l'intérieur de l'appareil étatique, ont reçu le plus d'attention. En effet, ces deux éléments sont particulièrement interreliés dans ce cadre.

La défense de ce genre d'approches va dans le sens des travaux d'autres féministes qui ne font pas une analyse à proprement parler poststructuraliste, mais qui s'opposent à une conception unitaire de l'État d'une part, et à une vision selon laquelle il existe un ensemble cohérent d'intérêts des femmes, de l'autre. Sonia Alvarez (1990 : 271), par exemple, affirme dans la conclusion de sa très importante étude sur les politiques de transition au Brésil que l'État n'est pas monolithique et elle suggère « qu'il faudrait adopter une perspective plus complexe, moins manichéenne, sur le rapport entre genre et État ». Elle insiste sur la nécessité de prendre en considération différentes conjonctures et périodes. Ces conclusions se rapprochent des arguments selon lesquels l'État serait plus « favorable aux femmes » au niveau local qu'au niveau national. Dans le même temps, beaucoup de chercheurs orthodoxes reviennent à des analyses plus sophistiquées de l'État et des institutions. North (1990 : 3) définit les institutions de manière générale comme « les règles du jeu d'une société ou, plus formellement, les contraintes mises en place par les humains, qui conditionnent les interactions humaines ». L'institutionnalisme historique a émergé comme une manière d'engager une théorisation au niveau meso, capable de rendre compte des différences entre pays, des processus de changement et des manières dont les conflits politiques sont structurés par la configuration des institutions à l'intérieur desquelles ils ont lieu (Steinmo et al. 1992 ; Migdal 1996). Ainsi, sa vision des interactions entre structures et agents peut être utile pour l'analyse de l'État sous l'angle du genre. En d'autres mots, à partir du début des années 1990, un certain nombre de conceptualisations différentes, et plus sophistiquées, de l'État ont commencé à voir le jour, provenant à la fois des féministes et des analyses plus orthodoxes. Comme nous venons de le montrer, il se peut qu'il ne soit pas possible de dégager une théorie féministe de l'État ; en revanche, il existe un certain nombre de questions et de thèmes qui méritent d'être soulevés dans le cadre d'une analyse de l'État, sous l'angle du genre.

LA NATURE DE L'ÉTAT

Comme nous l'avons vu, beaucoup de travaux issus de différentes disciplines s'accordent sur l'importance de l'État, mais il existe de nombreux types d'analyses et peu de consensus. Toute analyse doit avoir pour point de départ la complexité historique de l'État, aujourd'hui et dans les différentes configurations politiques, telles que la démocratie libérale, le colonialisme et le socialisme d'État. La nature de l'État n'est pas immuable, pas plus que le rapport entre l'État et les relations de genre, rapport qui est toujours dialectique et dynamique. Toutefois, même si l'État n'est pas inévitablement patriarcal, et que sa nature varie beaucoup à travers le temps et l'espace, la plupart des études historiques ont néanmoins montré que l'État a généralement agi jusqu'ici dans le sens d'un renforcement de la subordination des femmes. Mais ceci ne peut pas, pour autant, être considéré comme allant de soi.

Outre le fait qu'il existe différents types d'États, « l'État » lui-même peut rarement, sinon jamais, être considéré comme une catégorie homogène. Il ne constitue pas une structure unifiée, mais plutôt un ensemble différencié d'institutions, d'organismes et de discours ; il est le produit d'une conjoncture historique et politique particulière. (…)

Si l'État n'est pas une entité homogène, mais un assemblage d'institutions et de relations de pouvoir contestées, il convient de le considérer aussi comme un lieu de luttes et de conflits qui n'est pas extérieur à la société et aux processus sociaux, mais qui d'une part a une certaine autonomie — variable selon les circonstances — par rapport à ces conflits, et qui d'autre part est traversé par ces conflits. Ainsi, les inégalités de genre (comme celles de race ou de classe sociale) sont ancrées à l'intérieur de l'État, mais les relations de genre sont, en partie aussi, constituées par l'État, et ce à travers la même dynamique. C'est pourquoi l'État reflète partiellement la nature des relations et des inégalités liées au genre et, dans un même temps, concourt partiellement à la création de leurs formes particulières. Les pratiques étatiques construisent et légitiment les divisions liées au genre, et les identités de genre sont en partie construites à travers la législation et les discours privés émanant de l'État. Carol Smart (1989), par exemple, a étudié comment le pouvoir de la loi, en tant que discours, même s'il n'est pas unifié, peut s'exercer pour affaiblir à la fois les femmes et les paradigmes féministes. Ainsi, l'État joue un rôle clef dans la construction du genre et dans la régulation des relations entre hommes et femmes, c'est-à-dire dans la régulation des relations de genre. Sur la base de cette nouvelle manière d'appréhender l'État, les analyses féministes récentes s'intéressent moins aux différences de traitement des femmes et des hommes par l'État, par exemple, en termes de politiques publiques, pour se concentrer davantage sur la manière dont les États produisent des sujets sexués. (…)

Si la nature de l'État ou les relations entre l'État et le genre ne sont pas fixées une fois pour toutes, des batailles peuvent être engagées dans l'arène de l'État. Par conséquent, l'État est « un terrain hétérogène et fracturé, avec des dangers, autant que des ressources, pour les mouvements féministes » (Rai et Lievesley 1996 : 1). De ce fait, si l'État a en grande partie renforcé la subordination des femmes, il peut exister un espace à l'intérieur même de cet État, qui permette de faire évoluer les relations de genre (Alvarez 1990). À différentes époques et sous différents régimes, des opportunités politiques peuvent être mises à profit pour modifier les modèles existants de relations de genre. (…) Ce type d'analyse conduit à nouveau à des questions de stratégie féministe et justifie l'intérêt féministe pour l'État d'une tout autre manière que ne le feraient la perspective féministe libérale ou la perspective social-démocratique bienveillante de l'État-providence. Sur cette base, le « féminisme d'État » devient un outil potentiellement efficace. Par conséquent, l'État n'est pas à éviter. (…) Dans certains contextes, comme, par exemple, dans certains types de configurations politiques, ou en cas de changement de régime, c'est-à-dire dans des situations de transition ou de fluidité, les occasions sont plus favorables pour engager des actions ou mettre en pratique des stratégies susceptibles de modifier les relations de genre.

L'État comme hiérarchie sexuée

Si l'on considère que les institutions — définies par North (1990 : 4), de manière très large, comme cadres de la construction sociale de règles, normes et organisations — sont importantes dans toute analyse sexuée de l'État, il est crucial d'étudier l'État sous l'angle du genre en tant qu'organisation bureaucratique complexe. Savage et Witz (1993) distinguent l'État nominalement patriarcal (c'est-à-dire géré au sommet par des hommes) et l'État substantiellement patriarcal (susceptible d'agir selon les intérêts des hommes) ; Franzway et al. (1989) relèvent que l'État implique presque toujours une hiérarchie sexuelle. Un grand nombre de femmes sont employées en bas de la hiérarchie, mais leur nombre décroît au fur et à mesure que l'on approche du sommet de la pyramide. Certains secteurs étatiques, tels l'armée et la police, sont composés de manière disproportionnée par des hommes, et ce à tous les niveaux ; les femmes se font rares dans les banques centrales, les ministères de l'Économie ou les départements de Commerce extérieur. Il existe différents types d'analyses mettant en évidence les caractéristiques de la bureaucratie en termes de relations de genre. D'un côté, l'administration a été examinée du point de vue d'une approche wébérienne, révisée par les féministes libérales ; cette perspective plutôt optimiste admet que les femmes ont souvent moins de pouvoir que les hommes dans les administrations, mais elle estime qu'il est possible d'atteindre une structure véritablement rationnelle et objective, comme l'envisageait Weber, dans laquelle hommes et femmes participeraient à part égale. À l'opposé, Katherine Ferguson (1984) propose une analyse féministe radicale qui associe les apports de Weber et de Foucault, pour affirmer que les bureaucraties incarnent le pouvoir masculin par leur style typiquement masculin, et qu'elles ont ainsi peu à offrir aux femmes. Ferguson soutient que les femmes devraient inventer des modes alternatifs d'organisation plutôt que de tenter de changer les modes de fonctionnement bureaucratiques.

Les chercheuses davantage influencées par le poststructuralisme et l'expérience des « fémocrates » se sont penchées sur les façons dont l'État constitue des arènes, où les hommes utilisent une variété de stratégies pour définir leurs intérêts, et où les femmes peuvent adopter diverses stratégies ou contre-stratégies pour définir les leurs (Watson 1990). Dans cette perspective, l'État bureaucratique devient un espace dans lequel les féministes tentent de jouer un rôle actif depuis l'intérieur, en essayant de changer sa structure et son fonctionnement et d'influencer ses politiques publiques à divers échelons et dans différents secteurs. Dans une perspective légèrement différente, des chercheuses et des praticiennes féministes actives dans le domaine du développement ont essayé d'améliorer leur compréhension de la place du genre dans les structures et les pratiques institutionnelles, pour mieux promouvoir une égalité entre femmes et hommes. Anne Marie Goetz (1995) pense, par exemple, que les défaillances institutionnelles du secteur public en matière de relations de genre ne peuvent pas être simplement considérées comme le résultat « d'attitudes discriminatoires ou de choix irrationnels de la part d'individus, ni d'oublis involontaires en matière de politique publique. Ces défaillances ne sont pas non plus des effets intentionnels de politiques publiques. Ils font partie intégrante des normes, des structures et des pratiques des institutions ». Malgré l'apparence de neutralité de genre, il est donc indispensable de comprendre non seulement la nature des structures mais aussi l'histoire des choix sociaux de certains groupes particuliers faisant partie de ces institutions.

Politiques publiques

Si, à travers le monde, il y a peu de femmes au sommet des hiérarchies étatiques et dans des positions de prise de décisions au sein de la politique conventionnelle, l'analyse qui vient d'être présentée montre que l'État est une structure sexuée, et que les politiques publiques des États sont également structurées par les relations de genre. Les éléments esquissés ci-dessus nous aideront à développer une manière différente d'examiner les politiques publiques. Il s'agira d'envisager différentes sortes de politiques publiques à partir d'une perspective de construction et de régulation des relations de genre ; et, en outre, de considérer les politiques publiques comme émergeant de conflits ayant lieu dans l'arène étatique. Dans l'introduction de leur ouvrage consacré aux femmes, à l'État et au développement, Charlton et al. (1989) ont divisé les politiques publiques en trois grandes catégories.

La première catégorie consiste en des politiques publiques visant particulièrement les femmes. Le « féminisme d'État » en fait partie, et il est l'objet d'une attention croissante à la fois dans les pays industrialisés et dans les pays en voie de développement (Franzway et al. 1989 ; Watson 1990 ; Stetson et Mazur 1995 ; Waylen 1996). (…)

Beaucoup de politiques publiques visant uniquement les femmes se centrent sur une législation dite « protectionniste » et sur la question de la reproduction — par exemple, l'avortement et les lois concernant la maternité, comme le congé maternité. Une manière de comprendre ces politiques publiques consiste à les envisager en termes du rôle que l'État joue dans la construction et la régulation du corps des femmes (et des hommes). Des chercheuses féministes ont utilisé le concept de corps comme méthode pour comprendre les manières complexes dont les femmes et les hommes sont définis par les lois et les discours, dans différents contextes culturels et politiques. (…) Le rapport entre identité de genre et corps biologique ne peut être considéré comme allant de soi. Le corps n'est pas une constante à travers l'histoire, les manières de le percevoir et de le vivre ont changé. Souvent influencées par Foucault, beaucoup de chercheuses féministes ont récemment mis en évidence le pouvoir des discours dans la définition et le contrôle du corps (Abrams et Harvey 1996). (…) Certaines politiques publiques, par exemple, celles réglant l'avortement, impliquent des formes d'intervention peu subtiles et directes, mais le corps des femmes est aussi contrôlé et discipliné de manière plus subtile. Des mesures pour le contrôle du « désordre sexuel » et du « sexe indiscipliné » ont souvent pris la forme d'une disciplinarisation sexuelle des femmes, comme, par exemple, dans le cas des mesures répressives vis-à-vis des prostituées.

La deuxième catégorie selon Charlton et al. (1989) englobe les politiques publiques qui ont trait aux rapports entre hommes et femmes, en particulier en ce qui concerne les droits de propriété, la sexualité, les relations familiales, donc tous les domaines où les relations de pouvoir entre hommes et femmes — et par conséquent les relations de genre — sont souvent institutionnalisées. Les lois et les régulations de ces enjeux deviennent un espace de contestation dès que les anciens rapports de pouvoir usuels sont remis en question. Un certain nombre d'historiens ont étudié comment, pendant la période de colonisation en Afrique, la régulation du mariage, du divorce et de la mobilité des femmes fut violemment contestée lorsque les colonisateurs essayèrent de contrôler les sociétés qu'ils mettaient sous tutelle (Channock 1982 ; Barnes 1992 ; Manicom 1992). (...)

La troisième catégorie, qui concerne les politiques publiques générales, est en apparence neutre en termes de genre, mais les effets de ces politiques diffèrent souvent pour les hommes et pour les femmes. Ces politiques publiques peuvent être divisées en deux sous-catégories : d'une part les politiques publiques liées à la sphère publique qui sont considérées comme « masculines » — telles que les affaires d'État, la guerre, la politique étrangère, le commerce international, la gestion des ressources naturelles, les communications à longue distance ; et d'autre part, les politiques publiques liées à l'État-providence et à la reproduction sociale. Les femmes ont, traditionnellement, été exclues des secteurs de politique publique dite « masculine ». L'exemple le plus extrême est la guerre, à laquelle les femmes ont jusqu'à récemment participé d'une manière très différente des hommes. (...)

Les secteurs de politique publique plus étroitement liés à la sphère privée et à la reproduction sociale, comme, par exemple, la politique du logement, de la santé et de l'éducation, tombent dans la catégorie générale de l'État-providence. Contrairement aux politiques « masculines » visant la sphère publique, l'État-providence fait, depuis quelque temps, l'objet d'analyses féministes, en particulier dans le monde occidental. Ces recherches ont analysé comment ces États-providence ont été constitués et sur quels présupposés en matière de relations de genre ils reposent ; ces travaux ont également regardé en quoi l'État-providence a eu pour effet de créer ou de maintenir des rôles de genre, en s'intéressant particulièrement à ses effets positifs ou négatifs sur la position de pouvoir des femmes et leurs possibilités de contrôle. Comme il a déjà été mentionné, des analyses sur l'État-providence scandinave ont mis en évidence les effets positifs de l'État social pour les femmes, alors que d'autres auteurs ont insisté sur le rôle disciplinaire et de répression de l'État social et de ses agents. Récemment, les chercheuses féministes ont pris de plus en plus conscience du fait que les analyses féministes de l'État-providence, et la recherche plus traditionnelle dans ce domaine, ont évolué séparément l'une de l'autre. La recherche plus traditionnelle se concentre souvent sur les différences entre les États sociaux, mais ses explications à propos des différents régimes d'État-providence tiennent rarement compte des relations de genre dans leur cadre d'analyse (Lewis 1992). Ce qui amène Diane Sainsbury (1994 : 2) à affirmer :

> « Les analyses comparatives traditionnelles nous apprennent peu de chose sur l'expérience des femmes des différents États-providence ou sur les effets dissemblables pour les hommes et les femmes induits par les politiques publiques. Le paradigme de la recherche traditionnelle n'a pas non plus considéré l'un des aspects

les plus intéressants du développement de l'État social, à savoir la manière dont les femmes ont été intégrées dans les politiques de base de l'État social, et quels ont été les droits qui leur ont été attribués. »

Toutefois, bien que les analyses féministes aient critiqué la recherche traditionnelle, et tenté d'introduire la notion de genre dans les analyses de l'État social, elles ont rarement proposé des analyses comparatives et n'ont pas cherché à comprendre les variations, en termes de genre, entre des systèmes de distribution sociale (Orloff 1993). Quelques-unes des analyses historiques récentes, concernant le plus souvent l'Europe, font partiellement exception à cette tendance (Bock et Thane 1991 ; Koven et Michel 1993). Cependant, l'oubli général résulte en partie de la tendance fonctionnaliste, déjà mentionnée, qui appréhende l'État social comme une expression du patriarcat, du capitalisme, ou d'une combinaison des deux et, par conséquent, a tendance à ignorer les différences entre les régimes d'État-providence. Ann Orloff (1993, 1996) en vient à affirmer qu'il est nécessaire de reprendre les cadres conceptuels de la littérature traditionnelle pour y introduire la notion de genre, donc de transformer les cadres analytiques existants, plutôt que de développer un cadre alternatif. Une des tâches clefs consiste alors à introduire la dimension du genre dans quelques concepts de base utilisés dans les analyses (non seulement) de l'État social, comme, par exemple, les concepts de « citoyen » et de « droits sociaux ». D'autres pensent cependant que des théories alternatives sont indispensables. (…)

CITOYENNETÉ

Le concept de citoyenneté est l'une des principales manières de théoriser la relation des individus à l'État et à la communauté politique. L'étude des manières dont ce concept a été utilisé est donc essentielle pour toute discussion sur la relation entre le genre, la politique et l'État. La citoyenneté constitue un lien crucial entre les États, les individus et les collectivités (Lister 1996). C'est « un statut accordé à ceux qui sont membres à part entière d'une communauté, en général d'un État-nation. Tous ceux qui possèdent ce statut sont égaux par rapport aux droits et devoirs qui y sont attachés » (T. H. Marshall 1950, cité par Yuval Davis 1996 : 2). Au XXe siècle, la citoyenneté, conçue sous l'angle de l'individu, a été considérée comme neutre du point de vue du genre. Toutefois, les féministes ont défendu de manière très incisive le fait que la citoyenneté est, et a toujours été, structurée par le genre ; que, au pire, les femmes sont exclues d'une pleine citoyenneté ; et, qu'au mieux, elles sont intégrées dans la citoyenneté d'une manière différente des hommes. Dans les États occidentaux, la notion de « citoyen » était initialement masculine et la citoyenneté était limitée aux hommes blancs (pendant longtemps à l'exclusion des ouvriers et des hommes de races différentes comme les esclaves noirs aux États-Unis) ;

les hommes étaient incorporés comme soldats, puis comme salariés, c'est-à-dire sur la base de leurs activités dans la sphère publique. Ce n'est que tardivement que les femmes ont été incorporées comme citoyennes, souvent sur la base de leurs activités dans la sphère privée, plutôt en tant que mères qu'en tant que travailleuses ou soldates.

Se référant aux analyses de Marshall et de Turner qui ignorent les relations de genre, beaucoup de féministes définissent la citoyenneté en termes d'une citoyenneté civile, politique et sociale, et des droits associés à ces trois aspects, pour comprendre les différentes barrières à l'accès des femmes à ces droits (Walby 1994). Orloff (1993 : 308) pense en effet que « tout comme le chef de famille indépendant sert de modèle de citoyen idéal dans la théorie de la démocratie classique et libérale, le travailleur *masculin* sert de modèle dans la littérature sur les droits sociaux ». Comme nous l'avons déjà mentionné à propos de l'État social, les femmes ont vécu les droits sociaux d'une manière très différente des hommes. L'État social britannique a été mis en place sur la base d'une vision très particulière du rôle des hommes comme *chefs de famille,* et des femmes comme femmes au foyer ; les allocations sociales ont été basées sur ces catégories.

Les théoriciennes féministes ont également tenté de considérer différents modèles de citoyenneté, qui peuvent associer à la fois les hommes et les femmes. Kate Nash (1998) répertorie trois tentatives féministes de « dépasser le "faux" universalisme provenant de

l'individualisme libéral afin de développer une conception réellement universaliste, qui tienne compte du
genre et de tous les citoyens d'une société démocratique et, comme le souligne Chantal Mouffe, qui soit
conscient des limites de cette intégration ». Allant
plus loin encore, Nira Yuval Davis (1996 : 1) a insisté
sur la nécessité de considérer « la question de la citoyenneté des femmes non seulement par opposition
avec la citoyenneté des hommes, mais aussi selon leur
appartenance à des groupes dominants ou subordonnés, ainsi que de leur ethnicité, leur origine et lieu de
résidence, urbain ou rural. Il convient également de
prendre en considération le positionnement global ou
transnational de ces différents types de citoyenneté ».
Les féministes devraient faire en sorte que les termes
intégration et exclusion ne fassent pas uniquement
référence à des facteurs liés au genre, mais tiennent
également compte de facteurs autres, comme la race,
l'ethnicité et la sexualité.

LA DISTINCTION PUBLIC-PRIVÉ

La discussion de thèmes tels que la citoyenneté
et l'État social met en évidence l'importance de la
construction de l'opposition entre sphères publique et
privée. En effet, l'assimilation des femmes à la sphère
privée a servi à étayer leur exclusion d'une citoyenneté à part entière. Selon Lister (1997), c'est la réarti-

culation de la séparation public-privé qui sert de point de départ pour remettre en question l'exclusion des femmes d'une citoyenneté à part entière. La séparation public-privé est ainsi devenue un thème important dans la littérature féministe en science politique et en théorie politique (…). Les présupposés à la base de la séparation entre les sphères publique et privée sont d'une importance capitale pour l'étude des relations entre le genre et la politique. La théorie politique libérale semble en apparence neutre vis-à-vis du genre, mais par son maintien de la séparation public-privé comme élément central de la démocratie libérale, elle consolide en réalité une division entre hommes et femmes dans laquelle seuls les hommes peuvent avoir le statut d'individus abstraits (Pateman 1983, 1989). Le politique est alors défini comme masculin dans le sens le plus profond du terme, si bien qu'il est difficile d'y intégrer les femmes au même titre que les hommes, et que de nombreuses activités dans lesquelles sont impliquées les femmes sont considérées comme non politiques.

La nature de la séparation public-privé n'est pas immuable et les conceptions de cette séparation ont été révisées au cours de l'histoire. L'État a en effet joué un rôle clef dans la définition et le maintien des différentes sphères d'action qui sont envisagées comme délimitant le public et le privé. De ce fait, l'exploration des manières dont l'État participe à la construction de l'opposition public-privé dans des contextes particuliers est une partie importante de l'analyse de l'État et des politiques publiques sous l'angle du genre. (...)

Il manque toutefois un consensus sur ce qu'englobe le domaine privé, et ces « contradictions et confusions » ont conduit Nira Yuval Davis (1996 : 11) à dire que, au lieu de distinguer le public du privé, nous devrions différencier trois sphères : l'État, la société civile et le domaine de la famille et des relations de parenté. Tout comme la citoyenneté, le thème de la société civile prend de plus en plus d'importance ces dernières années en tant que perspective sur la relation entre État et société. La société civile est considérée comme une arène où les citoyens peuvent participer à la vie associative et qui donne vie à la démocratie, si bien que l'absence d'une société civile suffisamment dense est vue comme problématique. Cependant, comme déjà par rapport à la distinction public-privé, un certain nombre de chercheurs ont mis en garde contre les dangers d'une dichotomisation exagérée de la division entre l'État et la société civile. La gauche, en particulier, a tendance à adopter une vision trop romantique du potentiel de la société civile et des mouvements sociaux, qui sont vus comme l'incarnation de la société civile réelle, tant au sein des démocraties libérales établies de l'Occident que dans les États en voie de démocratisation de l'Amérique latine et de l'Europe centrale et de l'Est.

Dans cette conceptualisation, les divers mouvements de femmes tombent dans la catégorie de la société civile. Toutefois, la majorité des chercheurs situés dans une optique traditionnelle, tout en reconnaissant que les femmes sont très présentes au sein d'un grand nombre de mouvements sociaux, n'en arrive pas pour autant à des analyses en termes de genre, ou ne cherchent pas à cerner la signification de ce phénomène. (…)

CONCLUSIONS

Ce chapitre avait pour but de « réintroduire l'État » dans les analyses féministes et d'aborder certains thèmes majeurs concernant l'étude du genre et de l'État. Il ne s'agissait pas seulement de résumer l'état des débats féministes, mais aussi de fournir certains points de repère pour l'analyse future de l'État par rapport à des contextes et des institutions politiques différents. (...) Nous avons vu, en particulier, que l'État n'est pas une catégorie monolithique, mais un assemblage de différents organes, discours et institutions aux niveaux local et national (de même qu'international). Il convient d'étudier les relations entre le genre et ces institutions non pas uniquement en termes du personnel qui y travaille, mais également sous l'angle des normes et pratiques prévalant dans ces institutions. L'État joue un rôle clef dans la construction du genre et des relations de genre, de même que dans la construction de la distinction public-privé. Ce rôle doit être étudié de manière plus approfondie dans différents contextes, et sous l'angle des effets des politiques publiques et des lois. En outre, comme l'État n'est pas situé en dehors de la société, mais doit être considéré comme le lieu même de luttes, la relation entre les différents groupes de femmes et l'État doit être explorée. Il semble en effet qu'à certains moments, des espaces d'action peuvent exister à l'intérieur de l'État. Une manière d'étudier la relation complexe entre l'État et les groupes de femmes est de partir des débats autour des concepts de citoyenneté, de société civile et de mouvements sociaux, et d'analyser leurs relations avec l'État et la communauté politique. Une autre approche réside dans l'examen des activités des femmes au sein de l'État, notamment en termes de « féminisme d'État » et sous l'angle de leurs liens avec des mouvements agissant en dehors de l'État. Toutes ces dimensions touchent aux questions relatives au problème du rapport entre les structures et l'action. Comme je l'ai montré, il s'agit souvent d'une fausse dichotomie, car il est impossible d'analyser les actions sans analyser les structures qui créent des contraintes à ces actions.

GEORGINA WAYLEN

RÉFÉRENCES

ABRAMS, L. et HARVEY, E. (1996). « Introduction : Gender Relations in German History », in L. Abrams and E. Harvey (ed.), *Gender Relations in German History : Power, Agency and Experience from the Sixteenth to the Twentieth Century.* Londres : UCL Press.

AFSHAR, Haleh (ed.) (1987). *Women, State and Ideology.* Londres : MacMillan.

ALLEN, Judith (1990). « Does Feminism Need a Theory of "the State" ? », in Sophie Watson (ed.), *Playing the State : Australian Feminist Interventions.* Londres : Verso.

ALVAREZ, Sonia E. (1990). *Engendering Democracy in Brazil : Women's Movements in Transition Politics.* Princeton, N.J. : Princeton University Press.

BARNES, T. (1992). « The Fight for Control of African Women's Mobility in Colonial Zimbabwe ». *Signs : Journal of Women, Culture, and Society* 17 (3).

BOCK, Gisela et THANE, Pat (ed.) (1991). *Maternity and Gender Policies : Women and the Rise of European Welfare States 1880s-1950s.* Londres : Routledge.

CHANNOCK, Martin (1982). « Making Customary Law : Men Women and Courts in Colonial Northern Rhodesia », in M. Hay et M. Wright (ed.), *African Women and the Law : Historical Perspectives*, Boston University Papers on Africa n° 7. Boston, Mass. : Boston University.

CHARLTON, Sue Ellen, EVERETT, Jana et STAUDT, Kathleen (ed.) (1989). *Women, the State and Development.* Albany, N.Y. : SUNY Press.

CONNELL, Robert (1990). « The State, Gender and Sexual Politics ». *Theory and Society* 19 (5).

DAHLERUP, Drude (1987). « Confusing Concepts — Confusing Reality : a Theoretical Discussion of the Patriarchal State », in A. Showstack Sassoon (ed.), *Women and the State.* Londres : Routledge.

EHRENREICH, Barbara et FOX PIVEN, Frances (1983). « Women and the Welfare State », in I. Howe (ed.), *Alternatives :*

Proposals for America from the Democratic Left. New York : Pantheon.

EISENSTEIN, Zillah (ed.) (1979). *Capitalist Patriarchy and the Case for Socialist Feminism*. New York : Monthly Review Press.

FERGUSON, Kathy (1984). *The Feminist Case Against Bureaucracy*. Philadelphia, Pa. : Temple University Press.

FRANZWAY, Suzanne, COURT, Dianne et CONNELL, Robert W. (1989). *Staking a Claim : Feminism, Bureaucracy and the State*. Cambridge : Polity Press.

GOETZ, Anne Marie (1995). « Macro-Meso-Micro Linkages : Understanding Gendered Institutional Structures and Practices », contribution pour le *SAGA Workshop on Gender and Economic Reform in Africa*, Ottawa (octobre).

KANDIYOTI, Deniz (1991). « Identity and its Discontents : Women and the Nation ». *Millennium : Journal of International Studies* 20 (3).

KOVEN, Seth et MICHEL, Sonia (ed.) (1993). *Mothers of a New World : Maternalist Politics and the Origins of Welfare States*. Londres : Routledge.

LEWIS, Jane (1992). « Gender and the Development of Welfare Regimes ». *Journal of European Social Policy* 2 (3).

LISTER, Ruth (1996). « Citizenship — Towards a Feminist Synthesis », contribution présentée à la conférence *Women and Citizenship*, Greenwich, (juillet).

LISTER, Ruth (1997). « Inclusion/Exclusion : the Janus Face of Citizenship », contribution présentée au workshop *Towards a Gendered Political Economy,* Sheffield, septembre.

MACKINNON, Catherine (1983). « Feminism, Marxism, Method and the State : Towards a Feminist Jurisprudence ». *Signs* 8 (2).

MCINTOSH, M. (1978). « The State and the Oppression of Women », in A. Kuhn et A.M. Wolpe (ed.), *Feminism and Materialism*. Londres : Routledge.

MANICOM, L. (1992). « Ruling Relations : Rethinking State and Gender in South African History ». *Journal of African History* 33.

MIGDAL, J. (1996). « Studying the State », contribution présentée à la conférence annuelle de *l'American Political Science Association*, San Francisco (août).

NASH, Kate (1998). « Beyond Liberalism ? Feminist Theories of Democracy », in Vicky Randall and Georgina Waylen (ed.), *Gender, Politics and the State*. Londres : Routledge.

NORTH, Douglas C. (1990). *Institutions, Institutional Change and Economic Performance*. Cambridge : Cambridge University Press.

ORLOFF, Ann S. (1993). « Gender and the Social Rights of Citizenship : the Comparative Analysis of Gender Relations and Welfare States ». *American Sociological Review* 58.

ORLOFF, Ann S. (1996). « Gender and the Welfare State », Discussion Paper n° 1082-96, Madison, Wl. : Institute for Research on Poverty, University of Wisconsin.

PATEMAN, Carole (1983). « Feminist Critiques of the Public-Private Dichotomy », in S. Benn et G. Gaus (ed.), *The Public and the Private in Social Life*. Londres : Croom

PATEMAN, Carole (1989). *The Disorder of Women : Democracy, Feminism and Political Theory*. Cambridge : Polity Press.

PRINGLE, Rosemarie et WATSON, Sophie (1992). « Women's Interests and the Post Structuralist State », in M. Barrett et A. Philips (ed.), *Destabilizing Theory : Contemporary Feminist Debates*. Cambridge : Polity Press.

RAI, Shirin (1996). « Women and the State in the Third World : Some Issues for Debate », in S. Rai et G. Lievesley (ed.), *Women and the State : International Perspectives*. Londres : Taylor et Francis.

RAI, Shirin et LIEVESLEY, G. (ed.) (1996). *Women and the State : International Perspectives*. Londres : Taylor et Francis.

SAINSBURY, Diane (ed.) (1994). *Gendering Welfare States*. Londres : Sage Publications.

SAVAGE, Mike et WITZ, Anne (ed.) (1993). *Gender and Bureaucracy*. Oxford : Blackwell.

SCHILD, V. (1998). « New Subjects of Rights : Women's Movements and the Construction of Citizenship in the "New Democracies" » in S. Alvarez, A. Escobar et E. Dagnino

(ed.), *Politics of Culture/Culture of Politics*. Boulder, Col. :
Westview.

SCOTT, Joan (1986). « Gender : a Useful Category of Historical
Analysis ». *American Historical Review* 91 (5).

SMART, Carole (1989). *Feminism and the Power of the Law*.
Londres : Routledge.

STEINMO, Sven, THELEN, Kathleen et LONGSTRETH, Frank (ed.)
(1992). *Structuring Politics : Historical Institutionalism in
Comparative Analysis*. Cambridge : Cambridge University
Press.

STETSON, Dorothy et MAZUR, Amy (ed.) (1995). *Comparative
State Feminism*. Londres : Sage Publications.

WALBY, Sylvia (1994). « Is Citizenship Gendered ? ». *Sociology* 28 (2).

WATSON, Sophie (ed.) (1990). *Playing the State : Australian
Feminist Interventions* Londres : Verso.

WATSON, Sophie (1993). « Femocratic Feminisms », in M. Savage et A. Witz (ed.), *Gender and Bureaucracy*. Oxford :
Blackwell.

WAYLEN, Georgina (1996). « Democratization, Feminism and
the State : the Establishment of SERNAM in Chile », in S.
Rai et G. Lievesley (ed.), *Women and the State : International Perspectives*. Londres : Taylor et Francis.

WILSON, Elizabeth (1977). *Women and the Welfare State*.
Londres : Tavistock.

YUVAL DAVIS, Nira (1996). « Women, Citizenship and Difference », contribution pour la conférence *Women and Citizenship*, Greenwich (juillet).

6

Les droits sociaux des femmes et des hommes

Les dimensions du genre dans les états-providence[1]

L'introduction de la dimension du genre dans l'analyse comparative des États-providence est devenue l'une des préoccupations majeures de la recherche dans ce domaine. Alors même que l'importance de ce projet est progressivement reconnue, les opinions divergent quant à la façon dont il faut le réaliser. La démarche la plus simple consisterait à analyser les États-providence à l'aide des théories et des cadres analytiques des approches existantes, simplement en adoptant l'angle spécifique du rapport entre les hommes et les femmes. Cette manière de procéder peut paraître évidente, mais elle a été critiquée à cause du biais masculin des concepts et des postulats centraux des approches traditionnelles. Il faudrait donc d'abord mettre en lumière la connotation sexuelle de ces concepts et postulats, en clarifiant leurs implications pour les femmes et les hommes, et en montrant en

1. Traduit et reproduit avec la permission de Sage.
Ce chapitre fait partie d'un vaste projet de recherche financé par le Fonds suédois pour la recherche en sciences humaines et sociales et le Fonds suédois pour la planification et la coordination de la recherche.

quoi ces implications diffèrent en fonction du genre. Une autre objection à l'application des cadres analytiques existants est que ceux-ci ignorent la question du genre ; or, comme la variable genre est centrale pour l'analyse de l'État-providence, on ne peut pas simplement l'« ajouter » aux modèles d'analyse (Lewis et Ostner 1991). Une seconde approche destinée à introduire la problématique du genre dans l'étude des États-providence et des politiques publiques consisterait donc à élaborer de nouveaux modèles et de nouvelles typologies. Enfin, une troisième possibilité serait d'intégrer le genre dans les cadres analytiques existants (Orloff 1993).

La stratégie adoptée ici n'est justement pas d'intégrer le genre aux typologies dominantes existantes, mais au contraire de l'en détacher. Sur la base de la critique féministe des principales théories et recherches en la matière, j'identifierai un certain nombre de dimensions en fonction desquelles les États diffèrent ; il s'agit de dimensions qui ont été marginalisées ou qui n'ont simplement pas été prises en compte dans les modèles et typologies du courant principal. Dans un but heuristique, ces dimensions seront présentées sous forme de types idéaux contrastés. Les dimensions de ces types idéaux consistent en des variations que je vais étudier de manière comparative dans différents pays. Concrètement, il s'agit des variations entre les droits sociaux des femmes et des hommes. Je ne postule pas que ces types idéaux existent tels quels dans la réalité, ni que les différences entre les pays correspondent nécessairement à la logique des modèles.

Au contraire, ma démarche est de type exploratoire. L'objectif de l'analyse est de déterminer la pertinence du cadre analytique, de mettre en évidence d'éventuelles divergences et, sur cette base, d'améliorer les modèles.

La première partie de ce texte s'articule autour des critiques féministes des théories dominantes. Sur la base des principaux éléments de cette réflexion, je présenterai deux modèles de politique sociale. Je me servirai ensuite des dimensions qui composent ces modèles pour analyser les politiques publiques et les droits sociaux des femmes et des hommes dans quatre pays — la Grande-Bretagne, les États-Unis, les Pays-Bas et la Suède. Mon but sera de mettre en évidence les similitudes et les différences entre ces pays ; je voudrais en outre déterminer jusqu'à quel point ces pays peuvent être regroupés en fonction de leurs similarités. Dans la dernière section du texte, je montrerai les implications de cette analyse pour l'intégration du genre dans l'analyse des États-providence et pour l'affinement des modèles originaux et d'autres typologies.

LA CRITIQUE FÉMINISTE

Les recherches situées dans le courant principal *(mainstream)* nous ont permis de mieux comprendre de nombreux aspects des États-providence. En revanche, elles nous apprennent peu sur la différence, en termes de genre, des effets des États-providence ; c'est-à-dire qu'elles ne montrent pas en quoi les États-providence affectent différemment les femmes et les hommes. Je pense que cela est dû au caractère fondamentalement incomplet de la perspective du courant principal ; celle-ci a en effet besoin d'être complétée par un ensemble de dimensions permettant de tenir compte du genre. La recherche féministe peut dès lors nous aider à cerner les lacunes des modèles dominants.

Les participants au débat dominant sur les variables explicatives de la montée de l'État-providence ont principalement mis l'accent sur les processus économiques — particulièrement l'industrialisation — et, plus récemment, sur la variable classe sociale. Les féministes, quant à elles, ont insisté sur les relations entre la famille, l'État et le marché. Elles se sont concentrées sur la dynamique et les frontières mouvantes entre les sphères privée et publique, c'est-à-dire à la fois sur l'interdépendance et la séparation des sphères. Les chercheuses féministes ont notamment mis en évidence un changement important dans les relations entre l'État et la famille : elles ont montré que des tâches comme la reproduction ou la socialisation, autrefois dévolues à la famille, se sont dans une certaine mesure déplacées vers le secteur public. Comme Helga Hernes l'a très justement souligné, l'enjeu est de savoir dans quelle mesure le travail de soins et de reproduction, traditionnellement exécuté au foyer, est devenu une tâche de l'État (Hernes 1984, 1987).

Les féministes ont également mis en relief comment des constructions idéologiques façonnent la vie des femmes, et cette orientation a nourri les recherches féministes sur l'État-providence. Contrairement aux analyses du courant principal, les travaux féministes se sont beaucoup intéressés à l'influence de l'idéologie familiale sur la structure des politiques sociales et sur la reproduction de la division sociale du travail entre les sexes. Au départ, la discussion s'est concentrée sur l'idéologie familiale de « l'homme chef de famille », selon laquelle le mari est le gagne-pain qui doit subvenir aux besoins de sa famille. Par la suite, l'attention s'est davantage portée sur les prescriptions idéologiques à propos de la femme et de son rôle de dispensatrice de soins. Ces prescriptions mettent l'accent sur le rôle de la femme au sein du foyer, considéré comme inhérent à la condition d'épouse, ainsi que sur ses tâches d'éducation et de prise en charge des membres de la famille, qu'elle assume sous forme d'un travail non rémunéré, en échange du soutien financier de son mari.

En résumé, les théories féministes de l'État-providence montrent qu'il ne suffit pas simplement d'élargir les typologies et les modèles dominants en incluant explicitement les femmes et les hommes, car une telle démarche n'irait pas assez loin. Si l'on veut introduire la dimension du genre dans l'étude de l'État-providence, il faut prêter une attention particulière à l'interaction entre le public et le privé ; il faut également veiller à conceptualiser les allocations sociales en termes de mélange public/privé (Hernes 1987 ; Leira 1992). Pour ce faire, il est indispensable de prendre en compte non seulement le travail rémunéré, mais aussi le travail non rémunéré, tant à l'extérieur qu'à l'intérieur du foyer. Deuxièmement, les féministes ont insisté sur la nécessité d'étudier l'impact que l'État-providence, en pourvoyant des emplois et des services, exerce sur la situation des femmes en tant que travailleuses, consommatrices, mères et clientes. Troisièmement, elles ont souligné le rôle des idéologies familiales et de genre dans la structuration des politiques sociales.

LA PROBLÉMATIQUE DU GENRE
DANS LES DIMENSIONS DE VARIATION

La critique féministe repose implicitement sur l'idée que les États-providence diffèrent entre eux en fonction d'un certain nombre de dimensions relatives au genre, à savoir le type d'idéologie familiale ; son influence sur la politique sociale en termes de qui est considéré comme unité pour recevoir des prestations et pour payer des contributions, ainsi qu'en termes de la nature du droit aux allocations ; son influence sur d'autres domaines de la politique publique, qui peuvent contribuer à renforcer l'actuelle division du travail dans la famille ; la frontière entre les sphères privée et publique ; et la mesure dans laquelle les femmes sont rémunérées ou non pour le travail qu'elles effectuent. Ces dimensions sont résumées ci-après dans le tableau 1 sous forme de types idéaux contrastés : le

modèle de « l'homme chef de famille » et le modèle
individualiste.

Tableau 1

*Dimensions de variation dans le modèle
de « l'homme chef de famille »
et dans le modèle « individualiste » des politiques sociales*

Dimension	Modèle de « l'homme chef de famille »	Modèle individualiste
Idéologie familiale	Division stricte du travail Mari = apport financier Femme = soins	Rôles partagés Mari = apport financier/soins Femme = apport financier/soins
Droit aux allocations	Différencié dans le couple	Uniforme
Fondement du droit aux allocations	Chef de famille salarié	Autre
Bénéficiaire des prestations	Chef de famille	Individu
Unité de prestations	Ménage ou famille	Individu
Unité de cotisations	Ménage	Individu
Taxation	Imposition conjointe Déductions pour les personnes à charge	Imposition séparée Déductions fiscales égales
Politique d'emplois et de salaires	Priorité aux hommes	Orientée vers les deux sexes
Sphère des soins	Essentiellement privée	Important engagement de l'État
Travail des soins	Non rémunéré	Composante de rémunération

Dans le premier modèle, l'idéologie familiale exalte le mariage et une division du travail stricte entre mari et femme. Dans ce contexte, l'époux est le chef de famille et, en cette qualité, il lui incombe de subvenir aux besoins des membres de sa famille, à savoir de son épouse et de ses enfants, en exerçant un emploi à temps plein. La femme doit endosser la responsabilité de s'occuper du foyer et de prendre soin de son mari et de ses enfants. Cette division du travail structure les pratiques quotidiennes et est inscrite dans le droit de la famille, dans la législation sociale et les lois sur le travail, ainsi que dans le système fiscal. L'unité qui peut recevoir des prestations de l'État-providence est la famille, et la hauteur des prestations et des salaires minimaux est fixée sur la base de la notion de salaire de famille. Dans ce modèle, le mari et la femme béné-ficient d'un droit différencié aux allocations. Ce droit repose sur le statut de chef de famille et sur le prin-cipe d'entretien de la famille par le chef de famille. En conséquence, la plupart des droits des épouses aux prestations sont dérivés de leur statut de personnes dépendantes à l'intérieur de la famille et du droit de leur mari de recevoir des allocations. Il se peut donc que les femmes n'aient pas de droit individuel aux prestations. L'unité pour les cotisations aux assurances sociales et pour la taxation fiscale est la famille ou le foyer. Celui qui pourvoit aux besoins du ménage bénéficie de déductions fiscales, en guise de compen-sation pour le fait qu'il entretient sa femme et ses enfants. En outre, la division du travail, telle que pres-crite par cette conception normative de la famille, a également une incidence sur les politiques de régulation du marché du travail et des salaires, en donnant la priorité aux emplois et aux salaires masculins. Dans ce modèle, la frontière entre les sphères privée et publique est appliquée de manière stricte. Les tâches de prise en charge et de reproduction sont assignées à la sphère domestique, essentiellement au foyer, et ce travail n'est pas rétribué.

L'idéologie familiale du modèle individualiste préconise que chacun des époux est individuellement responsable de son entretien, et que mari et femme contribuent tous les deux au budget familial ainsi qu'à la prise en charge des enfants. L'unité de prestations, de cotisation et d'imposition est ici l'individu. Aucune déduction ou allocation n'est prévue pour les personnes à charge. La politique en matière de marché de l'emploi est orientée sans distinction vers les deux sexes, et la délimitation entre les sphères privée et publique est souple. Beaucoup de tâches liées à la reproduction sont effectuées par le secteur public. Le travail de prise en charge des personnes dépendantes, même s'il est effectué au sein du foyer, peut être rémunéré et donne droit aux prestations de la sécurité sociale.

Il est vrai que cette présentation est très schématique, mais je pense qu'au stade actuel de la recherche, cette façon de procéder est utile pour l'analyse de la dimension du genre dans les États-providence. Les dimensions qui distinguent les États-providence les uns des autres sont clairement définies, ce qui n'a pas toujours été le cas des modèles élaborés précédemment. À titre d'exemple, la typologie de Jane Lewis et Ilona

Ostner semble reposer sur une seule dimension sous-jacent , à savoir la force du modèle de « l'homme chef de famille » en termes de division traditionnelle et sexuée du travail et en termes de droits aux allocations sociales. Il en résulte une typologie qui distingue trois catégories d'États-providence, à savoir ceux où l'idéologie familiale de « l'homme chef de famille » est « forte », « modifiée », ou « faible » (voir Daly 1994 et Hobson 1994). La catégorie des États-providence avec une idéologie de « l'homme chef de famille » faible est particulièrement problématique, car elle dit surtout quelles caractéristiques sont absentes de la politique d'un pays, plutôt que de préciser lesquelles sont présentes.

Un atout supplémentaire des modèles esquissés ci-dessus réside dans l'étendue de leur application potentielle. En principe, les dimensions exposées ici peuvent être utilisées pour analyser les variations des politiques publiques de n'importe quel pays à travers le temps. En revanche, la pertinence d'une approche qui vise à regrouper les pays en catégories, ou de typologies basées sur les politiques publiques de pays particuliers, risque d'être limitée à certains pays seulement.

Finalement, en isolant les dimensions de variation relatives au genre, nous pouvons examiner l'interaction entre ces dimensions-là et celles considérées importantes par les analyses traditionnelles de l'État-providence. Cette analyse est plus difficile, voire impossible, lorsque les perspectives féministe et traditionnelle sont combinées dans des types idéaux ou des régimes de politiques publiques uniques.

DROITS SOCIAUX FÉMININS ET MASCULINS

Les dimensions de variations du tableau 1 seront maintenant appliquées aux politiques publiques pour analyser les droits sociaux des femmes et des hommes aux États-Unis, en Grande-Bretagne, aux Pays-Bas et en Suède, à la fin des années 1960. Il s'agit, pour différentes raisons, d'une période cruciale. Premièrement, cette époque sert de point de référence dans la mesure où c'est à partir des années 1970 que la question de l'égalité des sexes est apparue sur l'agenda politique, ce qui a donné lieu à d'importantes réformes dans ces quatre pays[1]. Deuxièmement, comme peu de réformes avaient encore été mises en œuvre à ce moment-là, on peut s'attendre à trouver moins de variations entre les quatre pays en question. Troisièmement, beaucoup de féministes prétendaient au début que le modèle de « l'homme chef de famille » était intrinsèque à la législation sociale des pays industrialisés et qu'il faisait partie intégrante de l'État-providence. Petit à petit, néanmoins, elles ont reconnu que ce modèle varie d'un pays à l'autre. Toutefois, les variations entre pays sont souvent présentées comme récentes et coïncidant avec l'entrée en force des femmes sur le marché du travail. Ainsi, on dit souvent que

1. Pour une évaluation de l'impact des réformes en matière d'égalité de genre, introduites depuis les années 1970 dans les quatre pays, consulter Sainsbury (1993 b).

les acquis sociaux importants des femmes suédoises s'expliquent par leur participation plus élevée dans le marché de l'emploi. En examinant la période de la fin des années 1960, et en tenant compte de l'histoire des politiques publiques, nous pouvons tester les hypothèses selon lesquelles les différences entre pays seraient récentes. Cette analyse peut également nous renseigner sur la pertinence d'hypothèses plus récentes affirmant que le modèle de « l'homme chef de famille » aurait eu une influence décisive durant la période de formation des États-providence ; et que les États-providence étaient, à leurs débuts, très « paternalistes » (Orloff 1993 : 323 ; Skocpol 1992 : 2, 8-10).

Lorsque l'on applique les dimensions du tableau 1 aux quatre pays choisis, on constate de grandes différences entre leurs politiques publiques respectives, et si on les regroupe en fonction de leurs similarités, on débouche sur une typologie assez différente des typologies dominantes. En effet, dans les typologies dominantes, les Pays-Bas et la Suède ont souvent été regroupés ensemble, en tant qu'États-providence ambitieux et englobants, fortement orientés vers la démarchandisation (c'est-à-dire l'élimination de la dépendance par rapport au marché), tandis que la Grande-Bretagne et les États-Unis ont tous les deux été considérés comme moins ambitieux et moins enclins à favoriser la démarchandisation (Castles 1978 ; Sainsbury 1991 ; Esping-Andersen 1990)[1].

---

1. Pour un complément d'information au sujet des quatre pays en question, utilisant les dimensions dominantes des variations, consulter Sainsbury (1991).

L'analyse sur la base des dimensions du tableau 1 brosse une image assez différente de la situation. Il est correct de dire que les acquis sociaux ont été fortement influencés par l'idéologie familiale traditionnelle des années 1960, et ce dans les quatre pays. Néanmoins, les Pays-Bas s'approchaient le plus du modèle de « l'homme chef de famille », et la Suède, le moins, tandis que la Grande-Bretagne et les États-Unis occupaient une position intermédiaire, avec des politiques publiques ressemblant davantage à celles des Pays-Bas qu'à celles de la Suède. En effet, en Grande-Bretagne, aux États-Unis et aux Pays-Bas, les droits sociaux étaient liés au principe du soutien et des avantages fiscaux étaient accordés au chef de famille, tandis qu'en Suède, on remarque que la maternité et le principe des soins jouaient un rôle plus important pour les droits sociaux des femmes. Une deuxième différence qui renforçait les droits sociaux des femmes suédoises consiste dans le fait que le droit aux prestations était fondé davantage que dans les autres pays sur le statut de citoyenneté, ce qui rapproche la Suède du modèle individualiste. Les droits et les prestations en matière de pensions étaient égaux pour les deux époux, et les bénéficiaires étaient des individus.

LES PAYS-BAS : LE PRINCIPE D'ENTRETIEN
ET LE MINIMUM FAMILIAL

Le principe catholique de subsidiarité et la doctrine protestante de la souveraineté des sphères ont assigné un rôle central à la famille traditionnelle aux Pays-Bas. Dans ce contexte, le discours religieux a soutenu l'intervention de l'État pour protéger la famille contre les difficultés économiques et pour aider le chef de famille à remplir ses obligations (Borchorst 1994). Le principe d'entretien est solidement ancré dans la sécurité sociale et les prestations et les cotisations s'articulent autour de la norme familiale et de la notion de minimum familial.

Au cours des années 1960, les prestations minimum en matière de pensions étaient liées au salaire minimum et le minimum standard était calculé sur la base du couple, alors que les célibataires recevaient un montant plus bas. Ultérieurement, le minimum social a été rehaussé et étendu à un plus grand nombre de prestations. Le bénéficiaire désigné était la personne responsable de l'entretien de la famille et les prestations étaient calculées en fonction des responsabilités familiales. Ainsi, le minimum social correspondait à peu près au salaire minimum net des couples, à 90 % du salaire minimum net pour les familles monoparentales, et à moins pour les célibataires et les jeunes adultes vivant à la maison. Ce système diffère de celui de la

Grande-Bretagne et des États-Unis, où les prestations étaient basées sur l'individu, avec des suppléments pour les personnes à charge.

L'unité pour les cotisations au système national d'assurances sociales était également le ménage ; les cotisations étaient à la charge du chef de famille et calculées en fonction du revenu familial. Les assurances maladie obligatoires couvraient automatiquement les membres non salariés de la famille, sans qu'aucune cotisation supplémentaire ne soit requise (Roebroek et Berben 1987 : 689). *Comme c'était le ménage qui constituait l'unité de prestations et de cotisations, les femmes mariées ne disposaient pas d'un droit individuel aux prestations des assurances « nationales ».* La discrimination la plus grave à l'égard des femmes résidait dans le fait que celles-ci n'avaient pas de droit individuel à une rente vieillesse de base, ni aux indemnités prolongées en cas de chômage, ni aux prestations en cas d'invalidité totale introduites au milieu des années 1970.

L'importance de la protection de la famille, et celle de la famille en tant que norme dominante, se reflète aussi dans les assurances obligatoires pour les employés. Par le biais d'un taux de compensation relativement élevé (soit, en général, 80 % du salaire quotidien), sans indemnité particulière pour les personnes à charge, ce système assurait le salaire du chef de famille contre les éventuels aléas en cas de maladie, chômage ou invalidité.

Le principe d'entretien et la conception du père chef de famille devant subvenir aux besoins de ses enfants ont influencé les allocations familiales qui consistaient en des transferts d'assurances sociales, et non en des prestations indépendantes des contributions, comme c'était le cas en Grande-Bretagne et en Suède. Ainsi, les allocations familiales étaient versées à l'assuré responsable de l'entretien des enfants, soit, habituellement, le père. En outre, la responsabilité de l'entretien s'étendait également aux jeunes adultes (jusqu'à l'âge de vingt-sept ans) à revenu modeste ou sans revenu, ou souffrant d'une maladie permanente. Le montant de l'allocation augmentait avec le nombre d'enfants. Le fait d'avoir des enfants plus âgés (au-delà de seize ans), ou des enfants ayant des besoins spéciaux, donnait droit au père à une allocation plus importante, du fait que ces enfants représentaient une charge financière plus importante pour la famille (ISSR 1970 : 48-9). Les allocations familiales étaient indexées — contrairement à celles de la Grande-Bretagne et de la Suède — et plus généreuses, surtout en comparaison avec la Grande-Bretagne. Proportionnellement à un salaire standard, les allocations hollandaises étaient environ deux fois plus élevées que les allocations britanniques vers la fin des années 1960 (Kaim-Caudle 1973 : 271-2, 283 ; cf. Wennemo 1994). Enfin, le père bénéficiait d'exemptions de taxes pour les enfants. La combinaison d'allocations familiales avec des déductions fiscales signifiait que les pères hollandais étaient soutenus dans leurs responsabilités familiales, quelle que soit leur situation économique.

En conclusion, aux Pays-Bas, les coûts de la famille étaient étatisés à travers des subsides versés au chef de famille. Un ensemble de mesures offrait au chef de famille une sécurité importante pour subvenir aux besoins du foyer : la garantie d'un salaire minimum ; un minimum social fixé à peu près au même niveau que le salaire minimum ; les taux élevés de compensation du système d'assurances employés ; et les allocations familiales indexées, adaptées aux familles nombreuses et qui prenaient en compte les coûts variables des enfants. Cette politique débouchait sur une situation relativement proche de l'idéal du salaire familial pour la majorité des familles ayant un revenu.

L'idéologie de « l'homme chef de famille » se retrouvait également dans la législation sur le travail et dans le système fiscal. En effet, les hommes étaient favorisés en termes d'accès au marché du travail et de salaire, et bénéficiaient d'un allègement fiscal. Les restrictions de travail imposées aux femmes mariées freinaient les possibilités pour les épouses d'avoir un emploi rémunéré. Comme l'a fait remarquer Siv Gustafsson (1994), la législation interdisant le licenciement des femmes pour cause de grossesse, accouchement ou mariage, ne date que du début des années 1970. En outre, les femmes mariées qui n'avaient pas le statut de chef de famille n'avaient pas toujours accès au revenu minimum. Les revenus du couple étaient taxés conjointement, la taxation individuelle n'étant pas possible, et les femmes mariées qui travaillaient ne bénéficiaient d'aucune déduction fiscale, contrairement aux femmes dans d'autres pays.

Dans l'ensemble, on remarque que la législation pénalisait davantage qu'elle n'encourageait les femmes mariées qui entraient sur le marché du travail : elle les poussait à participer seulement de manière marginale, voire à ne pas participer du tout. Ainsi, au milieu des années 1960, seulement 20 % des femmes mariées étaient actives économiquement, et près de la moitié d'entre elles étaient employées dans des familles. En d'autres termes, jusqu'à il y a trente ans, seulement un peu plus de 10 % des femmes mariées hollandaises avaient un emploi en dehors du foyer (calculé d'après SYN 1969-1970 : 284-6).

Aux Pays-Bas, la place de la femme était claire-ment à la maison et l'on est frappé par l'absence de prestations rattachées au statut de mère. Il est vrai que l'assurance maladie offrait une allocation maternité généreuse. Cependant, les femmes ne bénéficiaient pas d'un droit réglementaire au congé maternité au-delà de la courte période couverte par ces prestations. Les femmes sans activité professionnelle n'avaient droit à aucune prestation sociale. On constate donc que le droit aux prestations maternité était lié au statut de salariée, et il faut se souvenir qu'à l'origine, l'as-surance maladie reconnaissait la grossesse unique-ment à titre de maladie (SZW 1982 : 31). Ainsi, en raison de leur faible participation au marché du tra-vail, seule une petite proportion de mères bénéficiait de prestations maternité, soit seulement 5 % au milieu des années 1960 (SYN 1969-1970 : 26, 315).

À la fin des années 1960, les Pays-Bas représen-taient le profil type du modèle de « l'homme chef de famille », en ce sens que les droits sociaux décou-laient presque entièrement du principe d'entretien et que le bénéficiaire des prestations était le chef de famille. La seule allocation qui pourrait relever du principe de prise en charge des personnes dépendantes, mais qu'il faut probablement plutôt attribuer à l'absence du chef de famille masculin, était la rente de veuve. Les tâches que la veuve assumait au sein du foyer étaient considérées comme handicap pour son retour sur le marché de l'emploi. La sphère des soins et de la prise en charge des personnes dépendantes était en grande majorité privée, et la prise en charge des enfants en dehors du foyer était, jusqu'au milieu des années 1960, réglementée par la « Loi sur la pauvreté » (Gustafsson 1994).

LA GRANDE-BRETAGNE :
LA DISCRIMINATION À L'ENCONTRE DES
FEMMES MARIÉES SOUS FORME DE CHOIX

Plusieurs caractéristiques de l'État-providence britannique de l'après-guerre sont associées aux idées de William Beveridge et, comme les féministes l'ont bien montré, l'idéologie de « l'homme chef de famille » fait partie intégrante de sa pensée (Lewis 1983 : 33, 44-6, 67, 90-92). Les idées de ce théoricien occupent une place de choix, parce que les réformes de l'après-guerre ont intégré les femmes dans l'État-providence britannique.

L'idéologie de l'homme chef de famille a laissé son empreinte dans les réformes d'après-guerre, notamment pour ce qui concerne le système national d'assurances sociales et le programme national d'aide sociale, et ce de quatre façons. Premièrement, le système national d'assurances sociales autorisait les femmes mariées à choisir de ne pas cotiser pleinement et de s'appuyer sur les cotisations de leur mari. Mais, en choisissant cette option, elles perdaient la possibilité d'obtenir des prestations en leur nom. Étant donné les particularités du système national d'assurances sociales, fondé sur une approche unifiée, ce choix entraînait pour la femme son exclusion de *toutes* les prestations sociales, à l'exception de l'assurance pour les accidents de travail et de la pension pour les personnes à charge. En faisant usage de cette option, les femmes devaient renoncer non seulement à la pension individuelle complète, mais aussi à d'autres prestations en cas de maladie, invalidité, chômage et maternité. Deuxièmement, les femmes mariées qui restaient dans le système national d'assurances devaient payer des contributions complètes, mais recevaient moins de prestations que les hommes mariés et les personnes célibataires, à moins qu'elles ne soient elles-mêmes chefs de famille (Groves 1983). Une troisième caractéristique du système national d'assurances, soit les allocations pour des personnes adultes à charge, constituait un encouragement pour les femmes à rester au foyer, renforçant par là même la division traditionnelle du travail au sein de la famille. Contrairement au système hollandais, ce système d'allocations pour personnes dépendantes tenait compte de l'activité économique de l'épouse. Ainsi, l'allocation n'était-elle versée que pour des personnes à charge sans revenu ou au bénéfice d'un revenu inférieur à l'allocation. En outre, les femmes mariées ne pouvaient pas faire valoir une augmentation du nombre de leurs enfants. Enfin, seuls les maris avaient le droit aux allocations variables selon les niveaux de salaires.

En Grande-Bretagne, les femmes mariées qui avaient un emploi n'étaient pas complètement dépouillées de leurs droits en matière de pensions et autres prestations, comme c'était le cas aux Pays-Bas. En lieu et place, l'égalité des droits leur était refusée et l'option évoquée ci-dessus les encourageait à renoncer à leurs droits. Les femmes faisaient largement usage de cette option, de sorte qu'au début des années 1970, les trois quarts des femmes mariées avaient choisi de quitter le système national d'assurances (Land 1985 : 56-7). Il n'est guère surprenant que tant de femmes mariées aient fait ce choix, compte tenu du fait que l'alternative était soit de n'avoir aucun droit individuel contre peu d'obligations (cotisations) ; soit d'avoir seulement des droits partiels contre une cotisation complète.

Contrairement aux Pays-Bas, la Grande-Bretagne versait les allocations familiales aux mères. Il n'en reste pas moins que le père conservait le droit à des déductions fiscales pour les enfants, ce qui — en termes de coûts pour la collectivité publique — est sans doute la forme la plus généreuse de soutien à la famille (Land et Parker 1978 : 345). En outre, le projet de Beveridge excluait également le premier enfant du système d'allocations familiales, alors que des allègements fiscaux pouvaient être obtenus pour tous les enfants. Contrairement à la plupart des autres pays, la Grande-Bretagne percevait des impôts sur les allocations familiales. L'un des effets de ce système était alors la redistribution des ressources à l'intérieur même de la famille.

La norme de la famille traditionnelle voulant que le mari soit le gardien du revenu de sa femme ainsi que le chef de famille en charge des finances du ménage, a influencé aussi la législation en matière fiscale. La taxation conjointe des époux était obligatoire. En revanche, les femmes actives mariées avaient droit à des déductions fiscales identiques à celles des employés célibataires, ce qui distinguait le système britannique du système hollandais. De surcroît, et indépendamment du fait que sa femme était ou non financièrement « dépendante », le mari recevait une allocation d'homme marié (Wilkinson 1982), qui représentait à peu près une fois et demie celle d'un travailleur célibataire.

Il n'est pas exclu que les déductions fiscales dont bénéficiaient les femmes mariées actives aient contribué à faire en sorte que leur entrée sur le marché de l'emploi ait été nettement plus massive en Grande-Bretagne qu'aux Pays-Bas. Vers la fin des années 1960, presque 50 % des femmes mariées étaient effectivement actives économiquement (Lewis 1992 b : 65 ; Land et Parker 1978 : 338). Dans l'ensemble, le système fiscal encourageait les femmes à exercer une activité professionnelle, alors même que la structure des prestations d'assurances les en dissuadait. Si une épouse choisissait l'option de femme mariée, elle ne recevait aucune prestation sociale, et si elle prenait un emploi, son mari perdait de surcroît l'allocation pour adulte à charge.

Un obstacle supplémentaire à l'entrée des femmes sur le marché du travail a été le manque de structures de garde des enfants durant la journée. En effet, c'est seulement pendant la guerre qu'on a considéré la garde des enfants comme un service public nécessaire pour toutes les mères britanniques ayant un emploi. Pour le reste, ce type de service était ciblé en fonction des besoins et, au milieu des années 1960, le nombre de places disponibles avait diminué à un tiers du nombre de places pendant la guerre (Cohen et Fraser 1991).

À première vue, on pourrait penser que la Grande-Bretagne se rapprochait moins du modèle de « l'homme chef de famille » que les Pays-Bas. Les politiques publiques britanniques étaient en effet différentes de ce modèle, et ce par trois aspects. Premièrement, les allocations familiales étaient versées à la mère, ce qui peut être interprété comme un début de reconnaissance du principe de soins. Deuxièmement, les femmes britanniques bénéficiaient de déductions fiscales plus généreuses. Troisièmement, l'unité de cotisations et de prestations en Grande-Bretagne était l'individu. En sa qualité de bénéficiaire, l'époux jouissait du droit à une allocation pour adulte à charge, et sa femme était habilitée à recevoir une pension en sa qualité de personne à charge. Puisque les prestations étaient individuelles, la prestation d'une personne à charge revenait de droit à l'épouse. Par rapport à un aspect, le système britannique était plus strict que le système hollandais : en Grande-Bretagne, l'époux touchait la prestation pour personne à charge seulement si sa femme n'avait pas de revenu, ou si son revenu était plus bas que le montant de la prestation ; tandis qu'aux Pays-Bas, le ménage encaissait ladite prestation indépendamment du fait que l'épouse travaille ou non. En outre, le système britannique était également plus rigoureux en ce sens que la législation entrée en vigueur dans les années 1970 renforçait la notion d'obligation de la femme de prendre en charge les autres membres de la famille et d'être à leur service, sans être rémunérée. Ainsi, les femmes mariées ne pouvaient pas bénéficier de l'allocation qui avait été créée comme compensation pour les personnes devant abandonner leur emploi afin de s'occuper de membres handicapés de la famille ou de personnes âgées. La rente d'invalidité, à laquelle les femmes au foyer avaient droit sans avoir cotisé, imposait également des conditions plus strictes que la pension pour les autres personnes non soumises à l'obligation de cotiser.

LES ÉTATS-UNIS :
LA SÉCURITÉ SOCIALE À DEUX PILIERS
ET LA DÉPENDANCE DES FEMMES

L'approche minimaliste des États-Unis en matière de mesures publiques de sécurité sociale pourrait donner l'impression que l'impact de l'idéologie de « l'homme chef de famille » y était moindre. Pourtant, force est de reconnaître que ce modèle a exercé une grande influence sur la législation, en affectant les deux piliers de mesures publiques en matière de sécurité sociale et de fiscalité. Dans le cadre des assurances sociales, les droits des femmes mariées en matière de prestations dépendaient largement des droits et des revenus de leurs maris ; tandis que dans le cadre de l'aide sociale, les demandes de soutien de la part des femmes étaient souvent basées sur l'absence de sécurité sociale et sur leur pauvreté.

L'influence la plus évidente du modèle de « l'homme chef de famille » sur le système de sécurité sociale trouve son expression dans la prestation de l'assurance vieillesse, survivants et invalidité *(Old-Age, Survivors and Disability Insurance [OASDI])* en faveur du conjoint. Dans les années 1960, la prestation au conjoint correspondait à 50 % de la rente vieillesse ou invalidité d'un travailleur assuré ; et à 80 % pour la prestation de la personne âgée dont le conjoint était décédé. Lorsque les femmes mariées ont pénétré sur le marché de l'emploi, elles étaient couvertes par la sécurité sociale en leur nom propre. Au moment de leur retraite, ces femmes pouvaient choisir entre une prestation en qualité de conjointe ou une prestation basée sur leur propre salaire, mais non les deux à la fois, c'est-à-dire les prestations de l'époux et les prestations en fonction de leur propre revenu. Les femmes mariées dont les prestations de la sécurité sociale étaient calculées sur leur propre salaire avaient un double droit aux allocations dans le cas où leur salaire avait été plus bas que celui du mari : elles recevaient une allocation supplémentaire pour compenser la différence.

L'allocation pour conjoint a généralement tourné à l'avantage des familles traditionnelles avec un seul soutien de famille, et au détriment des familles où les deux conjoints travaillaient à l'extérieur du foyer. Ainsi, dans bien des cas où les revenus de ces deux types de familles étaient à peu près égaux, la famille avec un seul gagne-pain bénéficiait de prestations plus élevées et la femme jouissait d'une rente de survivante plus élevée (Bergmann 1986 : 223 ; cf. Miller 1990 : 122 ; Lopata et Brehm 1986). Un autre avantage des familles avec un seul gagne-pain était que les prestations du conjoint étaient versées indépendamment de la contribution. En d'autres termes, la famille de type traditionnel récoltait souvent des pensions supérieures et une meilleure rente de survivant, mais payait moins de cotisations à la sécurité sociale.

La préférence accordée à la famille traditionnelle, au détriment surtout des femmes qui travaillaient et des parents célibataires, s'exprimait aussi dans le système de taxation des revenus, et ce de trois manières. Premièrement, bien que les couples mariés aient pu choisir entre une imposition individuelle ou conjointe, le système favorisait l'imposition conjointe. La taxation conjointe permettait de bénéficier de taux préférentiels, et les familles à deux salaires bénéficiaient de moins d'allègements que les familles à salaire unique. Deuxièmement, une famille dont un parent seulement avait un emploi bénéficiait des mêmes exemptions de taxes qu'une famille où les deux époux étaient actifs, ce qui revient, de fait, à une déduction pour l'épouse à charge. Troisièmement, les familles monoparentales ne bénéficiaient pas des mêmes avantages que celles ayant un salaire unique et une épouse à charge. Ces trois caractéristiques ont été judicieusement décrites comme 1) la pénalisation du mariage avec les deux conjoints exerçant une activité professionnelle ; 2) le *bonus* de la femme au foyer ; et 3) la pénalisation du parent célibataire (Bergmann 1986 : 218-220).

Malgré les incitations négatives à l'égard des familles à double salaire, le système de sécurité sociale disposait quand même de mécanismes incitatifs pour les femmes en tant qu'individus. Ainsi, les prestations dont elles pouvaient bénéficier à titre d'employées étaient presque toujours supérieures à l'allocation pour épouse. La participation des femmes américaines au marché de l'emploi était ainsi nettement plus élevée que chez leurs consœurs hollandaises, et atteignait presque le niveau des femmes britanniques. Ainsi, vers le milieu des années 1960, 35 % des femmes mariées travaillaient à l'extérieur de leur domicile (SIT 1968 : 128), et le nombre de femmes bénéficiant des prestations de la sécurité sociale à titre personnel a augmenté de manière spectaculaire. Mais la majorité des femmes continuait néanmoins à recevoir les prestations sociales à titre d'épouses (Polinsky 1969 : 15-16).

Finalement, la doctrine libérale avec son accent sur la responsabilité individuelle et la sanctification de la sphère privée, du foyer et de la famille, a eu un impact énorme aux États-Unis. Contrairement aux trois autres pays, les États-Unis ne connaissaient pas le système d'allocations familiales, même si des réductions fiscales étaient prévues pour les enfants. Le programme qui ressemblait le plus à une sorte de politique familiale aux États-Unis était appelé « aide aux familles avec enfants à charge », et faisait partie de l'aide sociale. Il réunissait tous les désavantages de ce pilier de la sécurité sociale : des prestations faibles versées sous condition de ressources, la stigmatisation et l'intrusion de l'administration. En d'autres termes, la dépendance des femmes était différenciée dans les deux piliers de la sécurité sociale. Dans celui des assurances sociales, le droit aux allocations dépendait du degré de participation dans le marché du travail et des cotisations ; le montant des prestations était calculé en fonction du salaire ; et le droit aux prestations dépendait largement du revenu de l'homme. Dans l'autre pilier, les droits dépendaient du besoin, et les demandes émanaient largement des femmes (Sainsbury 1993 a).

LA SUÈDE : LA CITOYENNETÉ ET LE PRINCIPE DE SOINS

L'aspect spécifique de l'État-providence suédois réside dans l'accent qu'il met sur le droit à des prestations et des services en tant que composante des droits de citoyenneté et de résidence (Elmér 1975 :

252-8 ; Esping-Andersen et Korpi 1987). Ce fondement des droits a amené à une dépendance moins
grande des individus par rapport au marché de l'emploi et à une démarchandisation des besoins et des
désirs (Esping-Andersen et Korpi 1987 : 40-1). Un
autre volet de cette démarchandisation consiste en la
mise à disposition d'une large palette de services en
majorité publics. L'importance des services publics
dans l'État-providence suédois lui a valu son surnom
d'« État des services sociaux » (Siim 1987 : 3).

Le droit aux prestations, fondé sur le statut de citoyenneté, a empêché l'épanouissement de l'idéologie
de « l'homme chef de famille ». En ce qui concerne
les prestations, cette influence se limitait au supplément accordé à l'épouse dans le cadre de l'assurance
chômage (1941-1964) et à une rente de veuve dans le
cadre du système public de pensions (Sainsbury
1990). Contrairement aux trois autres pays, le système
suédois intégrait les femmes mariées dans la plupart
des assurances sociales à titre individuel. La première
assurance vieillesse nationale établie en Suède, en
1913, englobait l'ensemble des femmes, indépendamment de leur statut matrimonial. À long terme, cet
arrangement a eu pour principal effet d'établir le principe du droit individuel à une pension, indépendamment du sexe, du statut matrimonial ou de la position
de l'individu sur le marché du travail. Lors de l'introduction de l'assurance maladie obligatoire en 1955, la
couverture n'était pas réservée à la population active,
comme aux Pays-Bas et en Grande-Bretagne. En outre,
les épouses au foyer, de même que les parents céli-

bataires ayant des enfants de moins de seize ans à charge, pouvaient bénéficier d'allocations de base en espèces. En d'autres termes, ce système d'assurance obligatoire incluait toutes les femmes en qualité de bénéficiaires en nom propre, et non pas en tant que *raison d'être* des prestations supplémentaires pour hommes, comme c'était le cas en Grande-Bretagne. Ce programme prévoyait aussi des prestations maternité assez semblables pour l'ensemble des mères, et pas seulement pour les femmes actives. Ces mesures peuvent être interprétées comme une modeste reconnaissance du principe de prise en charge d'autres personnes, et comme reconnaissance que le travail à la maison donne droit à des prestations sociales.

Le principe de la prise en charge des personnes dépendantes comme fondement des droits aux prestations sociales ainsi que les origines de l'« État des services sociaux » remontent aux politiques démographiques des années 1930. Le point tournant qui a conduit à la reconnaissance du principe de la prise en charge des personnes dépendantes était la mise en place d'allocations pour enfants sous condition de ressources, ainsi que d'allocations d'aide sociale introduites dans les années 1930 et d'une série d'autres prestations liées à la maternité. L'allocation-maternité *(moderskapspenning)* a été introduite en 1937, et a été suivie d'une prestation maternité en nature *(mödrahjälp)* en 1938. Ces réformes ont étendu la couverture provenant de l'assurance maternité volontaire et subventionnée, de sorte que presque toutes les mères pouvaient recevoir les prestations en cas de maternité (Elmer 1963 ; Abukhanfusa 1987).

Les instruments de la politique démographique consistaient en des prestations individuelles et collectives, versées aussi bien en nature qu'en espèces. Ainsi, les biens collectifs en nature formaient le noyau de ce qui allait devenir « l'État des services sociaux ». Parmi ces biens figurent l'accouchement gratuit, les contrôles médicaux pré- et postnataux, ainsi que des vitamines et des minéraux gratuits pour les mères et les enfants. Ces biens publics destinés aux familles et aux enfants se sont élargis durant les années 1940 pour inclure les repas de midi gratuits à l'école, les services médicaux scolaires, les services sociaux pour les familles et les crèches de jour. Rétrospectivement, on constate que les prestations en espèces et les prestations collectives en nature ont petit à petit remplacé les prestations individualisées en nature octroyées sous condition de ressources, qui ont finalement disparu vers la fin des années 1950 et le début des années 1960.

Le système de taxation suédois combinait, jusqu'en 1970, des éléments du modèle de « l'homme chef de famille » et du principe de prise en charge des personnes dépendantes ; en 1970, la taxation conjointe a été abolie. Avant cette décision, les couples mariés avaient droit à une réduction fiscale — qui s'élevait au double du montant autorisé pour une personne active seule — indépendamment de la situation professionnelle de l'épouse. En conséquence, le *bonus* pour la femme au foyer dans les couples où seul l'un des partenaires était actif professionnellement était plus élevé en Suède qu'en Grande-Bretagne, mais relativement semblable à celui pratiqué aux États-Unis. D'un autre côté, la

Suède était traditionnellement placée sous le signe
d'un régime de taxation offrant des avantages aux familles dont la femme exerçait une activité professionnelle (1919-1938, 1947-1986). La réforme fiscale de
1952 donnait aux femmes mariées actives avec enfants
mineurs à charge le droit à des déductions supérieures
à celles permises aux autres femmes mariées actives.
Cette déduction a été progressivement augmentée, de
sorte qu'à la veille de la réforme fiscale de 1971, une
femme mariée active ayant des enfants jouissait d'une
déduction fiscale presque deux fois plus importante
que celle de son mari. Enfin, les réformes fiscales du
début des années 1960 ont bénéficié aux parents célibataires en leur garantissant les mêmes conditions
d'imposition qu'à un couple marié — en l'occurrence
une double déduction fiscale et un taux préférentiel
d'imposition identique (Elvander 1972 ; SOU 1964 :
25). En résumé, malgré l'existence du *bonus* généreux
pour l'épouse au foyer, le système fiscal suédois n'imposait aucune pénalité aux parents célibataires, ni aux
couples à double salaire (néanmoins, les couples à
double salaire élevé étaient soumis à une pénalisation
par les taux d'imposition progressifs). Les exemptions
de taxes pour les enfants ont été abolies dans les années 1940, au moment où la Suède a introduit l'allocation familiale universelle pour chaque enfant. Ainsi, en
comparaison avec les autres pays, les épouses suédoises, et plus particulièrement les mères, bénéficiaient de
plus d'avantages fiscaux, et les pères, de moins.

Le système fiscal suédois incitait les femmes mariées à entrer sur le marché du travail, mais le modèle

de « l'homme chef de famille » influait en sens inverse sur les politiques en matière de salaires et d'emploi. À titre d'exemple, des salaires spécifiquement féminins étaient répandus dans les usines, mais dans les années 1960, le mouvement ouvrier et les dirigeants des entreprises se sont mis d'accord pour les abolir sur une période de cinq ans, ce qui a eu finalement pour effet de niveler les différences de salaires (Qvist 1975 : 28-9). À la fin des années 1950 et au début des années 1960, les mesures concernant le marché du travail étaient essentiellement adaptées aux hommes qui constituaient le vivier principal des programmes de formation et étaient les premiers bénéficiaires des allocations de mobilité. Les allocations de formation dépendaient elles aussi du revenu de l'époux. Le taux de participation des femmes mariées dans le marché de l'emploi était pratiquement au même niveau qu'aux États-Unis et en Grande-Bretagne dans les années 1960. Une différence de taille consistait néanmoins dans le fait que la proportion de femmes avec des enfants en bas âge et qui exerçaient une activité professionnelle était plus élevé en Suède que dans les autres pays (Rainwater 1979).

LES DROITS SOCIAUX COMPARÉS

Pour résumer cette discussion autour des droits sociaux et des types de politiques publiques, nous allons nous appuyer sur les dimensions du tableau 1 en fonction desquelles les États-providence varient. À la fin des années 1960, l'idéologie familiale dominante, telle qu'on la trouve dans les lois, mettait l'accent sur la division traditionnelle du travail entre le mari et la femme, et ce dans les quatre pays qui ont fait l'objet de cette analyse. Mais la politique suédoise se démarquait de celle des autres pays par plusieurs aspects. Premièrement, le fondement du droit aux diverses prestations était la citoyenneté ou le statut de résident. Cette base donnait lieu à un droit à la sécurité sociale uniforme et individuel à l'intérieur du mariage. Les femmes mariées possédaient, en effet, des droits individuels à une retraite de base et à des prestations en cas d'invalidité et de maladie. En revanche, dans les autres pays, les droits des hommes et des femmes mariées étaient très différenciés : le droit aux allocations pour les femmes était dérivé des droits de leurs époux, et spécialement aux Pays-Bas et en Grande-Bretagne, les femmes mariées ne bénéficiaient d'aucun droit individuel à la sécurité sociale. En second lieu, et en tant que conséquence des droits sociaux fondés sur le statut de citoyen, le statut privilégié du chef de famille ne s'est pas traduit dans la législation sociale de la même façon que dans les autres pays. Troisièmement, la division traditionnelle du travail dans la famille, voulant que la mère prenne en charge les autres membres de la famille, a influencé la législation suédoise par l'incorporation du principe de soins, d'une façon qu'on ne retrouve pas dans les trois autres pays. En fait, autour des années 1970, les Pays-Bas et la Suède représentaient les deux pôles opposés en termes d'allocations de paternité et de maternité. Aux Pays-Bas, les prestations étaient presque entièrement liées à la paternité — même les allocations familiales et les frais de l'accouchement étaient couverts par l'assurance du père. En Suède, dès les années 1930, les réformes ont instauré des prestations maternité pour la quasi-totalité des mères, de même que les allocations pour enfants étaient versées à toutes les mères, même aux célibataires qui pouvaient aussi compter sur des allocations d'entretien confortables. Ce cas contraste avec les Pays-Bas où, à l'origine, les mères célibataires n'avaient droit ni à de quelconques allocations familiales (Roebroek et Berben 1987 : 692) ni à un congé maternité payé. Le système de taxation suédois, contrairement à ceux des autres pays, était surtout favorable aux mères actives, et particulièrement aux mères célibataires. Enfin, les prestations aux mères célibataires s'inscrivaient en faux contre le traitement préférentiel du mariage.

En ce qui concerne la dimension de l'idéologie familiale, la Grande-Bretagne, les Pays-Bas et les États-Unis peuvent être réunis sous le même chapeau pour ce qui est de l'idéologie de « l'homme chef de famille » et de ses répercussions sur les politiques publiques, bien que ces politiques n'aient pas été pas identiques. Les Pays-Bas prônaient la norme du minimum familial, et des allocations de base pour personnes célibataires étaient calculées par rapport aux prestations familiales standards. En Grande-Bretagne et aux États-Unis, c'était *l'individu* qui était l'unité de prestations,

mais le principe de l'entretien de la famille était
assuré grâce à un supplément pour couvrir le coût
additionnel engendré par les membres de la famille,
souvent la femme et les enfants à la fois. En Grande-
Bretagne, c'étaient les maris qui avaient droit à ce
supplément, à l'exception de la pension pour les personnes à charge, tandis qu'aux États-Unis, les prestations étaient généralement versées aux épouses. Quant
aux prestations britanniques pour adulte à charge, on
peut les qualifier de plutôt généreuses en termes relatifs, mais pas en termes absolus. L'allocation fournis-
sait 60 % de la prestation pour une personne seule. La
prestation d'une épouse américaine s'élevait à 50 %
de la prestation de son mari et était plus généreuse en
termes absolus ; l'allocation de survivant était plus
élevée, représentant 80 % de la prestation du mari.

La responsabilité du mari en tant que chef de famille s'exprimait en termes d'un allègement fiscal sous
la forme d'un *bonus* pour la femme au foyer, que l'on
retrouve dans les quatre pays. Le traitement des salaires
des épouses actives variait toutefois selon les pays.
Comme pour le droit aux prestations sociales, les femmes mariées hollandaises étaient les plus défavorisées,
car elles n'avaient droit à aucune déduction fiscale. En
revanche, les épouses actives britanniques avaient droit
à une déduction, tout comme les familles à salaire
unique, mais ne constituant que les deux tiers de celle
de leur mari. Aux États-Unis, la déduction fiscale pour
les couples à double salaire était répartie à moitié pour
la femme, et à moitié pour l'homme. Enfin, les épouses
suédoises bénéficiaient des mêmes prestations que leur

mari, et celles avec enfants recevaient encore une prestation supplémentaire pour compenser les frais supplémentaires liés aux enfants.

La dernière dimension de variations à prendre en
compte est la sphère de la prise en charge des personnes dépendantes et des politiques familiales. Aux
États-Unis, le domaine des soins était essentiellement
confiné à la sphère domestique. Dans ce pays, le libéralisme a renforcé l'idée du caractère sacré de la famille et a conduit à une ingérence minimale de la part
de l'État. L'intervention étatique n'était admise qu'en
cas de dissolution de la famille ou en l'absence d'un
chef de famille salarié. La Grande-Bretagne était très
différente, en vertu de l'introduction d'allocations familiales universelles en 1945, mais la tradition libérale
exerçait néanmoins un impact similaire : les services
familiaux s'adressaient en priorité aux familles en difficulté. L'universalisme n'était pas une caractéristique de
ces services qui renforçaient la norme dominante voulant que les soins appartiennent à la sphère privée
dans la majorité des familles britanniques. La politique familiale hollandaise privilégiait les transferts en
espèces au père plutôt qu'à la mère et, tout comme
aux États-Unis et en Grande-Bretagne, les crèches tom-
baient sous le domaine de l'aide aux pauvres. Dans ces
trois pays, la division entre les crèches de jour et
l'éducation préscolaire a entravé le développement des
structures publiques d'accueil pour les enfants.

Dans le système suédois, les politiques familiales
prévoyaient non seulement des prestations en espèces,
mais aussi des biens et des services collectifs. Dès les

années 1940, le gouvernement a encouragé les autorités locales, par des subventions, à offrir divers services aux familles, notamment en formant et en employant du personnel compétent pour aider à domicile. Ces soins à domicile étaient effectués par des employés rémunérés du secteur public. Bien que les services familiaux ne fussent disponibles que dans certaines limites, le but visé était de les mettre à disposition à toutes les familles. L'accès aux services ne dépendait pas du niveau de revenu, mais les prix des services étaient souvent ajustés en fonction du revenu, et certaines catégories de bénéficiaires avaient la priorité. À travers ces deux éléments, à savoir les prestations basées sur le principe des soins et le transfert de tâches de la sphère privée à la sphère publique, on peut déceler les débuts d'une transformation des activités liées aux soins en travail rémunéré, ainsi que l'effacement de la frontière entre les sphères privée et publique.

CONCLUSIONS

Cette discussion finale se concentre sur les implications de l'analyse, faite précédemment, pour les modèles originaux figurant dans le tableau 1 ; elle vise également à replacer la discussion dans le contexte plus large de l'introduction de la problématique du genre dans l'analyse des États-providence Notre analyse suggère qu'il est nécessaire de réviser les modèles présentés en début d'analyse de deux manières. Premièrement, bien que le modèle de « l'homme chef de famille » ait fortement influencé les politiques publiques des Pays-Bas, de la Grande-Bretagne et des États-Unis, il semble qu'il soit nécessaire de différencier deux variantes de ce modèle : d'un côté, les Pays-Bas qui prenaient la famille comme unité de base des prestations et obligations et, de l'autre côté, la Grande-Bretagne et les États-Unis pour lesquels cette unité consistait en l'individu. Le fait que les prestations étaient rattachées aux individus dans ces deux derniers pays a eu d'importantes conséquences pour les femmes mariées. Même dans le cas où leurs droits étaient dérivés de ceux de leurs époux, ces femmes bénéficiaient d'allocations qui leur offraient une source de revenus que les épouses hollandaises ne connaissaient pas. Cependant, le système hollandais semblait mieux à même de se modifier à travers des réformes visant l'égalité entre les sexes, et à travers une « individualisation », c'est-à-dire des changements dans la législation instaurant l'individu comme unité de droits et d'obligations (Sainsbury 1993 b).

En second lieu — et c'est plus important pour la révision des modèles — la politique suédoise des années 1960 s'éloignait du modèle de « l'homme chef de famille », sans pour autant correspondre au modèle individualiste. S'il est vrai que les femmes suédoises avaient davantage de droits sociaux, plusieurs de ces droits étaient néanmoins ancrés dans une idéologie familiale traditionnelle et une division sexuelle du travail stricte, constituant l'antithèse du modèle individualiste de la politique sociale. Le cas suédois nous conduit à proposer un modèle de politique sociale basé sur la famille traditionnelle, comprenant deux types : 1) la variante de « l'homme chef de famille » et 2) la variante des rôles traditionnels.

Dans les deux cas, on trouve une idéologie familiale prescrivant une division du travail stricte entre mari et femme, et une différenciation des droits aux allocations. Dans le modèle de « l'homme chef de famille », c'est le principe d'entretien qui prévaut et les droits sociaux des femmes sont dérivés des droits de leur époux. Dans la deuxième variante, soit celle des rôles traditionnels, les droits reposent sur deux fondements, à savoir le principe d'entretien étayant les droits sociaux masculins ; et le principe de soins favorisant les droits sociaux des femmes. Les deux principes ont façonné les prestations sociales et le système fiscal. Le principe d'entretien a en outre considérablement influencé la politique du marché de l'emploi. La sphère des soins restait encore largement privée, mais les prestations basées sur le principe des soins ont modifié les notions de responsabilités privées et publiques, mettant en route une nouvelle dynamique d'interdépendance entre les sphères privée et publique.

Quelles sont les implications de cette analyse pour l'étude des variations du genre et des États-providence ? Comparons d'abord nos résultats à ceux des typologies traditionnelles. Celles-ci ont souvent distingué trois fondements aux droits, à savoir les besoins, la performance sur le marché de l'emploi, et la citoyenneté. On les retrouve dans la typologie des régimes d'Esping-Andersen. Dans le modèle de la famille traditionnelle, deux autres fondements des droits revêtent une importance centrale, à savoir les principes d'entretien et de soins. Grâce à ce modèle, nous avons pu mettre en évidence des variations entre États-providence que l'analyse traditionnelle ne permet pas de dégager. En effet, celle-ci s'est attachée à relever les similitudes entre les États-providence hollandais et suédois, en particulier dans le cadre des indicateurs quantitatifs comme les dépenses sociales, les niveaux des allocations et la démarchandisation. De l'autre côté, la Grande-Bretagne et les pays scandinaves ont souvent été rapprochés en raison de l'accent mis sur l'universalisme et la citoyenneté sociale. Notre analyse révèle cependant des différences importantes entre la Suède et les trois autres pays en regard des droits sociaux féminins et masculins, ce qui remet en question les typologies traditionnelles.

Dans la recherche féministe, l'accent a été mis sur le développement de typologies et modèles alternatifs introduisant la dimension du genre dans l'analyse des États-providence. Le modèle de « l'homme chef de famille » a servi de point de départ, et les travaux de Jane Lewis et Ilona Ostner ont été très influents. L'une de leurs contributions majeures consiste à démontrer que le modèle de « l'homme chef de famille » est plus ou moins fort dans différents États-providence (Lewis et Ostner 1991 ; cf. Sainsbury 1990, 1994), alors que les premiers écrits féministes tendaient à le considérer comme inhérent à l'État-providence. Mais l'une des principales faiblesses de ce modèle réside dans son incapacité d'intégrer la maternité et les soins maternels comme fondements possibles des droits.

Une des difficultés avec cette analyse est que Lewis et Ostner ne prennent en compte que deux fondements pour les droits, à savoir le statut de chef de famille et de gagne-pain et celui de personne dépendante du chef de famille. Cela revient à limiter les droits des femmes soit à ceux dérivés de leur statut d'épouse ou de mère dépendante, soit à ceux liés à leur situation de travailleuses. Lewis et Ostner affirment d'ailleurs que « c'est plutôt en tant qu'épouses qu'en tant que mères que les femmes ont été au bénéfice de prestations dans la plupart des systèmes étatiques de sécurité sociale » (1991 : 25-6). Ce que Lewis et Ostner considèrent comme l'une des principales variations entre les États-providence consiste dans le degré de reconnaissance du statut de travailleuse des femmes (1991 : 9 ; cf. Lewis 1992 a). Elles minimisent aussi le principe de soins en affirmant qu'« aucun gouvernement n'a jamais réussi à attacher une valeur significative à ce travail non rémunéré que constituent les soins apportés par les femmes à la famille » (1991 : 27).

Ces postulats ont d'importantes implications pour leur analyse. Premièrement, ces auteurs omettent de prendre en compte les droits sociaux basés sur la maternité ou le principe de soins comme facteur de variation entre les pays. Deuxièmement, l'accent mis par Lewis et Ostner sur l'activité des soins comme travail non rémunéré les conduit à ignorer la tendance vers la professionnalisation de cette activité en tant que facteur de variation important dans les États-providence, alors même que d'autres travaux voient dans cette tendance l'une des innovations les plus importantes des États-providence de l'après-guerre (Daly 1994 ; Scheiwe 1994). Troisièmement, le fait que ces auteurs insistent sur les droits sociaux accordés aux travailleurs les oblige à négliger les droits fondés sur la citoyenneté et les besoins. Ces omissions résultent, en outre, d'une mauvaise lecture de l'histoire des droits sociaux des femmes en Suède. Le contraste que l'on peut observer dans les années 1990 entre les droits sociaux des femmes suédoises et ceux des femmes dans d'autres pays est interprété comme conséquence de l'entrée en force des femmes sur le marché du travail. Ainsi, Lewis prétend-elle que ce sont les efforts du gouvernement suédois, à partir de 1970, d'intégrer toute femme adulte dans le marché de l'emploi, qui ont transformé le socle des droits des femmes suédoises, en passant du concept d'épouse à charge à celui de travailleuse (1992 a : 168-9). Or, comme ce texte s'est efforcé de le montrer, les droits sociaux basés sur la citoyenneté et le principe des soins avaient modifié le rapport des femmes à la sécurité sociale déjà avant les années 1970, les droits sociaux n'étant plus basés sur leur statut d'épouse dépendante au sein de la famille.

En résumé, cette analyse montre que le modèle du chef de famille est essentiel à l'étude du genre et des États-providence. Elle met aussi en avant le fait que la problématique du genre dans les États-providence ne peut pas se limiter à une typologie fondée sur ce modèle. Introduire la dimension du genre dans l'analyse des États-providence requiert que les droits des femmes — non seulement en tant qu'*épouses* et *travailleuses*, mais également en tant que *mères* et *citoyennes* — soient intégrés dans les cadres analytiques et examinés comme facteurs de variation entre les pays

DIANE SAINSBURY

RÉFÉRENCES

ABUKHANFUSA, Kerstin (1987). *Piskan och moroten. Om könens tilldelning av skyldigheter och rättigheter.* Stockholm : Carlssons.

BERGMANN, Barbara (1986). *The Economic Emergence of Women.* New York : Basic Books.

BORCHORST, Anette (1994). « Welfare State Regimes, Women's Interests and the EC », in Diane Sainsbury (ed.), *Gendering Welfare States.* Londres : Sage.

CASTLES, Francis G. (1978). *The Social Democratic Image of Society. A Study of the Achievements and Origins of Scandinavian Social Democracy in Comparative Perspective.* Londres : Routledge et Kegan Paul.

COHEN, Bronwen et FRASER, Neil (1991). *Childcare in a Modern Welfare System.* Londres : Institute of Public Policy Research.

DALY, Mary (1994). « Comparing Welfare States : Towards a Gender Friendly Approach », in Diane Sainsbury (ed.), *Gendering Welfare States.* Londres : Sage.

ELMER, Åke (1963). *Från Fattigsverige till välfärdsstaten.* Stockholm : Aldus/Bonnier.

ELMER, Åke (1975). *Svensk socialpolitik.* Lund : Liber.

ELVANDER, Nils (1972). *Svensk skattepolitik 1945-1970.* Stockholm : Raben et Sjögren.

ESPING-ANDERSEN, Gøsta (1990). *The Three Worlds of Welfare Capitalism.* Cambridge : Polity Press (fr. : *Les trois mondes de l'État-providence : essai sur le capitalisme moderne.* Paris : P.U.F., 1999).

ESPING-ANDERSEN, Gøsta ET KORPI, Walter (1987). « From Poor Relief to Institutional Welfare States », in Robert Erikson, Erik Jørgen Hansen, Stein Ringen et Hannu Uusitalo (ed.), *The Scandinavian Model.* Armonk : Sharpe.

GROVES, Dulcie (1983). « Members and Survivors : Women and Retirement Legislation », in Jane Lewis (ed.), *Women's Welfare, Women's Rights.* Londres : Croom Helm.

GUSTAFSSON, Siv (1994). « Childcare and Types of Welfare States », in Diane Sainsbury (ed.), *Gendering Welfare States.* Londres : Sage.

HERNES, Helga M. (1984). « Women and the Welfare State. The Transition from Private to Public Dependence », in H. Holter (ed.), *Patriarchy in a Welfare Society*. Oslo : Universitetsforlaget.

HERNES, Helga M. (1987). *Welfare State and Woman Power*. Oslo : Norwegian University Press.

HOBSON, Barbara (1994). « Solo Mothers, Social Policy Regimes, and the Logics of Gender », in Diane Sainsbury (ed.), *Gendering Welfare States*. Londres : Sage.

ISSR (1970). « Social Security in the Netherlands ». *International Social Security Review* 23.

KAIM-CLAUDE, P.R. (1973). *Comparative Social Policy and Social Security*. Londres : Martin Robertson.

LAND, Hilary (1985). « Who Still Cares for the Family ? Recent Developments in Income Maintenance, Taxation and Family Law », in Clare Ungerson (ed.), *Women and Social Policy : A Reader*. Londres : MacMillan.

LAND, Hilary ET PARKER, Roy (1978). « United Kingdom », in Sheila B. Kamerman and Alfred J. Kahn (ed.), *Family Policy : Government and Families in Fourteen Countries*. New York : Columbia University Press.

LEIRA, Arnlaug (1992). *Welfare States and Working Mothers. The Scandinavian Experience*. Cambridge : Cambridge University Press.

LEWIS, Jane (ed.) (1983). *Women's Welfare, Women's Rights*. Londres : Croom Helm.

LEWIS, Jane (1992 a). « Gender and the Development of Welfare Regimes ». *Journal of European Social Policy* 2 (3).

LEWIS, Jane (1992 b). *Women in Britain since 1945*. Oxford : Blackwell.

LEWIS, Jane ET OSTNER, Ilona (1991). « Gender and the Evolution of European Social Policies ». Contribution présentée au *CES Workshop on Emergent Supranational Social Policy : The EC's Social Dimension in Comparative Perspective*. Centre for European Studies, Harvard University.

LOPATA, Helana Znaniecka ET BREHM, Henry P. (1986). *Widows and Dependent Wives. From Social Problems to Federal Program*. New York : Praeger.

MILLER, Dorothy C. (1990). *Women and Social Welfare*. New York : Praeger.

ORLOFF, Ann Shola (1993). « Gender and the Social Rights of Citizenship » : State Policies and Gender Relations in Comparative Research ». *American Sociological Review* 58 (3).

POLINSKY, Ella (1969). « The Position of Women in the Social Security System ». *Social Security Bulletin* 32 (7).

QVIST, Gunnar (1975). « Landsorganisationen i Sverige och kvinnorna på arbetsmarknaden (1898-1973) », in Eva Karlsson (ed.), *Kvinnor i arbetarrörelsen — hågkomster och intervjuer*. Stockholm : Prisma.

RAINWATER, Lee (1979). « Mother's contributions to the Family Money Economy in Europe and the United States ». *Journal of Family History* 4.

ROEBROEK, Joop ET BERBEN, T. (1987). « Netherlands », in Peter Flora (ed.), *Growth to Limits, vol.* 4. Berlin : De Gruyter.

SAINSBURY, Diane (1990). « Gender and Comparative Analysis : Welfare States, State Theories and Social Policies », contribution présentée à la *ECPR Planning Session on Requirements for the Comparative Study of Women in European Politics : Theories, Methodologies, Data and Resources*, Bochum, Allemagne.

SAINSBURY, Diane (1991). « Analysing Welfare State Variations : the Merits and Limitations of Models Based on the Residual-Institutional Distinction ». *Scandinavian Political Studies* 4 (1).

SAINSBURY, Diane (1993 a). « Dual Welfare and Sex Segregation of Access to Social Benefits : Income Maintenance Policies in the UK, the US, the Netherlands and Sweden ». *Journal of Social Policy* 22 (1).

SAINSBURY, Diane (1993 b). « Welfare State Restructuring ? Gender Equality Reforms and their Impact », contribution présentée au *ECPR Workshop on Welfare States and Gender*, Leiden.

SAINSBURY, Diane (1994). « Social Policy and the Influence of Familial Ideology », in Marianne Githens, Joni Lovenduski et Pippa Norris (ed.), *Different Roles, Different Voices*.

Women and Politics in the United States and Europe. New York : Harper Collins.

SCHEIWE, Kirsten (1994). « German Pension Insurance, Gendered Times and Stratification », in Diane Sainsbury (ed.), *Gendering Welfare States*. Londres : Sage.

SIIM, Birte (1987). « A Comparative Perspective on the Organization of Care Work in Denmark and Britain », contribution présentée au *ECPR Workshop on Women and Democratic Citizenship,* Amsterdam.

SIT (1968). *Report of the Task Force on Social Insurances and Taxes to the Citizens' Advisory Council on the Status of Women*. Washington, DC : US Government Printing Office.

SKOCPOL, Theda (1992). *Protecting Soldiers and Mothers. The Political Origins of Social Policy in the United States*. Cambridge : Belknap Press of Harvard University Press.

SOU (1964) : 25. *Nytt skattesystem*. Stockholm : Ministry of Finance.

SYN. *Statistical Yearbook of the Netherlands*, selected years. The Hague : Central Bureau of Statistics.

SZW (1982). *Social Security in the Netherlands*. The Hague : Ministry of Social Affairs and Employment.

WENNEMO, Irene (1994). *Sharing the Costs of Children . Studies on the Development of Family Support in the OECD Countries*. Swedish Institute for Social Research 25. Stockholm : University of Stockholm

WILKINSON, Margaret (1982). « The Discriminatory System of Personal Taxation ». *Journal of Social Policy* 11.

7

La mixité dans le politique[1]

Il est paradoxal à plus d'un titre de s'interroger sur la mixité dans le politique pour y évaluer la place qu'y occupent les femmes aux côtés des hommes. Au niveau des concepts, on a l'air ainsi d'admettre d'entrée de jeu qu'hommes et femmes, loin d'être unis dans une commune citoyenneté, constituent des essences séparées aux rencontres conjoncturelles et hasardeuses. Mais pour ce qui est des faits, on sait bien que le politique reste, dans l'ensemble des sociétés, le domaine réservé des hommes, et que c'est la *non-mixité* qui doit susciter remarques et réflexions. Mariette Sineau (1988 : 2 et suiv.) pose ainsi que le politique est un secteur « qui défend plus que d'autres sa non-mixité, ou sa masculinité », ce qui est plus vrai encore pour la France (qui ne compte actuellement[2] qu'environ 5 % de femmes parlementaires) que pour d'autres pays. Par ailleurs, depuis la Libération où les femmes ont acquis droit de vote et d'éligibilité, bien loin

---

1. Reproduit avec la permission de L'Harmattan.
2. Lors de la première publication de cet article en 1992. La proportion de femmes à l'Assemblée nationale française a augmenté à 11 % lors des élections de 1997 [éd.].

d'augmenter, leur nombre au Parlement a lentement décliné. Force est alors de constater que l'instauration de la mixité dans les écoles à partir de 1968, qui a eu des effets certains dans la société civile n'a, apparemment, pas eu de retentissement au niveau du politique. Même constatation à propos du mouvement des femmes initié à partir de 1970 ou de la création d'un ministère (depuis ravalé au rang de secrétariat d'État) du droit des femmes. On peut, certes, chercher à expliquer cette absence des femmes de la scène politique par la connotation utopico-anarchisante qui a marqué le féminisme des années 1970, et qui aurait détourné les femmes une fois pour toutes du champ politique, à quoi s'ajouterait une certaine vocation des femmes au social, propre à la culture latine. « Le féminisme resterait, chez nous, un fait — "social" et non politique. L'idée que la politique n'est pas l'affaire des femmes, qu'elles n'y sont pas à leur place, demeure, jusqu'à une date récente, ancrée dans les opinions des deux sexes » (Perrot 1984 : 219). Mais cette explication qui a le mérite de poser la question du consentement, même inconscient, des femmes à leur exclusion, et de faire intervenir les facteurs culturels qui sont loin d'être négligeables, n'est pas entièrement satisfaisante. Car les positions antihiérarchiques que développaient alors beaucoup de femmes n'ont pas fait obstacle à l'ouverture de brèches dans la structure inégalitaire de la société civile, cependant que quelques militantes se sont très vite efforcées de développer des thèmes « féministes » dans les partis traditionnels (en particulier au P.S.), avec les maigres résultats que l'on sait. Pour être mieux comprise, l'analyse de la non-mixité du champ politique doit s'insérer dans une vision globalisante de l'organisation sociale, et de la place qu'y occupent hommes et femmes dans leur rapport au politique.

Si l'on accepte de réfléchir selon un schéma très général, et donc nécessairement approximatif, on peut en gros diviser les sociétés qui se sont donné une organisation politique analogue à ce que nous désignons sous ce nom, en deux groupes, ou plutôt les penser selon deux types, en donnant à ce terme le sens heuristique qu'il revêt chez Max Weber. Le premier est organisé autour de la séparation privé/public. S'appuyant principalement, mais non exclusivement, sur des textes d'Aristote, Hannah Arendt (1988 : 60-121) montre que dans ce type de société, dont le modèle est l'Athènes antique, se trouvent exclus de la sphère du public, et donc *a fortiori* de l'espace politique, tous ceux qui mettent leur activité au service de la subsistance : en particulier les femmes, mais aussi les esclaves, les domestiques, etc. Quand l'esclavage disparaît, l'exclusion des femmes se maintient. Il suffit de rappeler, à ce propos, les observations faites en Algérie par Pierre Bourdieu (1972). Dans une étude jadis consacrée au *Sens de l'honneur*, il a clairement montré comment, dans la société kabyle, tout l'espace, à la fois matériel et symbolique, se trouvait scindé en deux, excluant tout mélange, toute mixité, et visant à protéger l'un et l'autre sexe du danger de la rencontre. L'espace féminin qui correspond au sacré gauche (et donc maléfique) est celui de la maison, du jardin, de la fontaine où s'échangent les précieux « commérages », de l'alimentation et de la sexualité. Aux hommes le sacré droit, le sens de l'honneur qui protège la claustration des femmes, l'assemblée, la mosquée, les champs, le marché. « D'un côté, le secret de l'intimité, toute voilée de pudeur, de l'autre, l'espace ouvert des relations sociales, de la vie politique et religieuse : d'un côté la vie des sens et des sentiments, de l'autre, la vie des relations d'homme à homme, du dialogue et des échanges » (Bourdieu 1972 : 36). La société kabyle ignore le port du voile, qui s'inscrit cependant dans la même logique de division. Là où il pourrait y avoir hybridation, mixité, en particulier dans la rue, celui-ci sert à délimiter cet espace féminin : à l'intérieur de leurs tchadors, ou sous leurs foulards, les femmes demeurent, au moins symboliquement, dans ce privé auquel elles sont assignées. D'où la position particulièrement ambiguë de ces quelques femmes, telles Benazir Butto, ou bien Urwa, reine yéménite du XIᵉ siècle qui exerça le pouvoir en lieu et place de son époux frappé d'hémiplégie (cf. Mernissi 1990 : 202-206) qui gouvernent la tête couverte, et même (en ce qui concerne Urwa), le visage caché. On comprend qu'elles se vivent et se présentent comme des cas exceptionnels, qui ne sauraient en aucune façon attenter à l'ordre de la séparation des sexes.

Une telle bipartition est, à la limite, incompatible avec l'idée d'une humanité une, à laquelle participeraient de la même manière hommes libres et esclaves, indigènes et citoyens, tenants des différentes ethnies et religions, femmes et hommes. On connaît la hiérarchie établie par Aristote, et qui va de l'esclave-machine à l'homme adulte et libre (*La Politique* I.13). Slimane Zeghidour (1990 : 18-34) montre, de son côté, comment dans l'Islam des oulémas, les femmes, véritables « vagins à forme humaine », se confondent avec leurs organes sexuels, dont la vue ne saurait provoquer que l'excitation, la discorde, et provoquer la cécité. « Hors de sa demeure, la femme est un péril, une source de conflits, un objet de scandale, une menace pour la paix sociale, un danger pour la foi. L'ennemie intime » (Zeghidour 1990 : 19). Dans les sociétés structurées selon la stricte division du privé et du public, il ne peut pas non plus y avoir pensée de l'égalité. « L'Oumma paraît loger à la même enseigne la femme et l'Infidèle, tous deux demeurant, en effet, inférieurs au croyant en droits et en devoirs, exclus des grandes activités publiques : leur témoignage à l'un comme à l'autre vaut pour moitié celui de l'homme musulman » (Zeghidour 1990 : 34). On serait tenté de reprendre, à leur propos, la classification de Louis Dumont, et d'écrire qu'elles instaurent le règne de l'*Homo hierarchicus*, si seulement il y avait en elles l'idée de l'« *Homo* », c'est-à-dire d'une commune humanité, ce qui paraît douteux. Il n'est pas jusqu'à l'idée de couple, manifestation publique de la vie intime, qui n'y soit, à la limite, privée de sens. C'est ainsi que le roi du Maroc, Hassan II, a pu déclarer, il y a peu, à la télévision française : « Au Maroc, il n'y a pas de reine. » Le mariage est une affaire strictement privée, sans sanction religieuse, et qui n'autorise pas *de facto* l'épouse à paraître publiquement aux côtés de son mari, et encore moins à partager la moindre parcelle de son autorité.

On pourrait s'étonner alors que des femmes aient pu accéder à des positions de pouvoir dans ce type de sociétés, alors même que l'ensemble des femmes se trouvait exclu de l'espace public et du champ politique. Ces femmes, reines, favorites, régentes, ont alimenté la littérature, nourri les curiosités et les fantasmes. Elles ont, d'une certaine manière, bénéficié des failles introduites dans les modes non rationnels de légitimation de la domination (pour reprendre ici la typologie wébérienne). Un tout petit nombre d'entre elles, que l'on connaît par la légende plus que par l'histoire, ont exercé un pouvoir de type charismatique. Ces guerrières inspirées ont été bien davantage des instruments de la volonté divine s'exerçant à travers elles, que des sujets conscients. Il faudrait citer ainsi la Kahina, héroïne kabyle, Débora, qui fut juge et chef de guerre dans l'antique Israël, ou encore Jeanne d'Arc. Bien plus nombreuses sont celles qui ont conquis le pouvoir au nom de la légitimation traditionnelle. Dans des sociétés strictement hiérarchisées, où l'accès à l'espace politique est réservé à un groupe très restreint se limitant parfois à quelques familles, mieux vaut encore confier le pouvoir à une femme que le laisser sortir du clan. Au demeurant, il semble bien que l'enseignement des « techniques politiques » se transmette à l'intérieur du domaine familial.

C'est un même mode de légitimation par les liens du sang ou du lit (conjugal ou adultère) qui a permis l'accès au pouvoir de quelques femmes. Il semble bien qu'aujourd'hui encore, contrairement à ce qui se passe pour les hommes, ce soient toujours ces règles de la tradition qui s'appliquent pour elles. Benazir Butto est fille de chef d'État, comme l'ont été Indhira Gandhi, et bien avant dans l'Histoire, Élisabeth Ire ou Marie Tudor, ou encore la princesse fatimide Sitt-al-Mulk dont le nom signifie « la dame du pouvoir » et qui, fille de khalife, dirigea l'Empire, mais il est vrai au nom de son neveu, de 1020 à 1024 (Mernissi 1990 : 219-245). Beaucoup plus près de nous, Mariette Sineau (1988) note que 55,3 % des femmes politiques qu'elle a interviewées bénéficiaient de ce qu'elle appelle une « hérédité » politique, tenant, pour la plupart, à un lien de filiation. Le mariage, même (ou surtout) rompu par le décès de l'époux donne, lui aussi, accès au politique. Aux régentes du temps jadis ont succédé les veuves : après la mort accidentelle de son mari, Marie-France Stirbois a été élue au poste de député qu'il occupait, et ce sont aussi deux veuves qui dirigent maintenant le Nicaragua (Violetta Chamorro), et les Philippines (Cory Aquino). Pendant la très longue période d'emprisonnement de son mari, Winnie Mandela a joué un rôle de pseudo-veuve, qui lui a conféré une légitimité politique, se trouvant ravalée au rôle de compagne sitôt Nelson libéré.

Si l'on étudiait de très près la biographie de toutes ces femmes, on constaterait qu'elles sont prises dans des réseaux serrés de filiation et d'alliance avec des hommes de pouvoir. Leur situation exceptionnelle dans le champ politique ne modifie en rien la condition de l'ensemble des femmes des pays auxquels elles appar-

tiennent : c'est parfois même le contraire qui se produit : on sait, par exemple, que Benazir Butto a été
contrainte d'accepter la stricte application de la loi
islamique, la charia, au Pakistan. À travers elle se
trouve mise en lumière la persistance, sous l'apparence
démocratique, de rapports au politique de type traditionnel où dominent vassalité et clientélisme. S'agissant de la société contemporaine, Habermas parle, à
juste titre, de « reféodalisation de la sphère publique »
(Habermas 1978 : 204). Cette reféodalisation n'a été
rendue possible qu'en raison du maintien de la forme
des relations féodales qui mettent en jeu, il est vrai,
d'autres groupes d'individus.

On pourrait dire, dans la même logique de survi-
vance de structures anciennes, que le rôle politique
joué par les maîtresses ou les favorites (dans les sociétés non puritaines où l'idée du pouvoir politique est
associée à la puissance sexuelle) relève de l'organisation clanique mâtinée de polyandrie. C'est seulement
la permanence de la séduction qui autorise ce qui se
donne comme manipulation du public à partir de la
sphère du plus intime : le rapport amoureux. Lorsque
telle député(e) ou telle ministre se voit suspectée de
devoir son poste au fait qu'elle serait la maîtresse de
X ou de Y, on met en cause sa compétence, c'est-à-
dire la légitimation rationnelle de sa fonction. En politique, les veuves doivent leur position à leur vertu, les
favorites à leur séduction toujours renouvelée. La
contradiction n'est qu'apparente. À travers les unes et
les autres se manifeste, avant tout, la puissance de
l'homme auquel elles appartiennent, au-delà même de

la mort, s'il le faut. La politique reste une affaire d'hommes. Le destin exceptionnel de quelques-unes n'entame pas la règle de l'exclusion de l'ensemble des femmes. Il permet seulement d'établir, comme tente de le faire Fatima Mernissi dans ses deux derniers livres, *Le harem politique* et *Sultanes oubliées*, que l'exercice de fonctions politiques par les femmes n'est pas de l'ordre de l'absolument impossible. Il semblerait même entrer dans l'ordre des choses, dès lors que se trouve établi le principe démocratique qui pose le peuple en souverain.

On se trouve alors dans un deuxième grand groupe de sociétés, fondées sur l'affirmation rationnelle (donc accessible au calcul, au suffrage), de l'égalité des êtres humains, perçus non plus comme parties de groupes hétérogènes et hiérarchisés, mais comme sujets économiques, politiques, etc. Dans ces sociétés, espace public et espace politique se dissocient, même si le second s'engendre à partir du premier. Les femmes deviennent visibles : elles circulent à visage découvert dans les rues, et parfois même y manifestent : elles écrivent (des lettres, mais aussi de la poésie et des romans), elles tiennent salon. Elles n'ont pas pour autant accès à un champ politique qui continue à protéger sa masculinité en même temps que d'autres privilèges qui ne se donnent pas comme tels. Dès lors qu'émerge l'idée démocratique, car c'est bien d'elle qu'il s'agit, se pose, en effet, la question de savoir qui appartient au peuple souverain. Égalité et exclusion (des non-nationaux, des pauvres, des « incapables » de tout poil et, bien entendu, des femmes) vont devoir être pensées ensemble. S'agissant des femmes, on peut distinguer deux phases, qui vont conduire au passage à une très relative mixité.

Dans un premier temps, antérieur à la création des partis politiques, il s'agit d'établir et de maintenir le principe de l'égalité et donc de l'accès de chacun à l'espace politique, tout en fournissant une série d'arguments « rationnels » pour justifier l'exclusion des femmes. Deux grands thèmes se dégagent, que l'on va retrouver de façon récurrente sur une longue période de l'Histoire :

1) la « faiblesse » des femmes ;

2) leur dangerosité.

Ces deux thèmes n'occupent pas la même place dans l'ordre des discours. Le premier, qui connaît bien des modulations, est parfois invoqué par les femmes elles-mêmes, et correspond à leur vécu de dominées. Aristote, qui présente la particularité d'être à la fois le théoricien de la démocratie et celui de la séparation privé/public, explique aussi que contrairement à l'homme libre dont la partie rationnelle de l'âme est pleinement développée, la femme est marquée par la privation : elle ne possède que la partie délibérative de l'âme, mais est démunie d'autorité, ce qui la rend inapte à la parole publique et au commandement : « Chez l'homme le courage est une vertu de commandement, et chez la femme une vertu de subordination » (*Politique*, I.13). L'affirmation, non argumentée tant elle paraît évidente, de la faiblesse des femmes peut se parer des oripeaux de l'amour, ou bien être crûment misogyne. « Chez les peuples vraiment libres, écrit Saint-Just en 1791, les femmes sont libres et adorées, et mènent une vie aussi douce que le mérite leur faiblesse intéressante » (*L'esprit de la révolution*. Troisième partie, chapitre XII). La loi salique, qui exclut les femmes de la succession des fiefs, est donc tout à fait judicieuse : « L'esprit de la loi salique des Germains était un sauvage amour pour la terre natale qu'ils savaient si bien défendre, et qu'ils ne voulaient point confier à la faiblesse et à l'instabilité des filles qui changent de lit, de famille et de nom. » Il convient donc que la révolution maintienne cet esprit : « Il serait pareillement insensé qu'un peuple libre passât dans les mains des étrangers ou des femmes : les uns haïraient la constitution, les autres seraient plus aimées que la liberté » (*L'esprit de la révolution*. Quatrième partie, chapitre III). On voit qu'ici les femmes subissent expressément le même type de rejet que les étrangers, même si les motifs en sont différents. Les termes sont les mêmes chez Kant : « On appelle faiblesse les traits de la féminité » (*Anthropologie*. Deuxième partie), et chez Spinoza : « Peut-être demandera-t-on si les femmes sont par nature ou par institution sous l'autorité des hommes ? Si c'est par institution, nulle raison ne nous obligerait à exclure les femmes du gouvernement. Si toutefois nous faisons appel à l'expérience, nous verrons que cela vient de leur faiblesse » (*Traité politique*, chapitre XI « De la démocratie »). Dans tous les cas, il s'agit de justifier la privation de pouvoir politique que subissent les femmes, leur assignation à la maternité et ainsi de les enfermer dans leur rôle sexuel. « Si les femmes étaient

par nature les égales des hommes, si elles avaient au
même degré la force d'âme et les qualités d'esprit qui
sont, dans l'espèce humaine, les éléments de la puissance et conséquemment du droit, certes, parmi tant
de nations différentes, il ne pourrait ne pas s'en trouver où les deux sexes règnent également, et d'autres
où les hommes seraient régis par les femmes et rece-
vraient une éducation propre à restreindre leurs qualités d'esprit. Mais cela ne s'est vu nulle part et l'on
peut affirmer en conséquence que la femme n'est pas
par nature l'égale de l'homme, et aussi qu'il est impossible que les deux sexes règnent également, encore
bien moins que les hommes soient régis par les femmes » (Spinoza, *Traité politique*, chapitre XI). On
infère ici du fait au droit et à la norme. Ce qui passe
pour loi de nature fonde la loi politique.

Cette faiblesse qui définit les femmes ne les empêche pas d'être constamment perçues comme éminemment dangereuses. Dans tous les textes des idéologues
et des penseurs de l'éthique, et du politique, faiblesse
et dangerosité sont intimement liées. Par leur fragilité
les femmes suscitent la passion et le désir et elles risqueraient, au cas où elles occuperaient des fonctions
publiques, de faire perdre raison aux citoyens incapables de résister à leur séduction et d'occasionner un
désordre insurmontable : « On ne pourrait instituer le
règne égal des hommes et des femmes sans grand
dommage pour la paix » (Spinoza, *Traité politique*).
La dangerosité des femmes est donc liée à la sexualité
à laquelle on les identifie et qui fait d'elles des êtres
particulièrement puissants et belliqueux. Kant qui ex-

plique que la femme recherche la guerre domestique quand l'homme souhaite la paix, ajoute : « La femme veut dominer, l'homme être dominé » et elle y parvient aussitôt que s'établit un rapport affectif. « Dans l'état de sauvagerie naturelle (...) la femme n'est qu'un animal domestique. L'homme marche en tête, les armes à la main (...). Mais même là où une constitution barbare de la société rend légale la polygamie, la femme sait établir dans sa geôle (appelée harem) sa domination sur l'homme » *(Anthropologie)*. Si cette domination des femmes, qui prend sa source dans l'inclination que les hommes ont pour elles, s'étendait au-delà des murs de la maison, les hommes risqueraient d'y perdre la vie. Et Spinoza de rappeler avec le plus grand sérieux les mœurs des Amazones qui tuaient jusqu'aux mâles qu'elles avaient engendrés.

Constitutif, comme on l'a vu, de la vision islamique du monde, le thème de la dangerosité des femmes, très présent chez les anthropologues, est beaucoup plus dissimulé dans la pensée politique occidentale contemporaine, où il ne se manifeste, en général, que sous la forme de l'allusion ou de la plaisanterie. La psychanalyse est passée par là, lui assignant sa place de fantasme structurant, mais inavouable. Le discours sur la mère a recouvert les propos sur la séductrice qui conduit hommes et sociétés à leur perte. C'est sans doute pour tenter d'échapper à cette image, qu'en même temps elles intériorisaient, que les femmes politiques ont longtemps choisi de se présenter publiquement de la manière la plus « neutre » possible, habillées de vêtements stricts aux couleurs ternes.

L'exclusion des femmes hors du politique est loin d'être un rejet du féminin. Elle s'accompagne, au contraire, d'une appropriation du féminin par les hommes, mais d'un féminin entièrement contrôlé et qui se manifeste selon les canons définis par et pour eux. De la même façon que dans l'ancienne Grèce des hommes jouaient au théâtre les rôles féminins à travers lesquels s'exprimait la vision qu'ils avaient des femmes, de même certains personnages politiques ont été perçus comme participant à la fois du masculin et du féminin. Michelle Perrot rappelle que, selon Michelet, Marat, Couthon, Robespierre, sont des hommes-femmes. « Seul Danton était "d'abord et avant tout un mâle", et pour cela capable d'en imposer aux femmes, au peuple — qui est femme — et peut-être de sauver la Révolution » (1984 : 212). Cette appropriation du féminin, particulièrement criante au XIXᵉ siècle, se manifeste aussi dans les allégories, les symboles, les métaphores, les femmes figées en mots, en images, immobilisées dans la pierre et le bronze, sont partout présentes mais tellement irréelles.

Quand les partis vont se structurer et devenir de grandes organisations nécessitant une main-d'œuvre bureaucratique, un électorat de masse et une large infrastructure militante, des femmes vont y entrer, mais pour y occuper une position hiérarchique subalterne. La question qui se pose alors n'est plus celle de l'accès à la sphère politique, mais celle de l'accès à des positions de pouvoir. Les facteurs culturels, idéologiques ou religieux vont le favoriser ou lui faire obstacle : les pays protestants du nord de l'Europe sont plus « féministes » que ceux du sud, de tradition catholique ou orthodoxe. Le « socialisme », même sous ses formes les plus dévoyées, s'est toujours efforcé de laisser une certaine place aux femmes. Mais, pour ce qui est seulement des parlements, sans parler des gouvernements, dans les cas les plus favorables à la représentation féminine, celle-ci dépasse à peine le tiers des députés ou des sénateurs des pays. Chacune de ces situations concrètes de non-mixité ou de mixité réduite exigerait une analyse particulière et précise qui permettrait, vraisemblablement, de jeter un autre regard sur le politique.

Demeurent les très rares cas où des femmes participent activement et en nombre à la vie politique d'un groupe, et où elles sont l'objet, de la part des hommes, d'un traitement à peu près égalitaire. L'absence des hommes, ou tout au moins leur moindre présence, peut y contribuer. C'est ce qui semble s'être produit chez certaines nations indiennes du nord de l'Amérique. À preuve, cette observation du Père Lafitau, missionnaire curieux des coutumes des peuples parmi lesquels il séjournait, qui écrivait en 1724 : « Chez les Iroquois et les Hurons, ce sont les femmes qui gouvernent, mais par hommes interposés. » Ce sont elles qui désignent les chefs, au pouvoir du reste très limité, et tiennent conseil pour prendre les grandes décisions qui concernent la vie du groupe, en particulier celles qui concernent la guerre et la paix. Il est vrai que la population mâle indigène a été décimée par les guerres incessantes, et remplacée tant bien que mal par des prisonniers adoptés : les Iroquoises doivent

donc leur pouvoir politique à une conjoncture historique, à quoi s'est cependant conjuguée la structure
matrilinéaire et matrilocale de cette société indienne.
D'autres situations d'absence provisoire des hommes
ont pu conférer aux femmes des responsabilités économiques et une certaine marge d'autonomie, vite
contestées, comme on l'a vu en France après 1918. Les
femmes sont également nombreuses dans les groupes
politiques minoritaires et relativement marginalisés, à
condition toutefois que leur idéologie n'exclue pas la
mixité. L'exemple français du Front national qui regroupe des adversaires de l'avortement et des nostal-
giques de la femme au foyer, et dans lequel pourtant
les femmes jouent un rôle non négligeable, montre
bien que le caractère « progressiste » ou démocratique
d'une organisation politique joue moins en faveur de
sa mixité que sa position vis-à-vis de l'ensemble social. À l'inverse, la démocratisation des pays de l'Est
s'est accompagnée d'une déféminisation des institutions politiques, en réaction explicite contre les régimes
précédents.

Pour compléter cette vue d'ensemble, il faudrait
accorder une attention toute particulière à ce qui se
produit dans certaines sociétés (ou certains larges groupes) à socialisation non mixte, où se sont formées des
organisations politiques de femmes, excluant donc les
hommes, avec le projet d'intervenir sur la scène politique, en partant du constat que les problèmes politiques
concernent également l'un et l'autre sexe, même si
hommes et femmes appartiennent à des espaces sociaux et symboliques séparés. L'exemple des Palesti-

niennes (Dayan-Herzbrun 1990) montre qu'à partir de
cette première démarche, les femmes ne peuvent éviter la question de la mixité qu'il leur faut apprendre à
gérer en remettant en cause leur statut traditionnel.
Les femmes qui, en Cisjordanie et à Gaza, participent
à l'Intifada non pas seulement en tant que militantes
de base, mais en tant que responsables et porte-parole,
sont bien les petites-filles de celles qui, en 1929,
firent le « sacrifice » de rencontrer le haut commis-
saire britannique, et non son épouse, comme elles
l'avaient souhaité, pour demander l'annulation de la
Déclaration Balfour et l'arrêt de l'immigration juive
en Palestine. Ces dernières avaient définitivement aboli,
comme sans le vouloir, une barrière symbolique considérée jusqu'alors comme infranchissable. Il y aurait
lieu de réfléchir sur le fait que ces femmes, une fois
que leur a été ouvert l'accès au politique, manifestent
plus de force dans l'expression, l'affirmation d'elles-
mêmes et de leurs positions, que les femmes issues de
sociétés à socialisation mixte. Cela apparaît dès l'abord
au niveau de la présentation de soi, où les signes du
féminin (maquillage, bijoux, etc.) loin d'être gommés
ou de se faire discrets, sont parfois accentués. Le jeu
de la séduction prend l'allure d'un affrontement guer-
rier où se réaffirme l'irréductible différence des sexes
dans une situation de conflit assumée avec netteté mais
souvent avec humour, et qui autorise l'agressivité indispensable à la vie politique. On voit ainsi poindre
une version très nouvelle de la mixité dans le politique,
dont on voit émerger également quelques signes dans
les sociétés occidentales : non plus identification au

masculin, avec toutes les tensions et les échecs qui
s'ensuivent, mais confrontation de deux genres. Ce
n'est sans doute qu'à cette condition qu'un véritable
partage de la citoyenneté et des responsabilités sera
possible.

SONIA DAYAN-HERZBRUN

RÉFÉRENCES

ARENDT, Hannah (1988). *Condition de l'homme moderne*. Paris : Agora.

ARISTOTE (1995). *La Politique*. Paris : J. Vrin.

BOURDIEU, Pierre (1972). *Esquisse d'une théorie de la pratique*. Genève : Droz.

DAYAN-HERZBRUN, Sonja (1990). « Femmes dans l'Intifada ». *Peuples méditerranéens* n° 48-49.

DUMONT, Louis (1967). *Homo hierarchicus*. Paris : Gallimard.

HABERMAS, Jürgen (1978). *L'espace public*. Paris : Payot.

KANT, Emmanuel (1970 [1880]). *Anthropologie du point de vue pragmatique*. Paris : J. Vrin.

LAFITAU, Joseph François (1724). *Mœurs, coutumes et religions des sauvages américains*. [s.l] : [s.e.].

MERNISSI, Fatima (1987). *Le harem politique*. Paris : Albin Michel.

MERNISSI, Fatima (1990). *Sultanes oubliées*. Paris : Albin Michel.

PERROT, Michelle (1984). « Les femmes, le pouvoir, l'histoire », in *Une histoire des femmes est-elle possible ?* Paris : Rivages.

SAINT-JUST, Louis Antoine de (1988 [1791]). *L'esprit de la révolution*. Paris : Union générale d'éditions.

SINEAU, Mariette (1988) *Des femmes en politique*. Paris : Économica.

SPINOZA, Baruch (1968). *Traité politique*. Paris : J. Vrin.

WEBER, Max (1995). *Économie et société*. Paris : Pocket, 2 vol.

ZEGHIDOUR, Slimane (1990). *Le voile et la bannière*. Paris : Hachette.

8

Une analyse critique des femmes dans l'Union européenne[1]

Dea ex machina ou l'interaction entre les politiques publiques nationales et internationales ?

Le thème dont il sera question ici traite du rôle d'une organisation internationale comme l'Union européenne dans le domaine de l'égalité entre femmes et hommes. Un examen plus approfondi de la littérature de la science politique sur « l'Union européenne et les femmes » révèle — du moins pour les Pays-Bas — que les femmes, même quand elles critiquent l'Union europénne d'avoir fait trop peu pour elles, ont tendance à la percevoir comme un acteur qui leur est favorable. Cette image positive provient des directives bien connues des années 1975-1978 concernant l'égalité de traitement des femmes et des hommes dans le domaine du travail, instruments qui ont été utiles aux femmes pour modifier les réglementations et les pratiques nationales inégalitaires. Toutefois, cette littérature est lacunaire, dans la mesure où elle concentre son attention davantage sur le processus de mise en œuvre de normes internationales dans les contextes nationaux que sur les processus d'élabora-

1. Traduit et reproduit avec la permission de Taylor & Francis, Inc./Routledge, Inc.

tion des politiques publiques et de prise de décision au niveau international (pour une exception, voir Hoskyns 1986). Les organisations et réglementations internationales semblent être des variables indépendantes, déconnectées des systèmes nationaux. Elles semblent néanmoins être des moyens efficaces pour modifier ces systèmes politiques et économiques. En se référant à une tragédie antique grecque, on pourrait dire que les directives de l'Union européenne sont perçues comme une *dea ex machina*. Cet effet s'applique aussi à d'autres traités internationaux. Selon Onstenk et van Dijk, les traités internationaux concernant les femmes, par exemple, ceux des Nations unies, sont « soudainement tombés du ciel » (Onstenk et van Dijk 1992 : 39). L'acceptation de ce type de forces externes paraît d'autant plus surprenante que les initiatives de l'Union européenne sont considérées comme « émancipatrices » (Ophuysen 1994 : 22).

Sans nier les effets des directives européennes, on peut dire que tant l'idée d'une *dea ex machina*, que celle d'une équation entre égalité et émancipation dans le contexte de l'Union européenne, posent problème. D'où venaient ces directives ? Et pourquoi une organisation typiquement masculine comme l'Union européenne s'est-elle soudainement transformée en un organe émancipateur des femmes ? En comparaison avec d'autres organisations internationales qui discutent depuis longtemps de l'égalité et de la non-discrimination (Reinalda 1989 ; Stienstra 1994), il me semble que l'Union ait été une exception à la règle, plutôt que la règle elle-même. On pourrait avoir l'impression que les interventions récentes de l'Union sont un « fer de

lance » pour l'égalité, mais un examen plus approfondi montre qu'en matière de politiques de l'égalité,
l'Union est longtemps restée loin derrière les autres
organisations internationales. Dans ce texte, je voudrais
montrer que les politiques de l'égalité promulguées
par les organisations internationales, y compris par
l'Union, ne sont pas le produit d'une *dea ex machina,*
mais celui de *feminae in machina,* c'est-à-dire d'une
action politique par les femmes[1]. J'adopterai donc une
perspective générale basée sur l'idée d'une interaction
entre l'élaboration des politiques publiques aux niveaux national et international.

L'INTERACTION ENTRE L'ÉLABORATION DES POLITIQUES PUBLIQUES AUX NIVEAUX NATIONAL ET INTERNATIONAL

Les théories des relations internationales

Le postulat selon lequel la politique nationale et la
politique internationale sont interdépendantes repose
sur un changement de paradigme dans les théories des
relations internationales, illustré par des termes comme
l'interdépendance complexe (Keohane 1977), les régimes internationaux (Krasner 1983) et l'économie poli-

1. Je remercie Anna Van der Vleuten pour ces expressions
latines et ses commentaires.

tique internationale (Gilpin 1987). Selon ce nouveau paradigme, ce que l'on appelle le « système international » n'est pas composé uniquement d'États-nations. Les organisations intergouvernementales et les acteurs non gouvernementaux transnationaux, par exemple, les entreprises ou les mouvements sociopolitiques (comme le mouvement des femmes), y jouent également un rôle. En outre, les États ne sont plus considérés comme des unités nécessairement cohérentes — telles les « boules de billard » dans le paradigme réaliste plus ancien — représentés par leur gouvernement uniquement et intéressés prioritairement par des questions de sécurité. Dans le paradigme transnational, les enjeux économiques et sociaux, ainsi que leurs représentants, sont également importants. L'idée d'une interdépendance complexe présuppose une multitude de contacts et de communications entre les sociétés et les États nationaux. Ce déplacement de perspective en matière de relations internationales, d'une optique centrée sur l'État vers une optique transnationale, a attiré l'attention sur la politisation des questions économiques et sociales internationales (y compris l'égalité des genres) et sur l'émergence d'une économie politique internationale, qui s'intéresse aux mécanismes par lesquels la politique internationale façonne l'économie internationale. En l'absence d'un gouvernement international ou mondial, les acteurs étatiques et non étatiques ont le choix entre tenter de gérer leurs conflits et leurs formes de coopération ; ou ne pas gérer les conflits ni coopérer (Spero 1990 : 9-10 ; Gilpin 1987 : 4-5 ; Mitter 1986 : 2).

Faisons un pas de plus et passons de la politique au processus d'élaboration des politiques publiques. Le concept de « régime international » suggère que les États souverains et les autres acteurs parviennent à une certaine coopération et à une coordination des politiques publiques dans des domaines spécifiques en s'accordant sur des principes, normes, règles et procédures de décision. Selon cette approche, ce ne sont pas les intérêts nationaux qui sont prépondérants, mais des perceptions communes ainsi que le principe de réciprocité. Ces formes de coopération peuvent en effet déboucher sur un renforcement de l'intégration, mais elles ne signifient pas que les États abandonnent leur exercice du pouvoir et les conflits, ni qu'ils continuent à privilégier leurs propres stratégies, comme le souligne Soroos (1989 : 111-112). Néanmoins, elles démontrent que les relations internationales ne sont pas seulement une affaire de compétition entre les États, mais qu'elles se basent également sur la coordination et la coopération. Autrement dit, les organisations et les régimes internationaux ne sont pas seulement à considérer comme le produit de relations de pouvoir entre États nationaux qui agissent sur la base d'intérêts nationaux facilement identifiables, mais aussi comme des acteurs ayant une certaine influence autonome sur les États-nations et sur leurs politiques publiques.

La plupart du temps, les arrangements de coopération et de coordination intergouvernementaux sont conclus par et entre des organisations internationales. Le terme arrangement est d'ailleurs plus pertinent que celui plus habituel d'organisation. Le G7, avec ses sommets économiques, ne correspond pas à tous les critères des organisations formelles, mais constitue un important mécanisme de coordination politique entre les États industrialisés. Le choix d'un terme plus large s'impose également par le fait que les régimes internationaux peuvent impliquer plus d'une organisation internationale. Les conférences ministérielles de l'OCDE (Organisation de coopération et de développement économique) servent, en pratique, à la préparation des sommets du G7, tandis que le contrôle des décisions du G7 est effectué par le Fonds monétaire international. Même les régimes plutôt autonomes comme le régime des droits de l'Homme du Conseil de l'Europe, ou le régime des droits des femmes des Nations unies, tiennent compte les uns des autres. Bien que nous utilisions le terme intergouvernemental, nous devrions garder à l'esprit que, dans cette perspective, les gouvernements prennent des décisions dans un contexte de processus transnationaux. En outre, ils doivent tenir compte d'acteurs non gouvernementaux qui exercent une influence en vertu de leur statut consultatif, à travers l'opinion publique ou par leurs poids économique.

Le modèle du processus politique

Le modèle de filtrage et de *input-output* du processus politique, selon lequel les demandes des citoyens sont traduites en réglementations officielles en passant par différentes étapes, peut être appliqué également aux arrangements intergouvernementaux. Ces arrangements ont leurs propres agendas politiques et disposent de leurs propres arènes de prise de décision, ainsi que — jusqu'à un certain point — de mécanismes efficaces pour la mise en œuvre des décisions et des politiques publiques. Outre le processus politique en tant que tel, ces arrangements rendent possible l'élaboration de politiques publiques relatives à certains enjeux ou domaines, par des accords internationaux, des traités ou des conventions, ou en édictant des recommandations destinées à être mises en œuvre sur le plan national. Dans ce contexte, le terme politique publique fait référence aux objectifs, ainsi qu'aux principes et normes, qui caractérisent les réglementations d'un domaine spécifique sur une certaine période. Une politique publique inclut, en ce sens, aussi les mesures et moyens pratiques pour la mettre en œuvre et, si besoin est, pour procéder à des évaluations et des adaptations. Au cœur de l'élaboration des politiques publiques au niveau international, il y a ce que Valticos appelle, dans le contexte du Bureau international du travail (BIT), la *définition de normes internationales*, c'est-à-dire l'élaboration de normes ou standards communs qui devraient être intégrés dans les réglementations et les pratiques de chaque État, bien que les conditions nationales puissent être différentes, et que leur mise en œuvre proprement dite soit du ressort des États nationaux (Valticos 1985 : 93).

Dans une situation d'interdépendance complexe, les arrangements internationaux et nationaux d'élaboration de politiques publiques et de prise de décision peuvent être interreliés. Entre ces deux niveaux de prise de décision et ces deux agendas politiques (international et national), on peut discerner des interdépendances.

L'une consiste en la *participation* des gouvernements nationaux dans la prise de décision internationale ; l'autre dans la *mise en œuvre* des décisions internationales par les gouvernements nationaux, ce qui requiert à son tour une prise de décision au niveau national, conduisant de nouveau à des prises de décision au niveau international suite aux évaluations, adaptations ou prises de décisions supplémentaires au niveau national. La figure 1 montre les deux niveaux (national et international), les liens d'interdépendance entre les deux (participation, mise en œuvre) ainsi que leur mouvement cyclique :

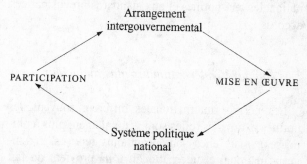

Prise de décision et élaboration
des politiques publiques au niveau international

Arrangement
intergouvernemental

PARTICIPATION   MISE EN ŒUVRE

Système politique
national

Prise de décision et élaboration
des politiques publiques au niveau national

Figure 1 : Interaction entre la prise de décision et l'élaboration des politiques publiques aux niveaux national et international.

Au cours de cette interaction, les gouvernements sont obligés de faire des compromis à deux niveaux. Le premier est celui du *système politique national* et du mode de décision qui lui est propre. Les compromis formulés à ce niveau peuvent être considérés comme des *inputs* pour le second niveau, celui des *arrangements intergouvernementaux*. Les discussions à ce deuxième niveau conduisent à d'autres compromis à propos du même sujet, mais qui peuvent être différents de ceux atteints au premier niveau. Ces compromis internationaux (par exemple, les réglementations internationales sur la traite des femmes, la maternité ou la non-discrimination) sont, à leur tour, des « inputs » pour les systèmes politiques nationaux. En effet, l'idée derrière la définition de normes internationales est que les États qui ratifient les accords internationaux adaptent leurs propres lois et pratiques nationales aux normes et aux standards prévus par ces accords.

Des standards internationaux plus audacieux

Les normes internationales diffèrent souvent des normes nationales (elles sont généralement plus ambitieuses), mais elles sont néanmoins reprises aux niveaux national et international. Cela provient du fait que le monde interdépendant a besoin de règles générales pour modeler un comportement transnational. Au niveau intergouvernemental, les États peuvent essayer de définir les règles ou normes en des termes plus abstraits et généraux qu'ils ne pourraient le faire dans leurs contextes nationaux. Ce processus de définition se fait d'ailleurs dans une situation de négociation, et est plus éloigné des traditions et divisions nationales relatives aux enjeux en question. Hoskyns a montré que, dans des circonstances favorables, la Cour européenne de justice peut prendre des décisions plus audacieuses que celles des juridictions nationales. D'une part, cela est dû à l'autoperception de la Cour elle-même qui se voit comme créatrice de quelque chose de nouveau, plutôt que comme protectrice d'un *statu quo*. De l'autre côté, il semble plus facile pour la Cour d'arriver à harmoniser une série de juridictions différentes en misant sur l'audace plutôt qu'en restant sur la même position (1992 : 5-6). Les débats internationaux peuvent même déboucher sur le paradoxe bien connu d'États proclamant des standards internationaux qu'eux-mêmes violent par leurs propres pratiques nationales. Le principe de l'égalité de salaire (tel qu'il est précisé dans la convention BIT n° 100) et l'interdiction de la torture en sont de bons exemples.

Ce qui est important pour la prise de décision et la mise en œuvre au niveau international, c'est que la force d'une décision de compromis dépend des *inputs* d'acteurs nationaux, et des moyens mis à la disposition des arrangements intergouvernementaux. Si les *inputs* nationaux sont faibles, le compromis international ne peut être fort (tel l'article 119 du traité de Rome de 1957, incorporé dans la partie sociale peu importante du Traité). Lorsque la mise en œuvre d'un mécanisme international n'est pas contraignante (c'est-

à-dire limitée à des recommandations et dépourvue
d'instruments de contrôle), ses effets seront faibles.
Néanmoins, l'interdépendance est elle-même un facteur important de renforcement de l'interaction entre
la prise de décision au niveau national et la prise de
décision internationale, tant du côté de la participation
que de celui de la mise en œuvre. On peut le voir dans
divers arrangements intergouvernementaux tels que le
G7, le FMI, le GATT (Accord général sur les tarifs et
le commerce), l'ALENA (Accord de libre-échange
nord-américain) et l'Union européenne, qui montrent
tous que les moments de l'élaboration de compromis
nationaux et internationaux se chevauchent. Les compromis réalisés au niveau international dépendent des
décisions au niveau national, et ce qui est décidé au niveau national dépend dans un même temps de ce qui
est conclu au niveau international. Cela est vrai aussi
pour les questions concernant le genre, que ces politiques comportent une dimension de genre spécifique,
ou qu'elles restent « aveugles » à cette problématique.

La phase de la mise en œuvre

On dit souvent que la mise en œuvre des compromis internationaux est difficile en l'absence d'une
autorité internationale capable d'assurer l'exécution
des décisions et le changement des lois et des pratiques
nationales. Toutefois, les arrangements intergouvernementaux ont prévu plusieurs instruments pour la mise
en œuvre de leurs politiques (Donnelly 1993, chapi-

tre 4). Divers outils de gestion ainsi que des mécanismes subtils — mais néanmoins contraignants — ont
été développés pour évaluer les progrès réalisés. En
général et à long terme, les gouvernements respectent
ces mécanismes (ce qui ne veut pas dire qu'ils obéis-
sent sans difficulté, on en trouve des exceptions nota-
bles). C'est un comportement raisonnable de la part des
États, car en cas de non-conformité aux règles, ils risquent de perdre la face ou leur crédibilité, voire d'en-
courir des sanctions économiques (de nouveau, les
gouvernements ont une certaine marge d'action qui
leur permet quelques écarts par rapport à la ligne générale). Autrement dit, même si les arrangements intergouvernementaux dépendent essentiellement des États
nationaux, ces constellations internationales sont cependant bien réelles, et fonctionnent plutôt bien dans
leurs domaines respectifs. Même si certaines de ces
constellations sont peu importantes, le monde interdépendant ne peut plus se passer d'elles.

ACTEURS TRANSNATIONAUX
ET PARTICIPATION

Influencer la prise de décision internationale

Les systèmes politiques nationaux créent des mécanismes institutionnels permettant aux groupes sociaux
d'influencer la prise de décision, ou d'exercer des

responsabilités, dans la mise en œuvre dans leurs domaines. De même, les arrangements intergouvernementaux ont officiellement reconnu les acteurs transnationaux, qui participent dans des domaines tels que les procédures consultatives, les comités spéciaux, le contrôle *(monitoring)* et l'assistance technique. De cette manière, ils peuvent créer une base sociale et un soutien public pour leurs politiques générales et spécifiques. L'histoire des mouvements sociaux et politiques internationaux montre que les acteurs transnationaux non gouvernementaux ont joué de tels rôles, et qu'ils ont pu soulever des demandes politiques, imposer des thèmes à l'agenda politique international, et être impliqués dans tout le processus ultérieur de prise de décision, de mise en œuvre et d'évaluation (pour les mouvements féministes : Evans 1985 ; Reinalda et Verhaaren 1989 ; Wetzel 1993 ; Stienstra 1994). Il faut souligner le fait que le mouvement international des femmes n'est pas un phénomène récent (comme le laisserait supposer le terme « nouveau mouvement social »), mais un acteur transnational ancien et actif. Depuis son émergence au XIXᵉ siècle (à la suite de la fondation de la première organisation internationale des femmes en 1868), le mouvement international des femmes s'est impliqué dans les arrangements intergouvernementaux. Les femmes ont été présentes lors de la Conférence internationale de la paix de 1899, ainsi qu'au sein de la Société des Nations et du BIT depuis 1919, du prédécesseur de l'Organisation des États américains (OEA) depuis 1924, ainsi qu'au sein des Nations unies depuis 1945.

Dans l'interaction entre l'élaboration des politiques publiques aux niveaux national et international, les acteurs non gouvernementaux disposent, d'une manière générale, de deux modes d'influence sur la prise de décision et l'élaboration d'une politique internationale, comme le montre la figure 2. Le premier mode est *national* : les acteurs non gouvernementaux peuvent exercer des pressions sur le gouvernement à propos des arrangements intergouvernementaux. Le second est *transnational* : ils peuvent influencer l'arrangement intergouvernemental par le biais de leurs organisations non gouvernementales internationales (ONGI).

Le mode *national* d'intervention consiste en la pression qu'un acteur non gouvernemental peut exercer sur son gouvernement sur un ou plusieurs enjeux internationaux spécifiques. L'acteur non gouvernemental tente donc d'influencer ce qui se passe à l'intérieur d'un ou de plusieurs arrangements intergouvernementaux par le biais de son gouvernement. Dans le cadre de l'arrangement intergouvernemental, le gouvernement peut soulever un enjeu, voter pour ou contre une proposition spécifique, essayer de l'amender, ou proposer des méthodes particulières. Le mode national englobe donc toutes les formes de pression à l'intérieur du système politique national par rapport à un thème figurant sur l'ordre du jour international (il se peut que ce thème soit également sur l'agenda politique au niveau national, mais ce n'est pas nécessairement le cas). On peut mentionner, ici aussi, la discussion sur le féminisme d'État ou les « fémo-

crates » travaillant pour le gouvernement, car il peut
exister des différences de position et de perspective
entre les « féministes d'État » et les autres. Nous pouvons supposer que le résultat national sera différent si
les « féministes d'État » et les autres divergent sur le
thème international en question ; nous pouvons supposer également que l'influence nationale est plus
forte lorsque les « féministes d'État » et les autres
s'accordent sur la position internationale que devrait
adopter leur gouvernement.

Le mode transnational

Le mode national

Pression   = ⟶
Participation = ‑ ‑ ➔

Figure 2 : Les deux modes d'influence des acteurs non gouvernementaux sur la prise de décision au niveau international.

Le terme *mode transnational* fait référence à des
situations où un acteur non gouvernemental agit de manière transnationale, par exemple, par l'intermédiaire
d'une organisation internationale non gouvernementale qui tente d'influencer l'arrangement intergouver-

nemental en utilisant son statut consultatif au sein de cet arrangement, en particulier par le « lobbying » ou par l'opinion publique. Une extension du « féminisme d'État » existe à ce niveau également ; nous l'appellerons féminisme « inter-étatique ». Ainsi, le changement radical dans la politique d'égalité de l'Union européenne apparu en 1974 n'aurait jamais pu se faire sans le féminisme « inter-étatique » en la personne de Jacqueline Nonon, employée de l'Union (voir ci-après). Ici aussi, nous pouvons supposer que les résultats diffèrent selon que les féministes transnationales et « inter-étatiques » s'entendent ou non sur les enjeux. Ce qu'il faut noter également, c'est que l'organisation non gouvernementale internationale (ou toute autre forme d'action transnationale) est elle-même un compromis entre acteurs de différents pays. Il se peut qu'elle adopte un point de vue différent de celui choisi par l'acteur non gouvernemental national à l'origine. Le résultat de cette voie transnationale dépend donc de plusieurs variables.

Interférence

Dans une situation idéale, un acteur non gouvernemental devrait profiter des deux voies pour influencer la prise de décision internationale. Mais il n'en va pas toujours ainsi. Par exemple, l'acteur national non gouvernemental peut être bien placé au niveau national, mais ne pas s'intéresser au plan transnational. Une publication hollandaise à propos des femmes et de leurs stratégies politiques datant de 1990 illustre bien cette situation, car les auteurs et les stratégies se concentrent uniquement sur le système national. Seules quelques petites remarques éparpillées font référence aux aspects internationaux ou transnationaux des stratégies possibles (Dorsman et Goudt 1990). D'autres complications peuvent apparaître si une organisation non gouvernementale internationale est incapable d'établir un consensus entre ses affiliés nationaux, ou n'est pas suffisamment soutenue par des acteurs nationaux.

Dans ce contexte, le fait que différentes générations de femmes aient pris différentes orientations transnationales dans les années 1970 et 1980 est important. Les femmes actives dans les organisations non gouvernementales internationales mises sur pied par la « première vague » des mouvements féministes étaient favorables à la voie transnationale et ont utilisé le statut consultatif de leurs organisations pour influencer la prise de décision dans les arrangements intergouvernementaux. Les réseaux internationaux de femmes créés par « la seconde vague » des mouvements féministes se sont engagés dans la voie transnationale avec des attitudes et stratégies assez différentes et plus autonomes face aux arrangements intergouvernementaux (Reinalda 1989, chapitre 18). Cette différence d'orientation vaut aussi pour l'Union européenne. Ce sont les premières générations de femmes, actives dans la première vague plutôt que dans la seconde, qui ont favorisé la voie transnationale à l'égard de l'Union européenne, tandis que les générations plus jeunes ont, au départ, manifesté peu d'intérêt pour la tentative d'influencer cette entité internationale « masculine ».

LES ARRANGEMENTS INTERGOUVERNEMENTAUX ET LA PARTICIPATION DES FEMMES

Les femmes ont été à la fois sujets et objets des relations internationales, comme le prouvent leur entrée dans les arrangements intergouvernementaux ainsi que les actions prises par ces arrangements.

La lutte politique

L'entrée des femmes dans les arrangements intergouvernementaux, qui par leur origine et leurs structures (personnel, perspective, comportement) sont typiquement masculins, a été le résultat d'une lutte politique. Comme le démontre la recherche historique, on peut dire que les femmes ont percé ces bastions masculins et ont commencé à y jouer un rôle propre. Comme « sujets » des relations internationales, les femmes ont transformé, par leur présence, leur situation d'« exclusion » en « présence ». Cette lutte permanente a débuté lors des fameuses Conférences internationales de la paix de 1899 et 1907 à La Haye, où les femmes ont promu leurs revendications spéci-

fiques de manière active et ouverte. Le « lobby »
international des femmes de 1919 a entraîné l'insertion d'un article dans le Pacte de la Société des
Nations. Cet article stipulait qu'à tous les échelons
de la Société — ou en relation avec la Société — y
compris au sein de son secrétariat, les postes seraient
ouverts autant aux femmes qu'aux hommes. Bien
que banal, cet article était d'une importance fondamentale, parce qu'il accordait aux femmes la possibilité officielle de s'engager au niveau global dans
les arrangements intergouvernementaux et de se battre pour toutes sortes d'objectifs, parmi lesquels la
reconnaissance de droits et de rôles égaux. Et c'est
bien ce que les femmes firent : elles s'engagèrent
dans presque tous les débats politiques. Dans notre
étude sur l'histoire du mouvement international des
femmes et des organisations internationales entre
1868 et 1986, Verhaaren et moi-même avons trouvé
quinze organisations intergouvernementales avec un
ou plusieurs « comités de femmes », ou des organes
semblables. Nous avons répertorié trois cent trente-
six organisations et réseaux internationaux de femmes qui ont été actifs durant cette période (les deux
tiers ont pu être identifiés comme étant des acteurs
transnationaux réellement actifs), et soixante et un
d'entre eux ont reçu un statut consultatif dans une ou
plusieurs organisations internationales (Reinalda et
Verhaaren 1989 : 415-435).

L'entrée des femmes dans de tels arrangements était
liée aux problématiques suivantes :
– la reconnaissance des organisations internationales

féminines et, plus récemment, la reconnaissance des réseaux de femmes ;
- leur statut officiel à l'intérieur ou en rapport avec un arrangement ;
- la création de comités consultatifs ou autres chargés des « questions féminines », ou la création de « comités de femmes » ;
- la participation des femmes au sein du personnel, des organes spécifiques et des délégations nationales ;
- les possibilités officielles qu'ont les femmes d'influencer les décisions (possibilités relativement étendues, mais inefficaces, au sein de la Société des Nations ; formellement restreintes mais, plus efficaces, au sein du Conseil économique et social des Nations unies) ;
- la politique de coalition avec d'autres organisations non gouvernementales, des gouvernements (efficaces au sein de la Société des Nations et, quelquefois, durant la Décennie de la femme des Nations unies) ou des régions (la décision des Nations unies d'organiser une Année internationale de la femme était le résultat d'une coalition entre les femmes et des représentants du tiers-monde) ;
- la transformation du caractère « masculin » de cet arrangement.

Formes inattendues de l'influence des femmes

Voici quelques exemples « d'entrée précoce » des femmes dans des arrangements intergouvernementaux, dans le sens d'une création de mécanismes assez durables, permettant aux femmes d'y participer, parfois depuis le début de leur existence : la Société des Nations (1919) et les Nations unies (1945), le BIT (1919) et l'ancêtre de l'OEA (qui en 1928 avait créé la première instance officielle des femmes, à savoir la Commission inter-américaine des femmes). La Conférence (aujourd'hui l'Organisation) pour la Sécurité et la Coopération en Europe est un exemple manifeste de « non-entrée » des femmes. L'Union européenne telle que construite en 1957 pourrait être considérée comme un exemple d'entrée relativement « tardive » des femmes, car elle n'a introduit des mesures pour favoriser leur participation qu'en 1974, et sous une forme *ad hoc* uniquement.

La forme la plus remarquable d'entrée des femmes dans l'Union européenne est l'interaction entre la Commission des droits des femmes du Parlement européen (créée pour la première fois en 1979) et la Commission européenne. Depuis 1979, cette Commission du Parlement européen a produit des analyses approfondies de la situation des femmes dans la Communauté européenne (aujourd'hui l'Union), et a formulé des revendications particulières. La Commission européenne a répondu à ces analyses et revendications en élaborant des programmes de politiques publiques à moyen terme au sujet de l'égalité de traitement pour les femmes et les hommes. La Commission du Parlement européen a réagi à son tour à la mise en œuvre de ces programmes par des évaluations, de nouvelles analyses et de nouvelles demandes. Cette relation à long terme entre une commission « parlementaire » et l'organe le plus important de l'Union, la Commission européenne, peut être caractérisé comme un modèle d'action-réaction entre interlocuteurs. C'est une forme de coopération unique en son genre, et c'est peut-être le mécanisme le plus important en ce qui concerne les revendications des femmes au sein de l'Union. Mais cette coopération serait menacée si le mandat de la Commission du Parlement européen devait ne pas être renouvelé, puisque cette commission ne fonctionne pas sur une base permanente.

La réglementation internationale

Les femmes sont également les « objets » de débats et d'actions sur le plan international. Ces débats à l'intérieur des arrangements internationaux portent sur la position juridique, économique, politique ou culturelle des femmes et des hommes. Les actions sont basées sur des décisions spécifiques qui se sont matérialisées sous la forme d'une variété de traités, pactes, chartes, conventions, accords, déclarations, directives, politiques publiques, recommandations et résolutions, d'importance variable. Ces actions englobent également les mesures prises pour soutenir la mise en œuvre de ces décisions. Elles incluent les processus de contrôle, d'évaluation et de juridiction internationale, ainsi que l'appui plus pratique qui peut être accordé aux gouvernements ou aux acteurs non gouvernementaux pour faire fonctionner ces politiques internationales au niveau national ou infranational. Chaque arrangement intergouvernemental a son propre mode de fonctionnement et offre aux acteurs transnationaux quelques possibilités de participer, directement ou indirectement, ouvrant ainsi plus ou moins de possibilités d'action pour les femmes. Chaque arrangement dispose également d'instruments divers pour prendre ses propres décisions politiques. Parfois, une décision est prise par simple résolution, parfois on choisit un instrument « plus lourd », comme une convention ou une directive. Verhaaren et moi-même avons trouvé qu'entre 1890 et 1986, trois cent cinquante-cinq conventions multilatérales ont été conclues qui, d'une manière ou d'une autre, touchent à la question de la position des femmes (Reinalda et Verhaaren 1989 : 436-456).

Les actions des différents arrangements intergouvernementaux sont souvent interreliées, puisqu'il n'est pas nécessaire que chacun réinvente à chaque fois les mêmes normes. Les organisations internationales ou leurs organes coopèrent ou se réfèrent aux politiques, décisions ou normes des autres. C'est le cas au sein de ce que l'on appelle la « famille des Nations unies », mais aussi entre les organisations des Nations unies et les organisations régionales telles que l'OEA ou le Conseil de l'Europe. Par exemple, l'Union ne dispose pas de mécanismes propres pour la protection des droits de l'Homme, mais se réfère à ceux du Conseil de l'Europe ou des Nations unies. Assez souvent, ces organisations se réfèrent explicitement aux actions des autres, à la fois pour les décisions qu'elles ont déjà prises, et pour les décisions en cours. Les acteurs transnationaux doivent être conscients de cette interpénétration, aussi bien dans leur réflexion stratégique que tactique. La plupart du temps, le mouvement international des femmes a été tout à fait conscient de ce phénomène. À certains moments, il a été capable de jouer les organisations les unes contre les autres mais, à d'autres moments, il a été écarté de la prise de décision. Aujourd'hui, la politique et l'opinion publique de nombreux pays sont conscientes du fait que plusieurs conventions internationales tentent d'influencer la position des femmes et des hommes.

Le changement politique

Comme « objets » des relations internationales, les femmes ont connu un long cheminement pour accéder à une reconnaissance de l'égalité des droits et des chances au niveau intergouvernemental. Pendant ce laps de temps, tant les idées que la définition des standards internationaux ont évolué. La recherche historique montre que le principe d'égalité intégrale entre femmes et hommes avait déjà été revendiqué au niveau international en 1868 par Marie Goegg, une des premières femmes à avoir été active dans les organisations internationales au même titre que les hommes. La lutte politique en faveur de cette revendication au sein des arrangements intergouvernementaux — mécanismes de toute façon plus « lents » que les mécanismes de prise de décision nationaux — a été un enjeu de long terme et a connu plusieurs changements qualitatifs. Ce débat global sur les droits des femmes a connu différentes phases qui peuvent être décrites comme suit : protection spéciale des femmes / égalité des droits / non-discrimination / égalité des rôles et des chances. Il a fallu quelque soixante ans pour que ce débat soit pleinement reconnu sur le plan international, et avec lui le changement de cap assez extrême, passant de la protection spéciale des femmes (c'est-à-dire une inégalité) à l'égalité des rôles et des chances : soit depuis l'article susmentionné du Pacte de la Société des Nations en 1919, jusqu'à la convention des Nations unies de 1979 sur la discrimination des femmes (Reinalda et Verhaaren 1989 : 183-185 ; Whitworth 1994). Même aujourd'hui, ce principe de l'égalité n'est toujours pas pleinement concrétisé dans de nouvelles réglementations ou pratiques.

La reconnaissance formelle de l'*égalité des droits,* à savoir l'extension aux femmes de tous les droits accordés aux hommes, a été le premier objectif dans ce débat jusqu'en 1966. La Société des Nations avait refusé explicitement une telle reconnaissance, contrairement à l'ancêtre de l'OEA et au BIT, qui défendaient déjà dans les années 1920 et 1930 des principes très progressistes. Au sein des Nations unies, on peut constater une lente progression, depuis les bonnes intentions du début et de la convention sur les droits politiques de 1952, aux deux conventions sur les droits de l'Homme de l'ONU datant de 1966, qui reconnaissent l'égalité des droits entre hommes et femmes. L'acceptation de la *non-discrimination* est un second exemple de cette évolution. Le BIT a été la première organisation inter nationale à utiliser le mot discrimination dans ce contexte (en 1937), et à articuler en 1944 le principe fondamental de non-discrimination, tous deux repris dans des termes plus généraux par les Nations unies en 1945 et en 1948. Ce principe a ensuite été élaboré davantage au sein de la famille des Nations unies dans quelques conventions interreliées du BIT, de l'Unesco et des Nations unies, durant la période 1958-1965. En 1967, les Nations unies hésitaient toujours à reconnaître pleinement les conséquences de la discrimination envers les femmes. Au lieu d'une convention et d'une position de principe, les Nations unies se sont limitées à une déclaration (un instrument beaucoup plus faible) et à une condamnation morale de la discrimination envers les femmes. Des débats au sein du BIT à la fin des années 1960 et au début des années 1970 ont constitué un élément essentiel pour les progrès suivants et pour la transition de la troisième à la quatrième phase (le passage de la non-discrimination à l'*égalité des chances*). Les organisations féminines ont alors réussi à introduire dans les débats le thème de la « protection spéciale » des femmes et de la discrimination engendrée par les responsabilités familiales. Elles ont réussi à changer la position traditionnelle du BIT, qui voulait que les travailleuses aient besoin d'une protection spéciale, en une « position moderne » moins rigide durant les années 1960, qui fut suivie par une « révision » complète en 1975 en faveur d'une « protection égale » des femmes et des hommes. Ce succès a débarrassé le BIT du fardeau d'une protection obsolète et a éliminé un obstacle important à l'acceptation de la convention des Nations unies sur la discrimination envers les femmes de 1979. Ce résultat est d'autant plus intéressant que des femmes syndicalistes britanniques avaient défendu l'idée d'une « protection égale » au sein du BIT déjà en 1919, mais celle-ci avait été fortement rejetée, parce que les politiciens de l'époque considéraient la protection spéciale des femmes comme une nécessité. Toutefois, vers 1975 et 1979, la conception moderne de l'égalité avait gagné la majorité. La convention des Nations unies de 1979 constitue un point culminant dans les débats sur l'égalité des droits et la non-discrimination ; cette convention marque également la pleine reconnaissance en 1970, par la Commission des Nations unies sur le statut des femmes, que l'égalité juridique est insuffisante et qu'il faut la compléter par l'égalité des rôles et des chances. En ce qui concerne les acteurs transnationaux et les arrangements intergouvernementaux, on peut conclure que la définition de standards internationaux concernant les femmes et les hommes a été le résultat de changements, plus précisément de changements lents, et de la persévérance politique d'acteurs transnationaux (notamment des principales organisations internationales de femmes qui ont fait ce travail de définition).

Pressions économiques et articulation politique

Les succès de ces acteurs transnationaux peuvent être expliqués de manière générale par la volonté croissante, au cours du XXᵉ siècle, d'utiliser plus efficacement les moyens de production, ainsi que par l'embauche d'un nombre croissant de travailleuses. Tant l'internationalisation de la production mondiale que le « lobby » en faveur d'une liberté de commerce à l'échelle globale ont exercé des pressions sur les forces économiques globales. L'expression politique de cette tendance économique dans les arrangements socio-économiques de la Société des Nations et du système des Nations unies devient apparente autour de la période de la Seconde Guerre mondiale. La Charte atlantique de 1941, la Déclaration de Philadelphie du BIT de 1944, et les accords de Bretton Woods étaient l'expression d'une idée sur la coopération économique de l'après-guerre consistant à éliminer toutes les entraves à une production et une distribution économiques mondiales, y compris les barrières à l'insertion sur le marché du travail. La non-discrimination et l'égalité des chances, à la fois dans une perspective de genre et dans une optique plus générale, sont les conséquences logiques de cette tendance économique, mais seulement une fois que ces principes furent articulés politiquement à un niveau intergouvernemental par des acteurs transnationaux comme les organisations féminines, les syndicats ou les mouvements des droits civils. À côté de ces forces globales, il existe des forces antagonistes à un niveau national ou infranational sous forme d'idées traditionnelles et de réglementations concernant les relations de genre, idées qui prédominent encore dans les sociétés nationales, et qui restreignent l'accès des femmes à l'emploi et à des rôles égaux dans la sphère publique. Du point de

vue de l'économie globale, ces restrictions sont indésirables, et en fin de compte insoutenables. Ces conceptions traditionnelles se reflètent également dans les
arrangements internationaux, comme le montre l'idée
d'une protection spéciale pour les femmes. Mais cet
exemple montre aussi que, au fil du temps, ces perspectives ont perdu de leur importance dans les compromis négociés au niveau international. Ces tensions
entre des forces novatrices et des forces conservatrices
ne sont pas qu'un sujet de débat moral — même si
elles ont, en effet, une dimension morale — mais bien
une question de changement économique et politique
dans un monde interdépendant.

LA MISE EN ŒUVRE DES POLITIQUES PUBLIQUES INTERNATIONALES

Les moyens de contrôle

Étant donné l'importance de la mise en œuvre des
politiques internationales dans un monde interdépendant, les moyens de contrôle du processus de mise en
œuvre sont eux aussi importants. Ils se basent tous sur
l'esprit d'ouverture et de franchise, qui nécessite que
l'information soit accessible et qu'elle soit diffusée
sur le plan international. En général, des procédures
spéciales permettant d'« être au courant de ce qui se
passe » sont définies et incorporées directement dans

les traités ou programmes internationaux. En principe, ces traités présenteront les procédures et les plannings permettant de contrôler le processus et, au besoin, de l'ajuster. Cette méthode peut prendre la forme de rapports réguliers (tous les ans ou tous les deux ans) et de formes d'évaluations. Le but du contrôle *(monitoring)* est d'assurer que la mise en œuvre fonctionne, et si ce n'est pas le cas, de désigner ceux qui ne se plient pas aux règles (qui seront embarrassés d'être ainsi montrés du doigt et de perdre leur bonne réputation), ou de discuter les problèmes spécifiques et de prendre des décisions supplémentaires ou des mesures adéquates, permettant de déboucher ultérieurement sur la mise en œuvre.

Les traités internationaux plus anciens ne sont pas très explicites sur ce point, en raison du principe traditionnel qui voulait que des forces externes n'interfèrent pas dans les affaires internes. Une comparaison entre les traités des Nations unies les plus anciens et les plus récents concernant les femmes révèle que, dans les traités récents, l'on trouve des articles plus détaillés sur les moyens de contrôle, et que l'idée du contrôle en tant que telle est de plus en plus acceptée. Ces nouveaux articles contiennent souvent des dispositions précises, par exemple, au sujet des données quantitatives pertinentes à récolter et à présenter régulièrement. Ces dispositions visent également à faciliter les comparaisons internationales et, si nécessaire, les réajustements de l'information. La quantité d'informations récoltées au cours de ces procédures peut se révéler problématique lorsque la capacité de l'instance internationale à analyser toutes ces informations dans les délais prévus est insuffisante. Il arrive souvent que des données soient disponibles, mais qu'elles ne puissent pas être analysées pour cette simple raison. Mais ici aussi, il est possible de trouver des solutions créatives en sélectionnant certains enjeux ou en définissant des plannings plus simples. Quelquefois, des comités spéciaux sont créés pour examiner et discuter les résultats de politiques internationales et pour soumettre des rapports réguliers à l'arrangement intergouvernemental. Le CEDAW (Comité pour l'élimination de la discrimination envers les femmes), découlant de la convention des Nations unies de 1979, est un exemple en la matière.

Les pressions politiques

L'information transmise par les gouvernements dans les procédures de contrôle pose des problèmes particuliers du fait que les gouvernements ont une tendance naturelle à déclarer qu'une politique est en cours de réalisation, et que la situation au niveau national s'est améliorée. Une méthode structurelle pour corriger cette vision unilatérale existe au sein du BIT qui fonctionne sur une base tripartite. Les rapports du BIT reposent sur trois points de vue — celui des gouvernements, celui des syndicats et celui des employeurs. Ces trois rapports peuvent ainsi se corriger les uns les autres, ce qu'ils font d'ailleurs en général. Une autre solution envisageable consiste à utiliser de l'information provenant d'une source extérieure. Cette

méthode est adoptée par les acteurs non gouvernementaux, dans l'espoir que les arrangements intergouvernementaux entérineront les résultats de leurs
analyses critiques. Ce modèle, connu sous le nom de
« modèle d'Amnesty International », repose sur l'idée
de présenter aux autorités nationales, aux arrangements intergouvernementaux et à l'opinion publique
une contre-information incontestable sur la situation
dans un pays. La première étape consiste à recueillir
une contre-information, la deuxième à en faire un usage
efficace dans les arrangements internationaux. À l'intérieur des Nations unies, le groupe d'action surveillant
les droits des femmes (*Women's Rights Action Watch*)
a recours à ce modèle au sein du CEDAW (Wetzel
1993 : 197).

L'action juridique internationale

Lorsque les politiques intergouvernementales ne se
concrétisent pas et que des pressions supplémentaires
s'avèrent inefficaces, l'action juridique internationale
peut être profitable étant donné que de telles dispositions existent. La Commission européenne, par exemple, peut faire appel à la Cour européenne de justice
lorsque la mise en œuvre d'une politique par les États
membres pose problème. Cette procédure peut être
engagée sur la base d'informations récoltées par la
Commission elle-même, ou parce qu'un particulier
s'est plaint de la non-application, dans les politiques
publiques nationales, des principes fixés dans les di-

rectives de l'Union. Ce qui est intéressant dans cette procédure, c'est que les États membres finissent par accepter les décisions de la Cour européenne, même s'ils prennent leur temps pour le faire (Landau 1985 ; Hoskyns 1986). Dans le cas de non-application de conventions internationales, les particuliers peuvent faire usage de deux procédures de plainte supplémentaires, même si les conventions en question ne sont pas de nature supranationale comme les directives européennes. Il s'agit d'une part de la convention des Nations unies de 1966 sur les droits civils et politiques, et d'autre part, de la convention du Conseil de l'Europe de 1950 sur la protection des droits de l'Homme et des libertés fondamentales. L'idée est que les organisations non gouvernementales et des groupes de personnes auront également la possibilité de se plaindre en invoquant la convention du Conseil de l'Europe de 1950. Dans les deux cas, il y une réelle chance pour que les décisions internationales aient un impact sur la situation dans les pays en question. Le côté négatif de l'action juridique internationale vient de ce que les procédures sont souvent longues et inaccessibles. Néanmoins, des acteurs transnationaux peuvent jouer un rôle d'appui en transmettant les informations nécessaires à travers les procédures légales des instances intergouvernementales.

Les répercussions

Les résultats des procédures de mise en œuvre peuvent avoir des répercussions sur les arrangements internationaux eux-mêmes, par exemple, en affinant ou en modifiant les procédures ou les décisions. Les jugements de la Cour européenne n'ont pas seulement affecté les situations nationales, mais également le mécanisme de l'Union en matière d'égalité de traitement. Durant les années 1980, les procès basés sur les trois directives européennes concernant les femmes ont donné lieu à une jurisprudence qui a affiné les directives existantes en matière d'égalité de traitement entre hommes et femmes, au lieu de créer de nouvelles directives (ces directives sont donc « approfondies » plutôt qu'« élargies »). Des expériences subventionnées par les fonds de l'Union pour encourager la mise en œuvre de certaines politiques peuvent également avoir des répercussions sur l'arrangement lui-même, car les résultats des expériences à petite échelle sont utilisés pour développer de nouvelles orientations en matière de politique publique.

Il peut y avoir une interaction au niveau national entre des politiques publiques mises en œuvre par divers arrangements internationaux. Au niveau national, cette interaction peut déboucher sur un résultat positif ou négatif. Ainsi, les travailleuses des Pays-Bas actives dans les syndicats avaient-elles trouvé un soutien à leurs actions dans la convention n° 100 du BIT et, plus tard, dans les années 1960 et 1970, dans les décisions de la Communauté européenne sur l'égalité de salaire. Cependant, leur action a été entravée en raison des divergences entre les politiques globales et les politiques régionales, le gouvernement ayant exploité les contradictions existantes pour retarder la mise en œuvre. Le débat à propos des paragraphes sociaux et des conséquences, en termes de genre, à l'intérieur de l'Organisation mondiale du commerce et de la NAFTA en tant qu'accords de libre-échange, illustrent également les effets positifs ou négatifs de l'interaction entre les deux niveaux. Même si l'égalité de traitement n'est pas contestée, il se peut que des actions positives destinées à contrebalancer des causes structurelles ou à éliminer des conséquences indésirables, soient considérées comme des entraves au libre-échange.

L'UNION EUROPÉENNE ET LES FEMMES

Le changement politique

L'Union européenne en tant qu'organe international est un bon exemple de l'interaction entre les politiques publiques nationales et internationales. En raison de son autorité partiellement supranationale et de ses procédures d'harmonisation, elle est même mieux équipée que les organes intergouvernementaux pour faire fonctionner des politiques communes. Malgré son statut d'entité politique, la Communauté européenne se limitait à son origine à des politiques économiques. La dimension sociale était très faible et l'émancipation ne faisait pas partie de ses objectifs. L'article 119 du Traité de Rome de 1957, avec sa formulation très restrictive du principe du « salaire égal pour un travail égal », est la seule disposition qui fait référence aux femmes ; et tant sa formulation que son contexte sont trop faibles pour que l'on puisse considérer l'article 119 comme ayant une réelle visée émancipatrice. Entre 1957 et 1973, l'Union n'a pas participé au débat global sur l'égalité mentionné plus haut. L'égalité ne figurait pas sur son agenda politique, et l'Union est restée loin derrière la tendance générale par rapport aux principes discutés dans le contexte de l'article 119. La Communauté constitue également un exemple de non-entrée des femmes. Ce que Buckley et Anderson désignent comme une « heureuse coïncidence de la création de la Communauté économique européenne et de la montée de la deuxième vague du féminisme » (1988 : 5-6) semble incorrect. Un changement inattendu des mentalités est survenu en 1974 avec la résolution du 21 janvier sur le programme d'action sociale pour la Communauté européenne. Celui-ci reprenait la formulation fondamentale et plus générale du principe d'un « salaire égal pour un travail de valeur égale » proposée par le BIT et mentionnait également la relation entre le travail salarié et les responsabilités familiales. Cette résolution a été le premier document de la Communauté à reconnaître la signification sociale et politique de l'égalité entre hommes et femmes et elle a été suivie, en 1975-1978, par les trois directives bien connues sur l'égalité de salaire, l'égalité de traitement et la sécurité sociale.

Cette rupture peut être expliquée par quatre facteurs politiques. Premièrement, la présence d'un petit groupe de femmes, dont certaines occupaient des positions

officielles (une forme de féminisme « inter-étatique »),
qui se battaient pour l'égalité au sein de la Communauté. Jacqueline Nonon en a été l'instigatrice principale : elle a repris les travaux de recherche menés
pour la Communauté par Evelyne Sullerot et a mis à
profit ses propres capacités stratégiques et tactiques
au sein de la Direction générale pour l'emploi et les
affaires sociales. En deuxième lieu, le souhait explicite de la Communauté de l'époque d'obtenir plus de
soutien de la part du public, en particulier du côté des
travailleurs, en activant le champ social. Toutefois,
cette mission ne fut pas accomplie par le mouvement
syndical en raison de son manque de vision à propos
du processus d'intégration européenne. Troisièmement,
l'élargissement de la Communauté en 1973 à la
Grande-Bretagne, à l'Irlande et au Danemark, signifiait un changement drastique dans le personnel et les
instances dirigeantes de la Direction générale. Lorsque
quelques fonctionnaires « vieille école » furent rem-
placés, Nonon eut davantage de marge de manœuvre,
qu'elle sut utiliser en dépit des entraves bureaucratiques. Quatrièmement, il y eut à l'arrière-plan le
soutien de la « seconde vague » du mouvement des
femmes dans les États membres, qui ne joua pourtant
qu'un rôle indirect. Ces jeunes femmes n'étaient pas
particulièrement intéressées par la Communauté. Dans
ce contexte, le succès de Nonon a été dépendant plus
directement d'une coalition de quelques femmes favorables à l'intégration européenne, ainsi que des actions
de quelques femmes (comme Ursula Hirschmann et
Eliane Vogel-Polsky) et du groupe de femmes — res-

treint mais relativement actif — au sein de la Confédération européenne des syndicats, nouvellement créée. Cette coalition elle-même était faible mais, étant donné la situation, juste assez forte pour appuyer la Commission et aider à faire accepter les deuxième et troisième directives (par exemple, Reinalda et Verhaaren 1989, chapitre 20). Ces facteurs — une poignée de femmes favorables à l'égalité agissant de manière appropriée dans une situation de changement organisationnel et culturel, l'échec d'un autre acteur et un soutien tout juste suffisant — expliquent le brusque « saut » de la Communauté d'une absence d'intérêt pour l'égalité des hommes et des femmes, à la mise en place de standards et d'instruments internationaux forts (directives), qui ont été utilisés pour changer les lois et les réglementations nationales.

Les limites

Toutefois, on peut cerner les limites de cette nouvelle situation. Tout d'abord, en tant qu'actrices transnationales, les femmes n'ont acquis qu'une influence limitée au sein de l'Union. Leur entrée a été à la fois tardive et limitée (elle s'est faite surtout dans le domaine social), ce qui les a empêchées d'atteindre une position forte au sein de l'organisation dans son ensemble. Pendant la préparation du programme d'action 1996-2000, les organisations non gouvernementales n'ont pas été consultées. La commission du Parlement européen mentionnée plus haut est sans doute le canal d'influence le plus efficace pour les femmes. Même si les femmes sont relativement bien représentées au Parlement européen en comparaison avec les parlements nationaux, leurs capacités d'influence dépendent d'un nombre relativement limité de femmes et d'un appui restreint de la part de leurs bases nationales (Valance et Davies 1986). Peu de femmes de la seconde vague se sont intéressées à « Bruxelles » — le lobby des femmes européennes est par conséquent faible (Hoskyns 1991) — et les femmes en Europe (en particulier en Scandinavie) qui regardent au-delà des directives sont plus critiques qu'encourageantes. Un second point faible réside dans le fait que les politiques de l'Union européenne concernant les femmes et les hommes (à la fois les directives et les programmes politiques) sont limitées dans leur portée et dans leurs effets. Les directives peuvent paraître impressionnantes parce qu'elles ont forcé les États membres à élaborer une législation plus active, mais elles n'apportent rien d'autre aux femmes qu'une plus grande égalité formelle avec les hommes et elles n'ont que peu d'impact sur les causes structurelles de la discrimination sexuelle au-delà du monde du travail. Selon Mazey (1988 : 77, 82), les politiques de l'Union ont eu un effet mineur sur le problème de la discrimination sexuelle sur le marché du travail, et en termes de réduction des différences de salaire entre hommes et femmes. D'ailleurs, le nombre de directives n'est guère impressionnant — dix directives étaient prévues sur une courte période, dont six seulement ont été édictées — et l'appui matériel des programmes politiques reste modeste. L'égalité de traitement au sein de l'Union est un sujet qui reste essentiellement limité à la sphère du travail salarié (sa base reste l'article 119 original ; même la violence contre les femmes est en fin de compte considérée comme un obstacle au salaire égal). Ni la Charte communautaire de 1989 sur les droits sociaux fondamentaux des travailleurs, ni le Livre blanc de 1994 sur la politique sociale européenne, ne vont beaucoup plus loin, même si le Livre blanc contient quelques remarques sur l'accélération de la participation des femmes dans la prise de décision. Une troisième limite réside dans le fait que la plupart des initiatives européennes sont aveugles à la dimension du genre et conduisent à des effets négatifs pour les femmes. Dans cette optique, l'égalité de traitement pour les hommes et les femmes est perçue comme un problème social indépendant de leurs secteurs. À cause de cet aveuglement, le projet de « marché interne » (« Europe 1992 ») risque de conduire à une plus forte ségrégation entre les sexes, de restreindre les possibilités pour les femmes d'acquérir leur indépendance économique, d'augmenter les obstacles pour les femmes dans l'accès à la sécurité sociale, et de produire une plus forte marginalisation et une détérioration des conditions de vie des femmes noires et des immigrantes, comme le conclut van der Vleuten dans son étude critique sur l'Union européenne. Elle recommande que les femmes se manifestent elles-mêmes davantage, et mieux, à l'intérieur et autour de l'Union européenne (van der Vleuten 1993 : 161-165). En d'autres termes, les femmes doivent faire un meilleur usage de leur participation, tant par la voie transnationale que par les canaux nationaux.

Ces trois limites font qu'il est difficile de considérer l'Union comme véritable émancipatrice des femmes. La rupture de 1974 a été une tentative de combler quelques-uns de ses retards par rapport aux autres arrangements intergouvernementaux qui avaient déjà élaboré des politiques d'égalité. En ce sens, cette tentative a réussi, mais ce succès a en même temps été limité en raison de son envergure restreinte et de sa mise en œuvre insuffisante. Comme le souligne Glasner, « il n'y a pas de raisons d'autosatisfaction, et il reste nécessaire pour ceux qui veulent faire prendre conscience du problème, de remettre en question les pratiques existantes et d'exiger une mise en œuvre effective de la politique afin de protéger et d'améliorer la position des femmes » (1992 : 97). Dans l'interaction entre les processus politiques national et international, le débat sur l'égalité dans l'Union n'a pas résulté d'une *dea ex machina*, mais de *feminae in machina*. Toutefois, comme l'écrit Glasner, « la présence des femmes à elle seule n'est pas une condition suffisante pour assurer que les intérêts des femmes soient pris au sérieux », mais, selon Vallance, elle « aide indubitablement, car personne ne se bat pour défendre les intérêts d'autrui, et rien ne devient un enjeu politique tant que sa signification en termes électoraux n'a pas été démontrée » (1992 : 98).

BOB REINALDA

RÉFÉRENCES

BUCKLEY, Mary et ANDERSON, Malcolm (ed.) (1988). *Women, Equality and Europe*. Houndmills : MacMillan.

DONNELLY, Jack (1993). *International Human Rights*. Boulder, CO : Westview Press.

DORSMAN, W. et GOUDT, M. (ed.) (1990). *Vrouwen en Politieke Strategieën*. Leiden : Burgerschapskunde.

EVANS, R. J. (1985). *The Feminists*. Londres : Croom Helm.

GILPIN, Robert (1987). *The Political Economy of International Relations*. Princeton NJ : Princeton University Press.

GLASNER, A. (1992). « Gender and Europe : Cultural and Structural Impediments to Change », in J. Bailey (ed.). *Social Europe*. Londres : Longman.

HOSKYNS, Catherine (1986). « Women, European Law and Transnational Politics ». *International Journal of the Sociology of Law*.

HOSKYNS, Catherine (1991). « The European Women's Lobby ». *Feminist Review* (été).

HOSKYNS, Catherine (1992). « Women, Transnational Politics and European Community Law ». Contribution présentée à la *ECPR International Relations Conference*, Heidelberg.

KEOHANE, Robert Owen et NYE, Joseph S. (1977, 1989). *Power and Interdependence*. Boston : Scott, Forman and Company.

KRASNER, Stephen D. (ed.) (1983). *International Regimes*. Ithaca : Cornell University Press.

LANDAU, Eve C. (1985). *The Rights of Working Women in the European Community*. Bruxelles : Commission of the European Communities.

MAZEY, S. (1988). « The European Union Action on Behalf of Women : The Limits of Legislation ». *Journal of Common Market Studies* (septembre).

MITTER, S. (1986). *Common Fate, Common Bond*. Londres : Pluto Press.

ONSTENK A. et DIJK, N. van (1992). *Vijf Richtlijnen voor Vrouwen*. Leiden : Burgerschapskunde.

OPHUYSEN, T. (1994). *Vrouwen in Europa*. Leiden : Burgers-chapskunde.

REINALDA, Bob et VERHAAREN, N. (1989). *Vrouwenbeweging en Internationale Organisaties 1868-1986*. De Knipe : Ariadne.

SOROOS, M.S. (1989). *Beyond Sovereignty*. Columbia, SC : University of South Carolina Press.

SPERO, Joan Edelman (1990). *The Politics of International Economic Relations*. Londres : Unwin Hyman.

STIENSTRA, D. (1994). *Women's Movements and International Organisations*. New York : St Martin's Press.

VALANCE, E. et DAVIES, E. (1986). *Women of Europe*. Cambridge : Cambridge University Press.

VALTICOS, Nicolas (1985). « International Labour Standards and the World Community ». *International Geneva 1985*. Genève : Payot.

VAN DER VLEUTEN, Anna M. (1993). « De belangen van vrouwen in een grenzen-loos West-Europa », thèse non publiée, Université de Nijmegen.

WETZEL, Janice Wood (1993). *The World of Women*. Houndmills : Macmillan.

WHITWORTH, Sandra (1994). « Gender, International Relations and the Case of the ILO ». *Review of International Studies*.

TROISIÈME PARTIE

THÉORISATIONS DU RAPPORT PUBLIC-PRIVÉ

9

Le genre, le public et le privé[1]

Les concepts de sphère publique et de sphère privée sont au centre de la pensée politique occidentale depuis au moins le XVIIᵉ siècle. On peut même, dans un sens, faire remonter leurs origines à la pensée grecque classique[2]. Aujourd'hui, la théorie politique dominante (contrairement à la théorie politique féministe) continue de les utiliser comme s'il s'agissait d'objets relativement peu problématiques. Les principaux arguments mis en avant dans les débats contemporains sont fondés sur l'idée qu'il est facile de distinguer les enjeux publics des questions privées, en d'autres ter-

1. Traduit et reproduit avec la permission de Blackwell Publishers.
2. Je limiterai mon analyse aux théories occidentales et aux cultures desquelles elles émanent. Pour une intéressante étude comparative du concept de droit à la vie privée *(« privacy »)* et de la dichotomie entre public et privé (qui prend également en compte les théories et pratiques des Grecs anciens, des Hébreux, des Chinois anciens, ainsi que celles des Eskimos contemporains), voir Barrington Moore Jr. (1984). D'après Moore, bien que ce qui relève du privé et la manière dont celui-ci est valorisé diffère d'une société à une autre, « il apparaît très probable que toutes les sociétés civilisées ont conscience du conflit entre les intérêts publics et privés », et il ne trouve aucune société qui ne valorise pas d'une manière ou d'une autre la vie privée.

mes, que nous avons de bonnes raisons de séparer ce qui est personnel ou privé de ce qui est politique. Parfois explicitement, mais plus souvent implicitement, on perpétue ainsi l'idée que ces sphères sont si distinctes et si différentes l'une de l'autre que les questions publiques ou politiques peuvent être traitées séparément des questions privées ou personnelles. Comme je le démontrerai dans ce texte, cette conception n'est pas soutenable, à moins de faire abstraction d'arguments féministes tout à fait convaincants.

La recherche féministe dans diverses disciplines a introduit une nouvelle catégorie analytique, à savoir le genre, qui soulève de nombreuses questions concernant les distinctions entre les sphères publique et privée. Le « genre » fait référence à l'institutionnalisation sociale des différences sexuelles ; il s'agit d'un concept utilisé par celles et ceux qui considèrent comme socialement construite non seulement l'inégalité sexuelle, mais également la différenciation entre les sexes. Jusqu'à présent, la recherche féministe a été plutôt marginalisée à l'intérieur de la théorie politique, comme c'est encore un peu le cas en histoire. Cette tendance contraste avec la place centrale que la perspective féministe occupe aujourd'hui dans la théorie littéraire. Néanmoins, comme je vais tenter de le montrer ici, cette marginalisation ne pourra continuer qu'au détriment de la théorie politique, de sa cohérence, de son étendue et de sa crédibilité.

Il y a une certaine ironie en cela. La « renaissance » de la théorie politique normative a coïncidé avec celle du féminisme, ainsi qu'avec de grands changements dans la famille, tant dans son fonctionnement que dans ses relations avec le reste de la société — et ce n'est pas un hasard. Cependant, la nouvelle théorie politique n'a accordé pratiquement aucune attention à la famille et continue d'être peu attentive aux contributions et défis des théories féministes récentes.

DÉFINITIONS ET AMBIGUÏTÉS

Les distinctions entre le public et le privé sont très importantes, particulièrement dans la théorie libérale. Le terme « privé » désigne les sphères de la vie sociale où toute intrusion dans la liberté de l'individu a besoin d'une justification spécifique ; le terme « public » fait référence aux sphères qui sont considérées accessibles plus généralement et plus légitimement. Pour distinguer le privé du public, l'accent est mis parfois sur le contrôle de l'information concernant ce qui se passe à l'intérieur de la sphère privée, parfois sur la liberté de pouvoir échapper à une certaine visibilité, parfois encore sur la liberté de ne pas avoir à subir des intrusions ou des ingérences dans ses activités, dans son intimité ou ses décisions[1]. En théorie politique, on fait trop souvent usage des termes « public » et « privé » sans souci de clarté et de définitions précises, comme

1. Voir Gross (1971) ; Van den Haag (1971) ; Weinstein (1971) ; Allen (1988), particulièrement les chapitres 1 et 2.

si nous savions parfaitement ce qu'ils signifient, quel que soit le contexte dans lequel ils sont utilisés. Cependant, comme l'a démontré clairement la recherche féministe, les discussions autour du public et du privé souffrent le plus souvent de deux ambiguïtés.

La première ambiguïté vient du fait que la terminologie du public et du privé est utilisée pour indiquer au moins deux distinctions conceptuelles importantes, dont chacune comporte plusieurs variantes : la distinction « public/privé » se réfère à la fois à la distinction entre l'État et la société (comme dans le sens propriété publique et propriété privée), et à la distinction entre vie non domestique et vie domestique. Dans chacune de ces dichotomies, l'État correspond (par définition) au public, et la famille, la vie domestique et la vie intime (par définition) au privé. La différence cruciale entre les deux dichotomies est que le domaine socio-économique intermédiaire (ce que Hegel appelait la « société civile ») est dans le premier cas compris dans la catégorie du « privé », tandis que dans le deuxième, il est inclus dans la catégorie du « public ». Cette contradiction majeure n'a été que peu discutée par les théoriciens politiques des courants dominants. Même les anthologies consacrées au thème de la sphère publique et privée, qui contiennent des articles relevant parfois de la première, parfois de la deuxième distinction, n'analysent guère cette question de manière explicite. Dans l'anthologie récente de Benn et Gaus (1983a), par exemple, la seule contribution qui prête sérieusement attention à cette ambiguïté est la critique féministe, fort lucide, de Pateman (1983 ; voir également Olsen 1983). Dans d'autres anthologies, on adopte tout simplement, et implicitement, l'une ou l'autre des définitions, et seule cette version-là de la dichotomie est discutée. Dans la collection éditée par Hampshire (1978), par exemple, quasiment aucun des articles ne fait allusion à la sphère domestique, ni à la dichotomie qui la distingue du reste de la vie sociale.

Une exception à cette tendance générale consistant à négliger les multiples significations de la dichotomie « public/privé », est la discussion de Weinstein (1971). Weinstein fait une analogie utile entre le public et le privé, et les couches superposées d'un oignon : chaque couche de l'oignon est à la fois extérieure par rapport à une couche, et intérieure par rapport à une autre. Par analogie, une chose qui relève du privé par rapport à une sphère de la vie, peut relever du public par rapport à une autre. Weinstein a raison de souligner que la dichotomie public-privé n'a donc pas qu'un seul sens, mais des significations multiples. Toujours est-il que les dichotomies les plus utilisées en théorie politique, et qui y jouent un rôle important, sont celle entre État et société, et celle entre sphère non domestique et sphère domestique. Dans ce texte, je vais me concentrer sur la distinction entre sphères domestique et non domestique. En effet, c'est parce qu'ils continuent à perpétuer cette dichotomie que les théoriciens peuvent ignorer des thèmes comme la nature politique de la famille ou l'importance de la justice dans la vie personnelle et, donc, qu'ils négligent une majeure partie des inégalités de genre. Je me référerai à cette dichotomie en employant les termes « public/domestique ».

En second lieu, on trouve une ambiguïté même à l'intérieur de la dichotomie public/domestique. Cette ambiguïté résulte directement des pratiques et théories patriarcales du passé, et elle a de sérieuses conséquences pratiques, particulièrement pour les femmes. Un élément fondamental de cette dichotomie a été, depuis le départ, la division sexuée du travail. En effet, les hommes sont supposés être principalement responsables de la sphère économique et politique, tandis que les femmes sont supposées s'occuper de la sphère privée, c'est-à-dire de la vie domestique et de la reproduction. Les femmes ont été considérées comme inaptes à s'occuper du domaine public, comme dépendantes de l'homme à juste titre, et comme occupant une place subordonnée à l'intérieur de la famille, de par leur « nature ». Ces présomptions ont bien sûr une influence profonde sur la structuration de la dichotomie et des deux sphères qui la constituent. La recherche féministe a montré que les droits politiques, ainsi que les droits relatifs à la conception moderne et libérale de l'intimité et de la vie privée, ont été proclamés comme étant des droits de l'individu, depuis la naissance du libéralisme au XVIIe siècle. Cependant, l'individu en question était souvent, et explicitement, supposé être un individu masculin adulte et chef de famille[1]. Les droits qui protègent ces individus-là de

1. Une grande partie de la théorie politique féministe s'est jusqu'ici consacrée à la critique de ces arguments et à l'analyse de l'impact que peuvent avoir ces critiques sur la théorie. Voir, par exemple, Clark et Lange (1979) ; Elshtain (1981) ; Okin (1979) ; Pateman et Gross (1987) ; Pateman et Shanley (1990).

l'intrusion de l'État, de l'Église ou de l'indiscrétion des voisins, incluaient ainsi le droit de contrôler sans ingérence les autres membres de leur sphère privée — ces membres qui, de par leur âge, leur sexe ou leur condition de servitude, étaient considérés comme devant être contrôlés par ces individus et comme appartenant à *leur* sphère privée. En revanche, on fait totalement abstraction de l'idée que ces membres subordonnés de la famille pourraient avoir, eux aussi, des droits à l'intimité. Certaines des conséquences actuelles de cet héritage théorique et juridique seront examinées ci-dessous.

LA NÉGLIGENCE DU GENRE
ET LA PERPÉTUATION NON CRITIQUE
D'UNE DICHOTOMIE PUBLIC/DOMESTIQUE

Dans le passé, de nombreux théoriciens politiques ont discuté à la fois de la sphère publique et domestique, en présupposant explicitement que ces sphères étaient séparées et qu'elles fonctionnaient chacune selon des principes différents. Locke (1960 [1690] : 308), par exemple, *définit* le pouvoir politique en le distinguant des relations de pouvoir à l'intérieur du ménage. Rousseau et Hegel opposent clairement l'altruisme particulariste de la famille et la nécessité d'une Raison impartiale de la part de l'État, et s'appuient sur cette opposition pour légitimer la domination masculine à l'intérieur de la sphère domestique (Okin 1982 ; Pateman 1980). Ces théoriciens avancent des arguments explicites à propos de la famille, dont certains touchent de près à la nature de la femme. La plupart des théoriciens politiques contemporains, au contraire, perpétuent la tradition des « sphères séparées » en *ignorant* la famille, en particulier la division du travail dans la famille, les relations de dépendance économique, ainsi que sa structure de pouvoir. L'absence de la famille de la plupart des travaux contemporains de théorie politique est fondée sur l'idée sous-jacente que la famille est « non politique[1] ». La famille est clairement *présupposée*, mais peu discutée. Ainsi, les théoriciens politiques considèrent leurs sujets comme étant des adultes mûrs et indépendants, mais n'expliquent pas comment ils le sont devenus. Par exemple, Rawls, lorsqu'il construit sa théorie de la justice, ne mentionne pas la justice interne de la famille, bien qu'il définisse la famille comme un des constituants de la structure de base (à laquelle les principes de justice sont censés s'appliquer) et que sa conception du développement moral repose sur l'existence d'une famille juste (Rawls 1971 ; Kearns 1983 ; Okin 1987, 1989 b). Même dans un ouvrage récent intitulé *Justice, Equal Opportunity and the Family [La justice, l'égalité des chances et la famille]* (Fishkin 1983), on ne trouve aucune discussion concernant la division du travail entre les sexes ou la justice interne de la famille.

1. Voir, par exemple, Ackerman (1980) ; Dworkin (1977) ; Galston (1980) ; Nozick (1974).

Il y a quelques exceptions à la règle, notamment quelques discussions théoriques centrées explicitement sur la distinction entre sphères publique et privée, qui font parfois référence à la sphère de la vie familiale comme cas paradigmatique du « privé ». Les autres exceptions parmi les travaux récents en théorie politique se limitent aux arguments très disparates de Walzer et Green qui s'intéressent effectivement à la justice interne de la famille ; aux affirmations de Bloom (se basant sur Rousseau) pour qui la famille est naturellement et inévitablement *in*juste ; et aux arguments de Sandel contre la primauté de la justice qui reposent sur une vision idéalisée de la famille comme fonctionnant sur la base de valeurs plus nobles que la justice (Walzer 1983 ; Green 1985 ; Bloom 1987 ; Sandel 1982).

Aux postulats typiques à propos de la famille, et à la négligence de celle-ci, s'ajoute un phénomène que je qualifierai de « fausse neutralité du genre ». Les théoriciens politiques du passé ont utilisé des termes de référence explicitement masculins, tels que « il » et « homme ». La plupart du temps, il était clair que leurs principaux arguments faisaient effectivement référence aux individus de sexe masculin qui dirigent la famille. Ces arguments ont souvent été interprétés comme s'ils se rapportaient à nous tous. Mais les analyses féministes de ces quinze dernières années ont montré que ce postulat, consistant à « ajouter les femmes et remuer », est faux[1]. Depuis le milieu des années

1. Voir ci-dessus note 1, p. 350.

1970 environ, la plupart des théoriciens ont cherché à éviter, d'une manière ou d'une autre, ce soi-disant usage générique des termes masculins. À la place, ils ont utilisé des termes comme « on », « il et elle », « les hommes et les femmes », « les personnes », ou ont alterné les termes de référence masculins et féminins. Cependant, ces réponses purement terminologiques aux critiques féministes posent problème, car elles tendent à simplifier à l'extrême les enjeux et aboutissent quelquefois à des absurdités. En effet, les termes neutres, s'ils ne sont pas accompagnés d'une véritable conscience du genre, masquent souvent le fait que les expériences réelles des « personnes » dépendent de leur sexe, du moment qu'elles vivent dans une société structurée par le genre. Deux exemples particulièrement révélateurs illustrent ce point.

Premièrement, dans *Social Justice in the Liberal State* [*La justice sociale dans l'État libéral*], Bruce Ackerman (1980) emploie scrupuleusement des termes neutres. En apparence, il rompt cette neutralité seulement pour défier les rôles sexuels existants : il utilise, par exemple, « elle » pour se référer au « Commandant » qui joue le rôle principal dans sa théorie. Cependant, dans son argumentation, il n'aborde pas la question des inégalités existantes, ni celle de la différenciation des rôles entre les sexes. L'effet que peut avoir l'utilisation de termes neutres sans véritable conscience du genre se reflète pleinement dans la discussion d'Ackerman à propos de l'avortement. Le sujet est en effet abordé sur deux pages dans un langage complètement neutre qui se réfère aux « parents » et aux fœtus, le mot « elle » n'étant mentionné qu'une seule fois (Ackerman 1980 : 127-8). Cela donne l'impression qu'il n'y a pas de différence significative entre la relation de la mère avec le fœtus, et celle du père. On peut bien sûr imaginer une société (que beaucoup de féministes estimeraient désirable) dans laquelle les différences entre les relations respectives de la mère et du père avec le fœtus seraient si minimes qu'elles ne joueraient qu'un rôle mineur dans les discussions concernant l'avortement. Ce serait le cas dans une société où le genre n'existerait pas — c'est-à-dire où la différence de sexe n'engendrerait aucune conséquence sociale, où les sexes seraient égaux en termes de pouvoir et d'interdépendance, et où les responsabilités pour les enfants et pour le salaire seraient intégralement partagées. Or, ce n'est certainement pas le cas aujourd'hui. Dans son livre, Ackerman n'envisage d'ailleurs pas cette possibilité. Comme trop souvent, la vie familiale est simplement présumée plutôt que réellement discutée, et la division sexuelle du travail n'est pas considérée comme une question de justice sociale. Dans ce contexte, et surtout lorsqu'il s'agit d'une question comme celle de l'avortement, l'utilisation d'un langage neutre en termes de genre est particulièrement trompeuse[1].

On trouve d'autres exemples frappants, révélateurs d'une fausse neutralité vis-à-vis du genre, dans les

---

1. Considérons, par exemple, l'hypothèse d'Ackerman : « Supposons qu'un couple prenne du *plaisir* à l'avortement, si bien qu'ils se mettent à concevoir des embryons simplement dans le but de les tuer quelques mois plus tard ? » (1980 :128).

travaux d'Alasdair MacIntyre. En effet, dans ses travaux récents, il évite prudemment les anciens termes « génériques » masculins. Cependant, son rejet du libéralisme et du marxisme l'a poussé à se tourner vers « nos traditions », et plus particulièrement la tradition aristotélicienne-chrétienne, que les féministes considèrent comme très problématique. Ses exemples de personnages tirés d'histoires dont « nous » devrions nous imbiber afin de donner à « nos » vies une cohérence en tant que récits, sont truffés d'allusions sur le genre et d'images de femmes explicitement négatives (MacIntyre 1981 : 201). En outre, lorsque MacIntyre (1988 : 105) répond aux féministes qui reprochent à Aristote d'avoir une vision de la société basée principalement sur la subordination des femmes, il nous renvoie tout bonnement à la solution de Platon. Mais il ne mentionne pas que l'intégration des femmes gardiennes dans la société, envisagée par Platon, repose sur l'abolition de la famille. Or, un chrétien augustinien, tel que se définit MacIntyre, pourrait difficilement se rallier à une telle idée. Le langage neutre en termes de genre utilisé par MacIntyre est donc trompeur, car il ne parvient pas à démontrer que les traditions sur lesquelles devraient se baser nos décisions politiques et morales sont capables d'intégrer entièrement les femmes.

L'incapacité de la pensée politique récente à prendre en compte la famille, ainsi que son usage d'un langage faussement neutre en termes de genre, ont tous deux contribué à ce que les théoriciens dominants négligent la question très politique du genre. Leur langage ne change rien au fait qu'ils continuent à écrire seulement sur les hommes, ainsi que sur celles parmi les femmes qui — en dépit de la structure sexuée de la société dans laquelle elles vivent — ont réussi à adopter des styles de vie qui arrangent les hommes. Le postulat implicite de familles sexuées situées en dehors du champ des théories politiques obscurcit le fait que les humains naissent comme bébés sans défense, et non comme acteurs supposés autonomes tels que ceux qui peuplent la théorie politique. Dans une très large mesure, la théorie contemporaine, tout comme celle du passé (bien que de façon moins évidente), traite d'hommes qui ont des épouses à la maison.

LE FÉMINISME ET LA POLITISATION
DU PERSONNEL

La question du genre continue à être négligée dans la théorie politique traditionnelle, malgré les arguments convaincants d'une génération de théoriciennes féministes, dont la plupart faisaient partie de la Nouvelle Gauche des années 1960 (qu'elles soient radicales, libérales ou socialistes[1].) Comme Joan Scott l'a expliqué récemment dans un article très influent, le

1. On trouve les analyses les plus complètes de la variété des théories et pratiques du féminisme contemporain chez Jaggar (1983) et Tong (1989). Pour une très bonne analyse, plus brève, voir Nicholson (1986, parties 1 et 2).

terme « genre » est utilisé par celles qui estiment que la recherche féministe « transformerait fondamentalement les paradigmes des disciplines ». Selon cet article, l'étude des femmes « ajouterait non seulement de nouveaux sujets à traiter, mais permettrait également de réexaminer les prémisses et les standards de la recherche existante » (Scott 1986 : 1054). Comme je le montrerai ici, les analyses et découvertes féministes à propos du genre sont d'une importance cruciale pour la théorie politique et ont des conséquences pour sa manière de se référer à la dichotomie public/domestique. Je montrerai que les recherches féministes ont mis le doigt sur les nombreuses faiblesses de cette dichotomie et de la manière dont elle continue à être utilisée dans la théorie politique dominante. Elles ont démontré la légitimité du genre comme catégorie d'analyse politique et sociale, et ont considéré cette catégorie comme étant elle-même une construction sociale devant être *expliquée*. Comme l'a écrit Pateman (1983 : 281) : « La séparation et l'opposition entre les sphères publique et privée dans la théorie et la pratique libérales (…) est au cœur du mouvement féministe. »

On peut dresser un parallèle ici entre les critiques du libéralisme proposées par les marxistes et d'autres socialistes, et celles des féministes. Depuis *La question juive* et la *Critique de la philosophie du droit de Hegel* de Marx, les partisans de la gauche ont montré — en se focalisant sur les classes sociales et sur l'étroite relation entre le pouvoir et les pratiques politiques et économiques — à quel point la dichotomie entre l'État et la société, sans cesse réifiée et exagérée

par la théorie libérale, a des fonctions idéologiques.
L'idée que « l'économique est politique » est au cœur
de la critique de la gauche à l'encontre du libéralisme[1]. De manière analogue, les théoricien(ne)s féministes ont montré — en se concentrant sur le genre et
en mettant en évidence l'étroite relation entre d'une
part le pouvoir et les pratiques politiques et économiques, et d'autre part, la structure et les pratiques de la
sphère domestique — à quel point la dichotomie entre
le public et le domestique, également réifiée et exagérée par la théorie libérale, a également des fonctions
idéologiques (Olsen 1983). « Le personnel est politique » est bien sûr le slogan féministe correspondant à
cette critique féministe.

L'idée que « le personnel est politique » est au
cœur des critiques féministes à l'encontre de la dichotomie libérale conventionnelle entre la sphère publique
et la sphère domestique. Cela étant, il est important de
commencer par expliquer les origines et la signification de cette dichotomie. La plupart des féministes du
XIXᵉ et du début du XXᵉ siècle ne se sont pas interro-
gées sur le rôle spécifique des femmes dans la famille,
rôle qu'elles ne remettaient pas en question. En fait,
leur militantisme en faveur des droits et des opportunités des femmes, comme, par exemple, l'accès à l'éducation ou au vote, était souvent basé sur l'argument que
ces droits et opportunités rendraient les femmes meilleures épouses ou mères, ou que le monde politique

1. Voir Gaus (1983), citant Galbraith et Lindblom ; Pateman
(1983) sur Wolin et Habermas ; et Walzer (1983), particulièrement
le chapitre 12.

pourrait bénéficier de leurs sensibilités morales spécifiques, développées dans la sphère domestique (Elshtain 1974). Ainsi, tout en se démenant pour renverser la subordination légalisée des épouses et en revendiquant l'égalité des droits pour les femmes dans la sphère publique, ces féministes acceptaient néanmoins l'idée dominante que les femmes étaient par nature et inévitablement étroitement liées à la sphère domestique, et que c'étaient elles les principales responsables de cette sphère. Même au début de la « deuxième vague » du féminisme, dans les années 1960, certaines femmes réclamaient le démantèlement de toutes les barrières pour les femmes dans le monde du travail et de la politique tout en souscrivant à la spécificité des responsabilités féminines dans la famille. Les contradictions découlant de cette acceptation du « double rôle » de la femme sont clairement visibles, par exemple, dans le rapport de la Commission Kennedy sur le statut de la femme, publié en 1963 (voir Nicholson 1986 : 20, 58). À l'autre extrême, les premières féministes radicales soutenaient qu'il fallait « détruire » la famille, puisque celle-ci était à l'origine de l'oppression des femmes[1]. Mais il a fallu peu de temps pour que la majorité des féministes développe des positions intermédiaires, refusant d'accepter comme naturelle et

---

1. L'argument de Firestone (1971), qui est unique mais a eu beaucoup d'influence au sein du mouvement pendant une certaine période, allait encore plus loin. Localisant l'oppression des femmes dans leur biologie reproductive, elle soutenait que l'égalité des sexes ne pourrait être atteinte que par le développement et l'utilisation de techniques de reproduction artificielle.

invariable la division sexuée du travail, mais refusant également d'abandonner la famille. Nous reconnaissions que la structure de genre de la famille n'était pas inévitable, mais aussi qu'il ne pouvait y avoir aucun espoir d'égalité pour les femmes — ni dans la sphère domestique, ni dans la sphère publique — tant que cette structure n'était pas réellement remise en question.

Ainsi, les féministes radicales n'ont pas été les seules à concentrer leur attention sur la dimension politique de ce qui précédemment avait été considéré par définition comme non politique, à savoir la sphère personnelle de la sexualité, du travail domestique et de la famille. Bien que pas toujours formulé explicitement, le slogan « le personnel est politique » était sous-jacent à la plupart des propos féministes. Les féministes de différentes tendances politiques, et de diverses disciplines, ont révélé et analysé les multiples connexions qui existent, premièrement, entre les rôles domestiques des femmes et l'inégalité et la ségrégation qu'elles subissent au travail, et deuxièmement, entre leur socialisation dans des familles structurées par le genre et les aspects psychologiques de leur subordination. Ainsi, la famille est devenue, et est toujours, un enjeu central pour la politique féministe, ainsi qu'une préoccupation majeure de la théorie féministe. Par conséquent, le féminisme contemporain pose un sérieux défi au postulat implicite des théories politiques selon lequel la sphère de la famille et de la vie personnelle est tellement séparée et distincte du reste de la vie sociale, que ces théories peuvent légitimement se permettre d'en faire abstraction.

Toutefois, j'aimerais préciser également ce qui ne fait *pas* partie des revendications de nombre de féministes qui critiquent la dichotomie traditionnelle du public et du domestique. D'après Jaggar (1983 : 145, 254), tant les féministes radicales que les féministes socialistes revendiquent l'abolition totale de la distinction entre le public et le privé, alors que les féministes libérales seraient favorables à une définition plus restrictive de la sphère privée. Mais je ne pense pas qu'on puisse établir une corrélation aussi nette. Beaucoup de féministes aux convictions politiques très différentes ne réfutent ni l'utilité du concept de vie privée, ni l'importance du « droit à l'intimité » dans la vie des êtres humains. Nous ne refusons pas non plus l'idée qu'il est raisonnable de faire certaines distinctions entre la sphère publique et la sphère privée. Pateman et Nicholson, par exemple, se distancient toutes les deux de l'interprétation littérale du slogan « le personnel est politique » proposée par certaines féministes radicales (Pateman 1983 ; Nicholson 1986), et je suis d'accord avec elles pour ne pas l'interpréter comme une assimilation simple et totale des deux sphères. Allen (1988) soutient que le meilleur moyen de fonder de nombreuses revendications féministes importantes — des droits en matière de reproduction jusqu'à la protection contre le harcèlement sexuel — consiste à les ancrer dans le droit des femmes à différents types de « vie privée ». J'ai dit également (Okin 1989 a) que c'est uniquement dans la mesure où une réelle égalité est instaurée dans la sphère domestique de la famille, que le fait de considérer cette sphère comme privée est compatible avec le respect du droit à l'intin_ é et avec la sécurité physique et socio-économique des femmes et des enfants. Comme le souligne Nicholson (1986 : 19), la question « *À quel point est-ce que le personnel est politique ?* » est une importante source de tensions, tant à l'intérieur du féminisme libéral que du féminisme socialiste.

Qu'entendent alors les autres féministes, et notamment les plus radicales d'entre elles, par le slogan « le personnel est politique » ? Nous entendons d'une part que ce qui se passe dans la vie personnelle, et en particulier dans les relations entre les sexes, n'est pas imperméable à la dynamique du *pouvoir*, qui est généralement considérée comme caractéristique du politique. Nous entendons également que ni le domaine de la vie domestique et personnelle, ni celui de la vie non domestique, économique et politique, ne peuvent être compris ou interprétés isolément l'un de l'autre. Olsen a démontré avec lucidité et de manière tout à fait convaincante l'absurdité de l'idée que l'État puisse choisir à sa guise d'intervenir ou non dans la sphère familiale ; la seule question qui soit intelligible est de savoir *comment* l'État à la fois définit et influence la vie familiale (Olsen 1985). D'autres ont montré que dès que l'on reconnaît l'importance du genre, il est impossible de discuter intelligiblement ni du domaine publique, ni du domaine domestique — que ce soit en termes de leurs structures et pratiques, de leurs postulats et attentes, de la division du travail ou de la distribution du pouvoir — sans constamment faire référence l'un à l'autre. Nous avons démontré comment les inégalités entre les hommes et les femmes dans les mondes du travail et de la politique sont inextricablement liées dans une relation circulaire de cause à effet avec les inégalités à l'intérieur de la famille (Bergmann 1986 ; Gerson 1985 ; Okin 1989a). Les femmes sont tout à fait conscientes du fait que l'organisation de la société contemporaine est profondément influencée par la perception prédominante de la vie sociale comme divisée en des sphères distinctes et séparées. Mais elles ont aussi montré de manière convaincante combien cette pensée est trompeuse, et qu'elle fonctionne de façon à réifier, donc à légitimer, la structure sexuée de la société, ainsi qu'à immuniser une importante sphère de la vie humaine (surtout celle des femmes) contre le contrôle auquel le politique est soumis.

Les féministes estiment par conséquent que la distinction libérale habituelle entre le public et le domestique revêt un caractère idéologique, dans le sens où elle présente la société d'un point de vue masculin traditionnel, basé sur des postulats concernant les natures et les rôles naturels différenciés des hommes et des femmes. Selon les féministes, cette distinction ne peut être acceptée sous cette forme comme concept central d'une théorie politique qui inclurait pour la première fois chacun d'entre nous. Défiant ces approches théoriques — qui continuent à présupposer en silence que l'éducation des enfants par les femmes et le goût pour la vie au foyer sont des éléments « naturels » qui échappent au regard du politique — les travaux féministes ont affirmé que la division du travail domestique, et en particulier la prédominance des femmes dans l'éducation des enfants, sont socialement construits, et que ce sont, par conséquent, des questions d'intérêt politique. Ces éléments ne sont pas seulement l'un des facteurs majeurs contribuant à la création de la structure de genre de la société en général. Leur persistance à travers le temps ne peut être expliquée sans tenir compte d'éléments de la sphère non domestique, tels que la ségrégation et la discrimination sexuelles dans le monde du travail, la rareté des femmes dans les hautes sphères de la politique, et la ténacité du postulat structurel que les travailleurs ou les politiciens ne sont pas responsables de l'éducation des enfants en bas âge.

LA RECHERCHE FÉMINISTE SUR LE GENRE : DE L'EXPLICATION À LA DÉCONSTRUCTION

Les théories actuelles sur le genre résultent de deux décennies d'intense réflexion, de recherches, d'analyse, de critique et d'argumentation, de reformulations, de recherches supplémentaires et de ré-analyses. Des chercheuses féministes provenant de nombreuses disciplines et partageant des points de vue parfois radicalement différents ont contribué à cette grande entreprise. La plupart des explications féministes radicales des différences entre femmes et hommes se sont concentrées sur les différences physiques, sexuelles et reproductives[1]. Elles mettent l'accent sur le fondement biologique à la fois de la différenciation sociale entre les sexes et de la domination masculine sur les femmes, et leurs propositions de changement vont des solutions technologiques jusqu'aux solutions séparatistes. Les marxistes ont eu tendance à penser que les inégalités de genre ont leur origine dans le domaine de la production, et ont insisté sur les liens entre le patriarcat et le capitalisme (Engels 1955 [1884] ; Hartmann 1979). Les féministes socialistes se sont inspirées à la fois des idées du féminisme radical et du marxisme, critiquant les premières pour leur regard ahistorique et leur déterminisme biologique et les secondes pour l'attention insuffisante qu'elles accordent à la dimension reproductive de la vie humaine (Jaggar 1983). La combinaison critique de ces différentes analyses féministes a conduit à une volonté d'expliquer le genre comme étant une construction politique et sociale, *liée aux* différences biologiques entre les sexes, *mais non déterminée par elles*. Comme le fait remarquer Scott : « Dans sa forme la plus récente, le terme "genre" semble être apparu d'abord chez les féministes américaines qui voulaient mettre l'accent sur la dimension fondamentalement sociale des distinctions sexuelles. Le terme signifiait le rejet du déterminisme biologique implicite dans des mots ou expressions, comme "sexe" ou "différence sexuelle" » (Scott 1986 : 1054). La psychologie et l'histoire ont été deux sources majeures des

---

1. Firestone (1971) ; Brownmiller (1975) ; MacKinnon (1982 : 3) ; Daly (1978), ainsi que certaines féministes lacaniennes françaises et anglaises; il est cependant intéressant de comparer MacKinnon (1987) et Rich (1980).

théories du genre. Je vais brièvement les passer en revue, car je considère qu'elles représentent potentiellement les contributions les plus importantes de la nouvelle recherche féministe pour la théorie politique.

LES THÉORIES DU GENRE COMPLEXES CENTRÉES SUR LA DIMENSION PSYCHOLOGIQUE

Les théories psychanalytiques ou psychologiques du genre ont approfondi l'idée de Simone de Beauvoir, fondamentale pour la conception féministe du genre, qu'« on ne naît pas femme, on le devient » (De Beauvoir 1976 [1949], vol. 2 : 13). Elles ont fourni des théories complexes et pertinentes, en réponse à une question cruciale qui n'avait jamais été posée auparavant, car la réponse paraissait évidente : « Pourquoi les femmes maternent-elles ? » Les travaux de Nancy Chodorow (1974, 1978), fondés sur la psychanalyse, en donnent l'une des premières explications. Son approche continue aujourd'hui à être la plus influente. Chodorow a accordé une attention particulière aux effets sur le développement des individus masculins et féminins du fait que les enfants, garçons et filles, sont élevés principalement par les femmes, dans une société structurée par le genre comme la nôtre. Se basant sur la théorie de la relation d'objet, Chodorow soutient que l'expérience de l'individuation — c'est-à-dire le processus de séparation de la personne qui s'occupe de nous et avec qui nous nous trouvons d'abord dans une relation psychologique fusionnelle — diffère selon que l'on soit du même sexe que la nourricière ou non. En outre, l'expérience de l'identification avec le parent du même sexe, qui fait partie du développement de l'enfant, est très différente pour la petite fille, pour qui ce parent est généralement présent, que pour le petit garçon, pour qui le parent auquel il s'identifie est souvent absent pendant de longues périodes de la journée. Ainsi, nous dit Chodorow, les traits de la personnalité — qui conduisent les femmes à avoir des relations psychologiques plus proches avec d'autres personnes, à choisir de s'occuper des autres et à être considérées comme particulièrement douées dans ce domaine ; et les hommes à avoir un plus grand besoin et une meilleure capacité pour l'individuation et le succès dans la vie « publique » — ont leur origine dans le fait que le rôle principal de l'éducation des enfants dans la structure de genre actuelle est attribué aux femmes.

Par ailleurs, Chodorow stipule clairement que la réponse complète à la question de savoir « *pourquoi* les femmes assument la majeure partie du travail de parent », ne peut pas être trouvée en regardant uniquement la sphère domestique ou la psychologie des sexes[1]. Une

1. Ma lecture de Chodorow diffère ici de celle de Scott, pour qui l'interprétation de Chodorow « limite le concept du genre à la famille et à l'expérience domestique, et ne laisse, du point de vue des historiennes, pas de possibilité de relier ce concept (ou l'individu) aux autres systèmes sociaux de l'économie, de la politique et du pouvoir ». Scott (1986 : 1063). Cf. Chodorow (1978 : 214-15); ainsi que Nicholson (1986 : 84-8).

partie de la réponse réside aussi, en effet, dans la ségrégation sexuée au travail : la plupart des femmes occupent des postes à bas revenu et sans débouchés, malgré des changements récents et fortement médiatisés chez les élites. Par conséquent, il est pour la plupart des familles plus rationnel, en termes économiques, que ce soient les femmes qui assument la garde et l'éducation des enfants. Le cycle de reproduction du genre continue ainsi à se reproduire.

Certains ont également avancé que l'expérience d'*être* un parent principal et de grandir dans l'anticipation de ce rôle tend à influencer la psychologie féminine (Ruddick 1980 ; Flax 1978). Les psychologues féministes ont par ailleurs montré l'importance, pour les femmes, de l'expérience de grandir dans une société où les membres d'un sexe sont à beaucoup d'égards moins valorisés et, de surcroît, subordonnés à ceux de l'autre sexe (Miller 1976). Si l'on admet l'idée que d'importantes différences entre les hommes et les femmes sont *créées par* la division du travail à l'intérieur de la famille, on peut commencer à évaluer la profondeur et l'étendue de la construction sociale du genre. De telles explications des différences entre les sexes par les caractéristiques centrales de la structure sociale elle-même révèlent qu'il est impossible de construire une théorie politique humaine — par opposition à une théorie patriarcale ou masculiniste — qui n'inclurait pas la notion de genre, ainsi que son point central, la famille.

LES THÉORIES DU GENRE AXÉES
SUR LES DIMENSIONS HISTORIQUES
ET ANTHROPOLOGIQUES

Bien qu'elles reconnaissent que le genre semble avoir été une caractéristique commune à toutes les cultures connues et à toutes les époques historiques, certaines théoriciennes féministes ont récemment souligné la nécessité de résister aux explications uni-causales, universalistes et a-historiques (Rosaldo 1974 ; Nicholson 1986 ; Scott 1986). Ces théories analysent le genre comme une construction sociale universellement présente dans les sociétés humaines, mais néanmoins sujette au changement dans le temps, du fait qu'elle résulte d'un certain nombre de facteurs complexes.

Certaines des premières tentatives pour expliquer les différences entre les sexes en termes de pratiques sociales ont accordé une importance particulière à la dichotomie public/domestique. L'anthropologiste Rosaldo (1974), par exemple, démontre sur la base de recherches transculturelles une corrélation entre le *degré* de soumission des femmes à l'autorité (c'est-à-dire au pouvoir culturellement légitimé) des hommes, et le degré auquel la dichotomie public/domestique est mise en avant. Selon Ortner (1974), il existe dans les sociétés humaines une association plus ou moins universelle entre les dichotomies masculin/féminin, culture/nature et public/privé.

Mais, comme l'a montré Rosaldo quelques années plus tard, ces explications-là tendent elles-mêmes vers une conception universaliste et a-historique du genre. Elles ont également tendance à réifier la dichotomie public/domestique, au lieu de montrer que cette dichotomie elle-même, comme le genre, diffère d'un lieu et d'un moment historique à un autre. Elle écrit : « un modèle qui se base sur l'opposition entre deux sphères ne fait que présupposer — là où il devrait au contraire éclairer et expliquer — trop de choses sur la manière dont le genre fonctionne vraiment ». Rosaldo conçoit le genre plutôt comme « le produit complexe de diverses forces sociales » (Rosaldo 1980 : 399, 401). Rosaldo, et plus récemment l'historienne des idées Linda Nicholson et l'historienne Joan Scott, a apporté une contribution majeure à l'historisation de l'opposition public/domestique, et a fourni des analyses complexes et multidimensionnelles du genre. Comme l'a écrit Nicholson (1986 : 83) à propos de catégories d'analyse comme le public, le domestique et la famille, « nous devons faire le tri entre ce qui est spécifique à notre culture et ce qui pourrait véritablement être transculturel ».

Ces féministes rejettent la recherche des *origines* ou les explications causales simples de l'inégalité des sexes. Pour elles, cette inégalité est un phénomène universel uniquement dans le sens où elle semble en effet avoir existé dans toutes les sociétés et périodes historiques connues. Mais elles insistent sur le fait que l'inégalité a pris diverses formes et qu'elle est due à des facteurs sociaux variés, ainsi qu'à des époques et des contextes sociaux différents. Nicholson insiste sur l'importance de l'histoire pour accéder à une meilleure compréhension à la fois de la distinction public/domestique et du genre. Elle s'oppose ainsi à la forte tendance, particulièrement présente en théorie politique, à réifier la distinction, donc à la considérer comme rigide et a-historique[1]. Nous devrons reconnaître que les concepts du public et du domestique ont non seulement servi à organiser la vie sociale de manière différente selon les périodes historiques (la production, par exemple, est totalement passée de la sphère domestique à la sphère publique, en l'espace des derniers trois cents ans), mais qu'ils ont également eu des connotations très différentes (comme l'intimité, par exemple, qui ne fut perçue comme une caractéristique de la sphère privée qu'à partir de la fin du XVIIe siècle). Nicholson stipule de manière convaincante que la structure du genre, à une époque et dans un lieu donné, est influencée non seulement par d'autres structures qui lui sont contemporaines (l'économie, la politique, etc.), mais également par l'histoire du genre qui l'a *précédée*. Par conséquent, nous ne pouvons espérer faire une analyse compréhensive du genre sans l'approche historique.

L'approche de Scott met également en avant la centralité de l'histoire. Scott analyse les aspects histo-

---

1. Nicholson (1986 : 83) ; voir également Olsen (1983), particulièrement la page 1566.

riques, politiques, socio-économiques et psychologiques de la perpétuation du genre, qu'elle conçoit comme un phénomène universel prenant différentes formes. Elle étudie dans un premier temps les mythes et les symboles culturels de la femme (qui sont souvent contradictoires) comme Ève et Marie pour la tradition chrétienne occidentale. Dans un deuxième temps, elle s'intéresse aux interprétations normatives de ces symboles telles qu'exprimées dans des doctrines religieuses, éducatives, scientifiques, légales et politiques, qui fixent la catégorisation de « l'opposition binaire » entre l'homme et la femme, entre le masculin et le féminin. Troisièmement, elle examine les institutions sociales — non seulement la famille et le ménage, mais aussi les marchés de l'emploi où règne la ségrégation sexuelle, ainsi que différentes institutions éducatives et la communauté politique dominée par les hommes — qui participent toutes à la construction du genre. Quatrièmement enfin, elle s'intéresse à la reproduction psychologique du genre dans la formation subjective de l'identité individuelle (Scott 1986 : 1067-9). Scott souligne que tous ces aspects doivent être compris comme étant liés entre eux et sujets au changement dans le temps. Il s'agit alors de révéler la construction sociale du genre à travers sa déconstruction. Cela implique « un rejet de la nature figée et permanente de l'opposition binaire, ainsi qu'une véritable historisation et déconstruction des termes de la différence sexuelle (…) [Nous devons] inverser et déplacer sa construction hiérarchique, plutôt que de l'accepter comme vraie, évidente ou dans la nature des choses ». Elle ajoute : « C'est bien sûr, dans un sens, ce que les féministes font depuis des années » (Scott 1986 : 1065-6).

Dans la mesure où tous ces arguments sont convaincants — et je crois qu'une bonne partie de la recherche féministe corrobore les propos de Chodorow, Rosaldo, Nicholson et Scott — ils pourraient avoir un impact profond sur la théorie politique. Car, dans l'analyse féministe du genre, le personnel et le politique se croisent de manière à confondre la séparation des catégories du public et du domestique. Cette optique démontre les lacunes des théories politiques qui persistent à se confiner dans l'étude de ce qui fut défini comme légitimement politique à l'époque préféministe. Nous ne pouvons pas espérer comprendre les sphères « publiques » — l'état du monde du travail ou du marché — sans prendre en considération leur nature sexuée et le fait qu'elles ont été construites sur la base de l'idée de la supériorité et de la domination masculine et de la responsabilité féminine pour la sphère domestique. Nous devons nous poser la question suivante : est-ce que la structure et les pratiques du monde du travail, du marché économique ou de la sphère parlementaire seraient les mêmes si elles avaient été mises en place sur la base de l'idée que chacun des participants doit s'adapter également aux besoins de l'accouchement, de l'éducation des enfants et aux responsabilités de la vie domestique ? Est-ce que les politiques publiques, ainsi que leurs conséquences, seraient les mêmes si ceux qui les élaborent étaient des personnes quotidiennement en charge d'autres personnes, au lieu d'être ceux, dans la société, qui ont le moins de chances d'avoir acquis ce genre d'expériences ? Malgré la nécessité évidente de ces interrogations, et de bien d'autres encore, la majeure partie de la théorie politique actuelle ne fait preuve d'aucune réflexivité par rapport à la bonne vieille dichotomie public/domestique, et évite de poser ces questions.

LE DROIT À LA VIE PRIVÉE — POUR QUI, ENVERS QUI ?

L'une des raisons pour lesquelles l'exclusion des femmes de la portée d'arguments officiellement considérés universels passe inaperçue est que « la séparation du privé et du public est présentée dans la théorie libérale comme si elle s'appliquait à tous les individus de la même manière » (Pateman 1983 : 283). Ce constat est vrai pour une grande partie de la théorie contemporaine. L'idée libérale de la non-intervention de l'État dans la sphère domestique renforce les inégalités qui existent dans cette sphère, plutôt qu'elle ne maintient sa neutralité. L'idée que l'intimité des groupes et l'intimité des individus qui les constituent peuvent être en conflit et que « là où l'intimité de l'individu signifie pour lui un maximum de liberté, l'intimité du groupe peut correspondre précisément à l'opposé pour l'individu » (Simmel 1971 : 86), ne provient pas uniquement des féministes. Cependant, ce sont principalement les féministes et les défenseurs des droits des enfants qui ont fait remarquer, ces dernières années, à quel point la nature du droit à la vie privée dans la sphère domestique a été lourdement influencée par la nature patriarcale du libéralisme. Je vais à présent explorer cette question, en passant d'abord en revue certaines des défenses libérales classiques de la vie privée, avant d'aborder quelques problèmes nouveaux posés par les changements récents en direction de l'égalité juridique des femmes et de la défense des droits des enfants.

Les plus fameuses distinctions de Locke entre les formes de pouvoir politiques et non politiques figurent dans son *Deuxième Traité du gouvernement*. Mais ses arguments les plus forts en faveur de la protection de la sphère privée contre les intrusions ou les régulations de l'État se trouvent dans sa *Lettre sur la tolérance*. Dans ce traité classique du *laissez faire* libéral, sa défense en faveur de la tolérance religieuse repose, en partie, sur un appel à ce qu'il considère comme un droit, déjà largement reconnu, à la vie privée. Dans sa revendication pour un domaine des « affaires domestiques privées » où personne ne pourrait interférer, il donne comme exemple de quelque chose qui est de toute évidence de l'ordre privé le cas du père qui veut marier sa fille (Locke 1950 [1689] : 28-9). L'idée que la fille en question pourrait être concernée par ce choix, et pourrait par conséquent avoir un droit à la vie privée qui lui permette de choisir son propre mari, ne semble pas lui traverser l'esprit. Le fait que les hommes détenaient légalement à cette époque, et plus tard encore, le droit de battre leurs enfants et leurs femmes et de forcer ces dernières à avoir des relations sexuelles, ne l'empêche par ailleurs pas d'affirmer sans hésitation que « le droit de recourir à la force (…) appartient uniquement au magistrat », de sorte que les associations privées ne pouvaient avoir aucun recours à la violence contre leurs membres (Locke 1950 [1689] : 23-4). Il ne fait aucun doute que la conception des droits à la vie privée proposée par Locke ne s'applique qu'aux hommes, aux chefs de famille, et aux relations qu'ils entretiennent les uns avec les autres, et non aux membres qui leur sont subordonnés, ni aux relations qu'ils entretiennent avec ces derniers[1]. Ce point est néanmoins habituellement ignoré par les libéraux contemporains faisant appel à ces droits.

La même idée apparaît très clairement dans un autre texte classique, plus récent, en faveur du droit libéral à la vie privée, intitulé *The Right to Privacy* par Warren et Brandeis (1890). L'argumentation commence par l'assertion suivante : « Que l'individu bénéficiera de la pleine protection de sa personne et de sa propriété constitue un principe aussi ancien que le droit coutumier. » Le paragraphe qui suit, cependant, nous révèle la portée limitée du terme « individu », puisque l'on

1. Pateman et Nicholson proposent toutes deux d'excellents commentaires sur cette contradiction de l'individualisme libéral, son ancrage dans les droits individuels et son refus des mêmes droits aux femmes (Pateman [1983] ; Nicholson (1986), particulièrement les chapitres 5 et 7). On trouve à la fois les faits et le défi féministe les concernant brièvement rappelés dans Benn et Gaus (1983 a : 38), mais cela a peu d'effet sur la discussion qui en résulte, qu'ils poursuivent comme si les droits libéraux ou le droit à la vie privée s'appliquaient à tout le monde de la même manière.

apprend que « les relations familiales de l'homme sont devenues une partie de la conception légale de sa vie, et que l'aliénation de l'affection de sa femme est venue à être considérée comme remédiable ». L'idée que la femme tombe sous l'égide de la vie privée de l'homme, tout comme sa propriété, sous-tend clairement la loi qui autorisait les maris, mais non les femmes, à poursuivre un tiers pour « aliénation d'affection ».

Il est d'autant plus remarquable que les discussions contemporaines sur la vie privée qui se réfèrent à ces sources classiques ne mentionnent pas cet aspect-là, sachant que ces caractéristiques du patriarcat ont perduré jusqu'à très récemment et que certaines d'entre elles perdurent encore aujourd'hui. La plupart des aspects de la condition de soumission des femmes à l'autorité du mari furent abolis au XIXe siècle. En revanche, ce n'est que depuis la fin des années 1990 que les relations sexuelles forcées dans le mariage sont reconnues par la loi anglaise comme des viols ; ils ont été reconnus comme tels dans moins de la moitié des États aux États-Unis, et ce, uniquement depuis la fin des années 1970. Par ailleurs, des études récentes ont montré qu'entre 10 et 14 % des femmes mariées aux États-Unis ont subi des agressions sexuelles de leurs maris, agressions qui seraient tombées sous la définition légale de viol ou tentative de viol si elles avaient été commises par quelqu'un d'autre (Finkelhor et Yllo 1985, chapitre 1). Le fait de battre sa femme ne fut clairement défini comme illégal en Angleterre qu'à partir de 1962 et, bien qu'illégal maintenant, l'existence d'une telle pratique fut « redécouverte » en Angleterre et aux États-Unis dans les années 1970. Une récente étude du gouvernement américain sur la violence conjugale dans le Kentucky a montré que 9 % des femmes avaient reçu des coups de pied, avaient été mordues, frappées à coups de poing ou avec un objet, battues, ou encore menacées ou attaquées au couteau ou avec une arme à feu par leurs partenaires masculins vivant avec elles, et certaines estimations de l'incidence actuelle de la violence conjugale sont beaucoup plus élevées[1]. La « pleine protection [pour l'individu] de sa personne et de sa propriété » n'est toujours pas garantie par la loi à de nombreuses femmes pour qui leur maison, avec toute la notion de vie privée qu'elle incarne, représente l'un des endroits les plus dangereux.

La nature patriarcale des notions libérales de vie domestique privée est fortement remise en question par l'insistance croissante de la part des féministes et des partisans de la défense des droits de l'enfant que des individus à l'intérieur d'une famille aient des droits à la vie privée qui, parfois, doivent être protégés contre d'autres membres de la famille. La Cour suprême des États-Unis a dû débattre de cette question dans le contexte de plusieurs décisions récentes importantes concernant le droit à la vie privée. Jusqu'à il y a vingt ans, les décisions de la Cour suprême, s'appuyant sur un soi-disant droit constitutionnel de la protection du

---

1. *A Survey of Spousal Violence Against Women in Kentucky* (Washington, DC : Law Enforcement Assistance Administration, 1979) ; voir également Dobash et Dobash (1979), à propos de la violence maritale en Écosse.

droit à la vie privée de la famille, suivaient plus ou moins l'ancien modèle, et certaines continuent de le faire encore aujourd'hui. Ces décisions confirmaient les droits des familles (ce qui équivaut dans la pratique aux droits des plus puissants de ses membres) de pouvoir prendre leurs propres décisions et d'appliquer leurs propres règles à leurs membres.

Mais l'attitude de la majorité de la Cour à l'égard des rôles sexuels traditionnels changea clairement durant les années 1970, de même que les décisions concernant la vie privée. La plupart des dispositions plus anciennes soulignant les droits de la famille — par exemple celui d'éduquer leurs enfants dans l'école de leur choix, d'avoir une éducation bilingue, et même d'échapper à l'éducation publique obligatoire pour des raisons religieuses — suivaient généralement l'idée que la notion de vie privée domestique comportait la garantie, pour la famille, de pouvoir prendre des décisions concernant chaque membre individuel[1]. Dans la pratique, cette idée que la famille est une entité unique bénéficiant de droits de contrôle sur ses membres contre l'État, renforce l'autorité du mari sur la femme, et des parents sur les enfants (Olsen 1983 : 1504-13, 1521-2 ; Rose 1987). Plus récem-

---

1. *Pierce* v. *Society of Sisters*, 268 US (1925) ; *Meyers* c/ *Nebraska*, 262 US (1923) ; *Wisconsin* c/ *Yoder*, 406 US (1972). On trouve une exception dans *Prince* c/ *Massachusetts*, 321 US (1944), où la loi contre le Travail des enfants fut retenue contre la plaignante qui estimait qu'empêcher sa nièce de neuf ans de distribuer des textes religieux constituait une violation de la liberté religieuse de sa nièce et des droits parentaux sur le choix de l'éducation religieuse de leurs enfants.

ment, certaines des décisions (mais pas toutes) de la Cour suprême témoignent d'une vision des droits de la vie privée comme droits de l'individu, plutôt que de la famille. Cette idée d'intimité *dans* la famille plutôt que d'intimité *de* la famille procure aux membres individuels de la famille une protection constitutionnelle de leurs droits, qu'ils peuvent faire valoir même lorsque leurs choix vont à l'encontre des préférences des membres les plus puissants ou de la décision collective de l'ensemble de la famille. Ainsi, le droit de prendre des décisions concernant la contraception et l'avortement, par exemple, fut d'abord protégé par la Cour sur la base du droit à la vie privée familiale ou conjugale, mais il évolua vite pour devenir un droit des individus, mariés ou non, parfois invoqués contre la famille en tant qu'entité collective.

On peut mesurer la vitesse de cette évolution en comparant une série de cas concernant les questions de la contraception et de l'avortement. En 1965, la Cour stipula que le droit des couples mariés d'utiliser des moyens de contraception faisait partie du « droit à la vie privée », droit antérieur à l'article constitutionnel et qui « protège les enceintes sacrées de la chambre conjugale ». En 1972, se référant à cette citation, la Cour déclara : « Si le droit à la vie privée signifie quelque chose, c'est d'abord le droit de l'*individu*, marié ou célibataire, contre l'intrusion injustifiée de l'État à propos de sujets qui touchent la personne de manière aussi fondamentale que la décision d'engendrer et de porter un enfant. » L'année suivante, ce fut sur la base du droit de la femme individuelle à sa vie privée que l'on déclara anticonstitutionnelles les lois des États condamnant l'avortement, et cette décision fut confirmée par des décisions ultérieures qui abolirent les lois exigeant le consentement de l'époux ou des parents pour l'avortement[1]. À partir de la notion de vie privée conjugale, ancrée dans les conceptions patriarcales de Locke, ou de Warren et Brandeis, se sont développés les droits individuels des femmes et des mineurs, que les premiers libéraux auraient trouvés incompréhensibles. Comme le conclut Minow : « Les protections légales de la famille ont souvent renforcé les relations familiales patriarcales, mais la rhétorique des droits légaux a également servi de fondement pour la protection des individus contre la famille patriarcale[2]. » Tous ces cas, impliquant souvent des questions difficiles et très controversées, ont finalement fait éclater au grand jour un problème fondamental, longtemps obscurci par la rhétorique du public/ domestique qui permit à un libéralisme foncièrement patriarcal d'apparaître, dès ses débuts, comme individualiste.

---

1. Les cas auxquels je fais référence sont: *Griswold* c/ *Connecticut*, 381 US (1965) ; *Eisenstadt* c/ *Baird*, 405 US (1972) ; *Roe* c/ *Wade*, 410 US (1973) ; *Planned Parenthood* c/ *Danforth,* 428 US (1976) ; *Carey* c/ *Population Services International*, 431 US (1976) ; et *Bellotti* c/ *Blaird,* 443 US (1976).

2. Minow [s.s.]. Comme le note Minow, le procès *Parham* c/ *J.R., 442 US* (1979), bien que récent, illustre le premier cas ; ici en effet, la Cour confirma le droit des parents de faire interner leurs enfants dans un hôpital psychiatrique sans les protections légales qui s'appliquent en cas d'adultes.

CONCLUSIONS : LE GENRE ET L'IMPORTANCE DU DROIT À LA VIE PRIVÉE

Bien que les féministes aient problématisé de nombreux éléments liés à la dichotomie traditionnelle public/domestique en théorie politique, peu d'entre nous nieraient l'importance du droit à la vie privée. Cependant, lorsque l'on considère les arguments des théoriciens libéraux dominants au sujet de quelques-unes des raisons qui justifient l'existence d'une sphère privée, il semble que — ignorant l'importance du genre — ils adoptent sans s'en rendre compte la perspective d'une personne qui n'endosse pas les principales responsabilités liées au travail domestique et à l'organisation de la vie dans la sphère privée. Comme il paraît évident que les femmes ont besoin du droit à la protection de la vie privée pour les mêmes raisons que les hommes, la dernière question que je souhaite poser ici est de savoir si ce besoin *peut* être satisfait à l'intérieur de la sphère domestique, dans une société structurée par le genre. Trois raisons sont souvent mises en avant pour justifier l'importance de la vie privée : celle-ci est nécessaire au développement des relations personnelles intimes ; elle est essentielle pour nous permettre de suspendre temporairement nos rôles publics ; enfin, elle nous procure la liberté nécessaire au développement de nos facultés mentales et créatives. Considérons à présent chacune de ces raisons dans une perspective de genre.

Certains théoriciens soutiennent que l'espace privé est une condition nécessaire pour l'intimité (Fried 1969 ; Benn 1971 ; Gavison 1983 ; Ryan 1983). La famille, avec son foyer domestique et privé, est souvent identifiée comme l'espace où l'on trouve cette intimité personnelle. Il n'existe bien sûr aucune raison de douter que les femmes n'auraient pas autant *besoin* d'intimité que les hommes. La question, d'un point de vue du genre, est plutôt de savoir quelle est la probabilité qu'elles la *trouvent* dans la sphère domestique. Certaines féministes affirment qu'une réelle intimité, et l'amour entre les deux sexes, sont incompatibles avec la condition d'inégalité sexuelle (Firestone 1971 ; Rapaport 1980). Cette affirmation est d'ailleurs appuyée par l'un des points mis en avant par ceux qui considèrent la sphère privée comme essentielle à l'intimité. Pennock (1971 : xv), par exemple, précise que le type de petits groupes qui permettent le développement de l'intimité, sont des groupes où « le recours ultime à la force (élément caractéristique du politique) est entièrement absent ». Mais cette condition n'est bien sûr pas remplie dans toutes les sphères domestiques, et spécialement pas pour de nombreuses femmes et de nombreux enfants qui vivent au quotidien la violence physique, et pour les nombreux autres qui vivent sous la constante menace de la violence. Pour ces personnes, la sphère domestique ne procure pas le genre d'espace privé qui permet à leur intimité de s'épanouir.

Un autre argument en faveur de la sphère privée stipule que celle-ci est nécessaire comme échappatoire aux tensions provoquées en nous par les différents rôles publics qui sont censés occuper une bonne partie de « notre » vie, et que la plupart d'entre « nous » sommes supposés adopter. Comme il existe, nous dit-on, une différence entre l'individu naturel et les rôles qu'il *(sic)* doit tenir, seule la sphère privée, où il peut abandonner ces rôles, permet le développement de sa personnalité (Benn 1971 ; Gavison 1983 ; Ryan 1983). La vie privée apparaît comme une « arrière-scène » où l'acteur social peut revêtir et ôter ses masques. Du moment que l'on prend en considération la question du genre, il est évident que cet argument pose problème pour ceux qui voient la sphère domestique comme le paradigme de la vie privée (Olsen 1983 : 1565). Si le besoin de ce genre d'intimité *existe*, si nous avons besoin, pour le développement de notre personnalité, d'une arrière-scène où délaisser temporairement nos rôles sociaux, il est peu probable que la plupart des femmes trouvent cette arrière-scène à l'intérieur de la sphère domestique. Que celles-ci endossent également des rôles non domestiques ou pas, les attentes liées à leur rôle de mère ou leurs autres rôles familiaux sont bien plus grandes que celles liées au rôle des hommes au sein de la famille. D'ailleurs, le fait que l'on pardonne aux hommes qui ont reussi leur vie publique, mais non aux femmes, d'avoir négligé leur famille, le démontre bien. De plus, ce que représente la « négligence envers la famille » prend généralement une tout autre dimension lorsqu'il s'agit d'une

femme, tout comme l'expression « materner un enfant » revêt un sens totalement différent de ce que
pourrait signifier l'expression « paterner un enfant ».

Il est intéressant de constater que ceux qui ont récemment écrit au sujet de la vie intime comme sphère
où se démasquer, se sont demandé si la maison
constituait le lieu adéquat pour cela, ou si un autre
endroit serait plus approprié (Ryan 1983). Peut-être
que l'émergence de cette question est due au fait
qu'avec l'entrée d'un nombre croissant de mères sur
le marché du travail, les hommes sont moins « iso-
lés » qu'avant par rapport aux besoins de leurs enfants. Ainsi, les attentes par rapport au rôle du père
font de plus en plus intrusion dans les sphères préala-
blement privées des hommes à la maison. C'est en tout
cas ce que semble suggérer Ryan lorsque, en argu-
mentant en faveur de la propriété privée de sa maison,
il concède tout à coup que la maison personnelle ne
constitue *pas*, à certains égards, l'endroit le plus privé
qu'il soit. Il écrit : « Nombreux sont les hommes qui
pensent que leur intimité est mieux garantie au bureau,
où la porte close ne risque pas d'être ouverte par un
quelconque Tom, Dick ou Harry, qu'à la maison où la
jeune Samantha pourrait débarquer à tout moment
dans la salle de bains ou la chambre à coucher » (Ryan
1983 : 241). Il est intéressant de se demander pourquoi Ryan attribue le sentiment que leur intimité est
moins garantie à la maison qu'au travail à de « nombreux hommes », alors qu'il est bien plus probable que
la jeune Samantha vienne déranger l'intimité de sa
mère que celle de son père, la division du travail dans

la plupart des ménages étant ce qu'elle est. Peut-être que, de manière plus réaliste, il fait allusion au fait qu'un homme a plus de chances qu'une femme de *posséder* un bureau où s'isoler de l'intrusion d'un Tom, d'un Dick ou d'un Harry (ou bien sûr d'une jeune Samantha). Tout cela tend néanmoins à démontrer que le son de cloche n'est plus le même lorsque les arguments concernant les aspects de la vie privée sont considérés du point de vue du genre. Dans les conditions sociales actuelles, « de nombreux hommes » et « de nombreuses femmes » ne sont pas susceptibles de profiter du même degré d'intimité pour se démasquer, ni de trouver cette intimité dans les mêmes lieux.

Étroitement lié à cet argument de la sphère privée comme arrière-scène, on trouve également l'argument de la sphère privée comme lieu de développement de nos facultés mentales. Les possibilités de solitude et de concentration sont au centre de cette défense de la sphère privée. Cependant, comme les féministes le savent depuis longtemps, tant que perdure la structure actuelle du genre, les femmes ont moins de possibilités de profiter de ces aspects-là de la sphère privée que les hommes[1]. Même en assumant la présence de

1. Voir Allen (1988), chapitres 2 et 3, pour une argumentation compréhensive et subtile sur ce sujet. La classe sociale, tout comme le genre, tend à influencer considérablement les chances d'une personne de pouvoir profiter de la protection de la sphère privée requise pour l'intimité, pour redevenir elle-même et pour développer ses facultés mentales. Des femmes appartenant aux élites sociales bénéficieront de davantage de ces aspects de la vie privée que des hommes appartenant à la classe ouvrière, et les femmes ouvrières ou appartenant aux classes inférieures ont encore moins de possibilités d'accès à ces aspects.

domestiques, J. S. Mill (1988 [1869] : 80) cita comme explication à la rareté des performances féminines dans les arts et les sciences le fait qu'on attende d'elles qu'elles aient « du temps et de l'attention pour tous les autres ». Un raisonnement similaire conduisit Virginia Woolf à la conclusion que pour devenir écrivain, une femme doit commencer par se procurer une vie indépendante et « une chambre à soi ». Aujourd'hui encore, avoir une famille est un obstacle moins difficile à surmonter pour un homme qui se consacre à des activités créatives ou artistiques, que pour une femme, et la plupart des femmes pensent qu'elles doivent choisir entre les deux. Comme peuvent en témoigner celles qui ont refusé de faire ce choix, il est extrêmement difficile pour une femme, dans les conditions actuelles, de voir s'épanouir en même temps son travail, ses enfants et sa relation avec un partenaire masculin.

L'idée que l'on puisse tracer une distinction claire et simple entre ce qui relève du politique et ce qui relève de la vie personnelle, entre le public et le domestique, est un élément de base de la théorie libérale au moins depuis Locke, et demeure encore aujourd'hui au fondement d'une grande partie de la théorie politique. Comme l'ont démontré les théoriciennes féministes, cette distinction fondamentale trouve ses racines dans la culture et les pratiques sociales du patriarcat et ne peut perdurer si l'on pense que l'ère du patriarcat est révolue. Certaines féministes ont avancé l'idée qu'il n'est pas nécessaire de conserver une sphère privée. Néanmoins, la plupart d'entre elles, moi y compris, auraient plutôt tendance à se rallier à l'avis des théoriciens du courant libéral dominant qui plaident pour le maintien de la sphère privée, et ce pour les mêmes raisons qu'ils invoquent (voir également Allen 1988). J'ai en effet suggéré ici que les femmes ont autant besoin de la sphère privée que les hommes pour développer des relations d'intimité avec les autres et pour temporairement abandonner leurs rôles et trouver les moments de solitude nécessaires au développement intellectuel et créatif. J'en conclus qu'un grand changement au niveau des institutions et des pratiques du genre est requis si l'on veut permettre aux femmes d'avoir les mêmes opportunités que les hommes, soit au niveau de la participation dans les sphères non domestiques comme celles du travail, du marché économique ou de la politique, soit pour bénéficier des avantages de la sphère privée[1]. Nous devons aller vers une société où les hommes et les femmes partagent, comme partenaires égaux, les tâches de prise en charge des autres, ainsi que les autres responsabilités domestiques que la pensée politique dominante supposait explicitement « naturellement » féminines, et qu'elle continue implicitement à supposer telles en gardant le silence sur le genre et la famille De plus en plus d'activités confinées jusque-là dans la sphère domestique vont se déplacer à l'extérieur, comme c'est déjà, dans une certaine mesure, le cas pour la préparation de la nourriture, l'éducation des enfants et le domaine de la santé. La frontière entre les deux sphères,

1. Voir également Okin (1989 a), particulièrement les chapitres 6-8.

qui n'a jamais été aussi nette dans les faits que dans la théorie, continuera à fluctuer. Nous devons maintenir une certaine protection de la vie personnelle et privée contre le contrôle et les intrusions extérieures. Mais il est peu probable que la dichotomie entre le public et le domestique puisse, dans la théorie et la pratique d'une société sans genre, être aussi claire et nette qu'elle l'a été dans la théorie politique dominante, depuis le XVIIᵉ siècle jusqu'à nos jours.

SUSAN MOLLER OKIN

RÉFÉRENCES

A Survey of Spousal Violence Against Women in Kentucky (1979). Washington, DC : Law Enforcement Assistance Administration.

ACKERMAN, Bruce (1980). *Social Justice in the Liberal State*. New Haven : Yale University Press.

ALLEN, Anita L. (1988). *Uneasy Access : Privacy for Women in a Free Society*. Totowa, NJ : Rowman et Littlefield.

BEAUVOIR, Simone de (1976 [1949]). *Le deuxième sexe*. Paris : Gallimard, 2 vol.

BENN, Stanley I. (1971). « Privacy, Freedom, and Respect for Persons », in J. Roland Pennock et John W. Chapman (ed.), *Privacy (Nomos XIII)*. New York : Atherton.

BENN, Stanley I. et GAUS, G. F. (1983 a) (ed.). *Public and Private in Social Life*. Londres : Croom Helm.

BENN, S.I. et GAUS, G. F. (1983 b). « The Public and the Private : Concepts and Action », in S.I. Benn et G. F. Gaus (ed.), *Public and Private in Social Life*. Londres : Croom Helm.

BERGMANN, Barbara R. (1986). *The Economic Emergence of Women*. New York : Basic Books.

BLOOM, Allan (1987). *The Closing of the American Mind*. New York : Simon et Schuster.

BROWNMILLER, Susan (1975). *Against Our Will : Men, Women and Rape*. New York : Bantam.

CHODOROW, Nancy (1974). « Family Structure and Feminine Personality », in M. Z. Rosaldo et L. Lamphere (ed.), *Woman, Culture, and Society*. Stanford, Calif. : Stanford University Press.

CHODOROW, Nancy (1978). *The Reproduction of Mothering*. Berkeley : University of California Press.

CLARK, Lorenne et LANGE, Lynda (1979). *The Sexism of Social and Political Thought*. Toronto : University of Toronto Press.

DALY, Mary (1978). *Gyn/Ecology : The Metaethics of Radical Feminism*. Boston : Beacon Press.

DOBASH, R. Emerson et DOBASH, Russel (1979). *Violence Against Wives*. New York : Free Press.

DWORKIN, Ronald (1977). *Taking Rights Seriously*. Cambridge, Mass. : Harvard University Press. (fr. : *Prendre les droits au sérieux*. Paris : P.U.F., 1995)

ELSHTAIN, Jean Bethke (1974). « Moral Woman/Immoral Man : The Public/Private Distinction and its Political Ramifications ». *Politics and Society* 4 (4).

ELSHTAIN Jean Bethke (1981). *Public Man, Private Woman : Women in Social and Political Thought*. Princeton : Princeton University Press.

ENGELS, Friedrich (1955 [1884]). « The Origin of the Family, Private Property and the State », in *Karl Marx and Friedrich Engels : Selected Works*, ii. Moscou : Foreign Language Publishing House. (fr. : *L'origine de la famille, de la propriété privée et de l'État*. Paris : Éditions sociales, 1962).

FINKELHOR, David et YLLO, Kersti (1985). *License to Rape : Sexual Abuse of Wives*. New York : Free Press.

FIRESTONE, Shulamith (1971). *The Dialectic of Sex*. New York : William Morrow. (fr. : *La dialectique du sexe*. Paris : Stock, 1972)

FISHKIN, James S. (1983). *Justice, Equal Opportunity, and the Family*. New Haven : Yale University Press.

FLAX, Jane (1978). « The Conflict between Nurturance and Autonomy in Mother-Daughter Relationships and Within Feminism ». *Feminist Studies* 4 (2).

FRIED, Charles (1969). « Privacy », in Graham Hughes (ed.), *Law, Reason, and Justice*. New York : New York University Press.

GALSTON, William A. (1980). *Justice and the Human Good*. Chicago : University of Chicago Press.

GAUS, G. F. (1983). « Public and Private Interests in Liberal Political Economy, Old and New », in S. I. Benn et G. F. Gaus (ed.). *Public and Private in Social Life*. Londres : Croom Helm.

GAVISON, Ruth (1983). « Information Control : Availability and Exclusion », in S. I. Benn et G. F. Gaus (ed.), *Public and Private in Social Life*. Londres : Croom Helm.

GERSON, Kathleen (1985). *Hard Choices : How Women Decide About Work, Career, and Motherhood*. Berkeley : University of California Press.

GREEN, Philip (1985). *Retrieving Democracy : In Search of Civic Equality.* Totowa, NJ : Rowman et Allenheld.

GROSS, Hyman (1971). « Privacy and Autonomy », in J. Roland Pennock et John W. Chapman (ed.), *Privacy (Nomos XIII).* New York : Atherton.

HAMPSHIRE Stuart (ed.) (1978). *Public and Private Morality.* Cambridge : Cambridge University Press.

HARTMANN, Heidi (1979). « Capitalism, Patriarchy and Job Segregation by Sex », in Zillah Eisenstein (ed.), *Capitalist Patriarchy and the Case for Socialist Feminism.* New York : Monthly Review Press.

JAGGAR, Alison M. (1983). *Feminist Politics and Human Nature.* Totowa, NJ : Rowman et Allenheld.

KEARNS, Deborah (1983). « A Theory of Justice — and Love : Rawls on the Family ». *Politics* (Journal of the Australasian Political Studies Association) 18 (2).

LOCKE, John (1950 [1689]). *A Letter Concerning Toleration.* Indianapolis : Bobbs-Merrill. (fr : *Lettre sur la tolérance.* Paris : GF Flammarion, 1992).

LOCKE, John (1960 [1690]). *Two Treatises of Government,* édité par Peter Laslett. Cambridge : Cambridge University Press. (fr. : *Deux traités du gourvernement.* Paris : J. Vrin, 1997).

MACINTYRE, Alasdair, *After Virtue* (1981). Notre Dame : University of Notre Dame Press (fr. : *Après la vertu.* Paris : P.U.F., 1997).

MACINTYRE, Alasdair (1988). *Whose Justice ? Which Rationality ?* Notre Dame : University of Notre Dame Press (fr. · *Quelle justice ? Quelle rationalité ?* Paris : P.U.F., 1993).

MACKINNON, Catherine A. (1982). « Feminism, Marxism, Method, and the State : An Agenda for Theory ». *Signs* 7 (3).

MACKINNON, Catherine A. (1987). *Feminism Unmodified.* Cambridge, Mass. : Harvard University Press.

MILL, John Stuart (1988 [1869]). *The Subjection of Women.* Indianapolis : Hackett. (fr. : *De l'assujettissement des femmes.* Paris : Avatar, 1992).

MILLER, Jean Baker (1976). *Toward a New Psychology of Women.* Boston : Beacon Press.

MINOW, Martha [s.d.], « We, the Family : Constitutional Right and American Families ». *The American Journal of History* 74 (3).

MOORE, Barrington Jr. (1984). *Privacy : Studies in Social and Cultural History.* Armonk, NY : Sharpe.

NICHOLSON, Linda J. (1986). *Gender and History.* New York : Columbia University Press.

NOZICK, Robert (1974). *Anarchy, State and Utopia.* New York : Basic Books (fr. : *Anarchie, État et utopie.* Paris : P.U.F., 1988).

OKIN, Susan Moller (1979). *Women in Western Political Thought.* Princeton : Princeton University Press.

OKIN, Susan Moller (1980). « Women, Love, and the Sense of Justice ». *Ethics* 91 (1).

OKIN, Susan Moller (1982). « Women in the Making of the Sentimental Family ». *Philosophy and Public Affairs* 11 (1).

OKIN, Susan Moller (1987). « Justice and Gender ». *Philosophy and Public Affairs* 16 (1).

OKIN, Susan Moller (1989 a). *Justice, Gender, and the Family.* New York : Basic Books.

OKIN, Susan Moller (1989 b). « Reason and Feeling in Thinking about Justice ». *Ethics* 99 (2).

OLSEN, Frances E. (1983). « The Family and the Market : A Study of Ideology and Legal Reform ». *Harvard Law Review* 96 (7).

OLSEN, Frances E. (1985). « The Myth of State Intervention in the Family ». *University of Michigan Journal of Law Reform* 18 (1).

ORTNER, Sherry B. (1974). « Is Female to Male as Nature is to Culture ? », in Michelle Z. Rosaldo et L. Lamphere (ed.), *Women, Culture and Society.* Stanford : Stanford University Press.

PATEMAN, Carole (1980). « "The Disorder of Women" : Women, Love and the Sense of Justice ». *Ethics* 91 (1).

PATEMAN, Carole (1983). « Feminist Critiques of the Public/Private Dichotomy », in S. I. Benn et G. F. Gaus (ed.), *Public and Private in Social Life.* Londres : Croom Helm.

PATEMAN, Carole et GROSS, Elizabeth (ed.) (1987). *Feminist Challenges : Social and Political Theory.* Boston : Northeastern University Press.

PATEMAN, Carole et SHANLEY, Mary L. (1990). *Feminist Critiques of Political Theory*. Cambridge : Polity.

PENNOCK, J. Roland, « Introduction » (1971), in J. Roland Pennock et John W. Chapman (ed.), *Privacy (Nomos XIII)*. New York : Atherton.

RAPAPORT, Elizabeth (1980). « On the Future of Love : Rousseau and the Radical Feminists », in C. Gould et M. Wartofsky (ed.), *Women and Philosophy*. New York : Putnam.

RAWLS, John (1971). *A Theory of Justice*. Cambridge Mass. : Harvard University Press. (fr : *Théorie de la justice*. Paris : Seuil, 1997).

RICH, Adrienne (1980). « Compulsory Heterosexuality and Lesbian Existence ». *Signs* 5 (4).

ROSALDO, Michelle Z. (1974). « Women, Culture and Society : A Theoretical Overview », in Z. Rosaldo et L. Lamphere (ed.), *Women, Culture and Society*. Stanford : Stanford University Press.

ROSALDO, Michelle Z. (1980). « The Use and Abuse of Anthropology ». *Signs* 5 (3).

ROSE, Nikolas (1987). « Beyond the Public/Private Division : Law, Power and the Family ». *Journal of Law and Society* 14 (1).

RUDDICK, Sara (1980). « Maternal Thinking ». *Feminist Studies* 6 (2).

RYAN, Alan (1983). « Public and Private Property », in S. I. Benn et G. F. Gaus (ed.), *Public and Private in Social Life*. Londres : Croom Helm.

SANDEL, Michael J. (1982). *Liberalism and the Limits of Justice*. Cambridge : Cambridge University Press. (fr. : *Le libéralisme et les limites de la justice*. Paris : Seuil, 1999).

SCOTT, Joan W. (1986). « Gender : A Useful Category of Historical Analysis ». *American Historical Review* 91 (5).

SIMMEL, Arnold (1971). « Privacy is not an Isolated Freedom », in J. Roland Pennock et John W. Chapman (ed.), *Privacy (Nomos XIII)*. New York : Atherton.

TONG, Rosemarie (1989). *Feminist Thought : A Comprehensive Introduction*. Boulder, Colo. : Westview.

VAN DEN HAAG, Ernest (1971). « On Privacy », in J. Roland Pennock et John W. Chapman (ed.), *Privacy (Nomos XIII)*. New York : Atherton.

WALZER, Michael L. (1983). *Spheres of Justice*. New York : Basic Nooks (fr. : *Sphères de justice*. Paris : Seuil, 1997).

WARREN, Samuel D. et BRANDEIS, Louis D. (1890). « The Right to Privacy ». *Harvard Law Review* 4 (5).

WEINSTEIN, W. L. (1971). « The Private and the Free : A Conceptual Inquiry », in J. Roland Pennock et John W. Chapman (ed.), *Privacy (Nomos XIII)*. New York : Atherton.

10

Espaces publics, vies privées[1]

S'interroger sur la représentation politique des femmes, c'est d'abord se demander qui se fait élire. Même dans le meilleur des cas, seule une élite politique est concernée par cette question, ce qui ne veut pas dire que celle-ci ne soit pas importante. Cependant, pour la majorité des féministes, la question de la démocratie dépasse largement le thème de l'élection, pour se rapporter essentiellement à la signification fondamentale du terme « politique ». Les féministes ont abondamment mis en évidence l'importance de la distinction entre le public et le privé : la frontière entre ces deux sphères (s'il y en a) est constamment contestée, et pour la plupart des féministes, la relation entre ces sphères est à redéfinir. Dit avec plus de panache, le mouvement des femmes a proclamé que « le personnel est politique ». Comme le note Iris Young, le mouvement des femmes « a transformé en enjeu public la discussion autour de nombreuses pratiques considérées jusque-là comme trop triviales ou définies

1. Traduit et reproduit avec la permission de Blackwell Publishers.

comme étant de l'ordre de la vie privée : la signification des pronoms, la violence domestique contre les
femmes, le fait que les hommes ouvrent la porte aux
femmes, les agressions sexuelles contre les femmes et
les enfants, la division sexuelle du travail domestique,
etc. » (1987 : 74). Étant donné qu'elles sont structurées par des relations de pouvoir, des pratiques jugées
jusque-là insignifiantes ne peuvent pas être perçues
comme conséquences fortuites de choix individuels.
En effet, des pratiques restées longtemps confinées au
secret de la vie privée sont d'intérêt public et devraient
être considérées comme telles. La division sexuelle du
travail, ainsi que la distribution sexuelle du pouvoir,
relèvent de la politique au même titre que les questions relatives aux relations entre les classes sociales
ou aux négociations entre pays. Il est temps que ce qui
se passe entre les murs des cuisines et des chambres à
coucher donne lieu à des changements politiques.

La distinction traditionnelle entre le public et le
privé donne l'impression que la sphère publique se
trouve dans des lieux particuliers, à savoir les chambres grandioses de l'Assemblée nationale et celles,
plus modestes, de la mairie locale. Il arrive parfois
aux politologues d'utiliser une définition du politique
qui pourrait s'appliquer aussi à certaines préoccupations du mouvement des femmes, à savoir une définition par le conflit. Cependant, la plupart d'entre eux
adoptent une notion circulaire, selon laquelle la politique concerne des décisions publiques, a lieu dans des
lieux publics, est l'affaire des ministres, des cabinets,
des parlements et des conseils, et fait référence aux

partis politiques et aux groupes de pression, à l'administration publique et aux cours de justice. Lorsque le concept de politique est mis en relation avec « l'opinion publique », il englobe également les médias, la culture politique et les écoles. Mais en tout état de cause, la politique n'a pas de rapport avec la question de savoir qui s'occupe des enfants et qui va au travail, ni qui organise les réunions et qui prépare le thé, car cela relève des affaires privées

Si ma manière d'opposer le public et le privé paraît exagérée — comme si je rebâtissais d'anciens monuments pour ensuite les détruire — c'est grâce à l'influence du féminisme qui a déjà amené des changements dans notre conception du politique. L'idée inverse que tout est politique a elle aussi beaucoup d'adeptes aujourd'hui (peut-être que le substantif reste encore collé à des lieux spécifiques, tandis que l'adjectif peut s'associer à n'importe quel objet). Bien que le mouvement des femmes ne détienne pas le monopole sur cette idée, il a certainement le mérite de l'avoir répandue, ce qui est tout à fait extraordinaire si l'on prend en considération le contexte dans lequel le slogan « le personnel est politique » a émergé.

Au départ, ce slogan était une riposte à l'encontre des politicards masculins des mouvements pour les droits civils et des mouvements socialistes-radicaux, c'est-à-dire des activistes qui partageaient une vision du politique bien trop noble pour admettre la pertinence de simples préoccupations sexuelles. À partir du milieu des années 1960, les femmes dans un bon nombre de pays capitalistes avancés (surtout aux États-

Unis) ont commencé à s'interroger sur leur place au sein des organisations de gauche. Les décisions étaient prises par les hommes, pendant que les femmes tapaient à la machine les tracts, et malgré l'engagement, supposé commun, pour la libération du monde, les femmes continuaient à être considérées comme rien d'autre qu'une bonne partie de plaisir au lit. Comme l'a fait remarquer David Bouchier, les activistes féministes avaient adopté l'expression « la libération des femmes » d'abord (autour de 1964) dans une intention légèrement satirique (1983 : 52). La « libération » était le mot d'ordre de l'époque, et en appliquant à elles-mêmes un terme généralement réservé aux héros luttant contre les agressions impérialistes, les femmes espéraient établir un parallèle impossible à renier par les vrais militants.

C'est pourtant ce que les militants ont fait, avec de grands éclats de rire et des ricanements condescendants, et c'est dans ce climat que les femmes ont eu tant besoin de définir leurs intérêts comme étant « politiques ». (Le contexte est révélateur, car qui d'autre que des radicaux engagés auraient pu considérer la politique comme « cool » ?) Une version plus longue du slogan, tirée d'un bulletin féministe de 1967, complète l'image de son histoire. Après une importante conférence sur la soi-disant Nouvelle Politique qui avait réuni différents groupes de la gauche, mais qui avait refusé toute tribune aux femmes, les féministes de Chicago avaient lancé la *Voix du Mouvement de libération des femmes*. S'attaquant aux visions étroites de leurs camarades d'autrefois, elles proclamaient que

« la libération des femmes de leur oppression est un problème aussi important que toute autre lutte politique des activistes de la Nouvelle Politique » (cité dans Bouchier 1983 : 53). Les problèmes des femmes sont eux aussi des problèmes politiques.

La sphère « politique » à laquelle ces femmes prétendaient n'était pas le monde des élections, des gouvernements ou des théories de l'État. Leur notion du « politique » se référait à toutes les structures (dans le langage de l'époque, on aurait dit « institutions ») d'exploitation et d'oppression contre lesquelles il fallait faire campagne. En définissant le personnel comme étant politique, les femmes voulaient protester contre ces activistes qui s'étaient moqués de leurs préoccupations « anodines ». Ce n'était *pas* un fait anodin que les femmes soient traitées comme des objets sexuels de consommation par des hommes, plus puissants qu'elles. Ce n'était *pas* un fait anodin que les femmes doivent se plier aux exigences de leurs maris simplement parce qu'elles ne gagnaient pas assez d'argent pour vivre seules. Ce n'était *pas* un fait anodin que des organisations, dont la rhétorique était remplie de nobles proclamations de liberté, continuent de ne pas prendre en compte les inégalités dont souffraient les femmes. Les hommes avaient le pouvoir sur les femmes, et là où il y avait oppression, les féministes estimaient qu'il y avait une dimension politique.

Par la suite, l'expression « le personnel est politique » en est venue à incarner une multitude de significations plus complexes. Dans sa forme la plus offensive, elle a gommé toute distinction entre le public et le privé, le personnel et le politique, pour englober tous les aspects de la vie sociale comme étant l'expression indifférenciée du pouvoir masculin. Cette version est celle qui a été le plus fortement associée au féminisme radical, pour lequel le pouvoir patriarcal représentait la forme primordiale d'oppression (c'est-à-dire une oppression plus importante, ou du moins équivalente, à celle de la classe sociale). La sphère de la reproduction, jusque-là considérée comme sphère privée, était désignée comme le site privilégié de ce pouvoir. Dès lors, « politique » et « pouvoir » signifiaient pratiquement la même chose. Dans *Sexual Politics* (1970 : 25), par exemple, Kate Millett a défini le pouvoir comme l'essence de la politique, et le gouvernement patriarcal comme « l'institution par laquelle la moitié féminine de la population est régie par l'autre moitié qui est masculine ». L'institution à laquelle elle fait référence n'est pas une institution située dans un lieu particulier — en effet, on est loin ici de toute forme conventionnelle d'institutions du pouvoir.

D'autres féministes, en revanche, trouvaient cette assimilation complète du privé et de la sphère publique inquiétante. Elles utilisaient l'expression « le personnel est politique » plus sobrement pour désigner l'existence d'une relation entre les deux sphères, plutôt que de dire que celles-ci se confondent. Selon cette interprétation, le public et le privé ne peuvent pas être considérés comme deux mondes séparés, fonctionnant à des rythmes indépendants l'un de l'autre. Celles qui défendent cette conception insistent sur le fait que les relations à l'intérieur de la famille et du ménage sont structurées par toute une série de politiques publiques (par exemple, les politiques du logement, de la sécurité sociale et de l'éducation) ; inversement, les relations au travail ou dans la politique sont façonnées par les inégalités sexuelles de pouvoir. De ce point de vue, il est absurde de considérer le « personnel » comme quelque chose qui est situé en dehors du politique, ou de concevoir le politique comme imperméable à la sexualité ou aux préoccupations d'ordre « privé ». Et lorsque la distinction entre les deux sphères est utilisée pour nier la responsabilité sociale pour tout ce qui se passe derrière les portes soi-disant privées, ce n'est pas seulement une absurdité, c'est également un mécanisme d'oppression.

L'expression « le personnel est politique » peut donc donner lieu à différentes interprétations, et chacune d'entre elles a des implications pour la manière de concevoir la démocratie. L'interprétation modérée veut que de nouveaux sujets soient placés sur l'agenda politique. Dans bien des cas, cette redéfinition de ce qui compte comme étant d'intérêt public a ouvert aux femmes des possibilités pour devenir politiquement actives. La politique, définie dans le passé surtout par des idées abstraites, a ainsi été restructurée de façon à inclure les problèmes de la vie quotidienne, ce qui a permis à beaucoup de femmes de faire une première incursion dans le débat « politique ». En plaçant la famille et le ménage sous les feux des projecteurs, le féminisme a remis en question les frontières de la sphère du politique et a étendu les revendications démocratiques à bien d'autres lieux et domaines. Comme l'a noté Sheila Rowbotham, le féminisme concentre son attention sur la vie de tous les jours et élargit le sens du mot démocratie « pour y inclure les inégalités au sein du foyer, les questions identitaires, le contrôle de la sexualite, la remise en question des représentations culturelles, le contrôle de l'État social par la communauté et une plus grande égalité d'accès aux ressources publiques » (1986 : 85-6). Lorsque l'on redéfinit la politique, on redéfinit également la démocratie.

Cependant, l'affirmation que la relation entre le public et le privé est remise en question, transformée et, dans certains cas, dissoute par le féminisme, soulève de nombreuses questions. Pour pouvoir évaluer les implications, pour la théorie et la pratique de la démocratie, de l'expression « le personnel est politique », il faut comprendre laquelle de ses différentes interprétations est en jeu. Dans son livre récent sur le mouvement des femmes en Grande-Bretagne, Sheila Rowbotham remarque que le slogan « le personnel est politique » apparaissait dans pratiquement tous les écrits, ce qui montre que ce thème était plus influent qu'elle ne l'avait pensé au départ (1989 : 295). La tentative de recenser toutes les connotations que peut prendre cette expression relève du cauchemar, surtout si l'on considère (comme j'ai choisi de le faire) qu'elle recouvre le même spectre de significations possibles que la phrase plus théorique : « Nous devons remettre en question la relation entre le public et le privé. »

La redéfinition de cette relation est si centrale pour les revendications féministes que l'on pourrait presque définir la tradition féministe en ces termes. Mais jusqu'ici, j'ai utilisé cette expression de façon peu précise, et principalement en faisant référence à d'autres traditions. Je vais maintenant examiner les différentes manières dont les féministes ont remis en cause la division entre les sphères du public et du privé, ainsi que les différentes significations qu'elles ont donné au slogan « le personnel est politique », ce qui, à mon avis, relève de la même question. Je mettrai l'accent sur les aspects qui ont trait au problème de la démocratie, c'est-à-dire sur différentes interprétations qui n'ont pas toutes le même poids dans la théorie ou la pratique féministe, mais qui sont les plus pertinentes dans le contexte de cette discussion. Pour celles qui ont vécu les deux dernières décennies du mouvement féministe, mon propos pourra paraître quelque peu excentrique ou même hors sujet, même si certaines de mes affirmations seront familières du point de vue du discours politique féministe de ces vingt dernières années. En effet, une partie de ce que je dis est formulée en des termes issus de traditions autres que féministe. La pertinence de mon argumentation devrait néanmoins ressortir.

LES CONTRAINTES PRIVÉES QUI PESENT SUR L'ENGAGEMENT PUBLIC

Le premier aspect est celui qui semblera le plus évident aux yeux des personnes qui sont familières avec les débats habituels sur la démocratie (voir aussi Phillips 1991, chapitre 2) ; il met en relation les arguments féministes au sujet de la relation entre le public et le privé avec les débats sur le degré de contrôle que peuvent exercer les personnes dans leur vie professionnelle. Dans ce contexte, le slogan « le personnel est politique » met l'accent sur la dépendance d'une sphère par rapport à l'autre, en posant que la démocratie au foyer est une précondition à la démocratie en dehors du foyer. Selon les défenseurs de la démocratie participative, la hiérarchie et la subordination subies dans le monde du travail restreignent nos possibilités de nous développer en tant que citoyens égaux. Mais qu'en est-il alors de la subordination et de la soumission vécues à la maison ?

Les féministes ont exploré deux aspects de cette question, l'un purement pratique, et l'autre relatif à notre identité et notre sens du soi. Premièrement, les femmes ne peuvent participer pleinement à la vie publique en raison du fonctionnement de leur vie privée. La division du travail entre les femmes et les hommes est telle qu'elle implique pour la plupart des femmes une double charge de travail. Dans les pays capitalistes développés, la proportion de femmes ayant un travail rémunéré (que ce soit à temps partiel ou à temps plein) n'a cessé d'augmenter depuis les trois dernières décennies. Dans les pays du bloc communiste, les femmes fournissent depuis longtemps une contribution importante à la force de travail à temps complet ; dans les pays en voie d'industrialisation, les femmes participent largement au travail dans les usines de textiles, de l'électronique et de pièces informatiques ; et dans les pays où l'agriculture reste la principale source d'emploi, les femmes continuent à jouer un rôle majeur (si ce n'est le rôle principal) dans le travail de la terre. Dans tous les cas, les enfants et le ménage sont principalement assumés par les femmes.

Les femmes sont empêchées de participer aux processus de prise de décision déjà par leur simple manque de temps. Dans le monde antique, les citoyens actifs pouvaient participer aux affaires publiques grâce à une vaste armée de femmes et d'esclaves qui exécutaient le travail domestique. Aujourd'hui, aucun démocrate n'oserait ressusciter un tel idéal. L'assimilation de la démocratie moderne au concept d'égalité nous pousse bien évidemment à opter pour une vision plus modeste de ce que pourrait être une citoyenneté active. Cependant, la manière dont sont organisées nos vies privées favorise l'engagement des hommes et restreint la participation des femmes. La question de savoir qui se charge des enfants et de la préparation des repas est dès lors d'un intérêt politique vital.

Mais ce qui est souvent plus paralysant que la simple accumulation d'obstacles pratiques, c'est l'expérience différenciée du pouvoir des femmes et des hommes. Les femmes n'ont qu'à se promener dans la rue pour mesurer leur vulnérabilité physique et leur manque de pouvoir social, et les pas précipités qu'elles ont à faire la nuit pour passer d'un lieu éclairé à un autre ne contribuent pas à augmenter leur sentiment de confiance ou de contrôle de la situation. Il y a certes trop de variations de classe, de nationalité, d'ethnicité ou de religion au sein de chaque foyer pour tirer des conclusions générales sur la manière dont sont prises les décisions familiales. Cependant, c'est un fait que les hommes gagnent plus d'argent et qu'ils abusent trop souvent de leur plus grand pouvoir physique. L'expérience de la plupart des femmes au travail correspond bien aux schémas répétitifs que les partisans de la démocratie du travail ont qualifié de néfastes pour le sentiment d'efficacité et de contrôle. À cela s'ajoute la prédominance des événements naturels dans la vie des femmes au sein du foyer (et j'entends par là à la fois la noble expérience de la grossesse et de la maternité et les expériences plus terre à terre comme les travaux d'alimentation, de nettoyage et de changement des couches) qui ne les encourage pas à espérer pouvoir transformer le monde.

C'est donc l'un des aspects de la relation entre les sphères publique et privée, et la dimension politique de la vie personnelle revendiquée par les femmes peut être lue sous cet angle. Toutes les études concernant la participation des femmes aux activités syndicales concluent inévitablement et avec une régularité monotone que les réunions devraient se tenir pendant les heures de travail, étant donné que les femmes ont besoin des pauses de midi pour faire les courses et qu'elles doivent souvent partir immédiatement après le travail pour accueillir les enfants à la sortie de l'école et préparer le repas. Le mouvement des femmes a introduit l'habitude d'organiser des crèches pendant ses conférences et a pu convaincre bon nombre d'organisations de la nécessité d'en faire autant. Lorsque les féministes étaient confrontées à des questions hostiles concernant leur besoin de se réunir exclusivement entre femmes, elles ont souvent répondu que leur condition d'asservissement domestique et familial restreignait leur confiance en elles-mêmes et que le schéma de la domination masculine continuerait à peser sur les femmes tant qu'elles n'auraient pas d'abord appris à participer à des groupes à elles. Dans chacun de ces exemples, l'organisation actuelle de la vie « privée » est perçue comme un obstacle majeur à la participation démocratique des femmes. Si l'exercice de la démocratie se limitait simplement à l'acte, peu fréquent, du vote, les différences entre femmes et hommes ne seraient pas d'une aussi grande importance. Mais dès lors que l'on adopte une vision plus participative de la démocratie, l'égalité entre femmes et hommes en matière de participation ne semble être possible que si des changements considérables se produisent dans la sphère privée.

Le fait que les quelques hommes qui ont tissé un lien entre le féminisme et la démocratie se soient souvent concentrés sur ce point précis, témoigne à mon sens de l'étroite analogie qui peut être faite entre cet argument spécifique et l'argument général des partisans de la démocratie participative. David Held, par exemple, décrit « le partage collectif des tâches quotidiennes et la réduction au minimum du travail répétitif » (1986 : 291) comme l'une des conditions pour le modèle de démocratie autonome qu'il favorise, et a clairement en tête, ici, la situation des femmes. La discussion la plus complète de cette question se trouve, à ma connaissance, dans *Retrieving Democracy* (1985) de Philip Green. Cette étude s'inscrit dans une tradition de démocratie radicale qui s'intéresse aux conditions favorables à la démocratie à l'extérieur de la sphère politique conventionnelle. (Le sous-titre de son ouvrage, *In Search of Civic Equality* [*À la recherche de l'égalité civique*], est à ce titre assez significatif, et son argument principal est de dire qu'une véritable égalité sociale constitue la précondition à une véritable démocratie politique.) Selon Green, la division caractéristique de nos sociétés capitalistes entre le travail intellectuel et manuel, empêche une majorité des citoyens de développer leur potentiel, ce qui, selon lui, contribue à maintenir une sorte de pseudo-démocratie où l'influence politique, l'accès et la participation politique représentent pour la plupart des gens « un événement épisodique, occasionnel, voire inexistant » (Green 1985 : 179).

Contrairement aux partisans typiques de la démocratie participative, il n'accorde que peu de poids à la démocratie au travail et n'insiste pas non plus sur l'égalité sociale absolue, comme le font les socialistes plus romantiques. Son programme prône une division démocratique du travail qui abolirait les hiérarchies *permanentes* dans les systèmes de production. Lorsqu'il aborde explicitement le cas des femmes, il élargit son propos en incluant la question de la division démocratique du travail de reproduction. L'accès à l'éducation et à la formation à toutes les étapes de la vie occupe une place centrale dans son programme. En effet, il estime que la participation des femmes à la vie politique n'est possible qu'à condition que les tâches liées à l'éducation des enfants soient partagées, et que les personnes ayant des enfants en bas âge puissent bénéficier d'un meilleur soutien de la part de la société. Chaque individu doit être réellement — et non pas seulement formellement — libre de changer le cours de sa vie, et c'est uniquement lorsqu'une véritable mobilité professionnelle sera atteinte que l'on pourra parler d'une véritable égalité entre les citoyennes et les citoyens. Ainsi, l'égalité sociale « signifie que l'on ne pourra jamais dire de quelqu'un que sa probabilité statistique d'occuper un poste de responsabilité publique est minime à cause d'un attribut social, comme celui d'être pauvre ou ouvrier, membre d'une sous-culture ethnique ou raciale, d'être femme, etc. » (Green 1985 : 170).

Tous les travaux féministes portant sur les femmes et la politique dressent des constats semblables. Les femmes ont accusé plusieurs années de retard sur les hommes même en ce qui concerne les actes de participation politique les plus élémentaires (comme se rendre aux urnes). Les études ont montré que cet écart va de pair avec un degré moindre de sentiment subjectif d'implication, de connaissance et de compétence du monde politique « extérieur » de la part des femmes (voir Lovenduski 1986, chapitre 4). Le décalage entre hommes et femmes au niveau de la participation politique a diminué depuis, et, « dans les démocraties occidentales, celui-ci est généralement réduit à des proportions négligeables ou a totalement disparu » (Randall 1987 : 53). Mais si l'on considère d'autres indices de participation politique, on peut s'apercevoir que les femmes sont malgré tout moins actives que les hommes, à l'exception notable, et donc importante, de la participation *ad hoc* (selon l'expression de Vicky Randall) des femmes « dans des campagnes à court terme, formant des organisations improvisées et qui tendent à utiliser des moyens d'action directe comme les piquets, les squats et les projets d'aide mutuelle *(self-help)*. Les femmes tendent en outre typiquement à se concentrer sur des sujets de politique locale, ou relatifs à la communauté locale » (Randall 1987 : 58). Les données empiriques sur ce point sont incomplètes, mais elles semblent indiquer une implication importante des femmes dans les politiques du logement, de l'éducation des enfants, des transports et de l'environnement, thèmes qui concernent directement la famille et les ménages. Le sexe continue à être un indicateur important (même s'il n'est pas le plus important) du degré et du type de participation politique des individus, et les règles sociales attribuant aux femmes le rôle principal à l'intérieur de la sphère domestique jouent un rôle important dans le maintien des différences de participation entre les sexes.

Je considère que les arguments sur ce point sont parfaitement convaincants. Le fait que l'on ait mis si longtemps à faire le rapprochement entre les différences de participation politique des femmes et des hommes, et les conditions de la vie privée, montre bien à quel point les femmes ont jusque-là été tenues à l'écart de la politique. L'égalité politique entre les femmes et les hommes ne pourra se faire qu'à l'aide de changements substantiels au niveau de la sphère domestique, comme, par exemple, une égalisation des heures de travail ; une meilleure répartition des responsabilités relatives au travail ménager et aux enfants ; une rupture des schémas habituels qui partagent de manière si inégale les hommes et les femmes entre le travail à l'intérieur et à l'extérieur de la maison. La condition des femmes à la maison restreint leur pratique de la démocratie, que ce soit simplement à cause du manque de temps libre ou qu'il s'agisse d'une conséquence complexe due au fait qu'on leur a toujours dicté leur comportement.

Ce qui est plus difficile à déterminer c'est la mesure exacte dans laquelle ces facteurs jouent un rôle. Tout comme il existe une relation entre le fait de se faire malmener au travail et la croyance que la politique n'est faite que pour les autres, il doit y avoir *quelque* lien entre la participation politique plus basse des femmes et les conditions de la sphère privée. Cependant, ce lien n'est pas facile à établir, surtout si l'on essaie de montrer que la transformation de la division sexuelle du travail dans la sphère domestique est en fait la condition la plus importante pour l'égalité politique. À mon avis, au niveau des conseils régionaux et des assemblées nationales, la division sexuelle du travail n'est pas forcément un indicateur décisif pour la participation politique des femmes (voir Phillips 1991, chapitre 3). Il existe certainement un lien entre la proportion de femmes élues et les politiques économiques et sociales poursuivies par un pays. Mais les variations que l'on observe d'un pays à un autre sont plus grandes que celles auxquelles on s'attendrait en fonction des différences de position des femmes sur le marché du travail ou de l'existence d'infrastructures destinées à la garde des enfants. À l'inverse, il serait faux de dire que les pays où la participation politique des femmes à la politique nationale avoisine les 40 % ont réussi une « démocratisation de la division du travail de reproduction » ; les féministes des pays concernés se chargeraient rapidement de contredire ce genre d'affirmations. Mais, si l'augmentation marquante de la représentation des femmes s'explique surtout par des facteurs politiques, alors la question de savoir si les hommes s'occupent ou non des enfants, ou si les dispositions en matière de garde d'enfants ont évolué, n'est finalement peut-être pas si importante ?

Si le problème consiste avant tout à égaliser le nombre d'hommes et de femmes dans les parlements nationaux ou dans les gouvernements locaux ou nationaux, ces questions importent peu, en effet. Si seulement on leur en donne la possibilité, on trouvera toujours des femmes qui acceptent de se porter candidates, certaines au prix de grands efforts pour concilier la politique, les enfants et le travail, d'autres parce qu'elles n'ont pas d'enfants, et d'autres encore qui, grâce à un salaire élevé, peuvent engager des aides au foyer. Mais si le terme démocratie est censé signifier plus que simplement le droit de vote pour tous et le droit pour chacun de se présenter aux élections, il doit alors se fonder sur un type de participation plus significative, et l'accès à la sphère politique doit devenir plus ouvert, indépendamment du sexe, de la race et de la classe sociale. On peut ne pas vouloir désigner un facteur unique comme seule condition du changement. Mais même dans ce cas, la répartition égale des responsabilités et du temps dans la sphère privée serait un bon candidat sur la liste des facteurs à prendre en compte. Cela représente bien une condition clef pour que les hommes et les femmes deviennent politiquement égaux dans un sens qui dépasse la simple égalité au niveau du droit de vote.

Voici donc ce qui fait partie de la contribution féministe aux débats concernant la démocratie : montrer combien il est important de transformer la sphère familiale, domestique, « privée », et de construire la base pour une société démocratique par la démocratisation des relations de genre à l'intérieur du foyer. Cependant, les arguments avancés jusqu'ici, démontrant les liens entre la vie sociale et la vie politique, suivent un chemin déjà balisé. L'égalité à la maison est présentée comme moyen permettant d'atteindre une fin, et perçue comme une condition nécessaire pour accéder à ce que nous cherchons vraiment à atteindre : la démocratie dans un sens plus général. Cependant, pris dans ce sens, l'argument ne reflète pas l'expression « le personnel est politique » dans toutes ses dimensions. Par analogie avec les débats plus généraux entre les socialistes et les féministes, c'est comme si l'égalité des sexes était valorisée non comme une fin en soi, mais pour sa contribution au socialisme. Or, le sens de l'expression « le personnel est politique » dépasse généralement l'idée que le personnel *influence* le politique. Même dans ses versions les plus sobres, le slogan signifie que le personnel relève aussi du politique. Ce deuxième sens que l'on peut attribuer au slogan souligne donc la question de l'ubiquité du pouvoir. Car, au-delà des enjeux relatifs au processus d'apprentissage politique, au-delà de l'égalisation de la répartition du temps, et au-delà des effets cumulatifs de l'égalité au foyer sur la participation en dehors du foyer, la démocratie a autant d'importance au sein du foyer que n'importe où ailleurs, puisqu'à la maison aussi, il existe une inégalité de pouvoir.

LE POUVOIR COMME OMNIPRÉSENCE

On dit souvent que chaque nouvelle vague du féminisme doit redécouvrir ce que les générations précédentes avaient déjà trouvé, et que chaque époque se croit unique, oubliant les contributions des générations précédentes. Tout en gardant cela à l'esprit, je me risquerai néanmoins à un commentaire. Lorsque le mouvement des femmes est réapparu à la fin des années 1960, il a particulièrement insisté sur le mécontentement des femmes au sein de la famille, dû à l'ennui, au manque de contrôle et à la violence dont elles sont victimes. Bien que les questions liées aux sphères extérieures à la famille — le travail, le salaire, les médias, la politique — aient occupé une place importante dans les campagnes et sur l'agenda politique, les préoccupations les plus brûlantes du mouvement féministe concernaient le plus souvent le monde de la sphère domestique. Au sein des groupes de prise de conscience, si vitaux à cette époque, les femmes ont commencé à s'interroger sur leur identité et leur sentiment de frustration. Comme le décrit Sheila Rowbotham dans son compte rendu du mouvement britannique, elles sont passées d'une timide mise en accusation de l'incapacité émotionnelle des hommes et de la dépendance émotionnelle des femmes, à une conscience plus affirmée de la contrainte et du contrôle (1989 : 6-10). Les hommes et les femmes étaient supposés être liés par l'amour, mais la sexualité semblait plutôt fausser nos relations avec ceux qui n'étaient pas nos amants, alors qu'elle provoquait vulnérabilité et douleur avec ceux qui l'étaient. L'amour hétérosexuel commençait à être perçu comme un piège. Dépouillée de son vernis romantique, la famille a émergé comme un site du pouvoir masculin, un pouvoir qui dans sa forme la plus bienveillante amenait les femmes à travailler un nombre excessif d'heures pour un minimum de récompense, et qui, au pire, les rendait victimes d'abus physiques et sexuels. La famille n'était donc pas un havre de paix dans un monde sans cœur, et l'amant n'était pas un garant d'harmonie et de bonheur.

Cette vision moins rose de la famille et des relations sexuelles allait de pair avec une définition du pouvoir comme phénomène omniprésent. Nombreuses sont celles qui avaient conceptualisé les problèmes avec leurs maris et amants en termes de psychologie individuelle : peut-être ne sommes-nous pas compatibles, peut-être que je demande trop, peut-être que je ne compte pas pour lui. Cependant, en s'interrogeant sur leurs expériences individuelles, elles ont fini par découvrir des schémas généraux de pouvoir. Les féministes se sont retrouvées en profond désaccord en ce qui concernait la désignation des coupables (était-ce les hommes, le capitalisme, les structures ou encore les rôles ?), mais elles étaient relativement unies dans leur dénonciation de la subordination des femmes à la maison. Par rapport au débat sur la démocratie, les féministes ne se limitaient pas à postuler que l'égalité à la maison devait être considérée comme une précondition à la démocratie au sein de l'État. Elles estimaient en effet que le problème ne résidait pas simplement dans le fait que le manque de temps et les contraintes domestiques empêchaient les femmes de participer à des activités extérieures. Au contraire, elles considéraient l'impuissance, la subordination, la soumission et la dépendance des femmes comme un problème important en soi. Ce qui relevait de la sphère personnelle était tout aussi politique que quoi que ce soit d'autre, et tout aussi destructeur pour notre développement humain que n'importe quelle action du gouvernement pouvait l'être.

Cette conception plus large du pouvoir a été citée comme l'une des principales innovations du féminisme, et les théoriciens qui se sont intéressés aux différents espaces qu'il faudrait démocratiser s'inclinent souvent devant les femmes pour cette contribution à l'agenda théorique. Samuel Bowles et Herbert Gintis, par exemple, remercient le mouvement des femmes d'avoir su identifier l'hétérogénéité du pouvoir et de nous rappeler que la domination ne s'arrête pas à des lieux définis. Ils situent ce mouvement dans la tradition générale de la « démocratie radicale », dans laquelle eux-mêmes s'inscrivent, et le rattachent à un ensemble hétérogène de mouvements marginaux : « les "Levellers" au XVIIe siècle, les "Chartistes" et les populistes agraires du XIXe et les féministes et les partisans de conseils d'ouvriers » (1986 : 8). Selon Bowles et Gintis, tous ces mouvements conçoivent le politique comme quelque chose de transformateur, c'est-à-dire qui ne peut pas être réduit à une lutte pour des ressources, mais qui implique une transformation des intérêts poursuivis eux-mêmes. Un autre dénominateur commun réside dans la vision de l'oppression comme constituée de plusieurs niveaux, couvrant à la fois la famille, l'économie et l'État. Selon Bowles et Gintis, le besoin de démocratie est vital dans de nombreux domaines. Par rapport aux pays occidentaux contemporains, ils mettent en avant, en particulier, trois domaines qu'ils estiment décisifs : l'État libéral démocratique, l'économie capitaliste et la famille patriarcale. La question de la domination se pose à chaque fois que l'on est en présence d'un « pouvoir social important, mais non soumis au contrôle démocratique » (1986 : 101). Lorsque ces deux éléments se rencontrent, une démocratisation est nécessaire.

Tout cela semble plus simple qu'il n'y paraît et nous laisse avec un ensemble de questions non résolues concernant les différences entre ce que signifie démocratiser la famille, les ménages ou la communauté, démocratiser le monde du travail et démocratiser l'État. La démocratisation du monde du travail, par exemple, pourrait être engagée par des interventions étatiques comme des lois obligeant les entreprises à réorganiser les processus de prise de décision de façon à y inclure les employés ou leurs représentants, ou par des lois imposant la nature et l'étendue des décisions à soumettre aux employés, ou, plus ambitieusement encore, les obligeant à transférer le droit de propriété aux travailleurs. La « démocratisation de la vie de tous les jours » ne se prête pas au même type de processus. Il est possible d'imaginer quel type de structures de décision serait le plus favorable à une égalisation du pouvoir à la maison, mais serions-nous prêts à accueillir chez nous l'inspecteur des ménages délégué à cette tâche ? Dans le cas du travail, la démocratisation peut se faire par des lois ; dans le second cas, on ne peut qu'inviter les personnes concernées à prendre en main leur « propre » démocratisation. Affirmer que les deux sphères se caractérisent par une forme de pouvoir non soumis au contrôle démocratique est une chose. Mais lorsqu'il s'agit de définir quelles seraient les solutions démocratiques envisageables, il faut clairement distinguer ces deux sphères.

Selon ceux qui critiquent le féminisme contemporain, la principale distinction à faire concerne le degré d'importance des décisions qui sont à prendre dans ces deux sphères respectives. Les questions relatives y sont posées d'une manière qui vise à accentuer le contraste entre ces deux types de décisions et à rendre la comparaison risible. Comment peut-on comparer le fait de rendre plus égalitaires les décisions concernant qui change les couches de bébé à l'égalité en termes de droit de vote ? Chacun peut s'amuser à faire ce genre de comparaisons, mais le plus important par rapport à cette question est de se demander si une « sur-assimilation » du personnel et du politique ne nuirait pas à certains aspects positifs de nos vies privées. Carole Pateman a exprimé une première réserve à cet égard en faisant remarquer qu'« on peut reconnaître l'interdépendance du personnel et du politique, ainsi que le fait que toute relation peut, dans certaines circonstances, avoir des effets politiques. Mais cela ne signifie pas pour autant que les critères et les principes qui devraient s'appliquer à nos interactions et décisions de citoyens doivent être exactement les mêmes que ceux supposés sous-tendre les relations que nous entretenons avec nos amis et nos amants » (1975 : 467). De manière plus polémique et critique, Jean Bethke Elshtain a accusé l'idée que « le personnel est politique » d'être un outrageux slogan aux velléités totalitaristes de la part des féministes radicales. « Notons, écrit-elle, que l'expression n'affirme pas simplement que le personnel et le politique entretiennent des liens importants et fascinants qui, jusqu'ici, ont été obscurcis par l'idéologie et les pratiques sexistes, ni simplement que ces sphères sont organisées de manière similaire autour de certains axes de pouvoir et de privilège ; au contraire, ce slogan affirme que le personnel *est* politique » (1981 : 217). Selon elle, cette équation simpliste efface d'importantes distinctions

entre les deux types d'activités et fait comme si toutes les activités, privées et publiques, n'étaient que
des ramifications d'un même pouvoir masculin : « Le
monde social est comme un long conduit continu, entièrement traversé par l'oppression des femmes par les
hommes, que l'homme soit défini comme un agresseur
naturel, un démon, un membre du sexe masculin universel, ou comme un simple oppresseur qui, au cours
de l'histoire, a toujours su tirer avantage de sa force
physique supérieure » (Elshtain 1981 : 212). Selon
Elshtain, le public et le privé sont ramenés à une seule
sphère, ne laissant à la vie humaine aucun espace en
dehors du politique, et ne laissant aucune possibilité à
l'individu d'échapper au contrôle politique.

Cet argument d'Elshtain fait partie de sa critique
plus générale de la séparation existante des sphères
publique et privée. Elle critique plus particulièrement
la définition libérale des deux sphères comme étant
radicalement séparées, ce qui, selon elle, a engendré
des résultats désastreux : tout ce qui a trait à la rationalité et au calcul rationnel des gains a été associé à
la sphère publique, tandis que la sphère privée a été
définie comme celle qui absorbe tout ce qui relève des
sentiments. Les liens conceptuels entre le politique et
la sphère familiale ont été rompus, et la politique est,
dès lors, devenue l'expression d'un individualisme
des plus grossiers : elle est vue comme se réduisant
« à la mobilisation des ressources, à la maximisation
des effets, aux considérations stratégiques, à l'expression des revendications des groupes d'intérêts, et au
calcul des fonctions d'utilité » (Elshtain 1981 : 246).

Selon Elsthain, le politique a donc perdu son cœur. Le triomphe de l'individualisme a vidé la sphère publique de ce que la politique devrait représenter, et la pression pour étendre à la sphère privée les principes individualistes ou contractuels menace le peu d'éléments humains restants. C'est là qu'elle voit les dangers du féminisme radical, car elle estime que l'assimilation simpliste du personnel et du politique encourage les pires tendances du monde moderne.

D'autres féministes ont critiqué Elshtain notamment à cause de ce qu'elles estiment être une vision idéalisée de la famille (voir, par exemple, Ehrenreich 1983 ; Siltanen et Stanworth 1984 ; Stacey 1986). En effet, Elshtain écrit dans *Public Man, Private Woman* : « Je commencerai par l'affirmation suivante : les liens de famille et la façon d'éduquer les enfants sont essentiels pour bâtir les fondations minimales de l'existence humaine et sociale » (1981 : 326). Selon elle, les modes collectifs de garde des enfants sacrifient l'enfant à la carrière de la mère. Elle exprime une certaine sympathie pour l'idée d'un partage des tâches parentales, mais n'accorde aucune attention aux mécanismes susceptibles de faire fonctionner la famille selon ce modèle. Elshtain estime que les féministes, en prenant le chemin du « moi aussi » — c'est-à-dire en défendant leurs droits et intérêts égoïstes (abandonner leurs enfants aux soins institutionnels, gâcher leur existence par des chamailleries avec le père pour savoir qui fait le plus de travail) — capitulent devant les forces qui limitent nos vies et qui les rendent vul-

gaires, plutôt que de nous offrir une vision alternative
de la société.

Jean Bethke Elshtain est très peu attentive aux conditions difficiles dans lesquelles grandissent de nombreux enfants : les ressentiments et dépressions de
mères isolées, l'amour maternel étouffant lorsqu'un
autre objet d'amour que l'enfant fait défaut, l'absence
ou l'indifférence de trop de pères, ou encore la pauvreté des familles disposant d'un seul revenu. Je con-
nais peu de féministes qui prétendent avoir trouvé la
réponse à ces questions, ce qui ne justifie pas que
celles-ci soient abandonnées. Comme le note Judith
Stacey : « Elshtain ne semble porter aucun intérêt à
la question de la domination masculine (…), elle s'y
montre même hostile. Elle ne semble pas très bien
comprendre ce qui agite les féministes » (1986 : 232).
Elle assimile la sphère privée à la famille, et la vie
personnelle au privé. Son seul point commun avec le
libéralisme (qui, pour le reste, fait l'objet de sa critique) consiste dans sa volonté de protéger ce monde
privé des excès de la politisation.

Sa propre vision de la distinction entre le public et
le privé repose sur l'idée d'une différence entre les
activités ayant lieu dans chacune de ces deux sphères.
La politique n'est donc pas située « à l'extérieur »,
dans un lieu donné qui lui serait propre ; ce sont certaines de nos activités qui constituent des actes politiques, et d'autres pas. Selon Elshtain, si l'on pense que
tout dans nos vies est un problème politique, on risque également de croire qu'il existe une solution politique à tout. Elle estime qu'« une partie du problème

consiste à savoir si notre misère et notre malheur actuels proviennent entièrement des défauts de notre société et de l'exploitation qui y règne — qui peuvent être modifiés — ou si une partie de ce malheur résulte simplement des limites inhérentes à l'existence humaine et du fait de savoir que nous sommes mortels » (Elshtain 1981 : 301). Avec ce genre de propos, l'on risque toujours de tomber dans la complaisance, et c'est ce qu'on peut également reprocher aux arguments invoqués par Elshtain pour défendre la famille. Du moment que les relations en apparence intimes entre hommes et femmes (ou entre parents et enfants) sont structurées par la régulation de l'État, par les conditions économiques et par le pouvoir patriarcal, ces relations sont déjà politisées, que nous le voulions ou non. La mise en garde d'Elshtain est donc limitée dans sa portée. Il est vrai qu'il est difficile de faire la distinction entre les causes sociales et les causes existentielles de nos malheurs (la pauvreté est-elle simplement liée au fait d'être humain ? La frustration ressentie prouve-t-elle simplement que nous en voulons trop ?). Mais en tout état de cause, nous allons toujours devoir prendre position par rapport à un certain nombre de choses dans la vie, soit en les changeant, soit en les acceptant. En traitant le personnel comme quelque chose de résolument identique au politique, on court un double risque : celui de croire qu'il est possible de rendre nos vies parfaites (avec toute la déception que cette croyance entraîne lorsqu'elle s'avère mal fondée), et celui de décharger sur autrui la responsabilité de rendre nos vies meilleures.

LE DROIT DE LA FEMME
À L'AVORTEMENT

Jean Bethke Elshtain cherche principalement à combattre ce qu'elle considère comme des attaques féministes contre la famille. Ironiquement, les problèmes qu'elle identifie ont été soulevés le plus souvent dans le contexte des débats autour de l'avortement. Le mouvement contemporain des femmes a eu tendance à considérer le droit de la femme à l'avortement — le droit de décider elle-même si sa grossesse doit ou non être poursuivie — comme la revendication féministe par excellence. Une femme qui n'a pas le droit de choisir ce qui est fait de son propre corps ne vaut pas mieux qu'un esclave. En effet, qui d'autre qu'elle pourrait revendiquer une telle décision ? Pourtant, dès le premier instant, l'expression « le droit à l'avortement » est devenue une source de tension, car elle exprimait une revendication particulièrement provocatrice d'un droit individuel et un refus catégorique de tout interventionnisme social. La séparation entre le public et le privé a été mise en cause dans presque toutes les campagnes des féministes ; celles-ci ont accusé cette séparation d'être un élément crucial de la subordination des femmes et de servir d'excuse à la société pour ne pas assumer ses responsabilités à l'égard des enfants et des personnes âgées. Selon les féministes, la séparation des sphères servait en effet à retenir les femmes dans une sphère moins valorisée qu'elles n'ont pas choisi d'occuper, tout en légitimant la violence domestique à travers la glorification de la sphère privée, par exemple, à travers des expressions comme « le chez soi de l'Anglais est son château ». Dans le cas de l'avortement, en revanche, le féminisme semblait prendre la direction opposée.

Le slogan « ce sont ni l'Église ni l'État, mais les femmes qui doivent décider de leur avenir » — qui était scandé dans les nombreuses manifestations — revendiquait une complète autonomie des femmes dans le choix de porter ou non un enfant. Sa force venait en partie du fait que les féministes étaient largement d'accord sur le fait qu'avoir un enfant est une question d'ordre privé. Dans la très importante affaire Roe c/Wade aux États-Unis, la Cour suprême a invoqué l'argument du droit de la femme à la vie privée pour déclarer l'avortement légal. Selon la Cour, le droit à la vie privée était « suffisamment large pour inclure la décision de la femme concernant la poursuite ou non de sa grossesse » (cité dans Petchesky 1986 : 290). Comme le fait remarquer Rosalind Petchesky, cette décision ne visait toutefois pas à donner le droit de choisir à la femme. En effet, c'est au médecin que la décision de la Cour de 1973 accorda la responsabilité de décider d'un avortement, et la Cour réserva à l'État le droit d'intervenir (c'est-à-dire d'interdire l'avortement) à des stades plus avancés de la grossesse. Mais néanmoins, cette décision judiciaire qui a le plus contribué à ouvrir aux femmes l'accès à l'avortement aux États-Unis, se fondait sur l'idée de l'individu autonome dans la sphère privée. L'idée que

la décision d'avorter relevait d'un choix individuel de
la part des femmes a continué à recevoir un soutien
énorme même lorsque l'accès à l'avortement a été
contesté de tous les côtés en 1989, et que les États ont
commencé, les uns après les autres, à introduire une
législation plus restrictive. Un sondage national du
Los Angeles Times révéla en effet que 61 % des Américains considéraient l'avortement comme moralement
condamnable ; que 57 % le considéraient comme un
meurtre ; mais que 74 % des répondants pensaient
néanmoins que l'avortement était une décision devant
être prise par chaque femme elle-même (cité dans
Dworkin 1989).

Les féministes ont longtemps été gênées par les
implications de la définition de l'avortement comme
droit individuel. Dans son commentaire sur l'ampleur
du soutien en faveur du droit de décision des femmes
concernant l'avortement, Susan Himmelweit affirme
que « la popularité de l'idée que les questions relatives à la reproduction relèvent de choix privés, reflète
et soutient la division existante », selon laquelle le fait
d'avoir des enfants concerne uniquement la sphère
privée et bien sûr, les femmes (1980 : 67). Les gens
sont réceptifs à la revendication du droit à l'avortement, car elle concorde avec leurs propres convictions
— or ces convictions elles-mêmes font partie de ce
que les féministes contestent. Ainsi, les féministes ont
souvent fondé leur revendication de mesures de soutien social aux enfants sur l'argument que les enfants
ne concernent *pas* uniquement les femmes. Exception
faite de ceux conçus par insémination artificielle par

des donneurs, chaque enfant a un père et une mère.
Pourquoi la mère serait-elle donc la seule à s'occuper
de l'enfant ? Chaque enfant grandit pour contribuer un
jour à la société, pourquoi cette société ne lui accorde-
t-elle donc pas plus d'aide ? Le contre-argument moderne pourrait trop facilement se fonder sur l'idée du
libre choix de la femme d'avoir des enfants ou non :
« C'est vous qui avez choisi d'en avoir, arrêtez donc
de vous plaindre et continuez comme avant. » Il est
difficile (mais possible) de tenir simultanément ces
deux discours, et il est également difficile de faire
appel aux pères et/ou à la société pour leur faire prendre plus de responsabilités à l'égard des enfants qui
naissent, tout en leur refusant en même temps une
voix dans la décision de mettre au monde des enfants.

Pour certaines socialistes féministes, l'argument dépend des arrangements qu'offre la société pour élever
les enfants : tant que la société désignera les femmes
comme responsables du soin et de la prise en charge
des enfants, personne d'autre qu'elles ne sera en droit
de décider si elles désirent en avoir ou non. Mais du
moment que les sociétés assument une responsabilité
pour le bien-être des enfants, la femme ne pourra plus
revendiquer ce droit. Si son choix « privé » entraîne
des effets clairement « publics » — lorsque, par exemple, sa décision d'avoir dix enfants au lieu d'un seul
implique une importante redistribution des ressources
sociales — on ne peut pas affirmer qu'elle est la seule
concernée. Il est intéressant de noter (et cela montre
les sentiments profonds que les féministes avaient sur
la question de l'avortement) que les exemples invo-

qués sont généralement ceux de femmes qui désire-
raient plus d'enfants, et non moins. Dans ce scénario
où la prise en charge des enfants serait devenue une
préoccupation sociale, la question n'est pas tant de savoir si l'on peut forcer une femme à poursuivre une
grossesse non désirée, que de savoir si la femme peut
choisir librement d'avoir un nombre d'enfants supérieur à la norme. Le fait qu'une grossesse se passe dans
le corps des femmes demeure une réalité dérangeante,
même pour les féministes qui considèrent le droit de
choisir comme dépendant des conditions sociales.

Ce thème du libre choix en matière de reproduction
a donné lieu à de nombreux écrits (voir, par exemple,
Petchesky 1986, et Birke et al. 1990), dont une grande
partie tourne autour de la relation entre le public et le
privé et autour de la question de savoir jusqu'à quel
point ce type de décision peut être pris par l'individu
seul. Le développement des nouvelles technologies de
reproduction a fait émerger de nouveaux dilemmes.
Une femme devrait-elle pouvoir bénéficier, par exemple, du droit d'avorter parce que son enfant n'est pas
du bon sexe ? Une femme devrait-elle pouvoir louer
son utérus en tant que mère porteuse ? Ces questions
sont-elles comprises dans ce que l'on entend par « la
liberté de choix de la femme » ? Il n'existe aucun
consensus sur ces questions et on a pu déceler au sein
du féminisme une forte tendance antilibérale s'opposant à certains types de choix (voir Corea 1985).

Nombreuses sont celles qui maintiennent cependant
que, même dans le meilleur des mondes, certains aspects des relations reproductives et sexuelles demeu-

reront irréductiblement des questions privées. « Peut-on sérieusement imaginer, se demande Rosalind Petchesky, des conditions sociales sous lesquelles nous serions d'accord de renoncer un jour au contrôle de nos corps et de nos vies reproductives — d'abandonner le droit de décision si oui ou non, quand et avec qui nous ferons des enfants, pour "l'ensemble de la communauté" ? » (1986 : 13). Si les femmes ne sont pas libres de formuler elles-mêmes ces choix, elles seraient contraintes à l'enfantement et cela « est incompatible avec l'existence des femmes en tant que personnes morales et individus sociaux » (1986 : 388). Et, pour rejoindre l'argument de Carole Pateman, ajoutons que l'utérus de la femme n'est pas quelque chose qui se loue comme une maison, ou qui peut être rangé sous la responsabilité légale d'un juge pouvant décider si un fœtus doit vivre ou non. Le corps fait partie intégrante du soi, et seule une perception extraordinairement masculine de l'individu peut les concevoir comme séparés et distincts.

Si la question de l'avortement constituait le cas test pour la dissolution de toutes les différences entre le public et le privé, la plupart des féministes échoueraient. Car tout compte fait, celles-ci voudraient maintenir des distinctions entre certains domaines et activités ouverts aux décisions publiques et d'autres qui devraient rester des questions personnelles. Cet argument ne dépend généralement pas du degré de démocratisation des prises de décisions publiques, car les femmes veulent conserver le contrôle sur certains aspects de leur vie, quelle que soit la lourdeur des procédures qu'on leur impose. Mais dans le même temps, les féministes ont voulu remettre en question la séparation existante entre le public et le privé. Bien que leur démarche semble s'apparenter à l'attitude consistant à « vouloir le beurre et l'argent du beurre », elle n'est pas contradictoire pour autant. Comme l'a soutenu Iris Young (1987), nous devrions pouvoir être en droit d'exclure l'intervention d'autrui par rapport à certains aspects de nos vies, au sujet desquels on peut affirmer qu'ils ne regardent personne d'autre que nous-mêmes. (Nous pourrions bien sûr débattre éternellement quels aspects de nos vies peuvent précisément être rangés sous cette catégorie, mais cela ne signifie pas pour autant que la catégorie en elle-même soit absurde.) Il est cependant tout aussi important que nous ne soyons pas forcés de garder privés certains aspects de nos vies. En effet, ce n'est pas contradictoire que de revendiquer d'une part que notre sexualité soit une question privée, mais que d'autre part, l'homophobie doive figurer sur l'agenda public. De même qu'il n'est pas contradictoire d'affirmer que la décision d'avorter doive être prise par nous-mêmes, mais que la question des modes de prise en charge des enfants doive être une question publique.

La plupart des travaux féministes établissent une certaine différence entre le public et le privé — et si Kate Millett est toujours citée comme exemple de ce qu'il ne faut pas faire, c'est que peu d'autres auteurs ont abandonné toute distinction ! Concernant la question de la démocratie, l'idée d'une différence entre les deux sphères signifie que la sphère des relations sexuelles et familiales ne peut pas être traitée exactement de la même manière que celle du travail ou que celle de la politique conventionnelle. D'abord, certaines décisions doivent être considérées comme des questions individuelles et non sociales. L'exemple le plus évident — quelles que soient les conditions — reste à mon avis le droit d'une femme de décider elle-même si sa grossesse doit être poursuivie ou non. En interdisant l'avortement aux femmes, on leur refuse la liberté de décision en la matière, et on les traite comme si leur corps appartenait à quelqu'un d'autre. La démocratie n'est pas supposée coexister avec l'esclavage et aucune société ne peut se prétendre totalement démocratique si elle force les femmes à poursuivre une grossesse non désirée. Cela me paraît incontestable, mais il vaut la peine de noter que cette version de la démocratie est fortement inspirée par les valeurs libérales.

En ce qui concerne les questions plus banales (et souvent plus urgentes) comme celles de savoir qui nettoie la maison et qui prépare les repas, le mouvement des femmes a clairement affirmé que la démocratie devait s'étendre à la sphère privée. Il est rare qu'une analogie formelle soit dressée entre l'égalité du droit de vote et l'égalité des voix dans les affaires du ménage : il n'y a pas de vote secret pour décider qui lavera la salle de bains, ni de majorité formelle sur le choix du repas du soir. Mais en s'apercevant que les hommes légitiment leur autorité dans les prises de décisions par le fait que ce sont eux qui gagnent l'argent nécessaire aux membres du ménage, les femmes ont invoqué des arguments qui rappellent fortement l'argument classique en faveur de la démocratie : le revenu et la richesse ne devraient avoir aucune pertinence, et chaque individu devrait bénéficier d'un poids égal dans la prise de décision. (Les femmes luttent bien évidemment aussi pour l'égalisation des revenus, et remettent en question le formalisme autosatisfait des idées libérales. Mais la revendication de l'égalité par rapport aux décisions du ménage ne devrait pas dépendre du salaire.)

Toute décision devrait être prise dans l'égalité. Les choses qui semblaient jusqu'à présent aller de soi, comme si elles avaient été ordonnées par la nature, devraient être décidées par des discussions ouvertes et par le consentement mutuel. Par exemple, on ne devrait pas présumer une division particulière du travail entre les sexes : que la femme nettoie la maison et que l'homme lave la voiture ; que la femme abandonne son emploi lorsque naît un bébé ; que la position professionnelle de l'homme soit toujours plus importante ; que toute la famille se déplace avec lui lorsqu'il trouve un nouvel emploi ailleurs. Toutes ces questions devraient être délibérées démocratiquement et être traitées réellement comme des choix. Le succès du mouvement des femmes s'explique entre autres par le fait que les inégalités au sein du ménage ne dépendent pas uniquement de l'assertion d'autorité par les hommes, mais de ce que, relativement souvent, homme et femme partagent la même opinion non critique sur le bon cours des choses ; c'est également ce qui rend la tâche du mouvement des femmes si difficile. On continue à entendre, lors d'entretiens avec des femmes qui travaillent, des commentaires comme « mon mari ne voulait pas que je travaille pendant que l'enfant était encore petit » ou « mon mari ne serait jamais d'accord pour que je travaille de nuit ». Les décisions importantes continuent à être prises par les hommes.

En ce qui concerne l'avortement, les femmes ont exigé le droit de pouvoir prendre elles-mêmes la décision et de ne pas avoir à se plier à ce que disent ou font les autres. Mais l'assimilation entre les sphères publique et privée est également limitée par d'autres aspects. La démocratie « du ménage », par exemple, n'est pas vraiment une question de régulation, d'imposition et de garantie. Les relations entre les sexes peuvent être rendues plus démocratiques par toutes sortes d'interventions sociales, et les politiques ou les ressources publiques peuvent contribuer au processus de changement de différentes manières. La création de maisons d'accueil et de logements à bas prix, par exemple, pourrait permettre à un plus grand nombre de femmes de choisir de quitter des relations sans espoir. Des changements en matière de temps de travail pour les hommes et les femmes pourraient améliorer les chances d'égalisation de la distribution des tâches ménagères. Des changements en matière d'hypothèques, dans les pratiques des propriétaires ou des compagnies d'assurances pourraient également permettre aux femmes d'avoir leur mot à dire. Toutes ces propositions renforcent la position des femmes, augmentant leurs possibilités de réclamer une position d'égalité et d'encourager les pratiques démocratiques à la maison.

Aucune de ces propositions ne peut cependant réglementer ce qui se passe entre amants ou entre maris et femmes — et, exception faite des cas de lésions corporelles, la plupart des gens préfèrent qu'il en soit ainsi. En fin de compte, ce qui peut arriver dépend des individus eux-mêmes et de leur volonté de changer les choses.

LES FINS ET LES MOYENS

Cela n'a rien de nouveau pour le mouvement des femmes et représente, en effet, une grande partie de ce que le slogan « le personnel est politique » a signifié aux yeux des féministes, durant ces vingt dernières années. Là où le slogan devient un terrain glissant c'est lorsqu'il nous conduit en dehors de nos préoccupations et expériences personnelles et nous fait simultanément considérer ces expériences comme se situant au centre politique de notre vie. D'une part, le slogan a permis aux femmes de reconnaître les caractéristiques de leur vie individuelle (qu'elles croyaient être personnelles, uniques, et, peut-être, de leur propre faute) comme faisant partie de la structure générale des relations sexuelles et, dès lors, comme étant susceptibles de changement politique. D'autre part, il procure aux femmes la confiance nécessaire pour revendiquer les changements qu'elles peuvent déjà instaurer (comme refuser de préparer le repas ou taper les tracts à la machine, ou même mettre l'homme à la porte) comme étant importants politiquement. Le politique devient alors quelque chose de différent des procédures, des règles ou des programmes de changements. Il est ce que nous faisons dans notre vie de tous les jours.

Le politique a souvent été associé à des questions très vastes, ou qui nous sont étrangères, soit parce que nous pensions qu'il avait lieu dans des endroits particuliers (dont les femmes étaient absentes), soit parce qu'il traitait de sujets d'une importance extraordinaire (à propos desquels les femmes n'avaient rien à dire). Le féminisme contemporain a remis tout cela en question, d'abord au niveau·théorique, en problématisant la conception abstraite adoptée par les hommes de la notion de pouvoir et, au niveau pratique, en revendiquant le fait que la politique doive être ancrée dans la vie de tous les jours. Le slogan « le personnel est politique » a attiré l'attention sur la microstructure de nos vies quotidiennes, établissant une ligne continue entre des choses considérées auparavant comme mineures et triviales et celles auxquelles on pouvait associer le qualificatif de politique. Mais au lieu de se focaliser sur un lieu spécifique (le ménage), cette interprétation du slogan met l'accent sur des aspects qui sont présents dans toute activité. Parmi toutes les significations associées avec le slogan « le personnel est politique », celle-ci est peut-être la plus caractéristique et la plus familière pour les femmes qui ont pris une part active au mouvement, durant ces dernières décennies. Quelles en sont les implications pour la question de la démocratie ?

Lorsque les femmes du mouvement pour les droits civils ou du mouvement socialiste disaient que le personnel était politique, une partie de ce qu'elles soulignaient concernait la relation entre les fins et les moyens. Il y avait quelque chose de suspect dans ces organisations qui se prétendaient dévouées à la libération, mais qui traitaient les collègues féminines comme si elles ne possédaient aucune capacité ou volonté indépendante. Les grands idéaux se faisaient subvertir par les pratiques quotidiennes, mais la plupart des hommes semblaient considérer la plainte des femmes comme stupide. Le nouveau mouvement des femmes, en revanche, était convaincu que cela était important, et la manière dont les femmes interagissaient entre elles était un aspect central du mouvement. On ne pouvait s'affirmer partisans des politiques de libération tout en exploitant, sans y réfléchir, le temps et l'énergie des autres et en les rabaissant continuellement. La division du travail, les inégalités en termes de confiance en soi et de compétences, ainsi que toute ségrégation entre gouvernants et gouvernés étaient des questions importantes. Le féminisme problématisait tous ces thèmes, considérant les modes d'organisation du mouvement comme aussi importants et aussi révélateurs que ses buts.

La tentative de maintenir un mouvement sans hiérarchie s'est révélée très problématique, et j'analyse ailleurs plus en détail l'expérience de la démocratie participative dans le mouvement des femmes, ainsi que le genre de difficultés que le mouvement a rencontrées et les leçons qui ont pu en être tirées (Phillips

1991, chapitre 5). J'aimerais ici examiner les implications plus générales de cet argument qui contribua, du moins en Grande-Bretagne, à une profonde remise en question des buts de l'activité politique. Le mouvement des femmes a utilisé son intérêt pour les modes d'organisation et les relations interpersonnelles pour développer une conception de la démocratie radicalement participative, qui était appliquée non seulement aux groupes de femmes, mais à tous les aspects de la vie politique. Pour ne citer qu'un exemple, lorsque les féministes ont fait campagne pour obtenir plus de crèches, elles ont également investi beaucoup d'énergie dans des questions comme l'organisation de ces institutions ou la mise en place de structures de représentation qui intègrent tant les employé(e)s que les parents. Elles ont en outre réfléchi au développement d'un type d'activités non sexistes pour les enfants, et ont débattu de la question de savoir si, et comment, les hommes devraient être impliqués. Ce n'était jamais uniquement une question de financement, et comme le mouvement des femmes se méfiait de la régulation bureaucratique, il a souvent été divisé sur la question de savoir si les crèches devaient ou non être instaurées par l'État (voir, par exemple, Rowbotham 1989, chapitre 8). La quantité des services de garde des enfants n'était que la moitié de l'enjeu ; il était tout aussi important que la crèche puisse être organisée de façon démocratique.

Ce souci de l'organisation démocratique s'est manifesté dans pratiquement toutes les activités de ces vingt dernières années, des crèches aux refuges, des librairies féministes aux organisations syndicales. Cette insistance sur l'égale importance des fins et des moyens n'était pas une exclusivité du féminisme, dans la mesure où elle reflétait plus généralement le climat radical de l'époque. Cependant, le mouvement des femmes peut légitimement affirmer avoir été celui qui a le plus mis en pratique ces principes et qui a ainsi contribué à la prise de conscience croissante de l'importance de ces « détails ». Cela fut amplement illustré, au courant des années 1980, par l'influence qu'exerça l'ouvrage *Beyond the Fragments* (Rowbotham et al. 1979). Cet ouvrage critiquait l'autoritarisme des groupes socialistes sur la base de l'expérience du mouvement des femmes. Cette initiative engendra momentanément un quasi-mouvement, avec des conférences, des journées de formation et des bulletins. Et même lorsque cet élan s'épuisa, la notion de « formes préfiguratives » perdura dans le débat britannique.

Les débats socialistes se sont inspirés (souvent de manière explicite) des arguments féministes concernant la relation entre les fins et les moyens. On a de plus en plus ouvertement reconnu que notre manière de faire les choses compte autant que le but poursuivi, car on peut préfigurer la société future dans les types de relations que nous entretenons avec les autres. Par la nature des structures organisationnelles que nous créons, mais également par la manière dont nous parlons, écrivons et nous amusons, nous émettons des messages concernant la société future. L'enjeu des fins et des moyens dépasse la question classique soulevée par ceux qui ont critiqué le léninisme, car il ne s'agit pas uniquement d'un problème de dissonance entre deux objets de nature clairement « politiques », comme les buts et la structure de l'organisation. Le mouvement des femmes a suggéré l'idée qu'il puisse y avoir des contradictions entre, d'une part, ce que tout le monde considère comme faisant partie de la politique et, d'autre part, les choses qui semblent sans pertinence, comme les manières de s'habiller et les plaisanteries.

L'idée que les gens devraient être conséquents dans leurs actes n'est pas propre au féminisme, et au revers de cette idée, il y a l'infâme moralisme si fréquemment produit par les mouvements politiques. La frontière est mince entre l'exigence, positive, que les gens devraient agir conformément à ce qu'ils prônent et l'attitude, négative, consistant à les accuser lorsqu'ils ne réussissent pas à être à la hauteur de leur idéal. Le féminisme a souvent sombré du côté plus négatif, mais il faut ajouter en sa faveur que son intention était positive, du moins en principe (voir Phillips 1991, chapitre 5). Le mouvement des femmes a examiné plus que d'autres les liens entre les expériences personnelles et les idéaux politiques, se concentrant en particulier sur les idéaux. La pratique des groupes de prise de conscience illustre clairement ce point. Les objectifs politiques devraient être ancrés dans les expériences personnelles. Au lieu d'occuper un lieu spécifiquement « politique », ils devraient à la fois avoir leur source dans la vie de chaque individu et, en retour, répondre aux préoccupations de chacun.

Cette position nous met en garde contre l'altruisme ou l'arrogance qui pousse certains à vouloir révolutionner la vie des individus les plus lointains, tandis qu'ils demeurent aveuglément indifférents aux conditions de vie plus proches de la maison. De manière peut-être encore plus significative, cette position nous met en garde contre l'idée que nous savons à l'avance ce qui est vraiment important. Pour une grande partie de celles qui ont constitué le noyau dur du mouvement contemporain des femmes, la politique correspondait auparavant à une sorte de police de la pensée, dictant quelles choses étaient importantes pour la politique et lesquelles ne l'étaient pas. Le féminisme tenta de rompre ce schéma de pensée, en créant un contexte qui permette aux femmes de s'exprimer et de discuter librement, sans s'arrêter à des limites préconçues. C'est à travers ces discussions que devait émerger ce qui était politique, et ce qui ne l'était pas, car rien ne peut émerger si ces limites sont posées au préalable.

L'une des contributions majeures du féminisme à la démocratie est d'avoir élargi les définitions. Mais dans un certain sens, cela a aussi été le point le moins controversé. Les querelles continueront à retentir au sein des partis politiques, des syndicats ou des comités d'entreprises sur ce qui compte politiquement ou pas, sur quels sujets devraient être abordés et si la manière dont ils sont discutés revêt autant d'importance que ce que nous disons. Pourtant, l'idée fondamentale que la politique prend différentes significations pour différentes personnes n'est pas réellement contestée, et je pense que la plupart des gens sont prêts à accepter que les frontières de ce qui est politique puissent évoluer. Tant que les féministes se bornent à changer et à élargir l'agenda public — comme le dit Iris Young, en transformant en enjeux publics les pratiques considérées comme trop triviales pour le débat public — l'idée que « le personnel est politique » peut s'intégrer dans le discours démocratique existant. Je ne dis pas cela pour en dénigrer l'importance ou pour sous-estimer les résistances contre des définitions nouvelles. Cependant, tant que les féministes acceptent qu'il *existe* un agenda public et qu'il existe une distinction importante entre les sphères publique et privée, il n'y a pas de rupture fondamentale. C'est lorsque la distinction entre les sphères publique et privée est remise en question que les choses se gâtent.

L'ARÈNE POLITIQUE

Éclaircissons ce point en nous retournant vers les arguments liés au républicanisme civique. Lorsque Hannah Arendt définit la politique comme la poursuite du bonheur public ou comme le goût de la liberté publique, elle fait usage d'une terminologie presque contraire à celle du mouvement contemporain des femmes, bien que toute personne ayant expérimenté les plaisirs grisants que suscite l'engagement politique aura une vague idée de ce qu'elle voulait dire. L'énergie qui pousse les gens à se lancer dans des réunions sans fin, des manifestations et des groupes de discussion ne peut provenir uniquement de motivations ma-

térielles. Exception faite des cas où la politique est
devenue une carrière, celle-ci relève, dans une certaine
mesure, plutôt du goût pour la « liberté publique ».
Lorsque les gens se plaignent qu'ils n'arrivent pas à
motiver les autres à se détacher de leurs affaires privées pour s'engager en politique — lorsque, par exemple, un seul nouveau participant rejoint la prochaine
réunion après une distribution de dépliants dans vingt
rues — leur désespoir reflète les idéaux d'Arendt. Peu
d'entre nous sont probablement à la hauteur de l'autre
définition qu'elle donne du politique, comme la poursuite de l'excellence « sans ambitions en termes de
statut social ou de position dans l'administration, ni
même en termes de réussite et de reconnaissance »
(1963 : 280), mais là encore nous pouvons comprendre ce qu'elle veut dire. Le mouvement des femmes
a rapidement remarqué les effets de distraction du
« système de stars », et a mis en doute la bonne foi
des individus pour qui l'engagement politique était un
moyen pour être reconnu publiquement.

Toutefois, les principes de la démocratie républicaine semblent contraires aux intérêts du mouvement
des femmes. En effet, aucun des théoriciens républi-
cains ne se montre enthousiaste à l'idée de dissoudre
les frontières entre le public et le privé ou de transformer les manières de prendre des décisions dans toutes
les sphères de la vie sociale. Ceux qui ont consacré
leur énergie à démocratiser le « petit monde » des usines, des bureaux ou des communautés voient, dans le
meilleur des cas, leurs modestes ambitions traitées avec
condescendance ; dans le pire des cas, ils sont critiqués

pour s'être laissés aller à de dangereuses distractions. À première vue, rien ne relie la perspective républicaine et les approches féministes. Lorsque les femmes avancent que « les idéaux et les politiques démocratiques doivent être mis en pratique dans la cuisine, la chambre des enfants et la chambre à coucher » (Pateman 1983 : 216), elles vont exactement dans le sens opposé.

Les féministes ont critiqué la division orthodoxe entre le public et le privé, lançant un défi puissant et radical aux conceptions existantes de la démocratie. Elles ont élargi la définition des préconditions de l'égalité démocratique et ont introduit dans le débat la question de la division sexuelle des tâches à la maison et au travail. Elles ont remis en question (malgré certaines réserves importantes) l'idée que ce qui se passe dans notre vie privée est une question d'ordre privé et ont présenté des arguments qui semblent incontestables en faveur de la démocratisation des relations et des prises de décision à la maison. Elles ont également élargi notre conception des pratiques considérées comme pertinentes pour la démocratie, y incluant nos manières de penser, d'organiser ou d'écrire. Elles se sont attachées à une vision de la démocratie comme quelque chose dont tous les détails sont importants, où que nous nous trouvions. Mais, avec tous ces merveilleux accomplissements, les féministes sont-elles restées coincées dans ce que Sheldon Wolin (1982 : 28) appelle la politique de leur propre arrière-cour ?

Ceux qui soulèvent cette question avec le plus d'insistance sont ceux qui reprochent aux féministes d'être retombées dans la sphère chaleureuse des dynamiques interpersonnelles, et qui citent, en guise d'exemples, l'intérêt des féministes pour les politiques du style de vie, ou l'émergence plus récente des thérapies féministes. Dans les deux cas, l'assimilation entre le personnel et le politique est considérée comme une manière de légitimer le retrait des femmes par rapport aux préoccupations politiques. Dans le premier cas, les femmes auraient abandonné leurs efforts de changer le monde pour vivre une vie alternative avec d'autres personnes partageant les mêmes convictions. Leur rhétorique peut paraître quelque peu provocatrice, et, si l'on prend Mary Daly pour exemple, l'existence qu'elle revendiquait serait à la fois bien plus risquée et plus pure que l'existence de celles qui continueraient d'être impliquées dans le monde masculin. Que ce choix soit exprimé dans le langage de « femmes merveilleuses », ou sous forme d'une dénonciation agressive du patriarcat et des hommes importait peu. Quel que soit le ton, les femmes avaient quitté l'arène politique pour construire leur force dans un monde alternatif. En ce qui concerne les thérapies féministes, on disait de ces femmes qu'elles se repliaient encore plus sur elles-mêmes, sans désir de construire un monde différent, obsédées par leur identité personnelle.

Ces aspects du féminisme contemporain n'ont pas grand-chose à voir avec la démocratie, excepté peut-être un langage commun de partenariat et de discussion. Mais ce sont des aspects si secondaires par rapport aux objectifs du mouvement des femmes que je ne les considère pas comme particulièrement gênants. Les questions plus épineuses sont apparues lorsque le mouvement des femmes s'est penché sur les enjeux démocratiques. Là où le féminisme s'est intéressé de manière explicite à la démocratie, il a eu tendance à s'associer avec ceux qui défendent l'idée d'une société civile revitalisée et reconstituée. Rares sont ceux qui ont remarqué — voire commenté — la division croissante entre ceux qui identifient la société civile comme foyer de la démocratisation d'un côté, et ceux qui mettent l'accent sur l'État ou, plus généralement, sur la sphère publique, de l'autre (pour une exception, voir Pierson 1989). Ceux qui appartiennent au premier camp mettent l'accent principalement sur l'activité sociale au niveau intermédiaire, entre le personnel ou l'individuel, et l'État. Ils auront donc pour but de multiplier les contextes dans lesquels les gens ont la possibilité d'exercer un contrôle sur leur vie ; contextes qui incluent par ailleurs les lieux de travail, mais aussi les centres communautaires et les organisations bénévoles. John Keane en dresse une liste plus longue qui fait explicitement référence au féminisme : « l'entreprise autogérée, le syndicat démocratisé, le centre de secours pour les femmes violées, les collectifs homosexuels et lesbiens, la coopérative de logement, et d'autres sphères publiques de la société civile » (1988 : 145). Cette perspective se rapproche beaucoup de ce que les féministes ont dit et fait durant ces vingt dernières années. Cette démarche élargit en effet les principes de la participation au-delà des lieux où ils étaient jusque-là confinés et propose une idée de la démocratie comme quelque chose qui devrait pouvoir traverser toutes les activités et sphères sociales. Mais, implicitement ou explicitement, cette conception suggère aussi que la démocratie est une question de construction de blocs : plus les éléments que l'on rassemble sont nombreux, plus l'édifice sera solide. Dans ce sens, la relation entre le particulier et le général est esquivée et l'on nie finalement toute spécificité à la sphère publique.

Des auteurs comme Arendt ou Wolin revendiqueraient, au contraire, un saut du spécifique au général et affirmeraient qu'aussi démocratiques que nous soyons dans la manière de gérer notre centre de secours aux victimes de viols, nous ne sommes pas pour autant encore impliqués dans la politique *per se*. Nous faisons de la politique uniquement lorsque nous nous trouvons face à des interlocuteurs différents de nous et que nous devons définir avec eux nos intérêts communs et partagés. Ou, comme le formule Benjamin Barber, « la possibilité essentielle de contestation constitue les prémisses de la politique » (1984 : 157). Nous faisons donc de la politique uniquement lorsque nous ne sommes pas d'accord les uns avec les autres. Ce critère ne peut à lui seul exclure notre centre de secours au viol du domaine de la politique, car les désaccords peuvent y être ardents et toute décision risque d'être fortement contestée. Mais imaginons l'étape suivante : des membres du centre assistent à une réunion du conseil des élus chargés des finances locales, dans le but d'obtenir une subvention. Leur demande n'est qu'une parmi de nombreuses autres, et ils doivent défendre leur cause le plus clairement possible et avec un maximum d'efficacité, en s'assurant que tous les membres du conseil aient bien saisi quels sont les enjeux. Ils espéreront bien évidemment que certains des membres du conseil s'engagent pour leur cause, mais si chacun avait des préférences prédéterminées et savait donc depuis le départ comment il allait voter (chacun d'entre eux ayant été soudoyé au préalable par certains groupes), cette assemblée se transformerait en un événement déprimant. La discussion serait superficielle et inutile puisque chaque vote aurait été décidé à l'avance. Les groupes sans alliés naturels au sein du conseil (dont notre centre de secours ferait vraisemblablement partie) se plaindraient amèrement, car ils auraient été privés de la chance d'influencer le conseil et d'augmenter leur base de soutien. Et leurs plaintes seraient justifiées, quelle que soit la définition de la démocratie que l'on défend. Nous ne voulons pas réduire la politique à un simple comptage des nombres, avec toutes les décisions prises à l'avance. Imaginons qu'un des membres de notre centre soit également membre du conseil : la plupart des gens espéreraient que cette personne puisse se détacher quelque peu des intérêts du centre et ne ferait pas campagne dans la seule optique de soutenir celui-ci. Nous nous attendrions à ce que ses décisions au sein du conseil soient influencées par la connaissance et l'expérience qu'elle a du centre de secours aux victimes de viols, mais nous ne voudrions pas qu'elle représente un seul et unique groupe, et qu'elle soit incapable de s'impliquer aussi dans d'autres enjeux.

Comme lors de notre discussion précédente sur la représentation des femmes, il est important ici de distinguer deux aspects. Le premier est notre volonté de garantir que nos représentants incluent des membres de groupes qui étaient auparavant marginalisés : il existe trop de conseils où aucun des élus ne comprend à quoi correspond un centre de secours pour femmes violées. Cependant, en deuxième lieu, il existe différents niveaux de représentation qu'il faut reconnaître, à défaut de quoi l'on ferait l'erreu. de ramener tous les niveaux de prise de décision à un seul. Entre le particulier et le général, il existe un lien et une continuité, mais il existe également une importante différence. Lorsque le petit collectif qui publie un bulletin féministe essaie manifestement de travailler sur un mode démocratique, ses membres apprennent le genre de confiance, de compétence et de respect pour l'opinion des autres qui les aideront à améliorer toute autre organisation dont ils feront partie dans le futur. Dans ce sens, tout espace démocratique au sein de la société civile représente, en quelque sorte, une des pièces de la construction qui contribuera à l'édifice final de la démocratie ; et plus ils seront nombreux, mieux ce sera. Cependant, dans d'autres situations, les membres du collectif devront également *dés*apprendre certaines choses. Les petits collectifs suscitent souvent un enthousiasme généralisé qui leur fait oublier qu'il existe d'autres causes tout aussi importantes. Cette attitude n'est pas utile dans une arène plus vaste, car elle ferme prématurément la porte à toute discussion ou possibilité de compréhension. Nous ne pouvons et ne devons pas « laisser nos vies derrière nous » lorsque nous entrons dans l'arène politique, mais nous devrions néanmoins être capables de nous considérer sous un angle

différent. Dans ce sens, étendre la démocratie ne signifie pas seulement démocratiser tous les aspects de notre
vie. Une distinction entre le général et le particulier demeure toujours, et il est important de ne pas l'estomper.

Ainsi, pour toute une série de raisons, je soutiens
qu'il est nécessaire de faire la distinction entre le public et le privé, et que, et au lieu de vouloir abandonner cette distinction, il est plus important de chercher
à la déconnecter de la division entre les femmes et les
hommes. Premièrement, certaines décisions resteront
individuelles ; peu importe à quel point le débat public
et les processus de prise de décision se seront démo-
cratisés, il existera toujours certains domaines dans
lesquels nous voudrons être seuls à décider. La décision d'une femme de continuer ou mettre terme à une
grossesse en est l'exemple le plus éloquent ; un exemple moins lié au genre pourrait être les choix que nous
faisons par rapport à notre sexualité. Deuxièmement,
même pour la catégorie beaucoup plus large des décisions qui impliquent de nombreuses personnes et où
chacune d'entre elles détient une voix égale, il y a une
différence à faire entre les sphères où la démocratie
peut être imposée et celles où elle peut seulement être
encouragée. Si l'on s'arrête à la définition la plus simple de la démocratie qui stipule qu'à chaque personne
correspond un vote, et un vote seulement, on trouvera
certains domaines où cette règle peut et devrait être
mise en œuvre par la loi (par exemple, il devrait être
illégal de voter deux fois lors d'une élection) et d'autres
dans lesquels une régulation formelle serait absurde.
Le féminisme a introduit la question de la sphère do-

mestique beaucoup plus clairement dans le débat sur la démocratie, mais l'argument principal reste que la position générale des femmes doit être renforcée, pour leur permettre d'insister elles-mêmes sur l'égalité. Dans ce sens, on garde une certaine distinction entre les sphères.

Finalement, l'assimilation entre le personnel et le politique a attiré l'attention sur la façon dont les gens établissent des relations et s'organisent dans le détail, liant la question du rapport privé-public à celle de la démocratisation de toutes sortes d'associations (y compris le lieu de travail) auxquelles nous participons. Cependant, les féministes ont parfois fait comme si ces associations formaient un ensemble uniforme sans autre distinction que la taille. Ici aussi, il est nécessaire de différencier. Étendre le contrôle des décisions à toutes les personnes impliquées dans tel lieu de travail n'est pas la même chose que d'accroître la participation dans ce qui est traditionnellement défini comme étant la politique. L'un ne mène pas nécessairement à l'autre. Le féminisme remet en question, à juste titre, la perception de « la politique » dans sa définition conventionnelle et a mis l'accent sur des enjeux plus immédiats, comme celui de notre capacité de contrôle dans les lieux où nous vivons et travaillons. Cet accent positif sur la démocratisation de la vie de tous les jours ne devrait pas devenir un substitut pour une vie politique plus vivante et plus vitale.

ANNE PHILLIPS

RÉFÉRENCES

ARENDT, Hannah (1963). *On Revolution.* Londres : Faber and Faber. (fr. : *Essai sur la révolution.* Paris : Gallimard, 1985).

BARBER, Benjamin (1984). *Strong Democracy : Participatory Politics for a New Age.* Berkeley : University of California Press. (fr. : *Démocratie forte.* Paris : Desclée et Brouwer, 1997).

BIRKE, Linda, HIMMELWEIT, Susan et VINES, Gail (1990). *Tomorrow's Child. Reproductive Technologies in the 90's.* Londres : Virago.

BOUCHIER, David (1983). *The Feminist Challenge : The Movement for Women's Liberation in Britain and the United States.* MacMillan.

BOWLES, Samuel et GINTIS, Herbert (1986). *Democracy and Capitalism : Property, Community and the Contradictions of Modern Social Thought.* Londres : Routledge et Kegan Paul.

COREA, Gena (1985). *The Mother Machine.* New York : Harper et Row.

DWORKIN, Ronald (1989). « The Great Abortion Case ». *New York Review of Books,* 29 juin.

EHRENREICH, Barbara (1983). « On Feminism, Family, and Community ». *Dissent* (hiver).

ELSHTAIN, Jean Bethke (1981). *Public Man, Private Woman : Women in Social and Political Thought.* Princeton : Princeton University Press.

GREEN, Philip (1985). *Retrieving Democracy : In Search of Civic Equality.* Londres : Methuen.

HELD, David (1986). *Models of Democracy.* Cambridge : Polity.

HIMMELWEIT, Susan (1980). « Abortion : Individual Choice and Social Control ». *Feminist Review* 5.

KEANE, John (1988). *Democracy and Civil Society.* Londres : Verso.

LOVENDUSKI, Joni (1986). *Women and European Politics : Contemporary Feminism and Public Policy.* Brighton : Wheatsheaf.

MILLETT, Kate (1970). *Sexual Politics.* Jonathan Cape.

PATEMAN, Carole (1970). *Participation and Democratic Theory.* Londres : Cambridge University Press.

PATEMAN, Carole (1975). « Sublimation and Reification : Locke,

Wolin and the Liberal Democratic Conception of the Political ». *Politics and Society* 6. Réimprimé in Carole Pateman (1989), *The Disorder of Women*. Cambridge : Polity Press.

PATEMAN, Carole (1983). « Feminism and Democracy », in Graeme Duncan (ed.), *Democratic Theory and Practice*. Cambridge : Cambridge University Press. Réimprimé in Carole Pateman (1989), *The Disorder of Women*. Cambridge : Polity Press.

PETCHESKY, Rosalind (1986). *Abortion and Woman's Choice : The State, Sexuality and Reproductive Freedom*. Londres : Verso.

PHILLIPS, Anne (1991). *Engendering Democracy*. Cambridge : Polity Press.

PIERSON, Christopher (1989). « Marxism, Democracy and the Public Sphere », in Peter Lassmann (ed.), *Politics and Social Theory*. Londres : Routledge.

RANDALL, Vicky (1987). *Women and Politics*, 2ᵉ édition. Londres : MacMillan.

ROWBOTHAM, Sheila (1986). « Feminism and Democracy », in David Held et Christopher Pollitt (eds), *New Forms of Democracy*. Londres, Beverly Hills : Sage et Open University.

ROWBOTHAM, Sheila (1989). *The Past is Before Us : Feminism in Action Since the 1960s*. Londres : Pandora.

ROWBOTHAM, Sheila, SEGAL, Lynne et WAINWRIGHT, Hilary (1979). *Beyond the Fragments : Feminism and the Making of Socialism*. Newcastle : Newcastle Socialist Centre.

SILTANEN, Janet et STANWORTH, Michelle (1984). « The Politics of Private Woman and Public Man », in Janet Siltanen et Michelle Stanworth (ed.), *Women and the Public Sphere*. Londres : Hutchinson.

STACEY, Judith (1986). « Are Feminists Afraid to Leave Home ? The Challenge of Conservative Pro-Family Feminism », in Juliet Mitchell et Ann Oakley (ed.), *What is Feminism ?* Oxford : Blackwell.

WOLIN, Sheldon (1982). « What Revolutionary Action Means Today ». *Democracy* 2.

YOUNG, Iris Marion (1987). « Impartiality and the Civic Public », in Seyla Benhabib et Drucilla Cornell (ed.), *Feminism as Critique*. Cambridge : Polity.

11

Théories politiques féministes
et théories postmodernes du genre[1]

Les approches féministes ont inscrit la problématique des sexes à l'ordre du jour de la théorie politique. Ces travaux ont, en effet, mis en évidence la dimension politique de la sexualité, du travail domestique, des activités de reproduction et de l'éducation des enfants. Les théoriciennes féministes sont aussi les instigatrices d'une critique des conceptions naturalistes du genre (Jones 1990 ; Jonásdottír 1991). Elles ont créé des turbulences dans le monde des essences et identités présupposées immuables, à travers un dialogue critique avec le postmodernisme et la déconstruction (Ferguson 1991). La thèse selon laquelle les phénomènes humains sont les effets de constructions langagières et d'actions performatives a d'importantes implications pour toute théorie de la différence entre les sexes. Les féministes ont très vite compris les implications théoriques et politiques hautement controversées de cette perspective (Nicholson 1990).

1. Traduit et reproduit avec la permission de Lynne Rienner Publishers.

En même temps, elles ont théorisé le sujet humain comme étant incarné dans un corps concret, inséré dans un contexte historique donné et vivant dans un monde qui est à la fois un monde de sens et un monde matériel. Son récit intérieur peut être hautement individualisé, changeant, et changeable ; il peut également être deviné et repris par les théoriciens politiques cherchant à généraliser ce récit, de même que par des activistes cherchant à le politiser (Vance 1992). Les féministes ont incité à la fois les théoriciens et les activistes à incorporer la dimension de la différence sexuelle dans leur conceptualisation du sujet humain.

À cet égard, les féministes ont su faire un excellent usage de l'approche foucaldienne qui souligne que les catégories sociales sont pourvoyeuses d'identités pour les individus, identités que la société actualise sous forme d'oppression et de contrainte. Cette approche est donc très importante pour la question des identités féminines (Butler 1990). Il reste cependant encore du chemin à faire en ce qui concerne l'application de cette perspective au genre ainsi que l'exploration des enjeux politiques qui en découlent. L'analyse critique du genre conduit à problématiser les débats politiques sur les thèmes de la similitude et de la différence, à travers les frontières institutionnelles et quotidiennes dressées autour du genre. Une telle analyse aurait pour conséquence de démontrer que les concepts binaires de genre sont, en fait, multiples, ce qui rendrait le genre moins rigide (voir Carver 1996 : 5-7). Cela conduira à mettre en doute certaines des justifications intellectuelles et pratiques pour la définition de certains enjeux comme étant des enjeux de femmes.

De nombreuses féministes trouveront ce type d'argumentation désagréable pour beaucoup de raisons (Grant 1993). Pourtant, je pense qu'à long terme, cette approche permettra de contribuer au développement potentiel de la liberté et de l'égalité. J'ajouterai qu'à court terme, le monde masculinisé est beaucoup plus fragilisé par ce type de débat que les théories et pratiques féministes.

Le but général de ce texte est d'offrir une contribution à la théorie féministe en m'appuyant sur les théories postmodernes du genre. Je tiens à préciser d'emblée que ma contribution se veut positive et constructive ; le but est de discuter quelques points substantiels et méthodologiques concernant le genre, et plus précisément concernant les manières dont certaines féministes représentent et perçoivent l'identité masculine et la(les) masculinité(s) dans des travaux récents. Je ne suggère pas — loin de là — que ces textes comprennent mal les hommes et la(les) masculinité(s). Je vise plutôt à mettre en évidence une contradiction dans les débats théoriques et les pratiques féministes, qui mériterait d'être explorée.

LES THÉORIES SUR LES HOMMES

En me concentrant sur les écrits féministes, je suis parfaitement conscient que je m'expose à la critique, raison pour laquelle je souhaite d'emblée apporter quelques éléments propres à rassurer le lecteur.

Premièrement, mon intention ne consiste pas à vouloir rééquilibrer la balance, à défendre les hommes, les droits des hommes, ou encore une quelconque masculinité ou des masculinités, au sens générique du terme. Il est possible que certains aspects de ces constructions sociales méritent d'être préservés, mais tel n'est pas l'objectif que je me suis fixé dans ce texte.

Certaines activités sont sans doute mieux exécutées par certains hommes, ensemble avec certains autres hommes. À cet égard, je suis plein d'admiration pour les hommes qui s'occupent de thérapies pour hommes violents, qui visitent les prisons et essaient de dialoguer avec des violeurs. Mais, à l'opposé, je n'ai absolument pas été impressionné par *Iron John* (Bly 1990), ni par les tentatives de créer une conscience masculine, basées sur ce type de positions. Carrigan, Connell et Lee (1985 : 577) font observer de manière quelque peu venimeuse qu'« au fond, le but du "mouvement des hommes" est de *moderniser* la masculinité hégémonique », d'aider « des hommes blancs, éduqués, hétérosexuels et riches (…) à s'adapter aux nouvelles circonstances, sans pour autant remettre en question les institutions et structures sociales sur lesquelles se fonde leur pouvoir ».

J'estime, pour ma part, qu'après plusieurs décennies de mobilisations politiques féministes, l'oppression des femmes et le caractère désastreux de la hiérarchie entre les sexes ont été mis en évidence de manière suffisamment convaincante. Les hommes ont besoin d'aide, certes, mais pas à cause des femmes ; et l'analyse critique des hommes, ancrée dans une perspective féministe, est distincte, du point de vue théorique et politique, des mouvements d'hommes.

Deuxièmement, je ne voudrais surtout pas être associé à ceux qui pensent que seuls les hommes peuvent écrire, ou devraient écrire, sur le thème des hommes. Dans la mesure où ces problèmes concernent certainement tout le monde, je souhaiterais aussi vivement que les féministes ne versent pas dans l'attitude du « après tout, c'est votre problème ». Les théories féministes accordent une certaine attention aux hommes, mais cette attention n'est pas très soutenue. Riley (1988 : 4), par exemple, a écrit « une histoire des changements dans la communauté des "femmes" » et s'est ensuite demandé : « pourquoi pas les "hommes" aussi ? ». Elle admet que « l'achèvement d'un tel projet nécessiterait l'inclusion des hommes » et, de façon prémonitoire, elle évoque « des analyses plus radicales » qui pourraient s'appliquer à « l'ensemble de la catégorie des "hommes" ». Barrett (1992 : 211) souligne la nécessité d'une « compréhension des hommes, de la masculinité et de l'interaction entre les sexes », faisant référence aux hommes comme « la rubrique alternative du "genre" ». Malheureusement, elle situe le moment de se pencher sur la question masculine à un point plus loin dans le futur. De manière similaire, Coole (1994 : 128, n. 2) note que « les hommes et la masculinité sont, de fait (…) pertinents pour les études féministes à propos du genre et du patriarcat », mais observe ensuite que « beaucoup de féministes ne voient

pas forcément le développement des études masculines d'un bon œil ». Coole ne s'étend pourtant pas
sur les enjeux politiques et théoriques. Elle ne prend
pas non plus explicitement position au sujet des fémi
nistes qui prônent une réflexion plus soutenue au sujet
des hommes et de la(les) masculinité(s).

Puisque les hommes sont en position de quasi-
monopole en regard des positions de pouvoir et de
responsabilités, je pense qu'une démarche constructive devrait tenter de cerner les raisons de cet état de
fait. À cet égard, je nourris l'espoir que les féministes
elles-mêmes rejetteront l'idée que les hommes joueront
toujours et nécessairement le rôle des oppresseurs, tant
collectivement qu'individuellement. Il s'agit d'aména-
ger un nouvel espace conceptuel afin de permettre aux
choses de changer, sinon elles ne changeront certainement pas (Segal 1990).

Troisièmement, je suis conscient qu'il existe une
excellente littérature sur les hommes écrite par des
femmes, parmi laquelle la perspective féministe est
également représentée. Je souhaiterais cependant que
cette littérature soit plus abondante (Cockburn 1983,
1988, 1991 ; Stiehm 1983, 1984 ; Elshtain 1986 ;
Brown 1988 ; DiStefano 1991 ; Ferguson 1993). On
doit constater, à ce propos, que les débats théoriques
sont orientés particulièrement vers les relations internationales, notamment en raison du caractère essentiellement masculin de la discipline et de la profession
(Enloe 1990 ; Petersen 1992 ; Tickner 1992 ; Petersen
et Runyan 1993). Le but que je me propose est de réunir, dans ma réflexion, une critique politique féministe,

les théorisations postmodernes du genre et, l'élément le plus caractéristique de mon approche, la littérature sociologique sur les hommes et les masculinités.

L'HOMME PUBLIC :
LES CRITIQUES FÉMINISTES

Les critiques féministes de la théorie et du discours politique actuel ont raison de souligner que ces derniers construisent le sujet humain discursivement comme un homme, et plus particulièrement, comme un homme public (Elshtain 1981). Derrière l'homme public s'esquisse la sphère privée à laquelle la femme est confinée à travers les non-dits, la tradition, la nature et les théorisations explicites, comme l'ont démontré bon nombre d'analyses textuelles (Okin 1979 ; Lloyd 1984 ; Grimshaw 1986 ; Kennedy et Mendus 1987 · Nye 1989 ; Gatens 1991 ; Coole 1993).

Dans la sphère privée, l'on trouve la sexualité, le travail domestique, la reproduction et l'éducation des enfants, un ensemble de pratiques, postulats et structures prétendument « prépolitiques » ou « non politiques », comme la famille. La théorie classique et le discours masculinisé mettent l'accent sur la sphère publique, qui implique des intérêts et des préoccupations présupposés très différents ; ainsi, le domaine privé est simplement présupposé, protégé et régulé Ses acteurs — femmes, enfants et domestiques —

n'ont, par conséquent, pas accès à la sphère publique de leur plein droit. En effet, les hommes, qui ne font évidemment pas partie de ces catégories, jouent un rôle public qui maintient l'autre sphère et ses habitants à leur place. Cette critique féministe ne s'exprime pas de manière uniforme dans la littérature, et il existe des controverses sur des points plus détaillés. Cependant, ses grandes lignes sont claires et convaincantes (voir Pateman 1988 pour un exposé particulièrement lucide).

La théorie féministe examine, de manière critique, l'homme ou l'individu abstrait, tel qu'il apparaît chez les auteurs classiques de la théorie politique et dans le discours politique contemporain, où le « je » et le « nous » de l'auteur voilent la présupposition que l'audience est du même genre que lui. Dans les travaux féministes, l'homme est tantôt vu comme patriarcal, misogyne, dominateur, matérialiste, compétitif ou violent (Spender 1982 ; Hartsock 1983 ; Ferguson 1984 ; MacKinnon 1987 ; Connell 1987). Selon de nombreux auteurs, l'homme représente un monde mâle, ainsi que des valeurs et des intérêts masculins. La théorie politique traditionnelle est en général considérée par les féministes comme une théorie masculine ; l'histoire traditionnelle comme l'histoire des hommes ; et la politique traditionnelle, comme la politique d'hommes (Scott 1991).

En outre, les théoriciennes féministes affirment non seulement que les conceptualisations traditionnelles représentent le monde masculinisé de manière non critique, mais que celles-ci ne prennent pas non plus en compte d'autres formes de pluralité et de différence, en s'appuyant, à tort, sur une vision uniforme de l'être humain (Pateman et Brennan 1979). En effet, les féministes ont app lé les théoriciens à prendre en compte de manière beaucoup plus explicite les différences raciales, ethniques ou de classe sociale (Bottomley, Lepervanche et Martin 1991). Cet appel féministe d'une théorisation des différences a été accueilli favorablement par les auteurs qui s'intéressent à l'exploration des différences parmi les hommes, en partant de l'idée que ces dernières relèvent également de la théorisation et de la pratique politiques.

L'APPROCHE FÉMINISTE :
PHILLIPS ET MENDUS

Pour mieux contextualiser le développement que je viens de décrire, je vais me pencher maintenant sur deux courts ouvrages écrits par Anne Phillips (1992 a) et Susan Mendus (1992). Je considère que ces auteurs représentent bien les perspectives féministes largement reconnues dans le champ de la théorie politique (j'évoquerai, aussi toutefois, d'autres travaux). Phillips et sa coéditrice Barrett passent en revue les théories féministes depuis les années 1970. Ce faisant, elles brossent à grands traits l'abandon par les femmes des cadres d'analyse prétendument neutres en matière de genre, qui excluaient implicitement les femmes de la sphère publique ; elles retournent vers la critique de l'oppression des femmes, telle qu'elle était introduite dans le contexte des enjeux politiques concrets autour de la race et des classes sociales. En outre, elles mentionnent les ambiguïtés créées par la différence sexuelle (comme l'androgynie *versus* la féminité) et le tournant postmoderne de décentration du sujet qui a suivi. Elles dénoncent les pièges de l'essentialisme et des théories universalisantes qui vont à l'encontre de l'individualité (Barrett et Phillips 1992).

À cet égard, Phillips explique (1992 a : 17-23) que « les différentes approches sont essentiellement d'accord sur le point que la pensée politique conventionnelle nous présente les hommes comme des êtres sans genre, et que tout le discours sur les droits universels, la citoyenneté ou les règles n'a pris en considération qu'un seul sexe, faisant office de norme ». « Dès lors, la question se pose », dit-elle en passant de la théorie à la pratique, « de savoir comment on peut corriger ce biais masculin. » Phillips examine les théories féministes de l'égalité, de la justice et de la représentation politique, et relève une tension entre les aspirations à l'universalité (visant à délester le concept de personne de toute connotation de genre) et la reconnaissance de l'importance cruciale, en politique, de la différence entre les sexes (interprétée, notamment, sous l'angle des expériences corporelles féminines de la grossesse et du viol).

Je ne souhaite d'aucune manière m'opposer aux conclusions de Phillips (1992 a : 27), à savoir que le moyen de sortir de la constante dialectique des oppositions consiste à « re-conceptualiser ce que nous avions considéré comme nos caractéristiques essentielles, comme si celles-ci étaient des accidents, et ce à travers la comparaison avec ceux qui sont différents ». Mais il me semble que cette tâche sera difficile à mettre en œuvre si l'on ne définit pas clairement comment conceptualiser ces différences d'une manière qui permette de contribuer à augmenter la liberté et de réduire l'oppression. C'est pourquoi je pense qu'il est important d'examiner comment le masculin et la masculinité sont construits par certains auteurs féministes, et ensuite de comparer cette perspective à celle des auteurs dans les « études hommes », dans la sociologie de la(les) masculinité(s) et les théories postmodernes du genre.

Ce qui me frappe dans ce qu'écrivent tant Phillips que Mendus sur la construction de la masculinité — d'un point de vue physique et autre — c'est une contradiction qui, de toute évidence, ne les a pas effleurées ou qu'elles n'ont peut-être pas jugé utile d'explorer davantage. Phillips (1992 a : 27) écrit l'« "individu" du discours politique a été pendant si longtemps un homme » et « les notions habituelles de citoyenneté ou d'égalité ont incorporé un corps masculin ». (Pour le moment, je laisse de côté l'alternative qu'un « corps masculin » puisse ne pas être biologiquement celui d'un homme.) Mendus (1992 : 214-215), quant à elle, souligne que la théorie démocratique « adopte, en fait, la norme masculine, plutôt qu'une norme neutre en termes de genre » et que « dans une grande partie de la théorie démocratique traditionnelle, les concepts d'égalité, de différence et de désavantage sont eux-mêmes biaisés au niveau du genre : ils posent un principe de normalité qui est implicitement masculin. » (Je laisserai également pour l'instant de côté la question difficile du rapport entre les concepts de sexe et de genre, ainsi que les raisons pour lesquelles des auteurs les traitent comme s'il s'agissait de synonymes.)

Mon argument central est que l'individu abstrait, ou le sujet universel, de la théorie politique a été correctement identifié par les théoriciennes féministes comme masculin. De même, les auteurs des « études hommes » et la sociologie des masculinités l'ont, également à juste titre, repéré comme n'étant « pas une femme ». Les féministes ont, encore une fois à bon escient, fait remarquer que ce fameux individu n'appartenait à aucun genre ou était asexué (Phillips 1992 a : 27). Ainsi, l'individu asexué n'est « pas une femme », et l'individu masculin n'est « pas une femme » non plus. Bien qu'il faille admettre que tous deux ne sont « pas une femme », un individu asexué ne peut pas être un homme, et un homme ne peut pas être asexué.

Tant Phillips que Mendus (et bon nombre d'auteurs à leur suite, comme Gatens 1991 ; Pateman 1988 ; Coole 1993 ; Kennedy et Mendus 1987) affirment que l'exigence généralement posée par la théorie politique qu'il faille minimiser la différence, est le reflet du monde et de l'expérience des hommes (Mendus 1992 : 215-217). Or, la question la plus intéressante n'est pas de se demander s'il existe une expérience spécifiquement mâle ou, quand bien même ce serait le cas, si cette expérience, d'une certaine manière, est plus minime qu'une expérience féminine (à supposer que celle-ci existe également). La question est plutôt de savoir *pourquoi* les théoriciens masculins présentent leur sujet universel, qui est de toute évidence masculin, comme désexué, une stratégie discursive à laquelle ils adhèrent fortement et que les féministes ont su, à juste titre, pointer du doigt. C'est précisément à cette réflexion que s'attellent certains auteurs postmodernes qui tentent de résoudre ces contradictions de manière théorique, à travers l'analyse des raisons pour lesquelles le sujet a été construit de cette manière contradictoire.

LES ÉTUDES SUR LA MASCULINITÉ

Curieusement, les travaux sociologiques modernes dans le domaine de ce qu'on pourrait appeler les « études hommes » d'inspiration féministe (pas le mouvement des hommes mentionné plus haut) soulèvent précisément cette question. Ces travaux argumentent que l'individu abstrait, normal ou stéréotypé du discours théorique et politique n'est certainement « pas une femme », pour des raisons qui ont été bien mises en évidence par l'histoire féministe, la théorie féministe et les contextes politiques concrets (Brod 1987). Premièrement, le sujet en question occupe la sphère publique plutôt que la sphère privée. Deuxièmement, il n'est pas concerné par la grossesse ou d'autres ca-

ractéristiques physiques typiquement féminines. Troisièmement, ce sujet présente une psychologie orientée
vers la poursuite d'un intérêt personnel compétitif pour
les choses matérielles, et non une psychologie orientée vers les soins aux autres et les émotions.

Est-ce suffisant pour en déduire que cet individu
est un homme — biologiquement mâle, vivant sa vie
de manière masculine, utilisant les femmes ou permettant à sa masculinité de les dominer, faisant l'expérience de l'oppression masculine par d'autres hommes,
et constituant collectivement un monde masculin ? Si
l'on se bornait à affirmer que les hommes ont des
problèmes que les femmes n'ont pas, pour des raisons
biologiques, ou que les hommes vivent des expériences que les femmes ne vivent pas, pour des raisons
sociologiques, alors on pourrait peut-être « ajouter les
hommes et remuer », comme cela a été suggérée par
le passé par rapport aux femmes et la théorie sociale
(Evans 1986). Jusqu'à un certain point, c'est ce à quoi
se sont essayées les « études hommes » et la sociologie de(s) la masculinité(s), surtout dans la littérature
qui traite des récits de vie, des styles de vie et des fan-
taisies des hommes. Cependant, le fait contradictoire,
mais négligé, que le sujet est à la fois asexué et masculin, pose des problèmes plus importants que cela.

Les réflexions théoriques concernant les différences
entre les hommes sont généralement parties du principe d'une frontière masculin/féminin, même si certains
auteurs ont pris grand soin d'exprimer leur accord avec
les perspectives féministes mettant l'accent sur la diversité de races/ethnies, classes, sexualité, etc., parmi

les femmes, et de défendre l'argument général que les hommes profitent largement de l'assujettissement des femmes (Brod 1987 : 8-9 ; Hearn 1987 : 13-15). C'est pourquoi ces auteurs insistent sur le fait que les masculinités doivent toujours être comprises au pluriel, et que les conceptualisations des différences entre hommes doivent être construites politiquement par rapport à l'agenda politique féministe. De ce fait, une grande attention est accordée dans ce domaine à l'exploration de la violence, ainsi qu'aux constructions « masculinisées » de la sexualité et d'autres relations de type hiérarchique. Historiquement, les investigations menées dans le champ des masculinités ont été sensibles aux questions relatives à la classe sociale et à d'autres différences culturelles parmi les hommes. Aujourd'hui, les études et les réflexions théoriques sur le thème des différences entre les hommes sont centrées, de plus en plus, sur la construction de la sexualité et la manière dont des hommes individuels les vivent (Connell 1993 a ; Stevens 1993).

Ainsi, l'argument des théoriciens des « études hommes » consiste à dire que le sujet humain dans le discours académique, comme la théorie politique et l'histoire traditionnelle, n'est certainement pas une femme, mais qu'il n'est pas pour autant réellement un homme, même en tant que concept abstrait utile. Ils soutiennent que les généralisations et les abstractions du discours théorique sont incorrectes en regard de la complexité des expériences des hommes et de ce que l'on sait à propos de la construction sociale des masculinités, et que ces discours cachent des enjeux politiques. Les sociologues de la masculinité d'obédience féministe sont également d'accord sur le fait que ce fameux sujet de la théorie politique n'est pas une femme, mais ils soulignent que cette représentation abstraite n'est pas pour autant un homme. Selon eux, les représentations théoriques abstraites et généralisantes ne captent pas bien la complexité des expériences masculines, ni le processus de construction sociale des différents types de masculinité (Carrigan, Connell et Lee 1985 ; Connell 1987 ; Kimmel 1987 ; Brittan 1989 ; Morgan 1992 ; Hearn 1992 ; Brod et Kaufmann 1994).

Aucun concept abstrait ne peut englober tous les aspects de l'expérience vécue. Mais ce point de vue qui consiste à représenter l'expérience humaine — non pas simplement en évacuant des aspects importants de l'expérience féminine et en présentant l'expérience masculine comme archétype, mais à représenter uniquement les formes dominantes et stéréotypées de la masculinité — est faux. Étant donné que les discours traditionnels considèrent les masculinités dominantes comme des archétypes, les luttes à travers lesquelles elles se sont établies ne sont jamais mises en exergue, au contraire, elles tendent à être oubliées, voire gommées. L'abstraction *homme* acquiert alors une fonction disciplinaire, à la fois vis-à-vis des hommes et des femmes. En fait, les hommes ne naissent pas hommes, mais le deviennent : ils sont fabriqués, et ces modes de fabrication sont extrêmement pertinents du point de vue de la théorie féministe.

Il existe de multiples théories des hommes et des masculinités. Certains théoriciens académiques ont eu à cœur de se démarquer clairement des manifestations de politiques antiféministes et des thérapies populaires. L'entreprise de reconceptualisation d'une identité positive parmi les modèles dominants de la masculinité — ou de n'importe quelle masculinité — en tant que construction historique, a été rejetée comme vaine. Une théorie de la libération formulée depuis la position de sujet dominant est nécessairement problématique, dans la mesure où les catégories théoriques restent toujours imprégnées du dualisme *oppresseur/opprimé*. La symbolisation stratégique, visant à classer les opprimés dans une catégorie emblématique pour l'humanité dans son ensemble, ne fonctionnerait pas très bien pour les oppresseurs. En effet, la tentative d'universalisation des catégories de l'oppresseur a justement été prise pour principale cible par ceux qui ont critiqué ce type d'idéologies pseudo-libératrices à partir d'un point de vue émancipatoire (West 1989).

Un appel a été lancé aux hommes de cesser d'être des hommes, rappelant l'affirmation de Wittig (1992) que les lesbiennes ne sont pas des femmes. Il est néanmoins possible que tout centrage sur les hommes, même critique et inspiré, par les réflexions féministes, décentre en réalité les femmes en tant que sujets connaissants et objets de connaissance. Ce point sera développé plus bas.

MÉTHODOLOGIE ET GENRE :
PHILLIPS ET MENDUS

Une méthodologie antiessentialiste et antiréduc-
tionniste telle que les féministes, attentives aux différences dans la catégorie *femme*, l'appliquent aux
femmes, pourrait tout aussi bien s'appliquer aux hommes (Brown 1987 ; Phelan 1989 ; Pringle et Watson
1992 ; Connell 1993 b). Une telle tentative donnerait
au tableau une tournure complexe intéressante. Les féministes, à travers la théorisation de la catégorie *femme*
comme incorporant des différences — autoproclamées
entre les femmes — dans le contexte de la critique
académique et en termes de revendications et activités
politiques, ont frayé, peut-être par inadvertance, le
chemin à une re-conceptualisation des hommes.

Du point de vue méthodologique, Phillips (1992 a)
adopte une posture théorique antiessentialiste et anti-
réductionniste, et je crois que l'on peut affirmer qu'il
en va de même pour Mendus (1992). Une telle approche rejette la naturalisation des catégories en termes
de biologie et de corps, ou de rôles sociaux et de
structures. Selon la conception naturaliste (que ces
deux auteurs critiquent), les individus sont en général
constitués comme des entités stables (à moins qu'ils
ne soient des individus déviants ou malades mentaux) ; dans ce contexte, leur comportement peut être
analysé et expliqué comme l'effet d'une cause quel-

conque. Rejeter l'option naturaliste consiste à affirmer que l'on ne peut ni interpréter un quelconque comportement ou une quelconque pensée à partir de la biologie, ni déterminer ce qui est fonctionnel ou normal à partir d'un système social donné. Ainsi, l'utérus ne produit pas des femmes maternelles, et la société ne nécessite ni ne crée les femmes comme femmes au foyer, à un extrême, ni comme victimes, à l'autre extrême (Dietz 1992).

Il faut tout de même préciser qu'il n'existe pas, parmi les féministes, de consensus universel autour de cette méthodologie antinaturaliste. Walby (1992 : 48), par exemple, se réfère (avec désapprobation) aux « arguments postmodernistes en faveur d'une fragmentation des concepts utilisés dans la théorie sociale "moderniste" » et, par conséquent, à « la tendance voulant que l'on substitue le concept théorique central de "discours" à celui de "structure" ». Walby prône — courageusement peut-être — le maintien du projet moderniste pour « expliquer le genre, l'ethnicité et la classe sociale ». Elle milite, en outre, pour la conservation du concept de femme au sens physique, à ses yeux « essentiel pour bien saisir la nature sexuée du monde social ». Elle n'aborde pas la question de savoir comment cette conceptualisation peut contourner les problèmes, au demeurant bien documentés à ce jour, de l'essentialisme et du réductionnisme. L'idée politique, développée dans certains travaux postmodernes, qu'il existe un élément de définition de soi pour les individus, offrant des possibilités de variation, est ainsi tout simplement minimisée (Butler 1990)

Au cours des années 1970 et 1980, les théorisations de la femme furent fortement contestées au sein du féminisme aux États-Unis, par des femmes à l'intérieur du mouvement (en particulier celles qui n'étaient pas blanches, n'appartenaient pas à la classe moyenne, ni ne possédaient la citoyenneté des pays développés). Cette contestation a résulté en une politique de négociation entre les perspectives individuelles. La question de savoir dans quelle mesure il s'agit d'un renforcement louable de la perspective, ou plutôt d'une fragmentation regrettable, fait l'objet de débats intenses. Cela étant, il faut souligner que, pour un certain nombre d'auteurs, postmodernes du moins, la position théorique basée sur le dialogue et la contingence représente aujourd'hui davantage la norme que les conceptualisations scientifiques s'enracinant dans des notions de cause matérielle et de validité empirique, comme celles apparemment défendues par Walby (1992 ; voir aussi Nicholson 1990).

Phillips et Mendus, bien qu'elles ne soient pas (je pense) des auteurs postmodernes, me semblent avoir explicitement ou implicitement rejeté le naturalisme, c'est-à-dire le réductionnisme et l'essentialisme, dans leur réflexion sur les femmes. Pourtant, et bien qu'elles n'aient pas cherché à affirmer le projet moderniste (ce que fait Walby [1992], de manière insatisfaisante), Phillips et Mendus font malheureusement une « rechute » dans les mêmes erreurs méthodologiques par rapport aux hommes, au masculin, à l'expérience des hommes ou — un concept qu'elles n'utilisent pas — à la masculinité (ou, comme les meilleures théorisations l'appellent, les masculinités). Leur théorisation du *masculin* donne l'impression de quelque chose d'indifférencié, probablement biologique, du fait de la quasi-absence de définition. Être un homme, dans leur argumentation, est conceptualisé de manière explicite comme être « incapable d'être enceinte et de donner la vie » et, implicitement, comme quelque chose de généralement dominant, et parfois violent, comme en attestent leurs références au pouvoir dans la sphère publique, au viol et à la violence domestique. Le fait d'être une femme est alors défini, en opposition à cette norme, en tant que différence, et de puissants arguments sont exhibés pour expliquer que les expériences féminines devraient faire l'objet d'une reconceptualisation positive, et non être conçues comme « désavantage, maladie, problème, ou autre ».

Pourtant, Phillips et Mendus ne donnent pas une description de l'expérience féminine générale, mais se limitent à évoquer quelques événements emblématiques que les femmes sont supposées avoir en commun, et qui les définissent. Ni l'une ni l'autre n'explore la féminité en termes de différences (au pluriel), bien qu'elles reconnaissent que des concepts tels que races, ethnicité et classes ouvrent précisément la porte à des différences entre les femmes. De plus, ni Phillips ni Mendus ne mentionnent la problématique de l'orientation sexuelle, bien que la perspective lesbienne soit bien établie à l'intérieur de la théorie féministe. Les deux auteurs optent pour une version naturaliste de « la différence qui ne s'efface pas », soit la grossesse, l'accouchement et l'allaitement, bien qu'elles ne le

formulent pas exactement dans ces mêmes termes, et
il est évident que la femme et la féminité représentent,
dans leurs travaux, des métaphores pour ces phénomènes physiques. La notion de *femme* semble renvoyer
à la problématique de la reproduction, tandis que le
terme de *féminité* semble évoquer la sexualité, bien
que Phillips et Mendus ne soient pas véritablement
enclines (dans les chapitres cités) à développer une
analyse systématique qui permettrait de distinguer
ces deux concepts (voir Phillips 1992 a : 23 ; Mendus
1992 : 215).

La stratégie plus individualiste, interprétative et
mettant l'accent sur le discours, adoptée par la théorie
postmoderne — à savoir que les femmes déchiffrent
différemment leurs expériences corporelles, qu'elles
les choisissent et les contrôlent ; que d'autres expériences puissent être plus importantes, et que certaines
femmes, pour des raisons inévitables, ne vivent tout
simplement pas ces expériences supposément féminines — ne transparaît pas dans la discussion de Phillips
et Mendus. Les récentes nouvelles interprétations de
la science en général, et de la biologie en particulier,
comme celles de pionnières comme Haraway au milieu
des années 1980, ne sont pas mentionnées non plus.

Haraway (1991 : 138) développe l'argument original que la féminité ne s'arrête pas uniquement à un
ensemble de conceptualisations souples et diverses de
similitudes et différences corporelles et comportemen-
tales. Selon elle, la biologie du sexe, voire de la reproduction, loin d'être une donnée physique exemptée de
toute ambiguïté, reflète elle-même la manière sexuée

de regarder le monde. De ce point de vue, il existe une variété infinie de différences corporelles pouvant être découvertes, selon les concepts (et les politiques) dont on se sert pour faire ces découvertes. La science, affirme Haraway, consiste à lire l'objet, et non pas à simplement refléter ses caractéristiques indiscutables. « Tout comme la race, poursuit l'auteur, le sexe est une formation "imaginaire", produisant une réalité — y compris des corps — qui est alors perçue comme préexistant à toute construction. » Ce type d'approche suggère d'abord une politique d'identification, entre-prise par un agent humain, plutôt qu'une politique de l'identité ancrée dans un objet physique ; une politique d'autodéfinition à l'intérieur et parmi les catégorisa-tions culturellement transmises (Mouffe 1992 : 235 ; Butler 1987 : 133-134 ; Zerilli 1994 : 138-153).

Du point de vue théorique, certains écrits sur les masculinités (au pluriel) se rapprochent davantage de la stratégie interprétative de certaines féministes, ce qui rend ces travaux plus défendables. Dans ce type de littérature, en effet, les différences (au pluriel) sont présumées de manière discursive et des éléments de l'identité (et du comportement) sont attribués à l'ac-tion individuelle. Cette perspective considère que les individus ont la possibilité d'interpréter les catégori-sations sociales de multiples façons, et les contraintes de concepts institutionnalisés tels que l'hétérosexua-lité font l'objet d'analyses critiques, plutôt que d'être acceptées comme naturelles. En résumé, ces travaux appliquent une perspective foucaldienne, ce qui fait que tous les problèmes politiques de fragmentation que certains auteurs suspectent ou craignent doivent être soulevés. Qu'on s'entende bien : mon argument n'est pas que la perspective foucaldienne elle-même soulève ces problèmes de manière explicite (il est notoire qu'elle ne le fait pas), mais que ces problèmes ne doivent pas être ignorés, car s'ils sont ignorés, on se trouve confronté à d'étranges phénomènes.

« NON-HOMMES » ET « PAS D'HOMMES »

Un de ces étranges phénomènes est que la *femme* est définie comme « *non-homme* », par le fait qu'elle a un utérus (ce qui est, paradoxalement, aussi le point de départ pour beaucoup de catégorisations oppressives), au lieu d'être définie de manière plus imaginative en termes de ce qu'un individu choisit effectivement, ou tente de choisir, de faire ou de ne pas faire ou — ce qui est plus intrigant — d'être, d'un moment à un autre. De la femme au « non-homme », il n'y a qu'un pas à la résurrection d'une féminité où la catégorie cryptobiologique femme est définie de manière à retourner à une distinction biologie/comportement, liant sexe et genre. Cette conception a fait l'objet de critiques approfondies (Pringle 1993). Il est vrai que certaines positions féministes développent une nouvelle conception de la féminité, basée sur l'idée que le fait d'avoir un utérus est une « différence indélébile », mais la pertinence politique et théorique d'un tel point de vue a été fortement mise en doute, comme l'atteste une abondante littérature à ce sujet.

Parallèlement, on trouve des conceptualisations alternatives de la femme qui sont plus fines d'un point de vue politique et théorique. Ainsi, la position défendue par Ferguson (1984) que la notion de femme constitue une catégorie d'oppression, c'est-à-dire une catégorie importante parmi beaucoup d'autres, s'avère nettement plus efficace, en ce sens que l'accent y est précisément mis sur la contrainte et la manière dont celle-ci est inscrite dans les corps. De cette façon, le rapport entre la possession d'un utérus et la contrainte politique devient contingent et arbitraire ; d'autres différences physiques pourraient (et sont) identifiées comme « autres », et donc comme faiblesses, pour tout aussi peu de raisons — par exemple, la race ou la couleur de la peau. Le fait d'avoir un utérus n'est pas, de fait, une faiblesse constitutive justifiant un féminisme protecteur ; au contraire, l'idée que la faiblesse est un élément essentiel, naturel et incontournable de celles qui possèdent cet organe, est dénuée de toute justification convaincante.

À ce stade de la réflexion, les perspectives lesbiennes et « gays » peuvent s'avérer particulièrement fructueuses. Le mouvement de libération des femmes est allé de pair avec le mouvement de libération « gay » (Carrigan, Connell et Lee 1985 : 583). L'hétérosexisme implicite de l'approche naturaliste et de la perspective biologique « scientifique » est fondamentalement remis en cause lorsque la sexualité est déconnectée de la reproduction, ou réorientée par rapport à elle. De manière encore plus troublante, l'œuvre de Butler (1987, 1990) met en exergue la nature ironique, multidimensionnelle, hautement individuelle, et autodéfinie du comportement sexué. Les discours sur la normalité apparaissent alors comme autant de mythes et de symboles d'eux-mêmes, en raison du fait qu'ils nient leur propre diversité, avant même de définir le domaine de la différence et de la déviance. En conséquence, l'hétérosexualité elle-même est, en quelque sorte, « sous-conceptualisée » au niveau théorique et « surpolicée » au niveau pratique. L'argumentation de Butler vise en l'occurrence à montrer que les discours ou les scénarios autour, par exemple, de « l'hétérosexualité normale », cachent le large éventail des comportements sexuels qui se produisent en réalité entre les deux sexes, et à montrer que ces discours suraccentuent la reproduction et l'éducation des enfants — elles-mêmes extrêmement variables en termes de personnes et de pratiques.

Butler (1990) définit le genre comme un modèle de discours qui est le plus souvent (mais pas exclusivement) binaire et hiérarchique et qui est inscrit sur les corps en tant que similarité/différence et désir/aversion. C'est pourquoi il semble exister seulement deux genres — masculin et féminin — et en même temps, toute une série de genres, comme les lesbiennes hypermasculines ou hyper-féminines, les hommes efféminés non homosexuels, les travestis et les transsexuels, les sadomasochistes et les divers fétichistes, qui s'inscrivent tous sur les corps, indépendamment des caractéristiques génitales (Carver 1996 : 5-7). C'est pourquoi, bien que les lesbiennes soient, de toute évidence, des femmes, Wittig (1992) peut affirmer qu'elles ne le sont en fait pas. De surcroît, les pratiques discursives autour de la notion de genre créent des frontières qui, à leur tour, génèrent des comportements transgressifs lorsque les individus rencontrent et franchissent ces supposées barrières — créant à la fois une dissonance au niveau des catégories, et de nouvelles catégorisations (Butler 1990).

L'hétérosexualité « normale », vue sous cet angle, n'est pas simplement de nature disciplinaire, mais revêt également un caractère fictif, dans le sens que les remises en question de l'hétérosexualité sont rendues invisibles, ou confusément normalisées, dans la pratique. Ainsi, une normalité fondée sur le déni est maintenue et la déviance est aussi souvent ignorée. Butler (1990) estime que ce qui est important, en termes de discipline sociale, est la reproduction d'un code symbolique de normalité et de déviance, code censé être essentiel à la construction et à la régulation du comportement acceptable.

La deuxième chose étrange dans certaines théories féministes est que les hommes, après avoir été consciemment incorporés dans ces travaux (même si c'est parfois sous la forme désexuée que j'ai mentionnée plus haut) disparaissent soudainement. Un tel phénomène se produit justement lorsque les discours féministes définissent les femmes comme « non mâles », et l'expérience féminine comme celle que les hommes ne peuvent avoir. Je montre plus loin, au contraire, que tous les enjeux féministes, y compris ceux concernant le contrôle de l'utérus, peuvent concerner aussi les hommes, du moins certains d'entre eux qui s'impliquent d'une manière ou d'une autre dans ces enjeux, soit par leur présence, soit par leur absence, soit par leur soutien ou leur comportement de domination, en public ou en privé. Il faut également souligner dans l'analyse féministe que ces enjeux ne concernent pas forcément toutes les femmes, ou du moins ne les concernent pas toujours au même degré d'importance ou d'implication.

Même si l'on imaginait un scénario où les femmes vivaient uniquement entre elles, sans hommes, et où l'idée que certains enjeux pourraient également concerner les hommes n'aurait donc pas de sens, elles seraient, malgré tout, encore confrontées au fameux problème que pose la pensée sexuée : comment gérer ces choses d'une manière qui soit « non mâle » ? Ou d'une manière féminine ou maternelle ? Ou encore d'une manière qui ne reflète pas simplement la pensée et les valeurs masculines ? Ou qui soit le reflet d'une approche masculinisée ou instrumentale du monde ? Ou enfin, qui soit une mise en pratique d'une science « masculinisée » ?

La critique de l'idée de la « supériorité féminine » que formule Dietz (1992 : 76-77) résume l'argument sous une forme peut-être plus pertinente pour le féminisme et la théorie politique : « une véritable défense démocratique de la citoyenneté ne peut partir de l'idée d'une opposition entre hommes et femmes et d'une supériorité des femmes » ; et, poursuit cet auteur, « ce but (du féminisme politique) ne requiert pas seulement une détermination de la part des féministes à éviter toute idée de supériorité féminine tout en restant attentives aux femmes ». Le sexe et la sexualité ne sont pas, loin s'en faut, les seuls exemples de désavantages, mais, contrairement à la notion de classe, par exemple, ces deux concepts sont facilement naturalisés et traités comme des phénomènes physiques et, d'une manière qui induit en erreur, unifiés comme des constantes culturelles. En effet, le scénario du genre est inscrit dans le langage que nous utilisons, et il est extrêmement difficile de s'en détacher verbalement, et encore plus dans la pratique. Il s'agit par définition d'une problématique sociale plutôt qu'individuelle.

Ainsi, lorsque les hommes disparaissent des questions féminines, un domaine entier et particulièrement intéressant est effacé de l'analyse. Les capacités reproductrices des hommes (que les théoriciens sont peu enclins à théoriser d'une manière constructive) et leurs possibles contributions parentales (sur lesquelles ils se montrent en général peu affirmatifs et ambivalents), disparaissent complètement, même en tant qu'éléments possibles de théorisation et d'action, pour ne pas mentionner le rôle que les hommes pourraient jouer pour les interprétations féminines du désir sexuel ou du besoin de partenariat ou de soutien. C'est ce qui se produit, par exemple, chez Mendus (1992), lorsqu'elle cite MacKinnon à propos de « la physiologie des hommes » et qu'elle fait elle-même référence aux « styles de vie des hommes ». Dans les travaux de MacKinnon (1987), le désir hétérosexuel est notoirement assimilé à la violence masculine envers les femmes et à la position de domination des hommes. Mendus associe simplement l'entretien des enfants avec les soins maternels (paraphrasant ainsi de Beauvoir), plutôt que d'ajouter *les soins paternels* ou de substituer le terme de *soins parentaux*.

C'est évidemment ce type d'enjeux qui a été souligné dans la littérature récente des « études hommes », et pas toujours de manière à provoquer la sympathie ou la prise de conscience autour de ces thèmes. Les conceptualisations autour de la question des parents homosexuels masculins, des campagnes sur les congés parentaux ou paternels, et sur la modification de l'équilibre entre le travail des hommes à l'intérieur et à l'extérieur de la maison, constituent les réflexions les plus fécondes en la matière (Connell 1987). À l'évidence, la structure des carrières, telle qu'institutionnalisée au niveau social et encadrée par des lois au niveau politique, maintient les divisions du genre ; mais c'est la pensée sexuée qui impute cette séparation aux intérêts des hommes. La structure de carrière dans la classe moyenne, et la structure de salaire au sein de la classe ouvrière, sont antiparents et antienfants. La catégorie *femme* y est dévalorisée, de sorte que le soin aux enfants qui est effectué dans la société est exécuté de manière aussi bon marché que possible et, de préférence, sans rémunération. S'occuper des enfants ne représente pas, en soi, un désavantage (c'est la société qui en décide ainsi) ; et il n'existe pas, en soi, d'intérêts des hommes (les intérêts sont socialement construits, comme le sont les catégories de bénéficiaires).

En bref, si ce qui compte, ce sont les enjeux — grossesse, avortement, viol, soins des enfants, misogynie, libre expression sexuelle — alors les « gens » (Dietz) doivent soulever la question de savoir lesquelles de ces similitudes et différences sont pertinentes pour les individus concernés, et lesquelles ne le sont pas, et les théoriciens devraient se situer par rapport à leurs propres théorisations critiques. On connaît bien aujourd'hui les relations de pouvoir à l'œuvre lorsque les scientifiques ou les intellectuels se penchent sur les problèmes du monde social et transforment les autres en objets d'étude et de politique. Certaines questions relatives aux femmes, mentionnées plus haut, renvoient également aux enfants, par exemple, mais le point de vue des enfants est rarement considéré.

RETOUR À L'HOMME PUBLIC : DEUX CRITIQUES

Si les critiques de l'individu abstrait de la théorie politique — telles que formulées par les féministes et par la sociologie des masculinités — sont correctes, ce que je pense, le sujet traditionnel de la théorie politique n'a jamais été « une femme », ni d'ailleurs vraiment « un homme », dans un sens suffisamment nuancé. Cela est devenu très évident dans le champ de la critique féministe. Le *hiatus* entre les hommes et les masculinités dominantes, mis en évidence par les

« études hommes », était déjà clairement présent dans les réflexions féministes critiques menées autour du concept de l'homme public. Ces critiques ont souligné l'absence, dans la théorie sociale, des rôles masculins (ou l'absence de rôle) dans la reproduction, la vie de foyer et la sexualité. La nature violente, irresponsable et oppressive des masculinités dominantes a été mise en lumière par le recentrage sur les femmes comme sujets et comme objets d'études au sein du courant féministe. Je pense que le déploiement stratégique d'un type particulier de sujet masculin dans la théorie politique a des implications théoriques et politiques qui commencent seulement à être explorées. Des termes comme déplacement, déguisement, absence et symbolisme seront employés plus bas pour approfondir la critique de l'homme public.

L'aspect le plus remarquable de l'ambiguïté dont est entaché le concept d'homme public dans la théorie politique, et qui se retrouve aussi dans la critique féministe, est qu'il apparaît à la fois comme masculin et neutre. Hearn (1992 : 3) va dans le même sens dans ses analyses critiques de la masculinité, lorsqu'il remarque que l'Homme générique universel (apparaît comme) représentant de l'humanité neutre (castrée ?) et en même temps… comme mâle.

Tout d'abord, et comme nous l'avons vu, cet être humain possède un corps d'homme et des caractéristiques masculines. Le masculin est alors défini par la négative, par le fait de ne pas disposer de caractéristiques corporelles féminines. Pourtant, on observe que la masculinité fait également l'objet d'une théorisation

positive, à savoir d'une psychologie d'intérêts personnels compétitifs, orientés vers les choses matérielles
plutôt que vers les soins et les émotions.

Dans un second temps, en revanche, ce sujet est paradoxalement identifié comme n'appartenant à aucun
genre, ou comme étant neutre (Phillips 1992 a : 27 ;
Mendus 1992 : 214-215). En théorie politique, comme
on le sait bien, l'être humain générique est traditionnellement considéré comme non sexué, en raison du
fait que le sexe est généralement considéré non pertinent et relégué à l'arrière-plan. Lorsqu'il est toutefois
pris en compte, il apparaît bel et bien comme un élément subordonné dans la manière dont l'identité humaine est conçue et attribuée à la femme (Brown
1987).

Les critiques féministes ont mis en évidence cette
représentation du sujet humain comme implicitement
masculin, bien qu'il soit explicitement neutre. Ce paradoxe au cœur de la théorie politique traditionnelle a,
en conséquence, été mis en lumière par les féministes,
mais ses implications n'ont pas été analysées jusqu'au
bout. Telle est la position que j'ai défendue jusqu'ici.
Quelles conclusions supplémentaires peut-on dès lors
en tirer ?

Le caractère asexué du sujet abstrait provient du
fait qu'il se meut dans la sphère publique. Cette dernière est justement définie en opposition avec le domaine privé, à travers l'abstraction faite des activités
sexuelles et des caractéristiques reproductives. Il ne
faut pas pour autant en déduire que la pratique actuelle
respecte toujours cet adage (Butler 1993). Le sujet abs-

trait illustre bien l'absence de grossesse et des autres caractéristiques corporelles féminines qui jouent sans conteste un rôle primordial dans la formation de l'identité personnelle et sociale des femmes, comme dans la formation des intérêts politiques, alors que le sujet de référence en théorie politique reste invariablement singulier, non reproducteur et apparemment sans sexe. De plus, le sujet abstrait est parfois conceptualisé en tant que conscience rationnelle désincarnée, dans la mesure où le corps n'apparaît jamais, sauf en sa qualité de substrat matériel implicite. Le corps n'est certainement pas le lieu des drames de l'existence corporelle féminine, ni de la reproduction sexuelle ou de l'activité sexuelle qui nous concernent, en tant que lecteurs.

Le degré d'attention que la théorie politique traditionnelle porte à la violence, faite au et par le corps, devrait aussi être questionné. Les théoriciens politiques ont élaboré des concepts comme « force sans droit » (Locke) et « endommagement », à entendre au sens physique du terme (J. S. Mill). Dans les discours sur les sphères publiques, tant nationales qu'internationales, se dégage en revanche un sentiment de sécurité ou, du moins, de lieux sûrs. Cette conception est encore renforcée par la distinction public/privé, selon laquelle la sphère privée serait particulièrement placée sous le signe de la sécurité : toute violence y est tellement tenue à distance qu'elle n'est même plus mentionnée. Par conséquent, la théorie politique traditionnelle refoule, dans une large mesure, la violence vers le discours sur les frontières internationales, dont on suppose qu'elles se situent fort loin des préoccupations domestiques (ce qui n'est absolument pas le cas en pratique) ou qu'elles seront mieux appréhendées par les spécialistes en relations internationales, parmi lesquels le postulat hobbesien des intérêts opposés constitue la norme générale. Ainsi, les guerres et les conflits ont été pensés comme ne faisant pas partie intégrante de la sphère politique normale. La violence à l'intérieur de la société est généralement considérée comme une possibilité par laquelle les citoyens peuvent certes être tentés, mais dont ils ne font néanmoins que rarement usage. Elle est conceptuellement éloignée du consentement raisonnable et de la retenue impartiale des citoyens-sujets évoluant dans la sphère publique.

En raison de la distinction entre public-politique/domestique-apolitique opérée dans la théorie politique traditionnelle, on ne trouve en général aucune théorisation de la violence domestique, ni de la menace de violence domestique. Dans la « société politique » d'où, selon Locke (1988 [1690]), « la force est exclue », il existe des instances spécialisées pour s'occuper de ceux qui sacrifient les droits de citoyenneté par leur emploi de la violence, ce qui est proscrit par la loi. Pourtant, la violence que ces instances visent est publique, car la sphère privée est celle où « l'endommagement » ne se produit pas par définition. Si d'aventure il survient quand même, le contexte privé redevient, par ce fait même, public.

La distinction public/privé en théorie politique est donc fluide pour ce qui a trait à l'endommagement et à la violence, ainsi qu'à leur prévention. Étant donné que l'État lui-même définit où se situe le privé et que, de surcroît, même l'État libéral se montre de plus en plus intrusif, l'utilité de cette distinction pour définir des espaces ou des activités comme purement privés a été mis en doute, surtout par les analyses sur les espaces sexués et les sexualités hiérarchisées caractéristiques des idées libérales stéréotypées de la sphère domestique (Locke 1988 [1690] : 281, 415 ; Mill 1989 [1859] : 80-115 ; Connell 1990 ; Evans 1993 ; Squires 1994).

Ainsi, le sujet humain de la théorie politique traditionnelle émerge-t-il en tant que non-femme désincarnée, habitant un monde que le sujet contribue à rendre sûr pour lui-même et pour les autres adultes vivant chacun pour soi qui sont en compétition avec lui (Arblaster 1984). Les critiques féministes ont mis en évidence les connexions entre la guerre, la (les) masculinité(s) et la citoyenneté qui se cachent derrière les assurances superficielles du texte et ses présomptions non dites (Stiehm 1983 ; Pateman et Gross 1986 ; Elshtain 1987). Reste à se demander pourquoi les représentations textuelles du sujet humain ont d'abord été construites de cette manière paradoxale et ambiguë par la théorie politique traditionnelle.

La présentation asexuée et neutre de ce qui est avant tout masculin peut s'interpréter comme une stratégie politique misogyne, dont les textes fondateurs de la théorie politique se font les porte-parole. On a donc affaire ici à une perspective « qui se cache derrière le masque d'une neutralité de genre afin de subordonner les femmes » (Bock et James 1992 : 6). La sexualité, le travail domestique, la reproduction et le soin aux enfants se voient relégués dans la sphère privée et sont considérés comme des activités spécifiquement féminines — sauf lorsque cette sphère nécessite une régulation publique, auquel cas l'homme public prend le relais, et que ce qui était privé passe à la sphère publique (Walby 1990). La conceptualisation de ce sujet comme désincarné semble nier le besoin d'une théorie solide du corps, ainsi que d'une réflexion stimulante sur la violence corporelle, et plus spécialement sur la violence masculine à l'encontre des femmes, tant à la maison que dans la rue et ailleurs.

De cette manière, diverses caractéristiques des masculinités dominantes sont en quelque sorte diluées dans la figure de ce fameux individu abstrait et neutre en théorie politique, et définies comme un comportement normal et naturel, par l'imputation d'une psychologie de l'individualisme rationnel. On observe également un certain glissement à l'œuvre dans ces théories, lorsqu'elles révèlent ou admettent que ce sujet prétendument neutre est, de fait, plutôt mâle en termes de reproduction et masculin (*versus* féminin) en termes de domination. Il existe une raison pour laquelle la neutralité de genre et la masculinité dominante sont à la fois affirmées et niées.

Le confinement de la sexualité, de la reproduction, du soin aux enfants et du travail domestique à la sphère privée féminine a encore une autre implication, à savoir que les sexualités et les activités reproductrices masculines sont également reléguées dans l'ombre, tout comme le rôle de l'homme dans la garde et l'éducation des enfants et dans l'accomplissement des tâches ménagères (Bacchi 1991). Ces questions n'ont pas figuré sur l'agenda théorique et politique que la politique traditionnelle soumet au débat public (ni, d'ailleurs, privé). Les débats théoriques féministes visaient justement à restructurer la définition de la politique et à orienter le cours des débats publics dans cette direction. La théorisation de la famille ou des générations (c'est-à-dire, de la reproduction) apparaît dans le discours classique, certes, mais de façon périphérique et, qui plus est, de manière contradictoire (Coole 1993 ; Gatens 1992 ; Pateman 1988). On peut affirmer que les théoriciens et politiciens eux-mêmes ne sont pas pressés de se pencher sur les différences masculines par rapport aux femmes, ne serait-ce avec l'attention limitée qu'ils ont portée aux différences féminines par rapport aux hommes. La raison en est qu'une analyse en profondeur de ces thèmes risquerait fort de perturber les relations de pouvoir que les réflexions contemporaines sur le genre — y compris les silences stratégiques — sont en train d'élaborer.

Ainsi, tout ce qui peut poser problème au niveau des hommes, en termes de comportement sexuel, de responsabilités reproductrices, d'obligations domestiques et de soins aux enfants est exclu de la sphère des débats publics. Ces questions ont été commodément circonscrites à l'agenda politique féministe, en partant du principe que les féministes pourront en débattre entre elles sans inquiéter l'ordre établi. Depuis de nombreuses années, les théories féministes ont d'ailleurs identifié précisément ces domaines des activités masculines comme des sites de victimisation des femmes par les hommes, et les recherches féministes ont permis aux femmes d'exprimer ces expériences. En outre, les développements récents d'une réflexion théorique autour des sexualités « gays » ont permis de mettre le doigt sur la subordination politique à laquelle les homosexuels sont soumis en regard des masculinités hétérosexistes dominantes. C'est de ces constatations que devrait partir une théorisation critique de la masculinité, en passant par la remise en question du modèle d'un sujet neutre, mais archétypiquement masculin, en vigueur dans la théorie politique. Il ne s'agit pas d'une construction « purement conceptuelle », mais plutôt d'un artefact de luttes de pouvoir que nous sommes supposés oublier ou même ne jamais voir.

L'homme asexué et désincarné représente donc une feinte qui masque, en réalité, une absence. Cette absence concerne le vide, au sein de la théorie politique traditionnelle, et plus généralement dans le discours politique, en matière de conceptualisation de la sexualité masculine, des capacités reproductrices de l'homme, de ses rôles domestiques dans les activités de soins aux enfants et d'autres types de soins. Peut-être devrait-on plutôt dire : le quasi-vide, pour être exact, dans la mesure où la paternité est parfois mentionnée dans la théorie politique et en politique, principalement en sa qualité de symbole des hommes comme fondateurs de la république, comme « pères nourriciers » ou encore comme chefs de famille paternalistes, régnant sur les personnes qui dépendent d'eux (voir, par exemple, Locke 1988 [1690] : 330-349). Cela étant, la théorie politique, en particulier, et le discours politique, en général, n'ont qu'un intérêt minime pour l'exploration de tels symboles, pour essayer de mettre leur validité à l'épreuve en tant qu'abstractions des pratiques concrètes (Wolff 1978 est l'une des rares exceptions en la matière). Si une telle exploration était entreprise, on aurait tôt fait de découvrir que les hommes ne sont en général pas impliqués dans ces activités au sens où la symbolisation l'entend (Brown 1988 : 205 ; Segal 1990 ; Seidler 1991 a, 1991 b). La paternité est mentionnée pour des raisons stratégiques, mais ensuite oubliée au niveau de la réflexion théorique. Une telle attitude permet de protéger les positions de pouvoir en rendant toute discussion critique impensable.

L'individu abstrait, outre qu'il masque la sexualité, les capacités reproductrices et les rôles domestiques (établis ou potentiels) des hommes par rapport aux femmes et aux enfants, occulte aussi le caractère compétitif et hiérarchique des masculinités dominantes elles-mêmes par rapport aux hommes qui ne correspondent pas à ces standards. Ainsi, d'autres types de masculinités, particulièrement les masculinités non hétérosexuelles et non compétitives, n'apparaissent pas au niveau théorique ou politique parce que, si c'était le cas, on mettrait en doute la nature présupposée inévitable du développement masculin, qui est à la base du modèle supposé universel de la masculinité (Hearn et Morgan 1990). La construction sociale de la domination est donc cachée par l'idée d'une masculinité naturelle, qui est censée expliquer la socialisation des hommes dans le moule des masculinités dominantes, ainsi que la surveillance de ceux qui ne s'y conforment pas et l'exclusion des femmes des institutions sexuées de la société ; mais qui, paradoxalement, repose sur cette même socialisation. Dans ce contexte, la socialisation est à comprendre dans le sens de la « dissociation » hobbésienne, qui rappelle le fait que les hommes « se placent en qualité de Maîtres d'autres hommes, épouses, enfants et bétail » (Hobbes 1991 [1651] : 88). Le mot *société* suggère d'ailleurs que les luttes ont cessé, alors que, de toute évidence, on a plutôt affaire à « une guerre civile plus ou moins voilée » (Marx et Engels 1980 : 45).

HOMME ET FEMME

Il est clair que tout homme profite de la naturalisation et de la normalisation d'une telle masculinité vis-à-vis des femmes. Réciproquement, celles qui ont la possibilité d'adopter des rôles masculins en retirent également des avantages (Pateman et Hirschmann 1992). Un concept comme celui de « l'égalité des chances » participe d'ailleurs à ce processus (Connell 1990). Mais, les hommes ne retirent pas tous les mêmes bénéfices de la masculinité dominante, qui exacerbe la compétition et la poursuite des intérêts personnels, et, par définition, certains hommes seront des perdants. Par conséquent, les théories se basant sur l'idée de l'individu abstrait oppressent et désavantagent non seulement les femmes dans leur ensemble, mais aussi certains hommes (Hearn 1987). Elles présentent, en outre, le défaut d'ouvrir la porte à des théories qui renforcent l'idée que les classes sont historiquement inévitables et socialement avantageuses, même si le principe d'égalité à la base de cette pensée ne donne pas cette impression.

Identifier la non-femme asexuée comme homme ou mâle signifie mal comprendre la multiplicité des formes d'oppression exercées par la masculinité dominante. Cette façon d'aborder le problème s'accorde curieusement bien avec une manière compétitive de penser, dans la mesure où tous les hommes sont considérés comme des gagnants. Abandonner la pensée sexuée, grâce à l'analyse critique de genre, conduirait à encourager les comportements non masculins, sans pour autant les taxer de féminins. Une telle démarche pourrait s'avérer judicieuse d'un point de vue politique.

Ainsi, la catégorie *femme* en tant que catégorie d'oppression doit être complètement renversée. Cette catégorie a été utile, et continuera à l'être, pour une politique féministe qui vise à donner plus de pouvoir aux femmes (Phillips 1992 b : 78 ; Jones 1993). C'est pourquoi une théorie politique digne de ce nom devrait permettre tant les auto-identifications que les identifications collectives et les politiques de l'égalité des chances, afin d'augmenter la visibilité et le pouvoir des groupes exclus (Phillips 1991 ; Young 1990). En même temps, il est vrai que les femmes elles-mêmes ne s'accordent pas entre elles sur le pourquoi, le comment et le où de cette visibilité, ni sur ce qu'elles pourraient faire des pouvoirs qu'elles ont la possibilité d'acquérir individuellement. Ainsi, ce qui constitue une chance et ce qui constitue une égalité des chances reste des questions ouvertes à la fois au plan théorique et au plan de la pratique (Bacchi 1991).

Cependant, il ne s'ensuit pas pour autant que ces enjeux doivent être conceptualisés en termes de problèmes de femmes, dans la mesure où il s'agit de choisir entre des possibilités de mobilisation, et des exclusions inutiles ou contre-productives. Placer l'accent théorique et la mobilisation politique directement autour des frontières sexuelles risque de renforcer la fonction attrape-tout du concept de genre comme source de toutes sortes de catégorisations et distinctions et, plus particulièrement, de renforcer la manière dont ces catégorisations et distinctions sont perçues par les gens en général. Cela ne met pas nécessairement la question de la prise en charge des enfants sur l'agenda politique, ni ne garantit que ce thème soit mis à l'ordre du jour sous une forme qui soit dans l'intérêt des enfants, ni même dans celui des femmes. Comme on l'a déjà souligné, en faisant de tel ou tel sujet l'apanage des femmes, on court le risque d'en faire quelque chose qu'elles seront considérées comme nécessairement et naturellement les seules à faire, et que les hommes ne font pas. L'offre de ressources publiques apparaît alors comme une sorte de compensation pour le désavantage d'être une femme, ce que Mendus (1992 : 212-214) et d'autres auteurs souhaitent éviter à tout prix.

S'imaginer devoir justifier les activités de soutien étatique et de fonds publics depuis la perspective de l'enfant serait rafraîchissant ; et il n'est certainement pas juste de dire que les soins aux enfants devraient être conceptualisés autour de la femme, voire des parents, des hétérosexuels ou des jeunes adultes. « Les gens qui sont adultes et capables de garder des enfants » pourrait suffire, en l'occurrence, et les enfants pourraient avoir droit aux ressources (et aux droits ?) en tant que citoyens. Le concept de sujet politique pourrait peut-être s'élargir pour leur faire une place de manière constructive.

Dans le même ordre d'idées, mais de façon plus radicale, on peut se demander si le viol est bien une question féminine, puisque ce sont les hommes qui le perpètrent et que certains d'entre eux en sont aussi victimes. Les liens entre masculinité et criminalité constituent une vaste problématique qu'il est indispensable d'explorer d'un œil critique, et dans une perspective transformatrice. Les pièges de la conceptualisation des femmes comme étant toujours des victimes ont été mis en lumière. L'étape suivante consisterait à élaborer des conceptualisations originales pouvant offrir une base pour l'action politique. Nous sommes tous vulnérables d'une façon ou d'une autre, hommes compris. La réflexion féministe elle-même a parfois étrangement conforté les hommes dans l'opinion qu'ils représentaient le reflet de l'idéal masculin « Terminator ». Mais ce sont de toute évidence les comportements sexués qui conduisent aux formes violentes de masculinité qui font des femmes, des enfants, voire de quelques hommes, des victimes. Il ne faudrait pas pour autant en déduire que les individus violés devraient faire l'objet de moins d'attention, ni qu'il faille plus s'occuper des femmes que des hommes ou *vice versa*. Mon argument est, plutôt, que le problème ne se réduit pas aux victimes, et que construire le problème autour des femmes signifie que l'on traite le véritable problème (le violeur, et la masculinité du viol) de manière caricaturale, ou marginale.

On pourrait aussi appliquer ces remarques à la grossesse. Si l'on ne l'assimilait pas à la catégorie *femme*, on pourrait la définir comme une activité dans laquelle les hommes sont impliqués, nécessairement par certains aspects, et de manière contingente, par d'autres. Le lien entre la femme et « quelqu'un qui prend soin d'un nouveau-né » nécessiterait également une théorisation complexe. Il n'est, en effet, pas indispensable que le lait maternel provienne de la propre mère du nourrisson ou qu'il soit donné par une femme. Toutes les femmes ne sont, ne peuvent, ou ne veulent pas être enceintes ; toutes les personnes qui prennent soin de bébés n'appartiennent pas forcément à la catégorie *mère*, ni nécessairement à celle de *femme*. Les féministes rencontrent d'ailleurs les mêmes difficultés lorsqu'elles tentent de justifier un traitement spécial pour les femmes enceintes auprès de celles qui ne le sont pas ou ne le seront jamais, que quand elles essayent de le justifier vis-à-vis des hommes, qui n'expérimenteront jamais la grossesse (du moins pas dans l'avancement actuel de la technologie).

D'un autre côté, on peut très bien imaginer que des femmes enceintes aient des partenaires ou des amis qui soutiennent leur cause, sans pour autant qu'il s'agisse nécessairement de femmes. La grossesse ne constitue pas un événement purement individuel. Il s'agit d'un événement important dans la vie d'autres personnes que la personne enceinte seulement, dans la mesure où différents protagonistes sont immanquablement impliqués dans son déroulement. On prétend d'ailleurs que les personnes qui dispensent des soins ont des besoins similaires à ceux liés à la grossesse, bien qu'elles ne soient pourtant pas enceintes personnellement. Le fait de définir la grossesse comme problématique spécifiquement féminine en fait un phénomène curieusement individuel et centré sur le corps, mettant ainsi en péril toute tentative de conceptualisation autour des autres personnes et relations diverses qui en font un phénomène social, c'est-à-dire interpersonnel. Les expériences corporelles sont interprétées par tout un chacun dans un contexte individuel, elles sont appréhendées par les autres dans un contexte social et par l'État dans le contexte des politiques publiques. En résumé, les expériences corporelles sont éminemment publiques.

PRATIQUE ET THÉORIE

Si les perspectives féministes doivent se limiter aux femmes et les politiques féministes aux enjeux féminins, Braidotti (1987) et Modleski (1991) ont raison lorsqu'elles affirment qu'un éclairage sur les hommes, en termes féministes, ou qu'une participation des hommes au sein du mouvement féministe, nierait le féminisme en général. Contrairement à ces auteurs, je voudrais, pour ma part, suggérer que les gens (pas nécessairement tous des adultes) devront apprendre à faire face à ces différences, souvent imprévisibles et indéterminées, que le discours du sens commun et des discussions plus spécifiques révèlent. Le concept de genre est, en fait, ce qu'il y a de moins utile dans cette entreprise. La raison en est que, sous l'angle conceptuel, cette notion renferme un véritable marais de présupposés naturalistes, de référents multiples semant la confusion, d'euphémismes sournoisement séduisants et de symbolisme politiquement puissant. C'est parce que le genre construit la différence sexuelle (et habituellement reproductrice aussi) et l'inscrit sur les corps, qu'il crée l'illusion d'une inévitabilité. Cette illusion inclut la fiction que la vie sociale et l'identité personnelle sont irrévocablement organisées autour de la fécondité et de la puissance (l'âge aussi joue un rôle) et imprégnées de manière irréversible dans le corps (ce qui n'est de toute évidence pas vrai, si l'on s'en réfère aux variations génétiques, au choix individuel et à la chirurgie esthétique). Nos perceptions du genre sont constamment renforcées, mais parfois aussi bouleversées, par la façon dont le code vestimentaire et les scénarios discursifs sont investis par les individus pour communiquer, bien que les messages qu'ils envoient soient plutôt équivoques : l'ironie, la parodie et l'incertitude font typiquement partie de la performance du genre. Certaines de ces performances subissent, bien sûr, régulièrement des inspections ou d'autres types de contrôle social.

Contrairement à ce que suggère Walby (1992 : 30-33, 48-49), il ne s'ensuit pas que la perception de la force dominante et de la puissance disciplinaire de concepts tels que « homme » et « femme » doivent disparaître de la théorie. À mon avis, il semblerait plutôt que la théorie discursive du genre, mise en évidence ci-dessus, constitue d'abord une condition préalable à la compréhension de la construction, parfois paradoxale, de telles catégories, et qu'elle montre ensuite les manières destructives dont elles fonctionnent le plus souvent. Pringle et Watson (1992 : 68-69) soulignent judicieusement qu'« il apparaît clairement que le féminisme ne peut plus désormais se fonder sur une conception essentialiste de la "femme", sur la compréhension d'une "identité de genre" ou d'un "intérêt" partagé par l'ensemble des femmes ». « Si les "intérêts des femmes" sont construits et non pas donnés, il en va de même pour les hommes », poursuivent ces auteurs, arguant du fait que « si l'on accepte d'abandonner l'idée d'un authentique sujet féminin, il convient de faire pareil avec le sujet masculin ». Politiquement, une telle posture « ouvre la voie à l'exploration des différences entre les hommes et, lorsque cela est possible, à la création d'alliances ». On esquisse ainsi la possibilité d'une politique, non pas basée sur l'unité, mais sur « le respect des différences et l'éventualité d'alliances avec les autres ». Se montrant toutefois pessimistes, Pringle et Watson mettent en garde contre la tentation de minimiser les inégalités de genre dans la société contemporaine et contre la capitulation au discours phallocentrique.

J'ai, quant à moi, essayé de démontrer que la théorie politique traditionnelle n'est pas tant phallocentrique, phallocratique, androcentrique, patriarcale ou encore masculinisante, que non orientée vers l'utérus (contrairement au discours féministe) ; que le discours politique traditionnel est aussi non orienté vers les enfants (le discours féministe n'est pas nécessairement plus perceptif que celui des « études hommes » à cet égard), et que le discours politique traditionnel est, en plus, non-orienté-vers-beaucoup-d'autres-choses-qui-sont-très-importantes-pour-beaucoup-d'autres-personnes. Il s'agit, au contraire, de sujets sur lesquels un nombre assez important de gens ont quelque chose à dire et que d'autres devraient écouter, en particulier les théoriciens politiques.

Si le discours politique traditionnel était véritablement phallocentrique ou phallocratique, il s'approcherait davantage du simple discours pornographique, aussi bien au niveau textuel qu'au niveau des images. MacKinnon (1987) utilise d'ailleurs une stratégie de ce style lorsqu'elle repère la dimension phallocentrique parmi de nombreuses formes de domination dans la société. Le féminisme radical de ce type a justement été critiqué parce qu'il embrouille plutôt qu'il n'éclaire les enjeux, et il représente, à ce titre, une démonstration supplémentaire du discours sexué, comme décrit plus haut. Assez curieusement, la conception d'une norme masculine (dont j'ai montré qu'elle était plutôt non féminine) comme phallocentrique reflète,

sans discernement aucun, le lieu commun d'une masculinité mettant en équation l'identité avec le pénis,
un synecdoque que la sociologie des masculinités
s'emploie à subvertir.

CONCLUSION

Mon argument dans ce texte est que les individus
ont besoin de trouver des identités (plurielles) différentes de celles qui sont basées sur les organes cor-
porels, qu'ils doivent faire preuve d'imagination et
d'empathie dans cette tâche et que le discours sexué
est une démarche hautement suspecte pour le faire.
Plus radicalement, le concept *femme* conserve ses *différences* aussi longtemps que l'homme ou le mâle est
construit en tant qu'altérité uniforme, sans différences
ni histoire (Kimmel 1987 ; Brod et Kaufmann 1994).
D'après moi, les féministes qui considèrent leur mouvement comme l'expression d'une « libération des individus vis-à-vis du genre », estimant que le genre est
une source de contraintes non nécessaires, vont dans
la bonne direction (Grant 1989 : 8 ; Haraway 1991 :
148). Je défends l'idée qu'une distinction pourrait être
développée entre la nature sexuée du monde social,
saisi de manière sexuée, et la nature sexuée du monde
social faisant l'objet d'une analyse critique à l'égard
du genre lui-même. On pourrait qualifier cette approche de théorie critique du genre. Une telle attitude

aurait le mérite de mettre en évidence le caractère opprimant du genre, sans pour autant capituler devant les discours universalisants et naturalisants qui construisent le monde sexué et l'isolent de la critique politique.

Cela ne veut pas dire que quiconque possède des droits, des devoirs ou des obligations simplement en vertu de telle ou telle conceptualisation ; mais plutôt qu'une conceptualisation du caractère interpersonnel de cette expérience présupposée personnelle est nécessaire. *La famille* est un bon exemple de comment ne pas procéder, dans la mesure où ce concept est connu pour être une notion ambiguë et lourde de sens. On y confond qui se rapporte à qui, qui vit avec qui, qui effectue les tâches domestiques, et qui s'occupe des enfants, parmi d'autres choses (pour une approche critique de cette tentative de conceptualiser la famille voir Carver 1996 : 37-53).

Des concepts plus fins vont devoir émerger des débats politiques, d'une part, et des théoriciens, d'autre part. La déconstruction ne signifie pas la destruction, et la clarté conceptuelle ne peut qu'aboutir à des politiques meilleures. Sur ce point, j'ai cherché à proposer une réflexion plus spécifique que Mouffe (1992 : 235) lorsqu'elle évoque « une problématique concevant l'agent social, non pas comme un sujet unitaire, mais comme l'articulation d'un ensemble de positions construites au sein de discours spécifiques et toujours suturés de manière précaire et temporaire aux intersections ». On peut bien sûr critiquer mon angle d'analyse plus spécifique, mais du moins sait-on de quoi on débat.

Vouloir s'attaquer aux concepts sexués avec des concepts sexués emprisonne la politique dans un cercle de désespoir et de domination, car ainsi va la nature des concepts sexués (Harding 1992 : 352-353 ; Squires 1993). Ce n'est pas en ajoutant simplement un utérus à l'individu abstrait qu'on aboutira aux rethéorisations les plus fécondes de la politique. Le genre, en tant que catégorie et ensemble de scénarios sociaux que les individus mettent à l'œuvre, a besoin d'un examen critique par rapport à un certain nombre d'enjeux, voire de tous les enjeux, dans la mesure où le genre comme catégorie attrape-tout influence nos identités et traverse nos vies. Les catégories attrape-tout comme le genre, le sexe ou la femme, attrapent à la fois trop et trop peu. La théorie intervient précisément pour court-circuiter ce processus (…).

TERRELL CARVER

RÉFÉRENCES

ARBLASTER, Anthony (1984). *The Rise and Decline of Western Liberalism*. Oxford : Blackwell.

BACCHI, Carole L. (1991). *Same Difference : Feminism and Sexual Difference*. Sydney : Allen et Unwin.

BARRETT, Michèle (1992). « Words and Things : Materialism and Method in Contemporary Feminist Analysis », in Michèle Barrett et Anne Phillips (ed.). *Destabilizing Theory*. Cambridge : Polity Press.

BARRETT, Michèle, et PHILLIPS, Anne (ed.) (1992). *Destabilizing Theory*. Cambridge : Polity Press.

BLY, Robert (1990). *Iron John : A Book About Men*. Reading, Mass. : Addison-Wesley.

BOCK, Gisela, et JAMES, Susan (1992). *Beyond Equality and Difference : Citizenship, Feminist Politics and Female Subjectivity*. Londres : Routledge.

BOTTOMLEY, Gill, LEPERVANCHE, Marie de et MARTIN, Jeannie (1991). *Intersexions*. Sydney : Allen et Unwin.

BRAIDOTTI, Rosie (1987). « Envy : Or with Your Brains and My Looks », in Alice Jardine et Paul Smith (ed.), *Men in Feminism*. New York : Methuen.

BRITTAN, Arthur (1989). *Masculinity and Power*. Oxford : Blackwell.

BROD, Harry (ed.) (1987). *The Making of Masculinities : The New Men's Studies*. Boston : Allen et Unwin.

BROD, Harry, et KAUFMANN, Michael (1994). *Theorizing Masculinities*. Newbury Park, Calif. : Sage.

BROWN, Wendy (1987). « Where is the Sex in Political Theory ? ». *Women and Politics* 6.

BROWN, Wendy (1988). *Manhood and Politics : A Feminist Reading in Political Theory*. Totowa, N. J. . Rowan et Littlefield.

BUTLER, Judith (1987). « Variations on Sex and Gender : Beauvoir, Wittig and Foucault », in Seyla Benhabib et Drucilla Cornell (ed.), *Feminism as Critique*. Cambridge : Polity Press.

BUTLER, Judith (1990). *Gender Trouble : Feminism and the Subversion of Identity*. Londres : Routledge.

BUTLER, Judith (1993). *Bodies that Matter . On the Discursive Limits of « Sex »*. Londres : Routledge.

CARRIGAN, Tim, CONNELL, Bob, et LEE, John (1985). « Toward a New Sociology of Masculinity ». *Theory and Society* 14.

CARVER, Terrell (1996). *Gender is not a Synonym for Women*. Boulder : Lynne Rienner.

COCKBURN, Cynthia (1983). *Brothers : Male Dominance and Technological Change*. Londres : Pluto Press.

COCKBURN, Cynthia (1988). « Masculinity, the Left and Feminism », in Rowena Chapman et Jonathan Rutherford (ed.), *Male Order : Unwrapping Masculinity*. Londres : Lawrence et Wishart.

COCKBURN, Cynthia (1991). *In the Way of Women — Men's Resistance to Sex Equality in Organizations*. Basingstoke : MacMillan.

CONNELL, Robert W. (1987). *Gender and Power : Society, the Person and Sexual Politics*. Cambridge : Polity Press.

CONNELL, Robert W. (1990). « The State, Gender, and Sexual Politics ». *Theory and Society* 19.

CONNELL, Robert W. (1993 a). « A Bastard of a Life : Homosexual Desire and Practice Among Men in Working-Class Milieux. Australia and New Zealand ». *Journal of Sociology* 29.

CONNELL, Robert W. (1993 b). « The Big Picture : Masculinities in Recent World History ». *Theory and Society* 22.

COOLE, Diana H. (1993). *Women in Political Theory : From Ancient Misogyny to Contemporary Feminism*, 2ᵉ éd. Boulder : Lynne Rienner et Brighton : Harvester/ Wheatsheaf.

COOLE, Diana H. (1994). « Whither Feminisms ? ». *Political Studies* 42.

DIETZ, Mary (1992). « Context Is All : Feminism and Theories of Citizenship », in Chantal Mouffe (ed.), *Dimensions of Radical Democracy*. Londres : Verso.

DI STEFANO, Christine (1991). *Configurations of Masculinity : A Feminist Perspective on Modern Political Theory*. Ithaca N.Y. : Cornell University Press.

ELSHTAIN, Jean Bethke (1981). *Public Man, Private Woman . Women in Social and Political Thought*. Oxford : Martin Robertson

ELSHTAIN, Jean Bethke (1986). *Meditations in Modern Political Thought : Masculine/Feminine Themes from Luther to Arendt*. New York : Praeger.

ELSHTAIN, Jean Bethke (1987). *Women and War*. New York : Basic Books.

ENLOE, Cynthia (1990). *Bananas, Beaches and Bases : Making Feminist Sense of International Politics*. Berkeley : University of California Press.

EVANS, David T. (1993). *Sexual Citizenship : The Material Construction of Sexualities*. Londres : Routledge.

EVANS, Judith (1986). *Feminism and Political Theory*. Londres : Sage.

FERGUSON, Kathy E. (1984). *The Feminist Case Against Bureaucracy*. Philadelphia, Penn. : Temple University Press.

FERGUSON, Kathy E. (1991). « Interpretation and Genealogy in Feminism ». *Signs* 16.

FERGUSON, Kathy E. (1993). *The Man Question : Visions of Subjectivity in Feminist Theory*. Berkeley : University of California Press.

GATENS, Moira (1991). *Feminism and Philosophy*. Cambridge : Polity Press.

GATENS, Moira (1992). « Power, Bodies and Difference », in Michèle Barrett et Anne Phillips (ed.), *Destabilizing Theory*. Cambridge : Polity Press.

GRANT, Judith (1989). « Gender as a Category in Feminist Theory », contribution présentée à la *Western Political Science Association*, Salt Lake City, Utah, 30 mars-1ᵉʳ avril.

GRANT, Judith (1993). *Fundamental Feminism*. New York : Routledge.

GRIMSHAW, Jean (1986). *Feminist Philosophers : Women's Perspectives on Philosophical Traditions*. Brighton : Wheatsheaf Books.

HARAWAY, Donna (1991). *Simians, Cyborgs, and Women : The Reinvention of Nature*. Londres : Free Association Books.

HARDING, Sandra (1992). « The Instability of the Analytical Categories of Feminist Theory », in Helen Crowley et Susan Himmelweit (ed.), *Knowing Women*. Cambridge : Polity Press et Open University.

HARTSOCK, Nancy (1983). *Money, Sex and Power : Toward a Feminist Historical Materialism.* New York : Longman.

HEARN, Jeff (1987). *The Gender of Oppression : Men, Masculinity and the Critique of Marxism.* Brighton : Wheatsheaf Books.

HEARN, Jeff (1992). *Men in the Public Eye : The Construction and Deconstruction of Public Men and Public Patriarchies.* Londres : Routledge.

HEARN, Jeff, et MORGAN, David (ed.) (1990). *Men, Masculinities and Social Theory.* Londres : Unwin Hyman.

HOBBES, Thomas (1991 [1651]). *Leviathan*, édité par Richard Tuck. Cambridge : Cambridge University Press. (fr. : *Léviathan*. Paris : Sirey, 1994).

JONÁSDOTTIR, Anna (1991). *Love Power and Political Interests.* Örebro : University of Örebro ; publié également comme *Why Women Are Oppressed*. Philadelphia, Penn. Temple University Press, 1994.

JONES, Kathleen B. (1990). « Citizenship in a Woman-Friendly Polity ». *Signs* 15.

JONES, Kathleen B. (1993). *Compassionate Authority.* New York : Routledge.

KENNEDY, Ellen et MENDUS, Susan (1987). *Women in Western Political Philosophy.* Brighton : Wheatsheaf Books.

KIMMEL, Michael S. (1987). « The Contemporary Crisis of "Masculinity" in Historical Perspective », in Harry Brod (ed.), *The Making of Masculinities.* Boston : Allen et Unwin.

LLOYD, Genevieve (1984). *The Man of Reason : « Male » and « Female » in Western Philosophy.* Londres : Methuen.

LOCKE, John (1988 [1690]). *Two Treatises of Government*, édité par Peter Laslett. Cambridge : Cambridge University Press. (fr. : *Deux traités du gouvernement.* Paris · J. Vrin, 1997)

MACKINNON, Catharine (1987). *Feminism Unmodified : Discourses on Life and Law.* Cambridge, Mass. : Harvard University Press.

MARX, Karl et ENGELS, Friedrich (1980). *Selected Works in One Volume.* Londres : Lawrence et Wishart et Moscow : Progress Publishers.

MENDUS, Susan (1992). « Losing the Faith : Feminism and Democracy », in John Dunn (ed.), *Democracy*. Cambridge : Cambridge University Press.

MILL, John Stuart (1989 [1859]). *On Liberty*, édité par Stefan Collini. Cambridge : Cambridge University Press. (fr. : *De la liberté*. Paris : Gallimard, 1990).

MODLESKI, Tania (1991). *Feminism Without Women : Culture and Criticism in a Post-Feminist Age*. New York : Routledge.

MORGAN, David H. J. (1992). *Discovering Men : Sociology and Masculinities*. Londres : Routledge.

MOUFFE, Chantal (ed.) (1992). *Dimensions of Radical Democracy : Pluralism, Citizenship, Community*. Londres : Verso.

NICHOLSON, Linda J. (ed.) (1990). *Feminism/Postmodernism*. Londres : Routledge.

NYE, Andrea (1989). *Feminist Theory and the Philosophies of Men*. New York : Routledge.

OKIN, Susan Moller (1979). *Women in Social and Political Thought*. Princeton, N.J. : Princeton University Press.

PATEMAN, Carole (1988). *The Sexual Contract*. Cambridge : Polity Press.

PATEMAN, Carole et BRENNAN, Teresa (1979). « Mere Auxiliaries to the Commonwealth ». *Political Studies* 27.

PATEMAN, Carole et GROSS, Elizabeth (1986). *Feminist Challenges : Social and Political Theory*. London : Allen et Unwin.

PATEMAN, Carole et HIRSCHMANN, Nancy (1992). « Political Obligation, Freedom and Feminism ». *American Political Science Review* 86 : 179-188.

PETERSEN, V. Spike (ed.) (1992). *Gendered States : Feminist (Re)Visions of International Relations Theory*. Boulder : Lynne Rienner.

PETERSEN, V. Spike et RUNYAN, Ann Sisson (ed.) (1993). *Global Gender Issues*. Boulder : Westview.

PHELAN, Shane (1989). *Identity Politics : Lesbian Feminism and the Limits of Community*. Philadelphia, Penn. : Temple University Press.

PHILLIPS, Anne (1991). *Engendering Democracy*. Cambridge : Polity Press.

PHILLIPS, Anne (1992 a). « Universal Pretensions in Political Thought », in Michèle Barrett et Anne Phillips (ed.), *Destabilizing Theory*. Cambridge : Polity Press.

PHILLIPS, Anne (1992 b). « Must Feminists Give Up on Liberal Democracy ? ». *Political Studies*, special issue on « Prospects for Democracy » 40.

PRINGLE, Rosemary (1993). « Absolute Sex ? Unpacking the Sexuality/Gender Relationship », in R. W. Connell et G. W. Dowsett (ed.), *Rethinking Sex*. Philadelphia, Penn. : Temple University Press.

PRINGLE, Rosemary et WATSON, Sophie (1992). « "Women's Interests" and the Post-Structuralist State », in Michèle Barrett et Anne Phillips (ed.), *Destabilizing Theory*. Cambridge : Polity Press.

RILEY, Denise (1988). *« Am I that Name ? » Feminism and the Category of « Women » in History*. Londres : MacMillan.

SCOTT, Joan (1991). « Women's History », in Peter Burke (ed.), *New Perspectives on Historical Writing*. Cambridge : Polity Press.

SEGAL, Lynne (1990). *Slow Motion : Changing Masculinities, Changing Men*. Londres : Virago.

SEIDLER, Victor J. (1991 a). *Recreating Sexual Politics*. Londres : Routledge.

SEIDLER, Victor J. (ed.) (1991 b). *The Achilles Heel Reader*. Londres : Routledge.

SPENDER, Dale (1982). *Women of Ideas and What Men Have Done to Them : From Aphra Benn to Adrienne Rich*. Londres : Routledge et Kegan Paul.

SQUIRES, Judith (1993). « Reviews of "Dimensions of Radical Democracy", edited by Chantal Mouffe and "Engendering Democracy", by Anne Phillips ». *Feminist Review* 44.

SQUIRES, Judith (1994). « Private Lives, Secluded Places : Privacy as Political Possibility ». *Environment and Planning D : Society and Space* 12.

STEVENS, Jacqueline (1993). « Leviticus in America : The Politics of Sex Crimes ». *Journal of Political Philosophy* 1.

STIEHM, Judith (1983). *Women and Men's Wars*. Oxford : Pergamon Press.

STIEHM, Judith (1984). « The Man Question », in Judith Stiehm (ed.), *Women's Views of the Political World of Men.* Dobbs Ferry, NX : Transnational Publishers.

TICKNER, J. Ann (1992). *Gender in International Relations : Feminist Perspectives on Achieving Global Security.* New York : Columbia University Press.

VANCE, C. S. (1992). « Social Construction Theory : Problems in the History of Sexuality », in Helen Crowley et Susan Himmelweit (ed.), *Knowing Women.* Cambridge : Polity Press et Open University.

WALBY, Sylvia (1990). *Theorizing Patriarchy.* Oxford : Blackwell.

WALBY, Sylvia (1992). « Post-Post-Modernism ? Theorizing Social Complexity », in Michèle Barrett et Anne Phillips (ed.), *Destabilizing Theory.* Cambridge : Polity Press.

WEST, David (1989). *Authenticity and Empowerment : A Theory of Liberation.* Brighton : Harvester/Wheatsheaf.

WITTIG, Monique (1992). *The Straight Mind and Other Essays.* Hampstead : Harvester/Wheatsheaf.

WOLFF, Robert Paul (1978). « There's Nobody Here But Us Persons », in Carol C. Gould et Marx W. Warofsky (ed.), *Women and Philosophy : Toward a Theory of Liberation.* New York : Putnam's.

YOUNG, Iris Marion (1990). *Justice and the Politics of Difference.* Princeton, N.J. : Princeton University Press.

ZERILLI, Linda M. G. (1994). *Signifying Woman : Nature and Chaos in Rousseau, Burke, and Mill.* Ithaca, N.Y. : Cornell University Press.

ANNEXES

Sources

Nous remercions les auteurs et les maisons d'édition pour nous avoir accordé la permission de traduire et/ou reproduire les textes du présent recueil. Ces textes proviennent des sources suivantes :

WALBY, Sylvia (1994). « Is Citizenship Gendered ? ». *Sociology* 28 (2). © Cambridge University Press.

PATEMAN, Carole (1983). « Feminism and Democracy », in Graeme Duncan (ed.), *Democratic Theory and Practice*. Cambridge : Cambridge University Press. © Cambridge University Press.

DIETZ, Mary (1992). « Context is All : Feminism and Theories of Citizenship », in Chantal Mouffe (ed.), *Dimensions of Radical Democracy*. Londres : Verso. © Verso.

MOUFFE, Chantal (1992). « Feminism, Citizenship and Radical Democratic Politics », in Judith Butler et Joan Scott (ed.), *Feminists Theorize the Political*. New York, Londres : Routledge. © Routledge NY.

WAYLEN, Georgina (1998). « Gender, Feminism and the State : An Overview », in Vicky Randall et Georgina Waylen (ed.), *Gender, Politics and the State*. Londres, New York : Routledge. © Routledge UK.

SAINSBURY, Diane (1994). « Women's and Men's Social Rights : Gendering Dimensions of the Welfare State », in Diane Sainsbury (ed.), *Gendering Welfare States*. Londres, etc. : Sage. © Sage.

DAYAN-HERZBRUN, Sonia (1992). « La mixité dans le politique », in Claudine Baudoux et Claude Zaidman (éd.), *Égalité entre*

les sexes, mixité et démocratie. Paris : L'Harmattan. ©
L'Harmattan.

REINALDA, Bob (1997). « *Dea ex Machina* or the Interplay
between National and International Policymaking ? A Critical Analysis of Women in the European Union », in Frances
Gardiner (ed.), *Sex Equality Policy in Western Europe*. Londres, New York : Routledge. © Routledge UK.

OKIN, Susan Moller (1991). « Gender, the Public and the Private », in David Held (ed.), *Political Theory Today*. Cambridge : Polity Press et Stanford : Stanford University Press.
© Polity Press.

PHILLIPS, Anne (1991). « Public Spaces, Private Lives », in
Anne Phillips, *Engendering Democracy*. Cambridge : Polity
Press. © Polity Press.

CARVER, Terrell (1996). « Feminist Theories of Politics and
Postmodern Theories of Gender », in Terrell Carver, *Gen-
der is not a Synonym for Women*. Boulder : Lynne Rienner.
© Lynne Rienner.

Remerciements

Nous aimerions remercier les institutions et personnes suivantes : le Département de Science politique de l'université de Genève pour son soutien institutionnel ; Nathalie Ducommun, Pauline Schaefer et Josianne Bodart Senn pour leur contribution aux traductions des textes ; Chantal Mouffe pour ses suggestions utiles quant à la traduction de son texte ; Alice Landau, Mario Konishi et, surtout, Karine Gonnot pour leur précieux travail de révision stylistique et leur disponibilité ; ainsi que Sandrine Baume, Aref Brotons, Thomas Christin, Laurent Crémieux, Julien Dubouchet, Matteo Gianni, Marcus Mänz et Lionel Marquis pour leurs contributions ponctuelles ; enfin, Max Bergman et Jalil Ej-Jeniyeh pour leur soutien précieux.

Notre plus grande dette est envers Éric Vigne, notre éditeur. Ses encouragements, constants, ses conseils aussi détaillés que perspicaces et, finalement, sa patience infinie ont été une contribution essentielle à cet ouvrage.

Les auteurs et les éditrices

LES AUTEURS

Terrell CARVER est professeur de théorie politique à l'université de Bristol (GB). Il est l'auteur de *Gender is not a Synonym for Women* (Lynne Rienner, 1996) et *The Postmodern Marx* (Manchester University Press, 1998). Actuellement il prépare un ouvrage intitulé *Men in Political Theory* consacrant des chapitres à Platon, Aristote, Hobbes, Locke, Rousseau, Marx, etc. Ses domaines d'intérêt sont la théorie féministe, les études de genre et la philosophie des sciences sociales.

Sonia DAYAN-HERZBRUN, sociologue, est professeur à l'université Paris VII-Denis Diderot. Elle dirige le Centre de Sociologie des Pratiques et des Représentations Politiques, ainsi que la revue *Tumultes* (Kimé, Paris). Elle a publié plusieurs ouvrages, en particulier *L'invention du parti ouvrier* (L'Harmattan), *Mythe et mémoire du mouvement ouvrier* (L'Harmattan), *Désirs de paix, relents de guerre* (en coll., Desclée de Brouwer), ainsi qu'un grand nombre d'articles dont beaucoup portent sur le rapport entre le féminin et le politique, plus particulièrement dans le monde arabe (cf. l'étude sur « Huda Sharawi : nationaliste et féministe » dans *1900, Revue de la société des études soréliennes*, mars 1999).

Mary DIETZ est professeur de science politique à l'université du Minnesota (États-Unis). Elle a publié *Between the Human and the Divine : The Political Thought of Simone Weil* (Rowman and Littlefield, 1988), *Thomas Hobbes and*

Political Theory (University of Kansas, 1990) et des articles sur Hannah Arendt et Machiavel ainsi que sur la théorie féministe. Sa publication la plus récente, à savoir « Arendt and the Holocaust », paraîtra dans le *Cambridge Companion to Hannah Arendt*.

Chantal MOUFFE, philosophe, est « senior research fellow » au *Centre for the Study of Democracy* à l'université de Westminster à Londres (GB). Elle a enseigné dans de nombreuses universités en Europe, Amérique du Nord et Amérique du Sud et est membre du Collège international de philosophie à Paris. Elle a édité *Gramsci and Marxist Theory* (Routledge et Kegan Paul, 1979), *Dimensions of Radical Democracy* (Verso, 1992), *Deconstruction and Pragmatism* (Routledge, 1996) et *The Challenge of Carl Schmitt* (Verso, 1999). Elle est également l'auteur de *Hegemony and Socialist Strategy* (avec Ernesto Laclau, Verso, 1985), de *The Return of the Political* (Verso, 1993) et de *The Democratic Paradox* (Verso, 2000).

Susan Moller OKIN est professeur de science politique et titulaire de la *Marta Sutton Weeks Chair in Ethics and Society* à l'université de Stanford (États-Unis). Elle a publié *Women in Western Political Thought* (1979), *Justice, Gender, and the Family* (1989), *Is Multiculturalism Bad for Women ?* (1999) ainsi que de nombreux articles dans des revues telles que *Ethics*, *Political Theory* et *Philosophy and Public Affairs*. Actuellement, elle travaille sur le thème de l'intersection entre le genre et la culture.

Carole PATEMAN est professeur de science politique à l'université de Californie à Los Angeles (États-Unis). Elle est l'auteur de *Participation and Democratic Theory* (1970, traduit en japonais et en portugais), *The Problem of Political Obligation* (2e édition 1985), *The Sexual Contract* (1988, traduit en portugais, italien et espagnol), *The Disorder of Women : Democracy, Feminism, and Political Theory* (1989). Ses recherches actuelles portent sur différents thèmes en rapport avec la démocratisation, les droits et la citoyenneté, ce dans une perspective à la fois historique et contemporaine.

Anne PHILLIPS est professeur en « Gender Theory » et directrice du *Gender Institute* à la *London School of Economics and Political Science* (LSE). Ses principales publications sont *Engendering Democracy* (Polity Press, 1991), *Democracy and Difference* (Polity Press, 1993), *The Politics of Presence : The Political Representation of Gender, Race and Ethnicity* (Oxford University Press, 1995), *Feminism and Politics* (Oxford University Press, 1998) et *Which Equalities Matter ?* (Polity Press, 1999). Actuellement, elle travaille sur le thème des tensions entre l'égalité de genre et l'égalité culturelle.

Bob REINALDA est « lecturer » en relations internationales à la Nijmegen School of Public Affairs (Pays-Bas). Il est l'auteur de *The International Transportworkers Federation 1914-1945. The Edo Fimmen Era* (Amsterdam : IISH 1997) ; *Autonomous Policy Making by International Organizations* (édité avec Bertjan Verbeek) (Londres : Routledge 1998) ; « International Organizations as Sources of Political Change », in K. van Kersbergen et al. (ed.), *Expansion and Fragmentation. Internationalization, Political Change and the Transformation of the Nation-State* (Amsterdam University Press 1999) ; « The International Women's Movement as a Private Actor between Accomodation and Change » in K. Ronit, V. Schneider (ed.), *Private Organizations in Global Politics* (Londres : Routledge 2000).

Diane SAINSBURY est professeur de science politique à l'université de Stockholm (Suède) où elle enseigne la politique comparée et des cours sur les femmes et la politique. Elle a publié *Gendering Welfare States* (Sage, 1994), *Gender, Equality and Welfare States* (Cambridge University Press, 1996), *Gender and Welfare State Regimes* (Oxford University Press, 1999) et « Beyond the Great Divide : Women in Partisan Politics Before and After the Federal Suffrage Amendment », *Women and Politics* (1999). En français, elle a publié « Le parti social-démocrate suédois et la défense », in Hugues Portelli et David Hanley (dir.), *Social-démocratie et défense en Europe,* Nanterre, 1986 ; et « Le genre et la construction des États-providence en Norvège et en Suède », in *Comparer les systèmes de protection sociale en France et en Europe du Nord*, volume IV, Paris : Rencontres et Recherches de la MIRE, 1999.

Georgina WAYLEN est « lecturer » en science politique à l'université de Sheffield (GB). Ses principaux domaines de recherche sont le genre et la politique, la démocratisation et l'économie politique internationale. Elle a publié *Gender in Third World Politics* (1986) et a coédité *Gender, Politics and the State* (1998) ainsi que *Towards a Gendered Political Economy* (2000). Actuellement elle prépare un ouvrage intitulé *Engendering Transitions*.

Sylvia WALBY est professeur de sociologie à l'université de Leeds (GB). Elle a été la première présidente de l'Association européenne de sociologie et dirige également le *Women's Studies Network UK*. Ses principales publications sont : *Gender Transformations* (Routledge, 1997), *Theorising Patriarchy* (Blackwell, 1990), *Patriarchy at Work* (Polity, 1986) ; *Sex Crime in the News* (Routledge 1991), *Restructuring Race, Class and Gender* (Sage 1990), *New Agendas for Women* (MacMillan 1999) et *European Societies : Fission or Fusion* (Routledge 1999). Ses recherches actuelles portent sur la globalisation

LES ÉDITRICES

Thanh-Huyen BALLMER-CAO est professeur de comportement politique au Département de Science Politique de l'université de Genève et directrice du Programme national de recherche « Femmes, droit et société : les voies vers l'égalité » du gouvernement suisse. Elle a écrit de nombreux ouvrages et articles sur les élections, les partis politiques et les femmes parlementaires suisses, où le genre constitue une dimension importante. Son dernier ouvrage, *Changement social et rapports entre hommes et femmes. La question de l'égalité en Suisse*, vient de sortir aux Éditions Payot, Lausanne (2000).

Véronique MOTTIER est « lecturer » en sciences sociales et politiques à l'université de Cambridge pendant un congé sabbatique de deux ans de l'université de Genève. Elle est éditrice associée de la revue scientifique *Feminist Theory* publiée par Sage. Elle a coédité l'ouvrage *Politics of Sexuality : Identity, Gender, Citizenship* publié par Routledge

(1998), et publié de nombreux articles sur les rapports entre genre, sexualité et citoyenneté.

Lea SGIER est assistante au Département de Science Politique de l'université de Genève où elle prépare une thèse de doctorat sur le fondement normatif de l'action de l'État dans le domaine des quotas de représentation de genre. Elle a participé à des recherches portant sur la politique de l'égalité entre femmes et hommes, le changement de valeurs et le comportement électoral des femmes.

Index des auteurs cités

Index des notions

PRÉSENTATION

PREMIÈRE PARTIE
LA CITOYENNETÉ

DEUXIÈME PARTIE
L'ÉTAT

TROISIÈME PARTIE

THÉORISATIONS
DU RAPPORT PUBLIC-PRIVÉ

Annexes

Composition Nord Compo.
Impression Société Nouvelle Firmin-Didot
à Mesnil-sur-l'Estrée, le 18 septembre 2000.
Dépôt légal : septembre 2000.
Numéro d'imprimeur : 52666.

ISBN 2-07-041525-2/Imprimé en France.